普通高等教育“十一五”国家级规划教材

北京高校优质本科教材

新编21世纪市场营销系列教材

服务营销

第6版

郭国庆　编著

Services Marketing

中国人民大学出版社

·北京·

图书在版编目（CIP）数据

服务营销 / 郭国庆编著. -- 6 版. -- 北京 : 中国人民大学出版社，2024.4
新编 21 世纪市场营销系列教材
ISBN 978-7-300-32757-0

Ⅰ.①服… Ⅱ.①郭… Ⅲ.①服务营销－高等学校－教材 Ⅳ.①F713.50

中国国家版本馆 CIP 数据核字（2024）第 081189 号

普通高等教育“十一五”国家级规划教材
北京高校优质本科教材
新编 21 世纪市场营销系列教材
服务营销（第 6 版）
郭国庆　编著
Fuwu YingXiao

出版发行	中国人民大学出版社		
社　　址	北京中关村大街 31 号	邮政编码	100080
电　　话	010－62511242（总编室）		010－62511770（质管部）
	010－82501766（邮购部）		010－62514148（门市部）
	010－62515195（发行公司）		010－62515275（盗版举报）
网　　址	http://www.crup.com.cn		
经　　销	新华书店		
印　　刷	北京密兴印刷有限公司	版　　次	2005 年 9 月第 1 版
开　　本	787 mm×1092 mm　1/16		2024 年 4 月第 6 版
印　　张	21.75 插页 1	印　　次	2025 年 1 月第 2 次印刷
字　　数	497 000	定　　价	52.00 元

内容简介

《服务营销（第6版）》以习近平新时代中国特色社会主义思想为指导，全面贯彻党的二十大精神，学习贯彻习近平总书记关于服务、服务质量、服务营销的重要论述，科学总结并充分展现在党的创新理论指引下当代中国企业服务营销的成功经验和典型案例。本书在修订过程中，力求用服务营销理论和方法，为实现人民对美好生活的向往作出贡献。

全书体系相对上一版有所调整，分为绪论、服务营销战略、服务营销组合策略和服务营销拓展4篇共14章，第4篇包括服务营销规划与组织、服务质量管理、服务文化与顾客关系管理3章，可根据课程学时灵活选用，也可以用作学生实习实训、社会实践、论文撰写等培养环节的补充知识。第6版的主要修订包括：

- 及时反映服务营销理论与实践的新发展，尤其是互联网、物联网、大数据、人工智能、区块链等新兴数字技术在服务营销中的应用，彰显服务营销数字化、网络化、智能化发展新趋势，努力提升服务营销课程的引领性、时代性和开放性，引导学生关注社会现实，培育学生经世济民、诚信服务的职业素养。
- 更加关注中国服务营销实践的新发展，致力于中华优秀传统文化创造性转化、创新性发展，努力建构中国自主的服务营销知识体系。以丰富的"新启迪"专栏展现具有哲理性、学术性、通用性的中国服务营销案例。
- 增加了"学术前沿"和"素养园地"两个专栏，前者主要介绍国内外学术界服务营销研究的前沿理论成果，如人工智能服务营销战略研究、关于服务质量测量的最新研究等；后者聚焦企业家胸怀天下、人民至上的服务营销新近案例，用典型案例提升课程思政质量。

作者简介

郭国庆 经济学博士，中国人民大学商学院教授、博士生导师，中国人民大学中国市场营销研究中心主任。教育部课程思政教学名师；商务部国际贸易经济合作研究院特聘教授；英国牛津大学企业声誉研究中心国际研究员。中国商业史学会会长兼品牌专业委员会主任；全国高校市场营销大赛主任委员。曾任中国高等院校市场学研究会副会长。著作丰硕，包括《市场营销学通论》（第8版获首届全国教材建设奖全国优秀教材）、《市场营销学》（全国普通高等学校优秀教材一等奖、商务发展研究成果奖优秀奖）、《中国市场营销学科发展史》以及《营销思想史》等。

前言

走过不平凡的2023年，我们迎来充满希望的2024年。国家主席习近平的新年贺词温暖人心、催人奋进，激励亿万人民把光荣和梦想书写在强国建设、民族复兴伟业的新征程上。习近平指出，中国以自强不息的精神奋力攀登，到处都是日新月异的创造。假日旅游人潮涌动，电影市场红红火火，"村超""村晚"活力四射，低碳生活渐成风尚，温暖的生活气息、复苏的忙碌劲头，诠释了人们对美好幸福的追求，也展现了一个活力满满、热气腾腾的中国。各行各业的人们都在挥洒汗水，每一个平凡的人都作出了不平凡的贡献。

党的二十大报告指出，必须完整、准确、全面贯彻新发展理念，坚持社会主义市场经济改革方向，坚持高水平对外开放，加快构建以国内大循环为主体、国内国际双循环相互促进的新发展格局。构建新发展格局的根本要求，就是要提升供给体系的创新力和关联性，解决各类瓶颈问题，畅通国民经济循环，打通国内生产、分配、流通、消费的各个环节，发挥中国超大规模市场优势。在此过程中，市场营销能发挥十分重要的作用。加强市场营销，充分挖掘内需潜力，可以使国内市场和国际市场更好地联通，利用国内国际两个市场、两种资源，实现更加强劲、可持续的发展。党中央一再强调，要积极扩大国内需求，发挥消费拉动经济增长的基础性作用，通过增加居民收入扩大消费，通过终端需求带动有效供给，把实施扩大内需战略同深化供给侧结构性改革有机结合起来，推动体育休闲、文化旅游等服务消费。

在此时代背景下，我对《服务营销》（第5版）进行了修订，增加了"学术前沿"和"素养园地"两个专栏：前者主要介绍国内外学术界服务营销研究的前沿理论成果；后者聚焦企业家胸怀天下、人民至上的服务营销新近案例，致力于用典型案例提升课程思政质量。

《服务营销》（第6版）的体系结构有所调整。全书由4篇构成，分别为绪论、服务营销战略、服务营销组合策略和服务营销拓展。第1篇由2章构成，即：服务与服务营销；服务购买行为。第 2 篇由 2 章构成，即：服务营销过程与战略；服务目标营销战略。第 3 篇按照服务营销组合 7P 依次展开，共 7 章，即：服务产品与服务品牌；服务定价；服务分销；服务促销；服务人员与内部营销；服务有形展示；服务过程。第 4 篇是服务营销原理的扩展和延伸，由 3 章构成，即：服务营销规划与组织；服务质量管理；服务文化与顾客关系管理。教师可根据服务营销课程学时或学分，灵活选取第 4 篇的内容，自行决定必修或选修其中章节。另外，第 4 篇内容也可以用作学生实习实训、社会实践、论文撰写等培养环节的补充知识。

在修订过程中，本书力求做到如下几点：

1. 以习近平新时代中国特色社会主义思想为指导，全面贯彻党的二十大精神，学习贯彻习近平总书记关于服务、服务质量、服务营销的重要论述，科学总结并充分展现在党的创新理论指引下当代中国企业服务营销的成功经验和典型案例，引导学生了解世情、国情、党情、民情，增强对党的创新理论的政治认同、思想认同、情感认同。国家主席习近平在 2024 年新年贺词中指出，我们的目标很宏伟，也很朴素，归根到底就是让老百姓过上更好的日子。孩子的抚养教育，年轻人的就业成才，老年人的就医养老，是家事也是国事，大家要共同努力，把这些事办好。本书在修订过程中，力求用服务营销理论和方法，为实现人民对美好生活的向往作出贡献。

2. 及时反映服务营销理论与实践的新发展，尤其是互联网、物联网、大数据、人工智能、区块链等新兴数字技术在服务营销中的应用，彰显服务营销数字化、网络化、智能化发展新趋势，努力提升服务营销课程的引领性、时代性和开放性，引导学生关注社会现实，培育学生经世济民、诚信服务的职业素养。

3. 更加关注中国服务营销实践的新发展，扎根中国大地，直面中国现实，坚定中国特色社会主义道路自信、理论自信、制度自信、文化自信，更多地体现中国智慧、中国方案、中国元素、中国气派，致力于中华优秀传统文化创造性转化、创新性发展，努力建构中国自主的服务营销知识体系。为了弘扬以爱国主义为核心的民族精神和以改革创新为核心的时代精神，培养学生勇于探索的创新精神、善于解决问题的实践能力，本书以“新启迪”专栏展现具有哲理性、学术性、通用性的中国服务营销案例。

4. 更加适应服务营销课程教学的需要，有力地提升服务营销课程的学术性、理论性、科学性。习近平总书记指出，“理论的生命力在于不断创新”。本书在修订过程中高度关注以往教材存在的缺陷，力图扭转服务营销学基本概念缺乏、理论体系不严谨、内容陈旧落后跟不上时代步伐的被动局面。本书章末设学术前沿、素养园地、小结、重要概念、复习题内容。每章内容力图做到大致均衡，文字简明扼要，易懂、易学、易用，对图表也进行了更新、充实。为了与数字经济、人工智能、大数据、云计算、物联网等新技术发展相同步，本书在理论描述和实践案例安排等方面充分考虑社会的进步、国家的发展、教师的需求、学生的渴盼。本书力求与时俱进，以实干笃定前行，努力创造营销学科的美好未来。

本书在修订过程中参考了多位学者的著述，得到了广大营销学同行的诸多帮助。许多同行提供了案例遴选、数据查验、译文校正等帮助，在此表示衷心感谢。尤其需要感谢的是：魏海蓉、安卫康、姬春华、郭玉梅、叶婷、安立刚、郭溪月、王雨卿、王紫依、金子牛、吴玭灿。

由于水平所限，本书疏漏之处在所难免，真诚希望有识之士提出宝贵意见，以使本书不断完善，更好地服务于培养高质量营销人才。

郭国庆

目录

第1篇

绪论

第 2 篇

服务营销战略

第 3 篇

服务营销组合策略

第 4 篇

服务营销拓展

PART ONE

1

|第1篇|

绪　论

第1章
服务与服务营销

思维导图

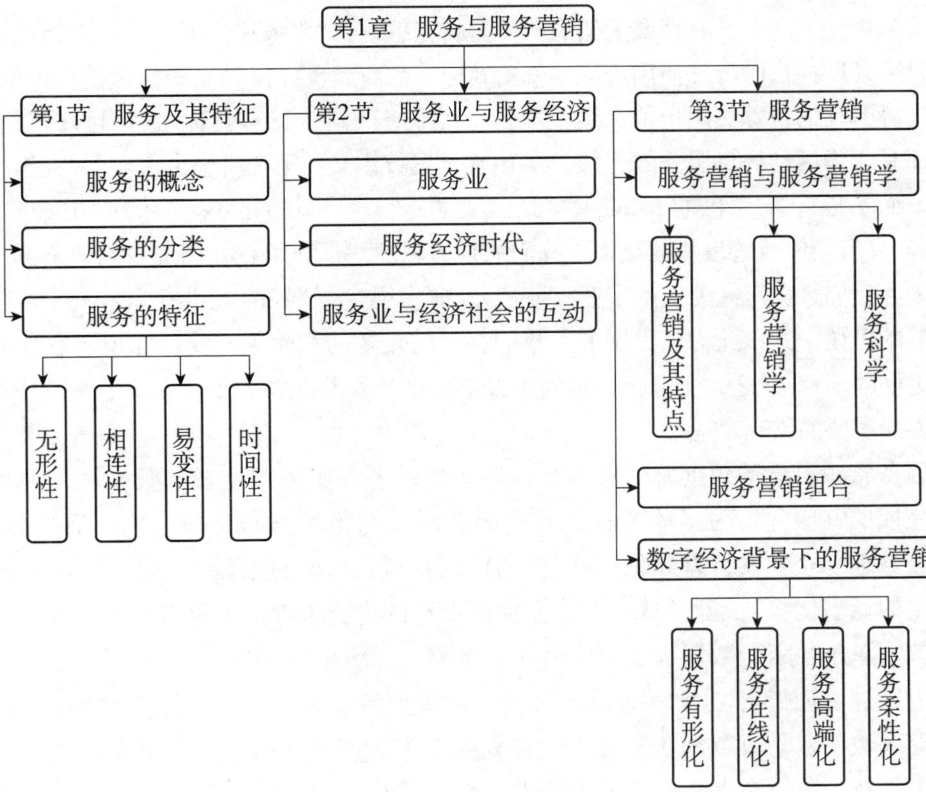

本章要点

- 服务与服务营销的内涵。
- 服务的特征。
- 我国服务业发展的主要趋势以及促进服务业发展的主要举措。
- 服务营销的特点以及服务营销组合。

第 1 节　服务及其特征

一、服务的概念

服务是指履行职务，为他人做事，不以实物形式而是以提供劳动的形式满足他人需要，并使他人从中受益的一种有偿或无偿的活动。马克思说："服务这个名词，一般地说，不过是指这种劳动所提供的特殊使用价值，就象其他一切商品也提供自己的特殊使用价值一样；但是，这种劳动的特殊使用价值在这里取得了'服务'这个特殊名称，是因为劳动不是作为物，而是作为活动提供服务的。"[①] 孙中山在《民权主义》第三讲中说道："人人当以服务为目的，而不以夺取为目的。"阿尔多斯·赫胥黎（Aldous Huxley，1894—1963）指出："只要我们具有能够改善事物的能力，我们的首要职责就是利用它并训练我们的全部智慧和能力，来为我们人类至高无上的事业服务。"爱迪生说过："我的人生哲学是工作，我要揭示大自然的奥秘，并以此为人类服务。我们在世的短暂的一生中，我不知道还有什么比这种服务更好的了。"总之，服务是一项利乐大众、惠及人类、造福社会、满足人民日益增长的美好生活需要的崇高事业。

从服务营销科学的角度看，服务是在服务提供者与服务接受者（服务对象）互动的过程中完成的，服务行为主体的目的是让服务对象获得利益和价值，让生活更加美好。同时，服务也是企业实行差异化战略的一种重要手段，通过服务差异化，企业可以创建自己长期的竞争优势[②]。竞争优势是指企业所拥有的比竞争者带来更多利润或效益的可持续性优势，源于技术、数据、管理、财务、品牌、劳动力等[③]。

习近平总书记指出，"加快培育服务贸易数字化新动能，推动数据基础制度先行先试改革，促进数字贸易改革创新发展。"[④] 在党的二十大精神指引下，我国人民"正自信自强、守正创新，踔厉奋发、勇毅前行，为全面建设社会主义现代化国家、全面推进中华民族伟大复兴而团结奋斗。"[⑤] 我们要坚定不移推进中国式现代化，完整、准确、全面贯

---

① 马克思，恩格斯．马克思恩格斯全集：第 26 卷．北京：人民出版社，1972：435.

② 郭国庆．市场营销学通论．9 版．北京：中国人民大学出版社，2022：203.

③ Kotler P，Armstrong G. Principles of marketing. 18th ed. Harlow：Pearson Education Limited，2021：533－535.

④ 习近平向 2023 年中国国际服务贸易交易会全球服务贸易峰会发表视频致辞．人民日报，2023－09－03.

⑤ 习近平．高举中国特色社会主义伟大旗帜　为全面建设社会主义现代化国家而团结奋斗：在中国共产党第二十次全国代表大会上的报告．人民日报，2022－10－26.

彻新发展理念，加快构建新发展格局，推动高质量发展，统筹好发展和安全。要坚持稳中求进、以进促稳、先立后破，巩固和增强经济回升向好态势，实现经济行稳致远[①]。在此时代背景下，服务和服务营销对于满足人们日益增长的美好生活需要发挥着比以往任何时候都更加重要的作用。

二、服务的分类

（一）实体产品与服务

林恩·肖斯塔克（G. Lynn Shostack）从实体产品与服务相结合的角度，把市场供给（offerings）分为四大类，而且排列成一种连续谱系。这四大类分别是：（1）纯粹的实体产品（如盐、牙膏等），不附带明显的服务。供给物是实体物品。（2）附带服务的实体产品。所提供的是一些附带服务的产品（如汽车、电视机等），但供给物依然是实体物品。（3）伴有产品的服务。所提供的服务附带产品，或者是服务和产品都有（如航空旅行、在医院做手术等），但供给物是非实体性的东西。（4）纯粹的服务。所提供的是服务（如信息），供给物是非实体性项目。

（二）显性服务与隐性服务

克里斯蒂·格朗鲁斯（Christian Gronroos）也曾提出显性服务与隐性服务的划分。显性服务是指存在行业规范的数量、内容及流程的服务活动，诸如接待顾客、咨询服务、服饰礼仪、环境布局、交易程序等，是顾客现场可以感受到的正规经营行为，也是能被竞争者模仿和超越的服务行为。隐性服务（hidden service）是指顾客在服务现场感受不到甚至想象不到的后台服务活动，是竞争者难以效仿和超越的服务行为，构成了企业的核心竞争力，如票据处理、表格填写、查询处理、服务补救、抱怨处理、顾客咨询、电子邮件收发、通过二维码或 App 提供对顾客特殊问题的关照、信守承诺、及时送货等。票据处理的清晰和准确性、对服务失误和顾客抱怨处理的及时和有效性以及员工对顾客的换位思考，对于提高顾客忠诚度具有十分重要的意义。所以，这些隐性服务是企业建立竞争优势的重要途径。

三、服务的特征

服务具有四个特征：无形性、相连性、易变性和时间性（或易消逝性）（见表 1-1）。

表 1-1　服务的特征

产品的特征	服务的特征	服务特征相应的含义
有形性	无形性	服务不容易进行展示或沟通传播 服务难以定价

① 国家主席习近平发表二〇二四年新年贺词. 人民日报，2024-01-01.

续表

产品的特征	服务的特征	服务特征相应的含义
分离性	相连性	顾客参与并影响交易 顾客之间相互影响 员工影响服务的结果
标准化	易变性	服务提供与顾客满意度取决于员工行动 服务质量受制于许多不可控因素 无法确认提供的服务是否与广告宣传相符
可储存	时间性	服务的供给与需求难以同步 服务不能退货或转售 服务不可储存

（一）无形性（intangibility）

服务无形性是指服务在购买或消费之前不能被看见、听见、嗅到或感觉到的特性。服务包含能够满足人们某种需要的各种行为或表现。人们不能像感知产品那样看到、感觉或触摸服务。很多时候，服务的消费是在消费者既未看到也未感觉到的情况下完成的。当然，说服务是无形的，并不是说服务提供过程中不存在任何有形的物体或要素。事实上，就很多服务的提供来说，有形物体是不可缺少的要素或条件。在绝大多数情况下，企业向市场提供的是有形物品和无形服务的结合。

（二）相连性（inseparability）

产业用品或消费品在从生产、流通到最终消费的过程中，往往要经过一系列中间环节，生产与消费过程具有一定的时间间隔。而服务却不同，它具有不可分离的特征。所谓服务相连性是指服务的生产过程与消费过程是紧密相连、不可分离、同时进行的。也就是说，在服务人员向顾客提供服务的同时，顾客也完成了对服务的消费，二者在时间上不可分离。由于服务本身不是一个实体物品，而是一系列的活动或过程，因此，在服务过程中，顾客和服务生产者必须直接发生联系，从而服务生产的过程也就是消费的过程。服务的这种特性表明，顾客只有而且必须参与服务的生产过程才能最终消费服务。一个简单的例子是，病人必须全面、准确如实地向医生讲明病情，接受医生的检查，医生才能做出科学、精准的诊断，进而对症下药。

（三）易变性（heterogeneity）

服务易变性也可称为服务差异性，它是指服务的构成成分及质量水平经常变化，不同的服务提供者或同一服务提供者在不同的时间、环境下所提供的服务质量水平也很难统一或一致。服务是一种行为或表现，其提供者是服务人员，享用者则是各种各样的顾客。不同服务人员的服务经验不同，同一服务人员在为不同对象服务及在不同时间为同一对象服务时的心理状态等也可能有很大差异，而不同顾客享用某种服务的体验及对服务的预期不同，从而服务的提供过程、顾客对服务的评价等都可能会因为时间、空间等因素的变化而产生很大差异，使得保持服务的标准化十分困难。因此，服务易变性主要是由人们之间的互动（包括员工和顾客之间以及顾客与顾客之间的互动）以及互动过程中的相关因素导致的。

（四）时间性（perishability）

服务时间性也可称为易消逝性、不可储存性，它是指服务容易消逝，无法保留、储存、转售及退还的特性。服务无形性以及生产与消费同时进行的特性，使得服务不可能像有形的消费品和产业用品一样被储存起来，以备未来出售。企业在形成提供服务产品的能力后，如果没有顾客购买服务产品，则服务能力就是一种浪费。由于不可储存，也就无法用预先储存起来的服务满足高峰时期顾客的需要。顾客为消费某种服务而来，当服务供不应求时，顾客则可能失望而归。鉴于此，如何妥善处理供求矛盾，便成为服务营销过程中面临的一个重要问题。国家发展改革委《关于恢复和扩大消费的措施》指出，推动夜间文旅消费规范创新发展，引导博物馆、文化馆、游乐园等延长开放时间，支持有条件的地区建设“24 小时生活圈”。打造沉浸式演艺新空间，建设新型文旅消费集聚区。

无形性是服务的最基本特征，其他特征都是从这一特征派生出来的。事实上，正是服务无形性才使得生产与消费不可分离，而易变性、时间性在很大程度上是由无形性和相连性两大特征决定的[①]。

新启迪 1-1

数字体验经济

数字体验经济是指通过个性化数字产品和服务不断提升顾客体验的经济活动过程。数字化的普及对消费者需求和购买决策行为产生了深刻影响，促使消费者对产品和服务的预期不断提高，对美好体验的需求与日俱增。诚如习近平总书记指出的，要大力“发展乡村旅游、休闲农业、文化体验、健康养老、电子商务等新产业新业态”[②]。

随着云计算、人工智能、虚拟现实、物联网和 5G 等新兴技术的蓬勃发展，数字体验由消费领域向生产制造等领域延伸，由单一场景向多元场景转换，在技术应用和服务领域不断扩展。其主要趋势是：（1）新技术、新领域多点发力，驱动数字体验经济转型升级；（2）“观感体验＋心理体验”成为服务营销新焦点；（3）个性化、差异化产品或服务成为未来市场新亮点、新机遇；（4）精准设计“用户旅程”成为改善数字体验新路径。

国家发展改革委《关于恢复和扩大消费的措施》指出，推进数字消费基础设施建设，丰富第五代移动通信（5G）网络和千兆光网应用场景。加快传统消费数字化转型，促进电子商务、直播经济、在线文娱等数字消费规范发展。支持线上线下商品消费融合发展，提升网上购物节质量水平。发展即时零售、智慧商店等新零售业态。鼓励数

---

① Kotler P，Armstrong G. Principles of marketing. 18th ed. Harlow：Pearson Education Limited，2021：247－249.

② 习近平. 坚持把解决好“三农”问题作为全党工作重中之重 举全党全社会之力推动乡村振兴. 求是，2022（7）.

字技术企业搭建面向生活服务的数字化平台，推进数字生活智能化，打造数字消费业态、智能化沉浸式服务体验。加强移动支付等安全监管。升级信息消费，促进信息消费体验中心建设改造，提升信息消费示范城市建设水平，高质量举办信息消费系列特色活动，推动新一代信息技术与更多消费领域融合应用。推动平台经济规范健康持续发展，持续推动创新突破，开辟更多新领域新赛道，进一步完善相关领域服务标准。

展望未来，数字体验经济正在成为技术、产业竞争新高地，将为中国乃至全球带来巨大的市场机遇，而中国正在成为全球数字体验经济的主要参与者和重要市场。

第 2 节　服务业与服务经济

一、服务业

服务业又称第三产业，是国民经济中除了第一产业（农业、林业、畜牧业、渔业）、第二产业（采矿业，建筑业，制造业，电力、热力、燃气及水生产和供应业）以外的产业。国家统计局《关于建立第三产业统计的报告》中首次提出了中国三次产业的划分范围，中国第三产业包括流通和服务两大部门，包括具体分为四个层次：一是流通部门，包括交通运输业、邮电通讯业、商业饮食业、物资供销和仓储业；二是为生产和生活服务的部门，包括金融业、保险业、地质普查业、房地产管理业、公用事业、居民服务业、旅游业、信息咨询服务业和各类技术服务业；三是为提高科学文化水平和居民素质服务的部门，包括教育、文化、广播、电视、科学研究、卫生、体育和社会福利事业；四是国家机关、政党机关、社会团体、警察、军队等，但在国内不计入第三产业产值和国民生产总值。由此可见，第三产业基本是一种服务性产业。之后国家统计局几次修订了三次产业的界定范围，总体上看，第三产业包括：批发和零售业，交通运输、仓储和邮政业，住宿和餐饮业，信息传输、软件和信息技术服务业，金融业，房地产业，租赁和商务服务业，科学研究和技术服务业，水利、环境和公共设施管理业，居民服务、修理和其他服务业，教育，卫生和社会工作，文化、体育和娱乐业，公共管理、社会保障和社会组织，国际组织，以及农、林、牧、渔业中的农、林、牧、渔服务业，采矿业中的开采辅助活动，制造业中的金属制品、机械和设备修理业（如表 1-2 所示）。根据世界贸易组织（WTO）统计和信息系统局制定的分类表，服务业包括 11 大类 150 多个分项①。其中，有相当一部分关系到国计民生，例如，金融服务业事关国民经济命脉；信息服务业不仅事关国家安全和人民生活，而且已成为各国参与未来全球竞争的重要武器。服务业已成为全球第一大产业和推动世界各国经济不断发展的持续动力。党的二十大报告指出，“构建优质高效的服务业新体系，推动现代服务业同先进制造业、现代农业深度融

① Market Watch, Inc. Professional services market global report 2017. (2017-08-17). http://www.marketwatch.com/story/professional-services-market-global-report-2017-2017-08-17/email.

合。”[①] 在以中国式现代化全面推进中华民族伟大复兴的进程中，大力发展服务业具有深远的战略意义。随着改革开放的深化，我国已进入供给侧结构性改革的重要时期，大力发展服务业具有深远的战略意义。

表1-2　三大产业的划分

产业划分	产业范围
第一产业	农业、林业、畜牧业、渔业
第二产业	采矿业，建筑业，制造业，电力、热力、燃气及水生产和供应业
第三产业	批发和零售业，交通运输、仓储和邮政业，住宿和餐饮业，信息传输、软件和信息技术服务业，金融业，房地产业，租赁和商务服务业，科学研究和技术服务业，水利、环境和公共设施管理业，居民服务、修理和其他服务业，教育，卫生和社会工作，文化、体育和娱乐业，公共管理、社会保障和社会组织，国际组织，以及农、林、牧、渔业中的农、林、牧、渔服务业，采矿业中的开采辅助活动，制造业中的金属制品、机械和设备修理业

习近平总书记指出，要“发展战略性新兴产业和现代服务业，增加公共产品和服务供给，着力提高供给体系质量和效益，更好满足人民需要，推动我国社会生产力水平实现整体跃升，增强经济持续增长动力”[②]。党的二十大以来，我国服务业以习近平新时代中国特色社会主义思想为指导，深化服务业供给侧结构性改革，大力培育服务业新产业、新业态、新模式，加快发展现代服务业，着力提高服务效率和服务品质，不断满足产业转型升级需求和人民美好生活需要。

（一）我国服务业发展的主要趋势

1. 以人为本，优化供给。党的二十大提出，“坚持以人民为中心的发展思想”[③]，满足多层次多样化服务需求，不断增强人民的获得感、幸福感、安全感。实现服务付费可得、价格合理、优质安全，以高质量的服务供给催生创造新的服务需求。国家继续丰富虚拟现实设备、智慧健康养老产品和服务的有效供给，开展畅通消费电子内循环系列行动，以及加快释放特定群体消费潜力。在优化消费供给方面，国家发展改革委将推进数字技术、应用场景和商业模式融合创新，培育壮大消费新业态新模式，促进生活消费品质升级，丰富拓展消费场景。到2025年，初步建成“数字+生活服务”生态体系，生活服务数字化、网络化、智能化水平进一步提升。到2030年，生活服务数字化深度融入居民生活，基本实现生活服务数字化，形成智能精准、公平普惠、成熟完备的生活服务体系。

2. 市场导向，品牌引领。顺应产业转型升级新趋势，充分发挥市场配置资源的决定性作用，在公平竞争中提升服务业竞争力。坚持质量至上，树立服务品牌意识，发挥品

① 习近平. 高举中国特色社会主义伟大旗帜　为全面建设社会主义现代化国家而团结奋斗：在中国共产党第二十次全国代表大会上的报告. 人民日报，2022-10-26.

② 新发展理念就是指挥棒. 人民日报海外版，2016-01-07.

③ 习近平. 高举中国特色社会主义伟大旗帜　为全面建设社会主义现代化国家而团结奋斗：在中国共产党第二十次全国代表大会上的报告. 人民日报，2022-10-26.

牌对服务业高质量发展的引领带动作用，着力塑造中国服务品牌新形象。商务部持续开展好十城联动共享美食佳饮、中华美食荟等餐饮促消费活动，指导各地打造餐饮消费品牌。同时，将出台促进餐饮业高质量发展、加快生活服务数字化赋能等政策，为餐饮业发展注入新动能[①]。

3. 创新驱动，跨界融合。贯彻创新驱动发展战略，推动服务技术、理念、业态和模式创新，增强服务经济发展新动能，形成有利于提升中国制造核心竞争力的服务能力和服务模式，发挥中国服务与中国制造组合效应。国家致力提振大宗消费、扩大服务消费、培育新型消费，进一步拉动经济增长。通过发展汽车赛事、房车露营，释放近万亿元规模的汽车后市场潜力。

4. 深化改革，扩大开放。深化服务领域改革，破除制约服务业高质量发展的体制机制障碍，优化政策体系和发展环境。推动服务业在更大范围、更宽领域、更深层次扩大开放，深度参与国际分工合作，鼓励服务业企业在全球范围内配置资源、开拓市场，“以中国新发展为世界提供新机遇”，“让中国大市场成为世界共享的大市场”。[②] 正如习近平总书记在企业家座谈会上所指出的那样，“企业营销无国界”[③]。

5. 目标明确，前景可期。习近平总书记指出：“要坚持基本医疗卫生事业的公益性，不断完善制度、扩展服务、提高质量，让广大人民群众享有公平可及、系统连续的预防、治疗、康复、健康促进等健康服务。要坚持提高医疗卫生服务质量和水平，让全体人民公平获得。”[④] 党的二十大提出，“推进健康中国建设。人民健康是民族昌盛和国家强盛的重要标志。把保障人民健康放在优先发展的战略位置，完善人民健康促进政策。”[⑤] 展望未来，我国服务业增加值规模将不断扩大。服务业标准化、规模化、品牌化、网络化和智能化水平进一步提升，生产性服务业效率和专业化水平不断提高，生活性服务业满足人民消费新需求能力显著增强。

（二）我国促进服务业发展的主要举措

1. 推动服务创新。加强技术创新和应用，打造一批面向服务领域的关键共性技术平台，推动人工智能、云计算、大数据等新一代信息技术在服务领域深度应用，提升服务业数字化、智能化发展水平，增强个性化、多样化、柔性化服务能力。积极支持生活服务数字化新技术、新业态、新模式发展。通过建设生活服务数字化赋能中心等，为传统生活服务企业转型升级提供数字化场景支持。推动智慧物流、服务外包、医养结合、远程医疗、远程教育等新业态加快发展，引导平台经济、共享经济、体验经济等新模式有序发展。体验经济是服务经济的延伸，是农业经济、工业经济和服务经济之后的第四类经济类型，强调顾客感受和消费心理体验。2023年国家发展改革委《关于恢复和扩大消费的措施》指出，“推动实施乡村民宿服务认证，培育发布一批等级旅游民宿，打造一批

---

① 2023全国金秋购物节启动.（2023－08－31）.人民网.

② 习近平向第六届中国国际进口博览会致信.人民日报，2023－11－06.

③ 习近平在企业家座谈会上的讲话.（2020－07－22）.人民网.

④ 习近平讲故事：让全体人民公平获得医疗卫生服务.（2020－01－02）.人民网.

⑤ 习近平.高举中国特色社会主义伟大旗帜 为全面建设社会主义现代化国家而团结奋斗：在中国共产党第二十次全国代表大会上的报告.人民日报，2022－10－26.

品质民宿。支持经营主体开发森林人家、林间步道、健康氧吧、星空露营、汽车旅馆等产品，因地制宜打造一批美丽田园、景观农业、农耕体验、野外探险、户外运动、研学旅行等新业态，拓展乡村生态游、休闲游”。

2. 深化产业融合。产业融合是指在时间上先后产生、结构上处于不同层次的农业、工业、服务业、信息业、知识业在同一个产业、产业链、产业网中相互渗透、相互包含、融合发展的产业形态与经济增长方式，是用无形渗透有形、高端统御低端、先进提升落后、纵向带动横向，使低端产业成为高端产业的组成部分，实现产业升级的知识运营增长方式、发展模式与企业经营模式。引导农业生产向生产、服务一体化转型，推动线上线下有机结合；支持利用农村自然生态、历史遗产、地域人文、乡村美食等资源，发展乡村旅游、健康养老、科普教育、文化创意、农村电商等业态。打造工业互联网平台，推动制造业技术研发、工业设计、采购分销、生产控制、营运管理、售后服务等环节向专业化、高端化跃升。以大型服务平台为基础，以大数据和信息技术为支撑，推动生产、服务、消费深度融合。

3. 拓展服务消费。补齐服务消费短板，激活幸福产业潜在服务消费需求，全面放开养老服务市场。加快建立远程医疗服务体系，推动优质资源下沉扩容。打造中高端服务消费载体，吸引健康体检、整形美容等高端服务消费回流。推动信息服务消费升级、步行街改造提升，支持有条件的地方建设新兴消费体验中心，开展多样化消费体验活动。鼓励企业围绕汽车、家电等产品更新换代和消费升级，完善维修售后等配套服务体系。着力挖掘农村电子商务和旅游消费潜力，优化农村消费市场环境。促消费政策不是“掏空钱包”“透支需求”，其出发点是帮助居民节约开支，买到物美价廉的商品，买到更有科技含量、更符合需求的新产品、新服务。各级政府将加强社区便民服务，合理布局养老、托育、餐饮、家政、零售、快递、健身、美发、维修、废旧物品回收等便民生活服务业态，推进完整社区建设。

4. 优化空间布局。围绕京津冀协同发展、粤港澳大湾区建设、推进海南全面深化改革开放、长江三角洲区域一体化发展等国家战略，建设国际型、国家级的现代服务经济中心，形成服务业高质量发展新高地。深化国际消费中心城市建设，科学布局、培育发展一批区域消费中心和地方特色消费中心。优化城市商业体系，推动步行街改造提升，发展智慧商圈，打造“一刻钟”便民生活圈，构建分层分类的城市消费载体，提高居民消费便利度。强化中小城市服务功能，打造一批服务业特色小镇，形成服务周边、带动农村的新支点。国家将持续提升消费服务质量水平。全面开展放心消费行动，完善重点服务消费领域服务标准。依法打击假冒伪劣行为，持续推动创建放心市场、放心商店、放心网店、放心餐饮、放心景区、放心工厂，加快形成退换货、质量追溯、明码标价、监管、评价的放心消费制度闭环，营造放心消费环境。

5. 提升就业能力。大力发展人力资源服务业，鼓励发展招聘、人力资源服务外包和管理咨询、高级人才寻访等业态。鼓励普通高等学校、职业院校增设服务业相关专业，对接线上线下教育资源。围绕家政服务、养老服务、托育服务、健康养生、医疗护理等民生领域服务需求，提升从业人员职业技能，增强服务供需对接能力。

6. 建设服务标准。瞄准国际标准，推动国际国内服务标准接轨。党的二十大提出，

“群众在就业、教育、医疗、托育、养老、住房等方面面临不少难题”，要“实施积极应对人口老龄化国家战略，发展养老事业和养老产业”。[①] 完善商贸旅游、社区服务、物业服务、健康服务、养老服务、休闲娱乐、教育培训、体育健身、家政服务、保安服务等传统服务领域标准，加快电子商务、供应链管理、节能环保、知识产权服务、商务服务、检验检测服务、婴幼儿托育服务、信息技术服务等新兴服务领域标准研究制定。

7. 塑造服务品牌。积极开展服务品牌培育和塑造工作，组织培育一批具有国际竞争力的中国服务品牌和具有地方特色的区域服务品牌。开展中国服务品牌宣传、推广活动，以“一带一路”建设为重点，推动中国服务走出去。

8. 改进公共服务。党中央一再强调，要坚持基本医疗卫生事业的公益性，不断完善制度、扩展服务、提高质量，让广大人民群众享有公平可及、系统连续的预防、治疗、康复、健康促进等健康服务。要坚持提高医疗卫生服务质量和水平，让全体人民公平获得。要坚持正确处理政府和市场关系，在基本医疗卫生服务领域政府要有所为，在非基本医疗卫生服务领域市场要有活力[②]。为了落实党的二十大报告提出的“健全现代公共文化服务体系”“提高公共服务水平”“健全就业公共服务体系”“统筹乡村基础设施和公共服务布局”[③] 战略要求，将紧密围绕城乡居民优质便利生活需求，统筹规划公共交通、停车场地、社区卫生中心等基础设施建设，合理布局社区养老、托育中心、便利店、洗衣房、售后维修、物流快递等便民服务设施，推动各类公共文化、体育场馆免费或低收费开放。

9. 健全质量监管。推动服务业企业采用先进质量管理模式与方法，公开服务质量信息，实施服务质量承诺。建立健全服务质量监管协同处置机制，及时依法调查处理重大服务质量安全事件，不断完善服务质量治理体系。国家市场监督管理总局从建制度、守底线、拉高线3个方面入手，着力营造放心的消费环境，推动消费提质扩容。在制度建设方面，聚焦盲盒经营、免税品网购、新能源汽车等新业态，出台规范指引、开展行政指导、实施缺陷产品召回，指导免税、盲盒、电商等新兴领域改善售后服务。

10. 扩大对外开放。党的二十大提出了“创新服务贸易发展机制”[④] 的战略任务，为此，将积极引进全球优质服务资源，增强服务业领域国际交流与合作，以“一带一路”建设为重点，引导有条件的企业在全球范围配置资源、拓展市场，推动服务业和制造业协同走出去，以服务开放推动包容发展，以服务合作促进联动融通，以服务创新培育发展动能，以服务共享创造美好未来。培育文化创意、数字服务、信息通信、现代金融、广告服务等新兴服务贸易。

中国企业“应该顺势而为、应势而变，创新发展理念、业务模式”[⑤]，以奋斗者的姿态迎接服务经济时代的到来。

---

① 习近平．高举中国特色社会主义伟大旗帜　为全面建设社会主义现代化国家而团结奋斗：在中国共产党第二十次全国代表大会上的报告．人民日报，2022-10-26.

② 把人民健康放在优先发展战略地位　努力全方位全周期保障人民健康．人民日报，2016-08-21.

③ 习近平．高举中国特色社会主义伟大旗帜　为全面建设社会主义现代化国家而团结奋斗：在中国共产党第二十次全国代表大会上的报告．人民日报，2022-10-26.

④ 习近平．高举中国特色社会主义伟大旗帜　为全面建设社会主义现代化国家而团结奋斗：在中国共产党第二十次全国代表大会上的报告．人民日报，2022-10-26.

⑤ 习近平在亚洲基础设施投资银行第五届理事会年会视频会议开幕式上的致辞．(2020-07-29)．人民网.

二、服务经济时代

所谓服务经济，是指在农业经济、工业经济以后生成的以人力资本为基本生产要素形成的经济结构、增长方式和社会形态。当前，我国正处在经济转型的历史节点。从国际产业结构演进的经验看，高附加值的现代服务业逐步取代低附加值的传统工业是发展中国家迈向高收入国家的必由之路。

首先，从生产型制造为主向服务型制造为主转变已成必然趋势。党中央提出了“支持战略性新兴产业和现代服务业发展”的战略构想。这就要求构建优质高效的服务业新体系，加快现代生产性服务业的发展，进而推动现代服务业同先进制造业、现代农业深度融合。进入新时代以来，中国制造在数字经济推动下，正在由生产型制造向服务型制造转变。正如习近平所指出的，以信息化培育新动能，用新动能推动新发展，推动互联网和实体经济深度融合，加快传统产业数字化、智能化，做大做强数字经济，拓展经济发展新空间。①

其次，规模城镇化向人口城镇化的转型升级为生活性服务业的发展提供了巨大空间。实现人的城镇化，关键在于加快从规模城镇化向人口城镇化的转型升级。大量农业转移人口进城，将为教育、医疗、养老等生活性服务业带来巨大的市场空间。党的二十大提出，“推进以人为核心的新型城镇化，加快农业转移人口市民化。以城市群、都市圈为依托构建大中小城市协调发展格局，推进以县城为重要载体的城镇化建设”②。新型城镇化为现代生活性服务业创造了更大的市场需求。尤其是发展银发经济，推动人口高质量发展，将为服务业带来更大的市场背景。习近平总书记指出，我国老年人口增加很快，老年服务产业发展还比较滞后。要完善制度、改进工作，推动养老事业多元化、多样化发展，让所有老年人都能老有所养、老有所依、老有所乐、老有所安。养老服务机构要加强管理，增强安全意识，提高服务质量，让每一位老人都能生活得安心、静心、舒心，都能健康长寿、安享幸福晚年③。

最后，物质性消费为主向服务性消费为主的消费结构转型升级，将形成经济服务化的内在动力。我国正处于消费结构转型升级的关键时期，突出表现为城乡居民消费结构正由物质性消费向服务性消费升级。服务性消费的快速增长将为服务业的发展提供巨大的市场空间。因此，“要增强消费能力，改善消费条件，创新消费场景，使消费潜力充分释放出来”④。尤其要支持养老服务、教育医疗文化体育服务等消费。

三、服务业与经济社会的互动

（一）服务业对经济社会的推动

1. 节约物质资源。服务给予顾客的是利益、愉悦和满足，比有形产品生产更节省社

① 习近平：加快推进网络信息技术自主创新　朝着建设网络强国目标不懈努力．人民日报，2016－10－10.

② 习近平．高举中国特色社会主义伟大旗帜　为全面建设社会主义现代化国家而团结奋斗：在中国共产党第二十次全国代表大会上的报告．人民日报，2022－10－26.

③ 习近平元旦前夕在北京市看望一线职工和老年群众　向全国广大一线职工表示慰问　向全国广大老年群众致以祝福．人民日报，2013－12－29.

④ 习近平．当前经济工作的几个重大问题．求是，2023（4）.

会物质资源。在同样的满足程度下，市场赋予服务和产品相同的价值，而不论它们是否消耗了同样的物质成本。

2. 提供高附加价值。服务业产品的附加价值在一般情况下远高于制造业产品的附加价值，提高了社会劳动增值率，服务贸易与现代服务业融合发展将释放更多创新活力。

3. 促进技术创新与传播。服务业降低了资本的密集度，促进了技术的传播，是阻止垄断的天然屏障。而服务业数字化、智能化、绿色化进程的不断加快，又给市场竞争增添了新的赛道。

4. 推动产业和消费升级。服务业促进了生产率和边际收益率的提高，有助于产业升级和生活质量提升，不断实现人民对美好生活的向往。

可见，今天的服务业正凭借自身的价值作用成为社会经济发展的主流。我国正积极扩大优质服务进口和知识密集型服务出口，以高质量发展为全球提供更多更好的中国服务。

（二）经济社会对服务业发展的促进

随着社会经济的发展、社会财富的积累，人们的生活水平随之提高，生活方式也发生了显著的变化，消费倾向开始转向服务消费。社会生产效率的提高使闲暇时间不断增加，人们对外出旅游、休闲购物、外卖速递、共享服务、成人教育等服务提出了更高的要求。更高的生活期望和更加多样化的生活要求，促进了诸如家庭护理、婚介服务、休闲娱乐、健康养老等专业服务的发展和成熟。

习近平指出："当前，数字经济发展日新月异，深刻重塑世界经济和人类社会面貌。"①科学技术的进步和发展一方面推动劳动密集型产业向知识技术密集型产业转化，另一方面催生出许多新型的服务业。例如，数字经济的到来为信息咨询、电子商务、电子银行、共享经济、物联网、网络营销、VR游戏、电信服务等行业提供了物质设施平台和运作手段，从而促成了新的服务业的产生。科技进步对服务业的影响主要体现在以下方面：

首先，科技水平的提高使有形产品生产效率的提高不再单纯地依靠物质资源和劳动的数量，而是更加强调生产资料的质量和劳动者的素质。引进和开发更先进的技术和设备成为发展生产的必由之路，这有赖于促进生产过程转化的咨询、研发等服务业的技术支持，有赖于服务业不断创新升级。诚如习近平指出的，"创新就是生产力，企业赖之以强，国家赖之以盛。我们要顺应第四次工业革命发展趋势，共同把握数字化、网络化、智能化发展机遇，共同探索新技术、新业态、新模式，探寻新的增长动能和发展路径。"②

其次，科技进步促使社会产生更多的脑力劳动岗位，对体力劳动者的需求则呈现出相对下降的趋势。一方面，对社会脑力劳动者的尊重会增强人们提高自身能力的积极性，从而带动教育科研产业的崛起；另一方面，白领阶层收入高、闲暇时间长、劳动强度低，使他们成为服务业的主要顾客群体。白领阶层不断扩张，必然通过需求拉动促进服务业发展。此外，科技进步和生产自动化程度的提高，弱化了体力劳动在工作中的地位，强

① 习近平出席二十国集团领导人第十四次峰会并发表重要讲话. 人民日报，2019-06-29.
② 习近平在第二届"一带一路"国际合作高峰论坛开幕式上的主旨演讲.（2019-04-26）. 人民网.

化了女性和男性在岗位竞争中的社会公平——更多的女性开始参与社会工作和公共活动，促进了服务业的发展：一是更多的女性走出家庭，必然使更多的家政服务走向社会；二是女性的性格特征和体力状况恰恰迎合了多数服务业对劳动力的要求，使服务业获得了源源不断的优质人力资源。

最后，科技进步同样直接作用于服务业自身。服务业在不断开发、普及有形产品生产技术，同时也在致力于提高自身的服务水平，高质量和专业化正在成为服务竞争力的重要表现。成功的服务企业以顾客需求为核心，利用数字化技术实施服务流程再造，减少顾客等待时间，记录顾客消费偏好。通过大数据分析，了解企业分支机构的销售盈利情况和服务人员绩效，有利于降低运营成本，大幅度提高服务质量，增加顾客回头率和消费频次，从而提高企业营销业绩。人工智能和机器人可以提供更加贴心高效的医疗健康、金融和教育等多种服务，减少出错率和解放人力。以医疗行业为例，人工智能和机器人的应用可以大大提升医疗诊断和治疗效果。机器人技术能够实现微创手术和精准定位，从而减少手术创伤、提高治疗效果。人工智能可以在医疗大数据和疾病预测方面发挥重要作用，帮助医生更加准确地诊断疾病、制订治疗方案，有效提高医疗质量。人工智能和机器人已成为推动服务业高质量发展、提升人类生活质量的重要力量。

第 3 节　服务营销

一、服务营销与服务营销学

（一）服务营销

党的二十大提出，“鼓励共同奋斗创造美好生活，不断实现人民对美好生活的向往”[①]。营销作为连接社会生产与社会消费的纽带，对于社会经济发展发挥着不可或缺的重要作用。从营销思想史的角度看，学者们曾给出不同的营销定义。例如，营销是企业为适应消费需要而不断调整生产能力、有效配置资源的过程；营销是生活标准的创造和传递，是人类生活方式的重要支柱；营销是为社会创造并传递生活标准的活动；营销是指以满足人民日益增长的美好生活需要为目的，通过市场变潜在交换为现实交换的一系列活动和过程[②]。

从实践看，营销的成功并不仅仅在于它能够提供适销对路的产品，满足购买者需求，更重要的还在于它能够推动社会进步，增进人类福祉，不断提升社会生活标准和人民生活质量水平。而服务营销则是企业将服务用于满足人民日益增长的美好生活需要的营销活动。服务营销必定会发挥其应有的作用，让生活更美好，让世界更和谐，让人类社会更加文明、进步。

服务营销实质上是企业在市场细分的基础上，根据个人的特定需求来安排营销组合，

---

① 习近平. 高举中国特色社会主义伟大旗帜　为全面建设社会主义现代化国家而团结奋斗：在中国共产党第二十次全国代表大会上的报告. 人民日报，2022-10-26.

② 郭国庆. 市场营销学通论. 9 版. 北京：中国人民大学出版社，2022：6.

向顾客输出便捷、愉悦、省时、舒适或健康等形式的附加价值或利益，以满足每个顾客特定需求的经济活动。服务营销的过程既是服务设计、展示、输出、传递的过程，也是顾客接受、消费、感知和评价服务的过程，是企业寻求差异化竞争优势的重要手段。

（二）服务营销的特点

服务营销与产品营销相比，具有如下特点：

1. 营销供给不同。如果说产品是一个可感知的物体，服务则表现为一种行为、绩效或努力。由于服务是无形的，顾客难以感知和判断其质量与效果，他们更多的是根据服务设施和环境来衡量。

2. 营销对象复杂多变。服务购买者是多变的、广泛的、复杂的。服务购买者的购买动机和目的各不相同，可能牵涉社会各界各种类型的家庭和不同身份的个人。即使购买同一服务，也可能有的用于生活消费，即为了满足个人和家庭生活需要而购买服务的消费，如衣食住行等；有的用于生产消费，即为了从事物质产品或无形服务的生产活动需要而购买服务的消费，如信息咨询、邮电通信、酒店接待、出差旅行等。服务营销对象的多变性表现为不同购买者的服务需求种类、内容、方式经常变化。影响人们的服务需求的因素很多，如产业结构升级、消费结构优化、科学技术进步等。

3. 顾客参与生产。产品营销中没有顾客对生产过程的参与，管理的对象是企业员工而非顾客。而服务营销由于顾客直接参与生产过程，如何管理顾客从而使服务促销有效地进行成为服务营销管理的一个重要内容。许多服务的提供者与顾客直接接触并形成互动关系。通常，顾客在创造某项服务活动的过程中会积极参与，如在超市、银行、快餐店与洗衣店等进行自我服务，在中医馆、健身房、足疗店、美容院或医院与服务人员合作等。改变服务生产过程的性质通常会影响顾客在该过程中发挥的作用。

新启迪 1-2

如何提高顾客参与度

首先，仔细分析顾客的消费过程。把自己当成顾客，亲自体验一把消费过程，并记下其中令人失望的互动。企业发送的电子邮件是有用的还是扰民的？线下门店是否容易找到并让人有宾至如归之感？员工是否友好和专业？是否在顾客互动后跟进并回复评论？每一个和顾客的接触点都存在着和顾客互动的机会。

其次，倾听顾客对企业服务的评价。如今的顾客是直言不讳的，服务企业很容易在谷歌、脸书以及其他网站上找到反馈。企业还应该投资社交媒体管理，这样就可以积极监控社群的评论，因为有 42% 的顾客希望在 60 分钟内得到回复，而延迟的回复几乎和没有回复一样糟糕。

再次，提供无缝的全方位顾客体验。服务企业如果正确地分析了顾客的消费过程，就会发现企业和顾客互动有许多渠道，包括搜索、电子邮件、网站、线下门店，甚至短信。无论通过何种渠道，服务企业都要确保每次与顾客打交道时都能提供愉快的体验。一次糟糕的互动可能会毁掉互动的有效性，甚至破坏已经建立起来的顾客信任和忠诚。

最后，不要强迫顾客参与。企业不能强迫顾客互动。正如 HubSpot 的保罗·格林伯格（Paul Greenberg）所说，顾客参与是公司和顾客之间持续的互动，由公司提供，顾客进行选择，并决定如何互动和参与。企业只能创造机会，并确保自己能够激励顾客采取行动。

4. 人是服务的一部分。服务过程是顾客和服务提供者广泛接触的过程，服务绩效的优劣不仅取决于服务提供者的素质，也与顾客的行为密切相关。所以，人成为服务的一部分。“世间一切事物中，人是第一可宝贵的。”① 服务企业对员工服务态度、服务技巧、服务质量以及相关知识技能的培训等，都是改善顾客营销体验、提升服务营销绩效的有效手段。

5. 顾客需求弹性大。人的基本物质需求是一种原发性需求。这类需求易产生共性，而精神文化需求属继发性需求，会因顾客各自所处的社会环境和各自具备的条件不同而形成较大的需求弹性。同时，服务需求受外界条件影响大，如季节、气候、科技、习俗等因素都会对信息服务、环保服务、旅游服务、网购服务、快递服务、航运服务的需求造成重大影响。需求弹性大是服务营销面临的最棘手的问题之一。

6. 质量不易控制。由于人是服务的一部分，服务质量很难像产品那样采用统一的标准来衡量，服务过程中存在的缺陷或不足也就不易被发现并及时加以改进。在产品到达顾客之前，员工可以根据质量标准对产品进行检验，但是服务在生产出来的同时就被消费了，顾客的参与又给服务增加了更大的可变性。受这些不可控因素的影响，服务企业很难控制服务质量并提供始终如一的产品。服务质量的不确定性为服务企业的生产提供了更大的自由发挥空间。企业员工在提供一致服务、标准化服务的同时，可以根据顾客的实际需要提供更加个性化的服务。同时，服务失败和服务补救问题也应引起企业重视。所谓服务失败，是指企业服务递送系统、员工情绪、员工技能、顾客自身、互动沟通等导致的服务出错失误、顾客投诉、形象受损等问题。服务补救是指企业在服务失误发生后，针对服务系统中可能导致失误或已发生失误的任何环节所采取的补救、挽回和防范措施，包括失误的实时弥补，对服务补救需求的事前预测与控制，以及对顾客抱怨和投诉的妥善处理等。

7. 服务无法储存。由于服务无形性以及生产与消费同时进行的服务相连性，服务具有不可储存的特性。虽然生产服务的设备、劳动力等能够以有形产品的形态存在，但它们只是代表一种产能而非服务本身。如果没有顾客需要服务，对企业来说，就意味着产能的浪费；同时，如果服务需求超过供给能力，又会因服务缺乏而使顾客失望。所以，如何使波动的需求同企业的产能相匹配，便成为服务营销的一个难题。

8. 时间至关重要。既然服务生产和消费过程是由顾客与服务提供者面对面进行的，服务提供就必须及时、快捷，以缩短顾客等候服务的时间。等候时间过长会引起顾客的厌烦，使其对企业的服务质量及形象产生怀疑甚至不满。即使服务过程如器械维修、体检化验、完成一份咨询报告、洗衣等可能会发生在顾客看不到的场所里，顾客对完成一

① 毛泽东．唯心历史观的破产//毛泽东．毛泽东选集：第 4 卷．北京：人民出版社，1991：1449．

项特定的工作所需的时间也有自己的心理预期。

9. 分销方式不同。服务企业不像制造企业那样通过物流系统把产品从工厂经由批发商、零售商运送到顾客手里，而是借助电子渠道（如广播、电视、互联网、物联网）或是把生产、零售和消费的地点联结在一起，以便于提供服务。

10. 顾客评价困难。产品的搜寻特征（如颜色、样式、形状、气味等）都有助于顾客在购买产品之前作出决定。而服务可能更强调体验特征，这些特征只有在购买后或消费过程中才能被顾客感受到或察觉到，比如酒店住宿的舒适度、员工的热忱、问题反馈的及时性等。对于顾客来说，在购买和消费之前越难评价的服务，其购买风险就越大。

（三）服务营销学

服务营销学是一门以管理学、营销学、行为学和现代科学技术为基础，研究以服务来满足人民日益增长的美好生活需要的营销活动及其规律的综合性应用科学，是营销学的分支学科。服务营销学的研究对象是以服务来满足人民日益增长的美好生活需要的企业营销活动过程及其规律。具体来讲，服务营销学要研究服务企业如何在动态的市场上有效地管理其与服务购买者的交换关系、交换过程及相关营销活动过程。虽然服务营销学从理论基础到结构框架都脱胎于营销学，但与营销学相比，服务营销学存在如下主要差异：

1. 研究对象有别。营销学是以产品制造企业的整体营销战略分析、制定、实施和评估作为研究对象的理论体系；服务营销学则以服务企业的行为和营销中的服务环节作为研究对象，具有产品对象和营销行为的特殊性。

2. 质量视角不同。营销学所强调的产品质量观是静态的概念，在理论上强调收益-成本比，在企业操作上强调产出质量的标准化、合格认证等；而服务营销学的质量管理则是企业无法完全控制的一个互动过程，其服务质量的高低属于由服务双方共同创造、由顾客体验和感知的价值范畴。质量问题之所以成为服务营销学区别于营销学的重要问题之一，就是因为服务质量很难像产品那样用统一的标准来衡量，其缺点不易发现与衡量，因而应着重研究服务质量的过程控制。

3. 强调顾客管理。服务过程是服务生产与服务消费相统一的过程，服务生产过程也是顾客参与的过程，因而服务营销学必须把顾客管理纳入服务营销的范畴，强调服务提供者与顾客之间的互动。营销学强调的是以顾客为中心，满足顾客的需要，而不涉及对顾客的管理过程。

4. 突出内部管理。人是服务的重要组成部分。服务的生产与消费过程是服务提供者与顾客广泛接触的过程，服务绩效的好坏不仅取决于服务提供者的素质，也与顾客的行为密切相关。因而，研究如何提高服务员工素质、倾听员工建设性意见、发挥员工主观能动性、加强服务企业内部管理和内部营销十分重要。而营销学中涉及的人的因素只是买卖行为的承担者，并不是产品本身的构成要素。

5. 重视有形展示。服务的无形性要求服务营销学必须注重研究服务的有形展示问题，包括服务有形展示的方式、方法、途径、技巧等。1981 年布姆斯（B. Booms）和比特纳（M. Bitner）提出，服务营销组合除了包括传统的产品（product）、价格（price）、分销（place）和促销（promotion），还有其他三个重要构成因素，分别是人员（people）、有形展示（physical evidence）和过程（process）①。

（四）服务科学

进入 21 世纪，服务营销呈现出产品与服务相融合、制造业向服务业转化的趋势。随着服务营销学、信息技术和工程技术等领域的发展和融合，服务科学研究逐渐兴起。美国国家创新计划提出："服务科学是管理科学、运筹学、法学、数学、决策科学、数据科学、工业工程、计算机科学和社会科学等诸多领域的综合体，研究在全球化背景下服务领域发展所必需的相关技术、专业技能和商业模式；其核心内容是服务系统管理、服务创新管理、服务技术与应用理论等。"服务科学也可以看作通过服务提升创新力、竞争力和生活质量的基本理论、模型和方法，是一门由社会科学、自然科学、技术科学和人文科学交叉形成的新兴科学。它不仅研究战略、结构、运作、营销，还研究服务需求、服务定位、服务绩效、服务文化、服务创新、服务策略、服务产品、服务定价、服务品牌等。

二、服务营销组合

（一）营销组合与服务营销组合

营销组合的概念最早由尼尔·博登（Neil Borden）提出。据说，博登之所以提出营销组合这个概念，还是源于在大学时代学习经济学时受到熊彼特创新理论的启发。约瑟夫·熊彼特（Joseph Schumpeter，1883—1950）是 20 世纪上半期最重要的经济学家之一。他认为，创新就是把一种从来没有过的关于生产要素和生产条件的"新组合"引入生产体系。熊彼特把新组合的实现称为企业，把以实现新组合为基本职能的人称为企业家。这一思想启发了博登理论创新的灵感，于是，他提出了"营销组合"新概念。起初组合因素很多，包括产品、价格、品牌、分销、推销、广告、促销、包装等。后来麦卡锡（E. J. McCarthy）将营销组合因素概括为 4P，即产品、价格、分销和促销。

服务营销组合是服务企业依据其营销战略对营销过程中的构成要素进行配置和系统化管理的过程，其内容除传统营销组合 4P 要素，还包括人员、有形展示及过程，简称 7P。与产品营销类似，企业在确定目标市场后，服务营销的重点是借助营销组合满足目标市场顾客需求。但是，服务特性决定了服务营销组合具有特殊性。

（二）服务营销组合的构成要素

企业所采用的服务营销组合应随着营销环境、需求水平、服务提供的时间等因素的变化而变化。在确定服务营销组合时必须注意以下问题（见表 1－3）：

---

① Kotler P，Armstrong G. Principles of marketing. 18th ed. Harlow：Pearson Education Limited，2021：247－248.

表1-3 服务营销组合（7P）

要素	内涵
1. 产品	服务范围、服务质量、服务品牌、服务项目、服务保证、售后服务等
2. 价格	牌价、折扣、付款方式和信用等
3. 分销	所在区位、便捷度、可达性、分销网点布局等
4. 促销	广告、人员推销、销售促进、公共关系等
5. 人员	人力资源招聘、培训、考核、激励、人际互动；顾客参与、顾客互动等
6. 有形展示	实体环境、信息沟通、价格展示、品牌载体、增强现实（AR）和虚拟现实（VR）呈现等
7. 过程	机械设施、员工授权、顾客参与、流程再造等

1. 产品。包括服务范围、服务质量、服务品牌、服务项目、服务保证以及售后服务等。

2. 价格。包括价目表价格（即牌价）、折扣、付款方式和信用等。价格是一种识别、辨别、区分服务的方式，而价格与质量之间的关系也是重要的考虑因素。

3. 分销。服务者所在区位、便捷度、可达性、分销网点布局对于服务营销有着重要影响。

4. 促销。可用于促销的工具主要有广告、人员推销、销售促进、公共关系、自媒体、电商平台等。

5. 人员。在服务提供的过程中，人（服务企业的员工）是不可或缺的因素。虽然有些服务是由机器设备来提供的，如自动售货、自动提款、手机订餐、网络购票等，但相关企业的员工在服务提供过程中仍起着十分重要的作用。而对于那些由员工直接提供的服务，如教育培训、平台带货、设计策划、管理咨询、医疗健康等服务来说，人员因素更加重要。员工参与是服务提供必不可少的条件，员工服务态度和水平也会影响顾客对企业服务的满意程度。高素质的员工能够弥补因物质条件不足而使消费者产生的缺憾感，而素质较差的员工则不仅很难充分发挥企业拥有的物质设施的优势，还可能成为顾客拒绝消费企业服务的缘由。服务营销实际上由外部营销、内部营销和互动营销三个部分组成（如图1-1所示）。

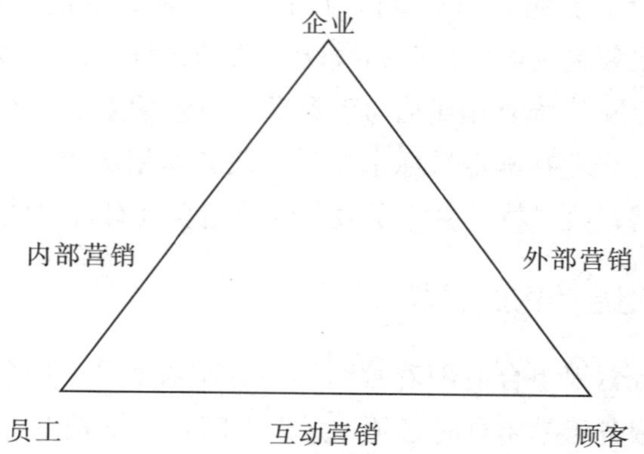

图1-1 服务营销中的企业、员工和顾客

其中，外部营销是指企业选定目标市场并安排营销组合来为外部顾客提供产品或服务的营销活动过程，包括服务产品、服务定价、服务促销、服务分销等内容；内部营销则指企业为充分调动员工积极性和服务工作潜能，使其更好地向顾客提供服务所进行的服务员工、满足员工及其他人员需要的各项工作；互动营销则是指鼓励员工积极与顾客互动沟通，听取顾客意见反馈，传播企业服务信息，不断改进服务营销工作而开展的各种活动。

在服务企业扮演生产性或操作性角色的人员或员工（如健身教练、医生、教师、银行职员或厨师等），在顾客眼中其实就是服务的一部分，其贡献和其他销售人员相同。大多数服务企业的实际操作人员都可能承担服务生产和服务营销的双重任务。换言之，服务企业中服务提供者的服务能力，就像一般销售活动中销售人员的销售能力一样重要。在服务企业中，服务的销售和提供之间是不易区分的。服务本身就是一件产品，在提供服务的同时，顾客所能见到的全部功能都成为服务的一部分。由于顾客始终接触服务提供过程，因此无论操作人员、销售人员还是营销人员，都与服务的售出关系密切。因此，服务营销必须与作业管理协调合作，必须注重对人员的甄选、培训和激励。顾客之间的互动也应受到重视，因为顾客对服务质量的认知状况很可能会受到其他顾客的影响。

6. 有形展示。服务是无形的，借助有形因素向顾客展示无形服务的特点、内容、层次等，为顾客提供购买决策依据，为服务交易提供暗示或隐形承诺，就是有形展示。

7. 过程。员工行为对于服务企业非常重要，而服务提供过程也同样重要。在营销过程中，服务提供者不仅要明确拟向哪些目标顾客提供服务、提供哪些服务，而且要明确怎样提供目标顾客所需要的服务，即合理设计服务提供的过程。向顾客提供服务的过程也是一个价值增值过程。在此过程中，企业各部门都在不同程度上为更好地满足顾客的需要而作出各自的贡献。企业应持续优化价值增值过程，建立自己独特的市场竞争优势。

三、数字经济背景下的服务营销

数字经济是指以数字技术为基础，以互联网、大数据、人工智能为代表的技术手段为支撑，以数字化、信息化、智能化为特征，服务于经济、社会和人类发展的新经济模式。在数字经济背景下，数字化、网络、智能化的服务企业可以全天候、互动性、实时、不受地域限制地提供顾客服务，进而通过交互式、个性化的服务营销策略，提供满意的顾客服务，从而使得数字经济背景下的服务营销呈现出许多新的特征。

（一）服务有形化

服务有形化是指服务企业借助服务过程中的各种有形要素（如实物、数字、文字、音像、实景、事实及其他可视方式），使无形服务及企业形象具体化和便于感知的一种营销方法。

在数字经济背景下开展服务营销时，经常需要对服务进行有形化，通过色彩、音频、视频、VR 等有形方式表现出来，以增强顾客的体验和感受。

（二）服务在线化

服务的相连性往往导致服务营销受到时间和空间的限制。顾客为寻求服务，往往需要花费大量时间去等待和奔波。而数字经济背景下的远程医疗、远程教育、在线展览、在线金融、VR 视频、物联网等，则可以突破服务的时空限制，实现服务在线化。服务在线化是指借助大数据、云计算、人工智能、区块链技术等向顾客提供服务的一种服务营销新趋势。

（三）服务高端化

服务高端化是指服务业态新颖、服务具有高附加值、服务融合新技术或新商业模式、服务对象为高端客户、服务区域遍及全球而且在价值链中日趋处于支配地位的新动向、新趋势。服务的相连性使得顾客寻求会议、医疗、保健、教育、培训等高端服务时受到限制，而在数字经济背景下，顾客可以借助数字技术得到更高层次甚至世界范围的跨国界服务，不仅可以了解信息，还可以直接参与整个过程，使其个人需求得到最大限度的满足。顾客可以直接向企业提出要求，企业则可以针对顾客的要求提供一对一服务。这样既扩大了服务范围，创造了新的市场机会，又可以增强企业与顾客之间的关系，培养顾客忠诚，减少营销费用。

（四）服务柔性化

服务柔性化是服务企业在应对服务环境不确定性、服务质量不稳定性过程中所表现出来的回应能力、适应能力、顾客价值创造能力和内外部资源整合能力。具体表现为服务定位柔性化、服务产品产量柔性化、服务过程柔性化、服务营销组合柔性化和服务接触柔性化等。一般来讲，服务柔性化就是服务个性化，这主要得益于数字经济带来的巨大便利。由于顾客需求的多样化和营销环境的多变性，管理者在实际工作中必须适度授权，确保现场员工能够灵活快速地对顾客的要求做出判断、回应，以服务柔性化来回应顾客需求多样化，从而增加顾客价值，提升企业竞争优势。在营销实践中，柔性化服务是一种灵活适应环境变化和有效满足顾客多样化需求的非制度化、非标准化的服务，更多地依赖于员工的服务意识，而非企业的标准、规范。

学术前沿 | **数字经济助推中国经济结构高质量服务化的三个阶段**

白雪洁等提出了中国经济结构高质量服务化的三阶段模型，该模型主要包含三个阶段。在第一阶段主要表现为缓解“结构性减速”，此时经济结构的演变呈现出“被动服务化”特征。传统经济条件下服务化带来“结构性减速”的前提在于行业间生产率差距，但这种生产率差异因为数字技术变革可能发生趋势性改变。20 世纪 80 年代，经济学家研究发现计算机等信息技术的高速发展并未带来统计数据上的生产率提升，称之为“索洛悖论”，而当前数字技术应用也面临相似困境，学者称之为“新索洛悖论”。这种“新索洛悖论”就体现在第一阶段，由于数字技术在工业部门的应用没有带来生产率的迅速提升，因此数字经济对中国经济的融合渗透是从服务业发端，服务业率先享有数字经济的生产率提升红利，因此可通过缩短服务业与工业生产率的差距缓解“结构性减速”。

数字经济推动经济结构高质量服务化在第二阶段主要表现为抵消“结构性减速”，而提高全行业生产率是抵消“结构性减速”的核心。如果能够及时把握通用性数字技术的新技术革命契机，借助数字赋能克服产业内结构性矛盾、优化人力资本结构，推动技术创新提升全行业生产率，就可以抵消“结构性减速”，突破“被动服务化”困境。第二阶段会经历相当长的一段时间，其间会出现机器人代替人导致的结构性失业、人力资本结构失衡导致的生产性服务业支撑不足等多种问题，但经济结构将朝先进制造业和生产性服务业占比稳步提升的服务化方向演变。

该模型在第三阶段主要表现为经济结构向着发达国家的服务经济形态演变。社会经济的专业化分工不断深化，智能制造下的物质生产极大化与现代服务业高报酬共同推动人民幸福生活。这一阶段的主要特征表现为：一是数字技术应用有效促进了专业化分工，原承担生产性服务的部门从制造业中剥离出来，逐渐形成完整的产业链。二是随着第二阶段数字经济下人力资本结构的不断优化，吸纳就业的主要部门变为服务业，服务业劳动收入份额提高。

资料来源：白雪洁，宋培，逯海勇，等. 跨越增长阵痛期：中国经济结构向高质量服务化转型. 经济评论，2023（4）：17－34.

素养园地

袁家村美丽乡村旅游对乡村振兴、共同富裕的贡献

不靠山不近水，关中平原上一个只有 60 多户人家的小村子——袁家村，通过发展乡村旅游，探索出了一条“乡村振兴”的新路子。袁家村从“关中民俗文化”这个基点出发，历经民俗文化旅游期（2007—2010 年）、“餐饮＋旅游”规模爆发期（2011—2016 年）、品牌价值彰显期（2017 年至今）三个发展阶段。

袁家村先后荣获“国家 4A 级旅游景区”“全国文明村镇”“中国十大最美乡村”“中国十佳小康村”等 20 多项国家级荣誉。截至 2020 年，袁家村吸纳就业 3 000 多人，带动周边万余农民增收，年接待游客超 600 万人次，年旅游收入近 10 亿元，村民人均纯收入超 10 万元。2023 年春节单日游客量达到了 19 万人次。10 余年的沉淀终于造就了其“乡村旅游第一村”的地位。

袁家村党支部书记、袁家村关中印象体验地创始人和设计者郭占武将袁家村的成功归结于“村干部带领村民共同致富的典型”，其模式可以归结为“以村集体领导为核心，村集体平台为载体，构建产业共融、产权共有、村民共治、发展共享的村庄集体经济”发展模式。

2007 年，袁家村还是空心村，大多数人在外打工。出于建设自己村庄的责任感，袁家村支部书记郭占武提出要发展乡村旅游。当时乡村旅游基本上就是农家乐，但由于袁家村距离西安客源市场太远，且周边没有引流的旅游景区，做不了农家乐。“靠什么能让人来？”郭占武想到了在农家乐的基础上做出特色、做出主题，用特色旅游的形式吸引人来，于是有了“关中民俗文化”的旅游定位。后来，袁家村的村干部动员全体村民募集 300 万元启动资金，启动了旅游事业，把关中传统的生产生活方式转化为特色旅游资源，让游客体验文化、感受美食和民俗。

其中，郭占武构建的机制——全员持股、产业合作社模式、调节收入差距、新村民引进等一系列创新机制发挥了关键作用，充分发动全体村民，形成了合理利益共享机制，使村民真心热爱这份集体的事业，有钱出钱、有地出地、有技术出技术。最终，袁家村这个热门旅游目的地以极低的成本实现了高效的管理。例如，整个景区专职的运营人员数量只有个位数，

投资开发的资金由村民、新村民、合作社等共同承担，村干部带头组织发展各项商业，协调村内村外各种工作，这些人不从袁家村领工资，主要靠分红。由此，袁家村大量的运营工作和管理成本被村集体内部消化，并且依托村集体的治理，避免了公司化架构中常见的低效、烦琐、监督成本高等诸多问题。

在产业方面，袁家村的做法可以总结为“一个品牌，两个产业”：“一个品牌”是指“袁家村”品牌，“袁家村”的品牌价值估值已经超过20亿元，并且仍然在快速的增值中。“袁家村”的品牌，可以形象地解读为“袁汁袁味的精神原乡”，是以农业、农村和农民为内涵的“农”字号品牌，其产业与三农紧密相连、息息相关。郭占武提出的“袁家村品牌＋创新团队＋资本＋互联网”的新思路、新模式将为袁家村的发展提供更为广阔的空间和前景。“两个产业”，一是指以传统民俗和创意文化为核心的个性化、高端化和系列化关中文化产品产业；二是指以特色农副产品和健康餐饮为核心的农副产品的种养殖、加工包装和销售产业。

简言之，袁家村发展乡村旅游的成功，是村领导带领全体村民共同致富的典型。以郭占武为核心的村领导，以合理的制度设计，有效激活了村集体的领导能力，动员了全体村民，盘活乡村各种资源，由此抓住了乡村旅游起飞的风口。

资料来源：石章强．从袁家村&马嵬驿看中国乡村旅游的未来之路．（2024－01－03）．https://www.eeo.com.cn/2024/0103/623398.shtml；https://zhuanlan.zhihu.com/p/616432070.

重要概念

服务	竞争优势	显性服务	隐性服务
服务无形性	服务相连性	服务易变性	服务时间性
数字体验经济	体验经济	产业融合	服务经济
营销	服务营销	服务失败	服务补救
营销学	服务营销学	服务科学	服务营销组合
外部营销	内部营销	互动营销	有形展示
数字经济	服务有形化	服务在线化	服务高端化
服务柔性化	柔性化服务		

复习题

1. 服务和服务营销各有哪些特征？
2. 我国促进服务业发展采取了哪些重要举措？
3. 服务业对经济社会有哪些推动作用？
4. 服务营销学与营销学有哪些差异？
5. 在数字经济条件下，服务营销呈现出哪些新特点？

第2章
服务购买行为

思维导图

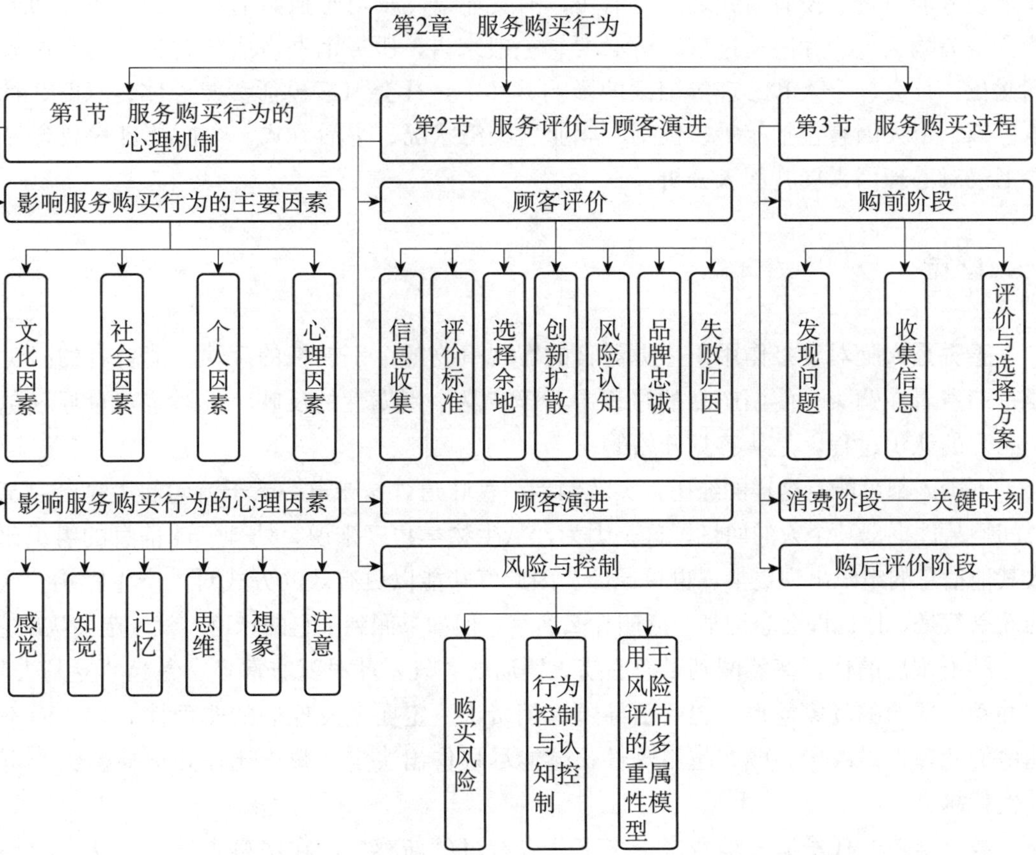

本章要点

- 影响消费者服务购买行为的主要因素。
- 消费者服务购买评价的依据和特点。
- 服务购买过程的主要阶段。

第 1 节 服务购买行为的心理机制

党的二十大指出，“我国社会主要矛盾是人民日益增长的美好生活需要和不平衡不充分的发展之间的矛盾”①，为广大消费者提供丰富多彩的服务产品，对满足人民美好生活向往至关重要。习近平总书记指出，“要建立和完善扩大居民消费的长效机制，使居民有稳定收入能消费、没有后顾之忧敢消费、消费环境优获得感强愿消费”②。因此，研究消费者服务购买行为和决策过程十分必要。一般来讲，服务消费者服务购买行为与决策受到文化、社会、个人和心理等因素的影响。其中，社会因素包括参照群体、家庭、社会角色等；个人因素包括年龄、性别、职业、经济状况、生活方式、个性及自我观念等。③本书仅对心理因素展开深入分析。

一、感觉

感觉是人脑对直接作用于感觉器官的客观事物的个别属性的反映。消费者的感觉主要是消费者在购买和使用产品的过程中对于产品个别属性的反映。人对客观世界（包括产品）的认识过程，是从感觉开始的。

不少人都可能有这样的经历，突然闻到一种味道，这味道一下子就勾起了自己对某个时间、某件事、某个人的回忆。这是因为，从生物学角度来说，处理气味信息的组织比接收其他信息的组织出现更早，也更原始，因此气味能以更有效的方式对人产生影响。这样的效果就是，你也许会忘记某个店叫什么名字，但如果闻到了它的味道，就一定会认出它。

肚子饿扁的你，突然闻到了海底捞火锅店的香气，此时就非常容易激起“立马去吃”的冲动。聪明的商家懂得，想要引导顾客消费，一定要激发他们的非理性心理，而不要让他们凭理性做决定。顾客越不理性，越能尽快作出决定，减少比较并选择购买的可能性也就越大。

数字经济时代给服务消费者带来了从未有过的新感觉。在赛事直播、文体旅游等服务消费领域，超高清视频、数字渲染、全息互动等数字技术加速渗透、广泛应用。特别

---

① 习近平. 高举中国特色社会主义伟大旗帜 为全面建设社会主义现代化国家而团结奋斗：在中国共产党第二十次全国代表大会上的报告. 人民日报，2022-10-26.

② 习近平. 加快构建新发展格局 把握未来发展主动权. 求是，2023 (8).

③ Kotler P，Armstrong G. Principles of marketing. 18th ed. Harlow：Pearson Education Limited，2021：153-164.

是在杭州亚运会期间，8K超高清视频直播、VR观赛、透视巨幕、地面投影、场内外海量视频互动、360度回放等创新应用大放异彩，展示了信息通信技术在扩展数字消费场景方面的巨大潜力。虚拟现实、柔性显示等新技术的应用，使“云端旅游”“沉浸式观赛”等新消费模式日渐深入人心。

（一）感觉的类型

人的感觉主要有五种类型，分别是视觉、听觉、嗅觉、味觉、触觉。比如，人用眼睛看到缤纷的色彩，用耳朵听到美妙的音乐，用鼻子嗅到诱人的香味，用手抚摸到柔软舒适的物体等。消费者正是通过上述各种感觉器官来分辨和识别产品的色彩、气味、温度、重量、形状、质地等各种具体特征，通过神经系统将信息从感觉器官传递到大脑，从而形成对产品的个别的、表面的初步印象。

随着移动互联网、新媒体和虚拟现实等媒体交互技术的飞速发展，互动体验式设计渐渐融入服务营销实践，良好的服务体验、耳目一新的视觉传达和简单友好的交互方式成为吸引消费者的重要手段。例如，数字展馆利用互动投影、全息投影、智能中控系统等高新技术，将互动体验融入展品展示环境，全面触发人的感官，在改变观众体验模式的同时也增加了体验的深度并带来了美好的感觉。

在服务营销实践中，背景音乐也是一种营销手段，美其名曰“音乐营销”。商家平常一般选用舒缓轻柔的背景音乐，让顾客进门后不由得放慢脚步，心情随之平静；而在节日或促销活动期间，会换一种音乐风格，全力烘托热闹气氛。更有心的商家，借音乐塑造自己的文化形象，即一种“听觉形象”。星巴克美国总部精选了一批爵士、蓝调音乐，向艺术家购买版权后，在分布于全球各地的众多分店统一播放，相同的背景音乐把一个个分店串联起来，让顾客走进任意一家分店都能生出熟悉感和亲切感。星巴克也借此把自己跟竞争对手区分开来。还有塑造“味觉形象”的商家，如一个跨国酒店集团的每家连锁店的大堂、电梯间都弥漫着一样的香水气味。这些鲜活的案例，让人感叹营销之妙。

（二）感觉的特性

1. 舒适性。感觉舒适性是指人们的感官刺激在一定范围内表现出积极、满意、愉悦等情绪体验的状态。人的感觉都有一个舒适性问题，可以说，追求消费产品过程中的舒适是消费者的一种原则。在服务体验的过程中，面对赏心悦目的服务环境和热情细致的服务人员，消费者便会产生一种舒适感，而这种舒适感会使消费者对服务过程产生积极的参与意愿。

2. 敏感性。感觉敏感性是指对产品或服务属性快速识别、觉察、辨别的能力。例如，喜欢绘画的消费者对产品的色彩敏感；厨师对食物的味道比较敏感。

新启迪 2-1 感觉营销的妙用

3. 适应性。感觉适应性是指人们随着外界环境的变化而相应改变自己的行为方式、心理状态和思维方式等，以求得与外界相和谐的能力和特性。例如，喜欢流行音乐的年轻人，对一张新专辑的狂热往往会持续一段时间，继而又去追捧另一张新专辑。对各类产品消费适应中的“喜新厌旧”现象正是消费者再度购买的动力之一。

（三）第一印象的重要性

感觉使消费者获得对产品的第一印象，在消费者购物活动中有很重要的先导作用。第一印象的好与坏、深与浅，直接影响着消费者的购买态度和行为。对生产者和中间商来讲，要有先入为主的意识和行为，在色彩、大小、形状、质地、价格等方面精心策划自己的新产品，以便首次推出就能吸引消费者的眼球。今天，大多数商场能运用感觉进行营销活动，例如，给消费者创造优雅的购物环境，用灯光、音乐、色彩、气味来刺激消费者，从而达到招徕顾客和促销的目的。

二、知觉

（一）知觉的概念

知觉是人的大脑对直接作用于感觉器官的客观事物的整体反映。知觉和感觉实际上是分不开的。知觉是在感觉的基础上形成的，是感觉的深化。感觉是知觉的前提，没有感觉就没有知觉。感觉到的个别属性越丰富，对事物的知觉就越全面。例如，当消费者对某件衣服的色彩、大小、手感等个别属性有反应时，就可以说对这件衣服有了感觉。当他对这件衣服形成比较完整的印象时，衣服的色彩、大小、手感等属性在头脑中就有了综合的反映，我们称这一心理活动为消费者知觉过程。知觉过程并不是感觉的简单相加。例如，对于同一件衣服的知觉，普通消费者和服装专业人士会产生不同的整体反映。

（二）知觉的特征

1. 协调性。知觉协调性是指消费者知觉了产品或服务的各个属性之后所形成的是一个统一的、整体的印象，并非个别的、片面的印象。整体性还表现为协调性，例如，消费者对衣服的款式、色彩十分中意，但价格昂贵，那么消费者对这件衣服的知觉就不会协调。人们平时购物讲究物美价廉就是整体协调性的表现。

2. 理解性。知觉理解性是指消费者根据已有的知识和经验对知觉对象进行解释的过程。人们在感知一个对象或现象时，不仅直接反映它的整体形象，还会根据自己以前获得的知识和实践经验来解释和判断这一对象或现象。有人曾用对图片的感知来说明这一特性。实验者先向受试者呈现一张图片，上面画着一个身穿运动服正在奔跑的男子。受试者一看就断定他是球场上正在锻炼的一位足球运动员。实验者接着向受试者呈现第二张图片，这张图片在那位足球运动员的前方增加了一个惊慌奔跑的人。这时受试者看到了一幅坏人追逐姑娘的画面。最后实验者拿出第三张图片，在奔跑的人后面又增加一头刚从动物园跑出来的狮子。这时，受试者才明白了图画的真正意思，即足球运动员和姑娘为躲避狮子而拼命奔跑。

3. 选择性。知觉选择性是指消费者在知觉产品或服务时，不是能够知觉到产品的全部属性，而是仅仅能够知觉到产品的部分属性。这除了由于人的注意力是有限的，还主要取决于消费者的兴趣、需要，以及消费习惯和消费动机等。在商业设计中，为了突出名贵产品，对其背景进行精心设计，用其他产品加以衬托，这种众星捧月式的设计就符合知觉选择性的特点，可以吸引消费者的注意。

（三）错觉现象

错觉是人们观察事物时，由于受到形、光、色的干扰，加上人们的生理、心理原因而误认物象，从而产生与实际不符的判断性知觉误差。错觉是知觉的一种特殊形式，它是人在特定的条件下对客观事物的扭曲的知觉，也就是把实际存在的事物扭曲地感知为与实际事物不相符的事物。人们在知觉某些事物时，可能会受背景或某些心理原因影响，产生失真现象，这种对客观事物不正确的知觉称为错觉。错觉现象在生活中十分普遍。例如，对于实际身高相同的男女，人们总是认为女性比男性要高一些；房间里装上一面镜子，就显得比原先更加宽敞。在营销实践中要巧妙地运用错觉原理去满足消费者的心理要求。例如，用绿色瓶子或黄色瓶子装的啤酒，会使人产生清爽或富含营养的感觉；扁形盒包装的化妆品要比圆柱体包装的外形显得大一些。营业员在推销纺织服装类商品时，也会运用错觉原理，科学巧妙地推荐，提高服务艺术，如向身材矮胖的顾客推荐深颜色、竖条纹服装。

三、记忆

记忆是人的大脑对过去经历的事物的反映，是思维、想象等高级心理活动的基础。人们感知过的事物、思考过的问题、体验过的情感，都能以经验的形式在头脑中保存下来，并且在一定条件下再现，这就是记忆过程。例如，某顾客接受了某种服务，这段服务体验会给该顾客留下一个整体的印象，一旦再接触类似服务产品，过去的印象便会重现。这种重现的记忆可以指导人们进行决策，成为选择产品或者品牌的依据。例如，“红旗渠精神同延安精神是一脉相承的，是中华民族不可磨灭的历史记忆，永远震撼人心。”①

记忆是一个复杂的心理过程，包括识记、保持、回忆和再认四个基本阶段。识记是对事物反复感知，从而使客观事物的印迹在头脑中保留下来的心理活动，其任务是通过感知、思维、体验和操作等活动获得知识和经验。保持是记忆过的事物的印象在头脑中留存和巩固的过程。回忆是指过去经历过的事物不在面前，而把它的印象重新呈现出来。再认是指过去经历过的事物重新呈现在面前，感到熟悉并能确认、辨认它是过去经历过的事物的心理过程。鉴于服务的无形性特征，关于从前接受服务的记忆会成为影响购买决策的关键因素。

四、思维

思维是通过分析、概括对客观事物的本质进行间接反映的过程。也就是说，人们对

① 全面推进乡村振兴　为实现农业农村现代化而不懈奋斗. 人民日报，2022-10-29.

客观事物的认识不会停留在感知和记忆的水平上，而总是利用已经感知和记忆的材料，进行分析、综合、抽象、概括等思考活动，把感性认识升华到理性认识阶段，从而获得对事物的本质和内在规律的认识。党的二十大提出，“不断提高战略思维、历史思维、辩证思维、系统思维、创新思维、法治思维、底线思维能力”。[①] 习近平总书记曾指出，要强化精准思维，坚持“致广大而尽精微”。[②]

间接性和概括性是人们思维的重要特点。所谓间接性思维，是指借助已有的知识、经验来理解和把握那些没有直接感知过或根本不可能感知到的事物。例如，消费者对大屏幕彩电的内在质量往往不甚了解，但可以感知大屏幕彩电的表象，如图像是否清晰、色彩是否纯正、音质是否良好、信号是否灵敏等，再借助已有的知识、经验，间接地认识它的内在质量性能。所谓概括性思维，是指通过对同一类事物的共同特性、本质特征或事物间规律性的联系来认识事物。例如，消费者在购买过程中多次感知价格与质量的联系，从而得出“便宜无好货”的概括性结论。在消费者购买决策过程中，消费者也往往会得出“大商场的东西要比街头小摊的东西质量更可靠”的结论。

新启迪 2－2

思维过程

分析就是在思想上把事物的整体分解为部分，或将事物的个别特征、个别方面分解出来的过程。而综合则是将事物的各个成分和个别特征联系起来，结合成为一个整体。比较是将几种有关事物加以对照，确定它们之间相同和不同的地方。抽象是抽出同类事物的一部分主要的共同特征，摈弃该类事物的其他特征。概括是事物的某类共同特征在脑中的结合。

对客观事物的观察，通过分析、综合、比较、抽象和概括，借助词汇的作用，就可以形成概念。反映事物关系的、概念之间的联系称为判断。把两个判断联系起来，从而获得一个新判断的过程，称为推理。通过推理，获得事物的现象和本质、原因和结果之间内在联系的过程称为理解。

可见，思维是一个复杂的、高级的认识过程，反映了事物的相互联系及其发展变化的规律，并且具有间接性和概括性的特性。

五、想象

人们在生活实践中，不仅能够感知和记忆客观事物，而且能够在已有知识、经验的基础上，在头脑中构建自己从未经历过的事物的新形象，或者根据别人口头语言或文字的描述形成相应事物的形象，这就是想象。习近平总书记曾指出，“激发青少年好奇心、

① 习近平．高举中国特色社会主义伟大旗帜　为全面建设社会主义现代化国家而团结奋斗：在中国共产党第二十次全国代表大会上的报告．人民日报，2022－10－26．

② 习近平．努力成长为对党和人民忠诚可靠、堪当时代重任的栋梁之才．求是，2023（13）．

想象力、探求欲”。[①] 在日常生活中，人们受到某种刺激物的影响，会不由自主地进行想象。消费者在购买决策过程中，看到一件款式新颖的衣服，会想象穿在自己身上如何优雅时髦。

想象能提高消费者购买活动的自觉性和目的性，对引起情绪过程、完成意志过程起着重要的推动作用。在消费者形成购买意识、选择产品、评价产品的过程中都有想象力参与。例如，看到漂亮的布料，消费者会想到用它制作出来的衣服，想到穿着漂亮衣服的愉快与满足；看到一台空调，消费者会想象拥有它能给家庭带来四季如春的感受，同时美化家居环境。通过想象，消费者能深入认识产品的实用价值、欣赏价值和社会价值，其结果是增强产品对消费者的吸引力，激发其购买欲望。

六、注意

注意是心理活动对客观事物的指向和集中。注意这种心理现象是普遍存在的。例如，上课时要聚精会神地听讲；骑车时要注意交通安全；购物时要保管好随身物品。注意与认识、情感、意志等心理活动紧密相连，并贯穿认识活动的全过程。可以说，没有注意，人的一切认识活动都无法进行。习近平总书记曾告诫说，个别人为了迎合上级、讨领导欢心，热衷于打造领导“可视范围”内的项目工程，不怕群众不满意、就怕领导不注意。[②]

注意有指向和集中两个突出特点。所谓指向注意，是指心理活动有选择地朝向一定事物。所谓集中注意，是指心理活动反映事物所达到的清晰和完善的程度。例如，消费者在选购产品时，其心理活动会指向某一产品并全神贯注于这一产品，同时不关注其他产品。这就是对这种产品产生了注意，从而获得对该产品清晰、准确的反映，并据此作出自己的购买决策。没有注意，消费者对产品的认识活动就无法进行，更谈不上作出购买行为。

根据其产生有无目的性和意志努力程度，注意可分为有意注意和无意注意。例如，消费者到商店想购买甲产品，浏览中无意看到乙产品，觉得不错，对乙产品产生了注意，这就属于无意注意。而消费者在嘈杂的商店里精心挑选自己想要的产品，就属于有意注意。从两者的关系来看，两者既相互联系，又相互转换。

正确地运用和发挥注意的心理功能，可以使消费者由无意注意转换到有意注意，从而引发消费需求。我国贵州茅台酒在1915年巴拿马万国博览会上获得金奖，“注意”在这里立了头功。博览会开始时，各国评酒专家对其貌不扬、包装简单的茅台酒不屑一顾。博览会临近尾声，中国参展酒商急中生智，故意将一瓶茅台酒摔碎在展厅的地上，顿时酒香四溢，举座皆惊。从此，茅台酒名声大振，走向了世界。中国参展酒商的行为，符合人们需要强烈、新奇、鲜明的活动刺激的心理，引起了人们的无意注意，在提高产品知名度、引发消费需求上取得了成功。

---

① 切实加强基础研究 夯实科技自立自强根基．人民日报，2023－02－23．

② 习近平．努力成长为对党和人民忠诚可靠、堪当时代重任的栋梁之才．求是，2023（13）．

第 2 节　服务评价与顾客演进

一、顾客评价

毫无疑问，对于具有较强的体验特征和信用特征的服务，顾客的评价过程将明显地区别于他们对具有搜寻特征的有形产品的评价过程。这些差异主要表现在信息收集、评价标准、选择余地、创新扩散、风险认知、品牌忠诚和失败归因等方面。

（一）信息收集

信息收集是指通过各种方式获取所需要的原始信息和二手信息的过程。顾客通常从人际来源和非人际来源来获得有关产品的信息。尤其是在购买有形产品时，这两种来源在传递信息方面更加有效。然而，顾客在购买服务时更依赖于人际来源。这是因为：第一，一般大众传媒多适用于传递有关产品搜寻特征方面的信息，而对于体验特征方面的信息则大多要向熟人、亲朋或者专家寻求。第二，服务提供者多是独立的机构，它们无力或不愿针对经验特征做广告，况且服务企业往往是生产和销售的统一体，传统上制造商和零售商常用的联合广告难以在服务的促销中沿用。第三，由于消费者在购买之前很难了解到服务的特征，所以一般会认为口碑更为可靠。

（二）评价标准

评价标准是顾客购买产品或服务时期望获得的利益或为之支付代价的产品或服务的特征属性等。在购买有形产品时，顾客可以凭借产品的款式、颜色、商标、包装、品牌和价格等多种标准来判断产品质量；而在购买服务时，顾客的评判标准则只能局限于价格、促销沟通、有形展示、服务设施等方面。一般来讲，对诸如管道维修、楼房管理和草坪修剪等服务，顾客在使用之前只能获得价格方面的信息，他们也只能通过价格的高低来判断服务的质量；而对于美容、理发、教育培训、法律咨询和健身等服务，顾客则往往根据有形的服务设施，包括办公室、人员及设备等来判断服务质量。

（三）选择余地

相对于一般消费品，顾客在购买服务时的选择余地要小得多。一方面，顾客在光顾服务机构（如银行、干洗店和画廊）时很难像在零售商店里那样能够看到琳琅满目的商品，因为服务品牌比较单一；另一方面，顾客通常难以在同一个区域内找到能够提供同种服务的不同品牌或企业，而这对于有形产品来说则是很平常的事。此外，顾客在购买服务之前所获得的信息有限，自然也就限制了他们的选择余地。数字经济的外部性、数字产品的可复制性和共享性，给服务购买带来了更多的选择余地。

（四）创新扩散

创新扩散是指通过媒介劝导说服人们接受新观念、新事物、新产品、新服务的过程。

创新扩散的速度取决于顾客对下列五种创新特征的认识：比较优势、兼容性、可沟通性、可分离性与复杂性。显然，如果一个创新产品比现有产品具有更佳的比较优势和兼容性，并且容易演示和介绍，那么它的扩散速度就会很快；反之，如果一个产品的性能较差和构造较为复杂且难以操作，那么它的扩散速度就慢一些。就服务而言，由于服务具有无形性，它们很难被演示、讲解和相互比较，而且不同顾客对同一服务的看法和感受又各不相同，顾客之间也难以对这些看法和感受进行沟通。同时，新的服务可能与顾客现有的价值观和消费行为不相容，因为许多顾客可能已经习惯于自我服务。比如，一家幼儿园开展向孩子们提供早餐的服务，以便让他们的父母能准时上班。然而许多父母可能不会接受这项服务，因为他们习惯于为自己的孩子烹制早餐，要想改变长期形成的这种观念和行为还是比较困难的。

（五）风险认知

风险是指一个事件产生我们所不希望的后果的可能性。只要某一事件的发生存在两种或两种以上的可能性，就可以认为该事件存在风险。风险认知（perception of risk）是指个体对存在于外界环境中的各种客观风险的感受和认识。个体差异、信息影响、风险特征性质、自愿性程度和教育程度等都是影响风险认知的因素。习近平总书记指出，要“保持强烈的忧患意识、风险意识，增强防范化解风险的意识和本领”[①]。顾客在购买产品和服务时总是要承担一定的风险。不过，由于服务是无形的，缺乏统一的标准，而且常常没有质量保证，因此，相对于有形产品来说，顾客购买服务时认为自己所承担的风险更大，原因如下：

1. 由于服务的无形性及其经验特征，顾客在购买服务之前所获得的相关信息较少。信息越少，伴随的风险就越大。

2. 服务质量通常没有统一的标准可以衡量，使得顾客在购买服务过程中的不确定性增加。

3. 在大多数情况下，服务过程没有什么担保和保证可言，即使顾客感到不满意，也会因为已经消费而无法退换。

4. 许多服务具有较强的技术性或专业性，有时即使在接受服务之后，顾客也缺乏足够的经验或知识来对之进行评价。

（六）品牌忠诚

顾客的品牌忠诚主要取决于以下因素：转移品牌的成本、替代品的适用性、购买风险以及以往的经验。根据前面对服务特征的描述，顾客在购买服务时对品牌的忠诚度较高。由于获得服务信息比较困难，顾客很难全面了解有关替代品的情况，对其是否比现在的产品更能令自己满意也无把握；同时，顾客转换品牌也会增加费用支出，比如病人到一家医院看病可能首先要进行X光检查，而如果他想换一家医院，可能还要再做一次X光检查，这会增加其不必要的开支。基于此，他们不会轻易转换品牌。雷蒙德·鲍尔（Raymond A. Bauer）通过研究发现，顾客在购买决策过程中对风险的认知同其品牌忠诚

---

① 习近平. 为实现党的二十大确定的目标任务而团结奋斗. 求是，2023（1）.

度之间存在较强的相关关系。另外，顾客在购买服务时之所以具有较高的品牌忠诚度，可能是因为：一方面，服务提供者比较了解那些老主顾的需求与偏好，并能据此提供令人满意的服务；另一方面，老主顾也常常能从卖家那里得到优惠。①

（七）失败归因

失败归因是指人们对于某个事件失效原因的解释。一旦服务企业出现服务失败，顾客对企业所提供的服务不满意，他们往往会归咎（或迁怒）于不同的对象，如生产者、中间商乃至他们自己。因为顾客在很大程度上直接参与服务的生产过程，所以他们会觉得自己要对“不满意”的产生负一定责任。比如，去理发店理发时，发型效果如何在一定程度上也取决于顾客本人能否清楚地向理发师说明自己的具体要求。顾客如果最后觉得不满意，可能会认为该理发师的技术水平太低，也可能会觉得自己本不该来找这位理发师，还有可能责怪自己事先没跟理发师说清楚。总之，服务的质量取决于每个顾客自己的看法，仁者见仁，智者见智。所以，如果顾客没能向服务提供者清楚地说明自己的要求而导致服务效果不理想，顾客自己是要承担责任的。

消费者在购买产品之前，首先要收集有关的产品资料并对产品进行评估。由于服务具有无形性，因而顾客对服务的评价过程相对比较复杂和困难。根据菲利普·纳尔逊（Philip Nelson）、迈克尔·达比（Michael R. Darby）和埃迪·卡尼（Edi Karni）的解释，区分顾客对有形产品和无形服务的评价过程，主要依据以下三个特征：搜寻特征、体验特征和信用特征。

搜寻特征是指顾客在购买产品或服务之前就能够确认的特征，比如产品的价格、颜色、款式、质感和气味等。体验特征是指那些在购买前不可以了解或评估，在购买后通过使用该产品或服务才可以体会到的特征，如产品的味道、耐用程度和满意程度，以及歌唱家的水平、医生的医术、酒店的舒适度等。显然，不同的产品或服务表现出不同的特征。服装、家具和珠宝等产品有形有质，具有较强的搜寻特征；而瘦身、度假、餐饮、理发和幼儿看护等则具有较高的体验特征，因为它们只有在实际消费之后才能被顾客感知到。不过，有一些产品或服务的特征即使在顾客购买和享用之后也很难评价，顾客只能相信服务人员的说法，并认为这种服务确实能为自己带来所期望获得的好处，类似的特征称为信用特征。比如，病人去医院看病，他们通常缺乏足够的医疗知识来辨别医生服务水平的高低，而只能相信医生的诊断。其他一些技术性或专业性服务，如电视机维修、牙齿保健和汽车修理等，也具有较多的信用特征。②

图2-1是泽瑟摩尔（Zeithaml）根据不同类型产品或服务的特征所提出的顾客评价谱系。其中建立了一个从“易于评价”到“难以评价”的序列，在序列左端的产品（有形产品）具有较多的搜寻特征，顾客很容易对之进行评价；在序列中间的产品（包括部分有形产品和无形服务）可感知性逐步降低，较少或完全不具有搜寻特征，顾客在作出

① 郭国庆．服务营销学．2版．北京：高等教育出版社，2019：44－45.

② Shao C Y，Baker J A，Wagner J. The effects of appropriateness of service contact personnel dress on customer expectations of service quality and purchase intention：the moderating influences of involvement and gender. Journal of Business Research，2004，57（10）：1164－1176.

购买决定时，只能根据体验特征估计产品或服务的质量；而在序列的右端主要是不可感知的服务，顾客在评价此类服务时只有通过对其信用特征的考察，才能辨别其优劣。

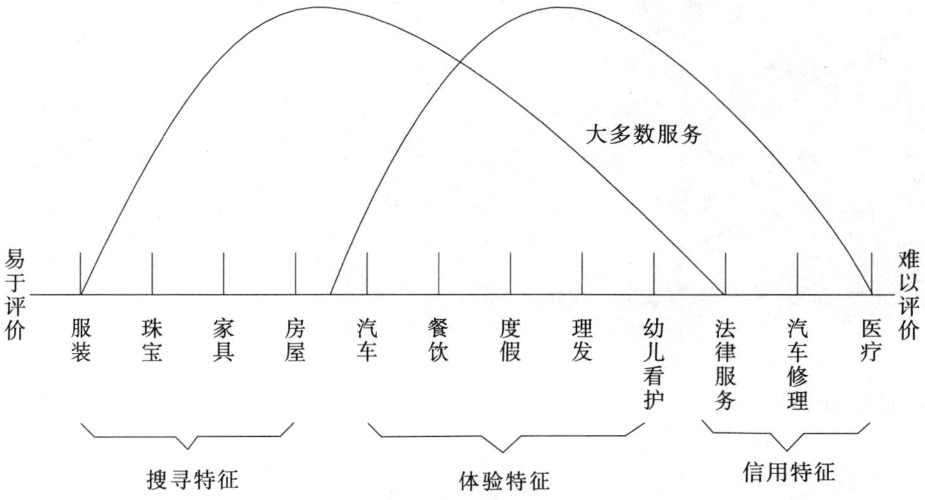

图 2-1 顾客评价谱系

二、顾客演进

顾客演进是指顾客根据自己接受初次服务的感觉和评价，选择是否再次接受特定服务的过程。对企业而言，这个过程也是顾客由一般大众转变为企业忠诚顾客的演进过程。如图 2-2 所示，顾客可分为极其满意者、满意者、一般感觉者、不满意者、极不满意者。假定有 5 名随机顾客体验了服务，机会均等的情况下会有 2 人对服务感到满意或极其满意，则顾客转化率为 40％（2/5）；如果采用一定的筛选措施将 2 个不满意者和极不满意者提前识别并筛选出服务过程，顾客转化率就会提高到 67％（2/3）。

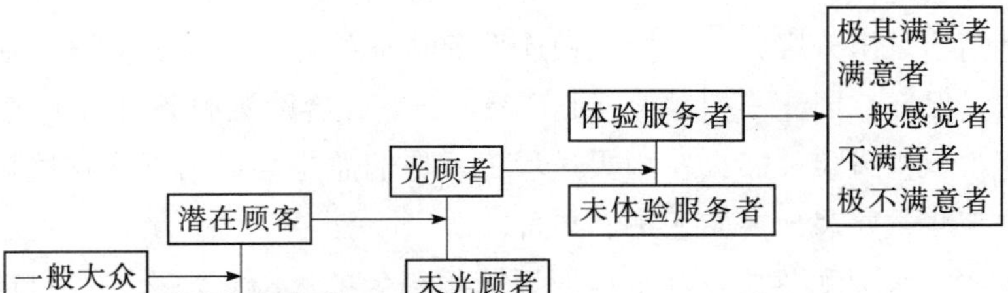

图 2-2 顾客演进模型

新启迪 2-3

服务企业与大数据

大数据能够让服务企业更好地了解顾客需求，提供个性化的服务。在互联网平台端，顾客的消费习惯、兴趣爱好、关系网络以及整个互联网的趋势、潮流都将成为网络营销企业关注的热点，而这一切的获取和分析都离不开互联网大数据分析。基于移动互联网与移动社交平台的海量数据分析，服务营销进入个性化时代。应用互联网平台的大数据分析，服务企业可以更加精确地获悉谁是潜在的顾客，在互联网平台应发布什么内容等，有针对性地推广服务产品。对来自互联网等不同平台的数据进行深度挖掘和分析，服务企业可以找到这些数据相对应的消费者群体，再将这些群体进行个性化的对比，并据此营销个性化的服务产品。借助大数据，服务企业能够明确每一个顾客的消费倾向，他们想要什么、喜欢什么、每个人的服务需求有哪些区别。同样，借助大数据和互联网平台，消费者可以及时了解到什么时候应该买什么服务产品、什么时候买最便宜等，从而更容易作出服务购买决策。

三、风险与控制

（一）购买风险

党的二十大提出，我国发展进入战略机遇和风险挑战并存、不确定难预料因素增多的时期，各种“黑天鹅”“灰犀牛”事件随时可能发生。我们必须增强忧患意识，坚持底线思维，做到居安思危、未雨绸缪，准备经受风高浪急甚至惊涛骇浪的重大考验。[①] 现实社会中，在购买理财、保险、股票等服务产品的过程中，消费者的决策行为带有一定的风险性。由于不确定性的存在，消费者的任何行动都可能造成他们不希望甚至是不愉快的后果。消费者作为风险的承担者要面临四个方面的风险，即财务风险、绩效风险、实体风险和社会风险。财务风险是指由于顾客决策失误而带来的金钱损失；绩效风险是指现有服务无法像以前的服务那样能够满足顾客的要求；实体风险是指由于服务提供不当而造成顾客身体、随身携带物品或健康方面的损害；社会风险则指由于购买某项服务而影响到顾客的社会地位。[②]

前文已经指出，由于服务无形性、相连性等特征的存在，再加上服务通常缺乏统一标准，没有质量保证，因此，相对于有形产品而言，顾客购买服务时所承担的风险更大。如果顾客不喜欢承担风险，那么在购买过程中，他们总是会尽力减小这些风险。顾客降低购买风险的策略主要表现在如下几个方面。

1. 品牌忠诚。既然顾客在购买服务时要承担很大的风险，那么，一旦能够在购买过程中获得满足，顾客就不会轻易地变换品牌，以免承受新的风险。

2. 口碑对于顾客减少风险具有重要意义。在风险较高的情况下，顾客更乐于听取亲戚朋友的意见和建议，这些意见和建议为其购买决策提供了信心保证。

3. 服从意见领袖。意见领袖通常是一个群体中能够首先或较多接触大众传媒信息，并将经过自己再加工的信息传播给其他人的人。研究表明，在服务购买过程中，顾客常

① 习近平. 高举中国特色社会主义伟大旗帜 为全面建设社会主义现代化国家而团结奋斗：在中国共产党第二十次全国代表大会上的报告. 人民日报，2022-10-26.

② 郭国庆. 营销思想史论. 北京：高等教育出版社，2019：209.

常会寻求意见领袖的帮助以减少购买风险。

不过，对于专业性、技术性服务，顾客降低风险的策略有些不同。顾客可以从内部和外部两个方面降低购买的不确定性。降低外部风险的方法比较直接，比如，为避免较大的财务损失，应该加强调查研究，或者是借助试验的办法。而对于内部风险的降低，决策单位将起到很大作用。

（二）行为控制与认知控制

控制作为一个心理学概念，旨在说明现代社会中人们已不再为满足基本的生理需求而困扰，追求对周围环境的控制成为人们行为的驱动力。控制包含行为控制和认知控制两个层面。

行为控制是指直接对人们的具体活动进行控制，它基于直接的个人观察。当工作绩效的要求或标准已众所周知而需要用人的观察来提高效率时，通常运用行为控制。在服务购买的过程中，行为控制对企业、服务人员以及顾客都是十分重要的。如果顾客的控制能力增强，擅长讨价还价，也就意味着企业方面不得不做些让步，从而带来金钱损失。如果服务人员拥有较多的控制权，则顾客会因为缺乏平等的交易地位而感到不满意。

事实上，服务交易是这样一个过程，即消费者付出金钱换得好处和利益，交易各方都想尽可能地获得更多优势。不过，交易各方都很难真正赢得这场游戏。行为控制只是控制概念的一个层面，而心理层面的认知控制也十分重要。在服务购买过程中，顾客对服务的满足程度还取决于他感知到的对周围环境的控制能力。所谓认知控制，是指通过调节、控制公众对事物、企业或者个人的看法，来使人们改变行为方式及决策，最终获得公众的认同的过程。所以，影响顾客满意度的实际上是他们对控制的心理认知，而不是其行为控制能力。

认知控制理论对于服务企业具有重要的管理意义。在服务交易过程中，企业应为顾客提供足够的信息，以让他们感觉到自己拥有较多的主动权和控制力，并知道事情的进展过程。比如，当飞机晚点时，航空公司应该及时向乘客解释飞机为何晚点以及何时能起飞。正确地运用和发挥注意的心理功能，可以使消费不止。同样，企业如果改变了服务时间、服务内容、服务程序等经营行为，应该事先提醒顾客，以免他们觉得自己很被动。

（三）用于风险评估的多重属性模型

多重属性模型广泛应用于市场营销研究领域，尤其常用于顾客评估购买风险的过程中。其基本思路是，顾客通过给服务的关键特征进行打分，然后计算其总体得分，借以评估和控制购买风险，确定服务偏好。假设飞机乘客要对A、B、C、D四家航空公司的服务进行评价，从安全性、正点率、机票价格、机型和空中服务五个标准（或属性）来测量每一家航空公司的服务。假设在乘客心目中这五个标准的权重分别是10、8、9、5、7，乘客打分时以10分为最好，1分为最差，得到的结果如表2-1所示。

表2-1 多重属性评分表

属性	公司				
	A	B	C	D	权重
安全性	10	10	9	8	10
正点率	10	8	7	6	8
机票价格	9	9	10	10	9
机型	10	10	9	8	5
空中服务	9	9	10	7	7
加权值	374	358	351	314	

资料来源：李海洋，牛海鹏．服务营销．北京：企业管理出版社，1996：105.

计算出每家航空公司的加权值后，也就知道了乘客对于每一家航空公司的评价高低。显然，A航空公司的得分最高。

作为服务企业应了解乘客的关注点和风险评估情况，事先提醒乘客，加强信息沟通，进而提升乘客的风险控制能力。

第3节 服务购买过程

服务企业要想有效地营销其服务，还必须从消费者具体的购买过程着眼来掌握其消费行为的特点，以便适时采取正确的营销策略。大体上，消费者购买服务的过程可以分为三个阶段，即购前阶段、消费阶段和购后评价阶段。

一、购前阶段

购前阶段是指消费者购买服务之前的一系列活动。这一阶段还可以细分为发现问题、收集信息、评价与选择方案三个阶段。

（一）发现问题

一般来说，购买过程是从购买者的需求开始的。目前，我国人均GDP超过1万美元，城镇化率超过60%，中等收入群体超过4亿人，市场需求特征有了重大变化，人民对美好生活的要求也在不断提高。习近平指出："从消费需求看，过去，我国消费具有明显的模仿型排浪式特征，你有我有全都有，消费是一浪接一浪地增长。现在，'羊群效应'没有了，模仿型排浪式消费阶段基本结束，消费拉开档次，个性化、多样化消费渐成主流，保证产品质量安全、通过创新供给激活需求的重要性显著上升。"① 各种内部因

① 习近平．论把握新发展阶段、贯彻新发展理念、构建新发展格局．北京：中央文献出版社，2021：29.

素和外部因素的刺激都可以引发需求。在多数情况下，消费者很少能自发地意识到哪几类服务是解决自己既存问题的可选择方案，所以苛求消费者清晰地描述其需求显然是不现实的。因此，服务营销人员需要通过广告、推销和其他一些直接接触的促销方式把消费者潜在的需求问题展现出来。况且，服务无法像有形产品那样用样品来吸引消费者的注意力，所以，把宣传作为服务的一部分展示给顾客，对引导消费十分必要。

（二）收集信息

消费者服务需求的不断增强促使他们去收集相关的信息，以寻找一种能有效满足需求的途径。通常情况下，消费者的主要信息来源有：(1) 人际来源；(2) 商业来源，包括广告、展览、推销；(3) 公共来源，包括大众媒体、小程序、短视频、微信、微播、电商平台、消费者评审组织等；(4) 经验来源。由于服务不同于有形产品，人际来源与经验来源对消费者的影响可能要相对大一些。

（三）评价与选择方案

消费者在获取了有关服务的足够信息后，还要对各种不同的方案进行综合评估，以便作出最后选择。以某个顾客选择去餐馆吃午饭为例。该顾客面临的第一个问题是“在什么场合下吃饭”。无疑，不同的餐馆适合不同的顾客，而且单独一个人吃和与朋友一起吃可能有不同的要求。如果是一个人吃饭，像庆丰包子铺、兰州牛肉拉面、沙县小吃等快餐店或许就能满足要求；而如果是和朋友一起，则会选择环境更好、适合聊天的餐馆。吃饭的场合确定之后，紧跟的问题是“哪些餐馆可以选择”。从理论上讲，顾客可选择的餐馆有很多，而事实上，他通常会根据以往的经验和知识只选择有限的几家。不过，究竟选择哪一家还要考虑其他一系列因素。

二、消费阶段——关键时刻

经过购买前的一系列准备，消费者的购买过程进入了实际购买和消费阶段。对于产品而言，消费过程通常包括购买、使用和废弃物处理等。然而，由于服务具有生产和消费同时进行的特点，消费者购买服务的过程也就是其消费服务的过程。顾客对服务的评价不是在购买之后才进行，而是在消费过程中就已经发生。事实上，顾客在与服务人员及其有关设备打交道的过程中，即关键时刻，已经开始对企业的服务进行评价。从企业的角度来看，服务消费过程的这种特点为企业直接影响顾客对服务的判断提供了便利，而这对产品的生产者来说是不太可能的。

（一）关键时刻的含义

所谓关键时刻（moment of truth）是指在特定的时间和特定的地点，服务提供者抓住机会向顾客展示其服务质量。一旦关键时刻失控，服务就会退回一种原始状态。在关键时刻，服务人员所采用的技巧、行为和顾客的期望共同构成了服务的传递过程，服务通过关键时刻完成，顾客在关键时刻得到了自己对服务质量的感知。

关键时刻理论是由北欧航空公司前总裁詹·卡尔森（Jan Carlzon）创造的。他认为，关键时刻就是顾客与北欧航空公司的员工面对面相互交流的时刻，也就是顾客与企业的各种资源发生接触的那一刻。这个时刻决定了企业未来的成败。卡尔森是一位瑞典籍管理者，在1981年进入北欧航空公司担任总裁时，公司已连续亏损且亏损金额庞大，然而不到一年时间卡尔森就使公司扭亏为盈。这样的成就得益于他让北欧航空公司的员工认识到：一年与每一位乘客的接触中包含上千万个关键时刻，如果每个关键时刻都是正面的，那么顾客就会更加忠诚，为企业创造源源不断的利润。

（二）关键时刻的价值

卡尔森提出：每位顾客在接受其公司服务的过程中，平均会与5位服务人员接触；平均每次接触的短短15秒就决定了整个公司在顾客心中的形象，因此与顾客接触的每个时点均为关键时刻。可以从人员的外表（appearance）、行为（behavior）、沟通（communication）三方面来管理。这三方面在顾客的第一印象中所占的比例分别为52%、33%、15%，是影响顾客忠诚度及满意度的重要因素。推动关键时刻管理可有以下预期效益：

（1）服务质量标准化：提升服务水平，减少服务纠纷。

（2）训练优质员工：经由完整的关键时刻训练让员工发自内心地关怀顾客并提升事务处理能力。

（3）强化人际关系：借由服务过程，员工对顾客做好个人营销，可扩展个人人际关系。

（4）提升工作效率：协助一线员工在第一时间对顾客做好完整的答复及应对。

要想获得良好的关键时刻，公司必须在组织结构上进行调整，以扁平化结构代替传统的、等级森严的公司结构。在以顾客为导向的公司里，权力相对分散，原来位于金字塔底部、只能无条件服从的员工也将被授予职权。

（三）经济型酒店的关键时刻

从客人体验和酒店运作的角度，可以把酒店员工有机会使客人感到无比愉悦的关键时刻确定为25个，管理人员和员工应把每个关键时刻都看作一次服务机会，酒店员工应充分利用这些机会，创造一个良好的环境，使客人有宾至如归的感觉：可以了解各种信息，心情愉悦，可以得到关注，不会出现烦恼。下面分四个过程描述：

1. 到达体验。到达体验涉及以下问题。

前台接到客人预订及咨询电话——接线员说话的语调是否让客人感到受欢迎？接线员是否态度冷淡？

客人到达酒店门前——酒店门前是否整洁干净、使人感到很受欢迎？停车是否便利？

客人走进大堂——是否有指示牌指示客人到前台或开会的地方？

客人走到前台——前台服务员是否让客人感到他们非常受欢迎？服务员是否忙于埋头工作而没有立即抬头与客人打招呼？

客人办理入住手续——当办手续的过程烦琐而令客人感到枯燥时，前台服务员是否让客人感到愉悦？

2. 住宿体验。住宿体验涉及以下问题。

客人进入电梯——电梯的指示标志是否清晰？电梯是否要等待或者时常有工作车出入？

客人进入房间——房间是否整洁，客人是否感到备受关注？

客人进入卫生间——是否及时清理了卫生间的垃圾？

客人打开电视机（或上网）——是否能度过一个安静无烦恼的夜晚，收看自己喜爱的电视节目？是否因电视机故障但前台服务员置之不理而感到恼火？网络是否快速而稳定？

客人要求叫早服务——叫早服务能否做到准时以让客人安然入睡？

客人阅读服务手册——手册是否提供了客人需要的信息？

客人租借物品——客人租借到的物品是否完好？是否方便使用？

客人向前台咨询信息——前台人员是否提供了准确详尽的信息而使客人没有疑惑？

客人打电话——电话是否畅通？声音是否清晰而无杂音？

客人饮水——取水是否方便？水温是否达到客人的需求？水杯是否洁净？所提供的茶包是否让客人放心？

客人洗浴——水流与水温是否使客人感到舒适？洗浴用品是否让客人感到有品质保障？

客人就寝——布草是否干净整洁？床垫是否柔软？被子与枕头是否使客人感到舒适？

3. 餐饮体验。餐饮体验涉及以下问题。

服务员向客人问好——是否使客人感到备受欢迎？

客人点餐——是否提供了令客人感到满意的菜品？服务员是否根据客人的需求适时推销菜品？

给客人上餐——是否及时更换骨碟？是否按顺序上菜？

客人用餐——菜品口感是否纯正？席间服务是否规范、周到？

客人付账——账单是否准确？

4. 离店体验。离店体验涉及以下问题。

客人结账退房——是否快速？

索要账单收据——金额是否准确？

员工送客礼仪——服务员是否礼貌热情？是否让客人产生再次光临的念头？

（四）关键时刻与服务的特点

1. 无形性。服务的无形性特点使其生产过程变得复杂、抽象，难以控制质量。顾客只有在实际消费服务过程中甚至体验服务一段时间后，才知道是购买了优质服务还是劣质服务。

2. 相连性。有形产品在从生产、流通到最终消费的过程中，往往要经过一系列的中间环节，生产和消费的过程具有一定的时间间隔，生产和消费是可分离的。而服务的生产和消费同时发生，即服务人员给顾客提供服务的时刻，也正是顾客消费服务的时刻，这一时刻就是关键时刻。

3. 时间性。服务是不可储存的，是一种在特定时间内的需要，具有明显的时间性。一旦错过了关键时刻，服务就会消失。购买了劣质服务的顾客常常无货可退，即使事后有再好的补救措施，也常常事倍功半。因此，服务人员应该把握住关键时刻，提供优质服务，以免产生不可挽救的劣质服务。

新启迪 2－4 酒店的全方位智慧体验

4. 易变性。关键时刻不同于有形产品的生产过程，通常它需要顾客与服务人员的面对面接触，因此服务的内容及其质量会经常变化，很难统一界定。不同的服务人员由于素质、能力、态度不同，提供的服务是不同质的，即使同一个服务人员，由于自身因素（如心理状态）的影响也未必能提供始终如一的服务。另外，由于顾客本身具有不同的知识水平、兴趣、爱好，他们的直接参与也使看似同质的服务具有千差万别的关键时刻。例如，同一场乐团演出，会因听众自身欣赏能力、音乐修养的高低不同，而呈现不同的质量效果。顾客消费服务之后只是得到了服务体验，而不像产品交易，具有物质所有权的转移。例如，旅客在旅馆住宿，旅馆的设施只是起到了协助提供服务的作用，并不随消费的结束而转移给消费者。

三、购后评价阶段

服务自身的特点决定了顾客在消费前是无法真正实现全面评估服务的。一旦消费完成，购后评估便会在顾客意识中展开：自己购买的服务是否达到了预期的效果？购买的条件是否合适？消费过程是否顺利？如果另选一个服务品牌是否会获得更高的感知质量？这是一个服务感知与服务预期全面比较的过程。而且，服务对于消费主体越重要、越陌生、越昂贵，则这种比较越细致、越彻底、越深入。

服务的购后评价同样具有不同于有形产品的特点。这些也正是服务营销工作的重点。

首先，如果购后评价不满意，那么产品消费者一般会把责任统统归咎于生产者和销售者，很少责怪自己太不理性；服务消费者却会把自己的一部分失望归结为自身的不足。因为服务质量在很大程度上取决于顾客的参与：辩护律师的成功往往基于委托人提供信息的全面性和真实性；医生诊断的准确度在很大程度上取决于病人描述症状的客观性和详尽性。实际上，多数顾客会理性地认为，自己对表达不清楚而导致的不满意应承担相应的责任，所以他们对服务质量的要求远不如对产品那样苛刻。相应地，一些不负责任的服务提供者也经常借助这一消费心理来推卸服务质量甚至服务失败的责任。[①]

其次，因为消费体验是顾客最可靠的服务信息来源之一，所以在服务消费完成以后，顾客会进行新一轮的信息收集。此时收集的信息对顾客最有说服力，是最成熟的服务信息。而消费者对于产品的信息收集通常在选择对象前就已非常充分，消费的结果几乎是

---

① Bansal H S，McDougall G H G，Dikolli S S，et al. Relating e-satisfaction to behavioral outcomes：an empirical study. Journal of Services Marketing，2004，18（4）：290－302.

可以预期的，所以相比而言其在产品消费后收集信息的力度较小。如果服务营销者认识到服务的这一特点，即消费前顾客相信企业外部的评价，消费后顾客相信自己的感知，那么企业就会认清自己的促销广告、服务信息推送、网红传播等，只起到了强化口碑的作用。因此，削减营销组合中广告促销的投入，转而加强关键时刻的质量管理是明智之举。顾客对服务质量的判断取决于体验质量和预期质量的对比，而预期质量受市场沟通、企业形象、顾客口碑及顾客需求的影响。

总而言之，服务的消费过程有别于产品的消费过程。后者一般包括购买、使用和废弃物处理三个环节，而且这三个环节的发生遵循一定的顺序并有明确的界限。比如，顾客从超市购买一瓶洗涤剂，在用完洗涤剂之后就把空瓶子扔掉。而服务的消费过程则有些不同。一方面，在服务交易过程中并不涉及产品所有权的转移，因此，服务的消费过程也就没有明显的环节区分，这些所谓的环节融合为顾客与服务人员的互动过程；另一方面，服务无形性的特点使得废弃物处理的过程同整个消费过程没有关系。所以，服务的购后评价是一个比较复杂的过程。它在顾客作出购买决策的瞬间就开始了，并贯穿整个消费过程，从而使顾客的评价不仅受到前述因素的影响，还受到一些社会、文化和习惯等方面的因素的影响。从某种意义上说，顾客评价如何取决于企业是否善于管理顾客与顾客、顾客与员工、顾客与企业内部环境以及员工与企业内部环境之间的互动关系和互动过程。

学术前沿 | 数字经济条件下服务消费的前沿概念

1. 体验经济（experience economy）：这个概念强调消费者不仅购买产品或服务，更重视购买体验。这种趋势在数字经济下更为显著，因为数字化工具可以增加消费者的参与感和实时反馈，如虚拟现实购物、网上 3D 试衣等。

2. 按需经济（on-demand economy）：按需经济是一种基于即时需求和即时服务的经济模式，消费者在需要时才购买产品或服务。这种模式针对现代社会“即刻享受”消费观，如滴滴出行、美团外卖就是这种经济模式的代表。在这种模式中，服务提供者可以根据消费者需求，提供更加个性化、专业化的服务，满足消费者即时的需求。

3. 产消者（prosumer）：这是一个“生产者”和“消费者”相结合的新概念。这里的消费者不再是被动接受产品及服务，而是参与到产品的设计、生产和服务的提供中去。例如，一些网站或社交媒体平台允许用户生成和分享内容，这些用户既是生产者也是消费者。

4. 区块链技术（blockchain technology）：区块链技术是一种分布式账本技术，通过去中心化的方式实现数据的安全存储和传输。在服务消费领域，区块链技术可以解决信息不对称和信任问题。例如，在供应链管理中，区块链可以追溯产品的来源和质量，确保消费者购买到的产品是真实可信的。此外，区块链还可以实现智能合约，简化交易流程，提高交易的效率和安全性。

5. 金融科技（FinTech）：金融科技在数字经济的发展中对服务消费产生了巨大影响。通过金融科技的创新，消费者可以享受到更加便捷、快速、安全的支付和结算服务。例如，移动支付应用程序和电子钱包的普及，使得消费者可以通过手机或其他移动设备进行线上和线下的支付。此外，数字货币技术也在逐渐融入支付领域，提供全球性、跨境支付的便利性。

6. 消费者数据保护（consumer data protection）：在数字经济时代，个人消费数据的保护变得至关重要。消费者提供的个人信息和消费行为数据可以被商家和其他组织用于个性化推荐、市场营销和其他目的。因此，保护消费者的隐私和数据安全成为一项重要任务。政府和企业应采取措施来确保消费者数据的安全，并制定相关法规和政策以保护消费者的数据隐私。

以上概念的引入和应用，使得数字经济下的服务消费呈现出了更加个性化、智能化、安全化和便捷化的趋势。它们共同推动了服务消费的创新和转型，并为消费者提供了更优质的服务体验。尽管这些概念带来了许多机遇，但也带来了许多挑战，如数据隐私和安全问题，以及技术普及和接受程度等。因此，利益相关者需要共同努力，建立可持续发展的数字经济生态系统。

素养园地

数字经济提振服务消费

数字消费是指消费市场针对产品的数字内涵而发生的消费。数字经济时代，无论是工程机械还是日用百货，都需要具备数字内涵、文化内涵。当产品被赋予数字性能之后，消费模式就会相应发生很多改变，继而给市场注入新的活力，给企业带来新的发展机会。

许多城市已经看到数字消费的潜力，大力支持相关新业态的发展。

年逾八旬的浙江省宁波市市民张某，患有高血压，并发肾功能减弱。2024 年 1 月，家人为他注册了“宁波云医院”系统，能够在线预约专家医生云问诊。到了约定时间，张某在家中通过视频和医生讲述自己的症状。医生调阅他的健康档案，结合确诊信息，开出了电子处方并将处方提交至“云端”。一天后，张某收到了配送到家的控制高血压的药物，很轻松就完成了看诊。

除了在线医疗，宁波市还有近 30 项数字消费体验互动项目，涉及通信、医疗、民生、金融、娱乐等消费场景；并发布了中国移动天宁旗舰店、宁波市智慧城市科技馆等 13 个市级信息消费体验中心，培育引导市民数字消费。宁波市经济和信息化局有关负责人表示，打造信息消费体验中心，不仅能提供丰富的数字生活新体验、促进数字消费发展，还能带动信息技术产品、服务加快向产业链高端迈进，提升百姓在信息消费领域的获得感、幸福感、安全感。

数字消费还能够推动城市空间的升级改造。北京市东城区隆福大厦这座昔日的百货商场如今已成为“文化＋科技”深度融合的消费新地标。书店、美术馆、精品咖啡店、潮流艺术市集……老建筑转身变为时尚的网红打卡地，科技化、数字化、智能化与文化体验消费在此完美融合。隆福寺街区修缮更新二期项目之一——长虹影院，包括飞行影院、“走入中国”、文创体验区三大功能区。长虹影院将成为一个全新的飞行影院，设置 70 座体感座椅和巨型球幕，悬空式动感飞行平台可将乘客的座椅推进巨大球幕中，创造沉浸式的文娱体验。此外，长虹影院还计划在外立面安装曲面裸眼 3D 屏幕，进一步增加建筑的科技感。

北京市有关部门负责人表示，在加速构建数字消费全新场景方面，北京市将在重点区域积极培育不少于 15 个信息消费体验中心。布局无人零售、智慧零售等新零售技术与传统零售业的融合示范，推动智慧停车、无人驾驶出租车等新型数字化出行服务，构建新型消费服务场景。

资料来源："深派"5G-A打破数字社会网络瓶颈.（2024-01-05）. https://www.thepaper.cn/newsDetail_forward_25908719；为战新产业护航 为智能制造赋能 为数字消费点火"深派"5G-A打破数字社会网络瓶颈.（2023-01-06）. 深圳新闻网.

小结

消费者服务购买行为与决策受到文化、社会、个人和心理等因素的影响。文化包括价值观、文字、语言、伦理道德、风俗习惯、法律及产品和服务等，它们是人类欲望和行为最基本的决定因素，对消费者购买行为具有最广泛和最深远的影响。社会因素包括参照群体、家庭、社会角色等。个人因素包括年龄、性别、职业、经济状况、生活方式、个性及自我观念等。心理因素包括感觉、知觉、记忆、思维、想象、注意等。感觉是人脑对直接作用于感觉器官的客观事物的个别属性的反映。人的感觉主要有五种类型，分别是视觉、听觉、嗅觉、味觉、触觉。感觉具有舒适性、敏感性和适应性等特性。知觉是人的大脑对直接作用于感觉器官的客观事物的整体反映，具有协调性、理解性和选择性等特征。错觉是知觉的一种特殊形式，它是人在特定的条件下对客观事物的扭曲的知觉，也就是把实际存在的事物扭曲地感知为与实际事物不相符的事物。记忆是人的大脑对过去经历的事物的反映，是思维、想象等高级心理活动的基础，包括识记、保持、回忆和再认四个基本阶段。思维是通过分析、概括对客观事物的本质进行间接反映的过程。间接性和概括性是人们思维的重要特点。人们在生活实践中，不仅能够感知和记忆客观事物，而且能够在已有知识、经验的基础上，在头脑中构建自己从未经历过的事物的新形象，或者根据别人口头语言或文字的描述形成相应事物的形象，这就是想象。注意是心理活动对客观事物的指向和集中。服务的评价依据是搜寻特征、体验特征和信用特征。服务的评价过程与有形产品的评价过程明显不同，特别是在信息收集、评价标准、选择余地、创新扩散、风险认知、品牌忠诚和失败归因等方面。消费者服务购买要面临财务风险、绩效风险、实体风险和社会风险等。控制则包括行为控制和认知控制。服务购买过程包括购前阶段、消费阶段和购后评价阶段。

重要概念

感觉	感觉舒适性	感觉敏感性	感觉适应性
知觉	知觉协调性	知觉理解性	知觉选择性
错觉	记忆	识记	保持
回忆	再认	思维	间接性思维
概括性思维	想象	注意	指向注意
集中注意	有意注意	无意注意	搜寻特征
体验特征	信用特征	顾客演进	财务风险

绩效风险	实体风险	社会风险	意见领袖
行为控制	认知控制	关键时刻	

复习题

1. 消费者的感觉和知觉各有什么特点？
2. 购买服务的评价依据有哪些？
3. 服务的评价过程与有形产品的评价过程有哪些差异？
4. 服务购买过程分哪几个阶段？

PART TWO

2

| 第 2 篇 |

服务营销战略

第3章

服务营销过程与战略

思维导图

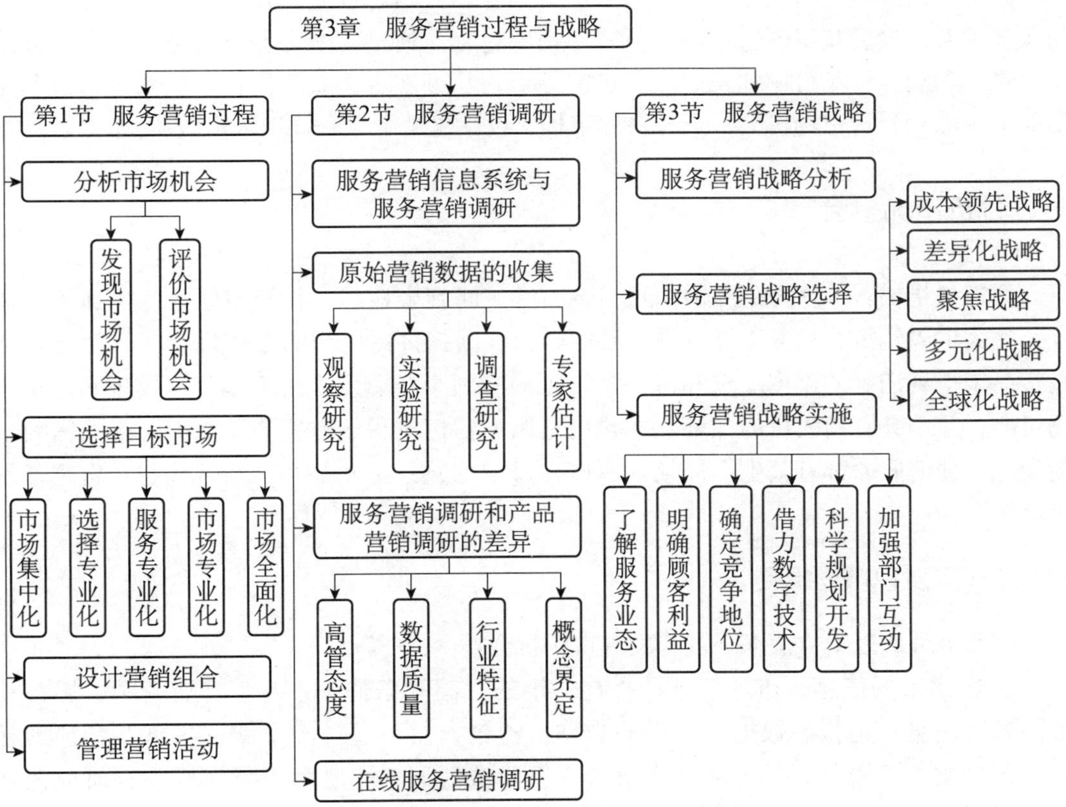

本章要点

- 服务营销过程的步骤。
- 服务营销信息系统的构成。
- 服务营销调研的特点。
- 在线服务营销调研的主要方式。
- 服务营销战略的选择。
- 服务营销战略的实施要点。

第 1 节　服务营销过程

服务营销过程是指服务企业努力去了解顾客，为顾客创造和传递价值，并建立牢固的顾客关系，最后获得创造卓越价值的回报的过程。通过为顾客创造价值，服务企业以销售量、利润、市场份额和长期顾客资产等形式从顾客身上获取回报。服务营销过程包括如下步骤：分析市场机会、选择目标市场、设计营销组合、管理营销活动。

一、分析市场机会

习近平指出："中国经济韧性强、潜力足、回旋余地广、长期向好的基本面不会改变，将为世界经济企稳复苏提供强大动能，为各国提供更广阔的市场机会。"① 市场机会是指尚未得到满足的市场需求和市场上出现的有利于企业发展的新趋势。发现和评价市场机会，是服务营销人员的主要任务，也是服务营销过程的首要步骤。由于市场需要不断变化，任何服务都有其生命周期，所以，每一个服务企业都必须经常寻找、发现新的市场机会。

（一）发现市场机会

企业可采取以下方法来寻找、发现市场机会：

1. 收集市场信息。市场信息是指在一定的时间和条件下，与生产、营销、服务相关的各种消息、情报、数据、资料的总称。营销人员可通过经常阅读报纸、参加展销会、研究竞争者服务、召开献计献策会、组建微信群、注册微信公众号调查研究消费者的需求等来寻找、发现或识别未满足的需求和新市场机会。人们的需求形形色色，诚如《史记・货殖列传序》所描述的："耳目欲极声色之好，口欲穷刍豢之味，身安逸乐，而心夸矜势能之荣。"上海曹杨新村街道工作人员通过阅读报纸了解到不少在本市高校留学的外国学生对中国家庭文化颇感兴趣，又考虑到许多下岗职工也有强烈的再

① 习近平. 携手迎接挑战，合作开创未来：在博鳌亚洲论坛 2022 年年会开幕式上的主旨演讲. 人民日报，2022-04-22.

就业愿望，于是推出了“家庭旅游”业务，收到了良好的效果。

新启迪3-1

信息工作至关重要

习近平同志十分重视信息工作。他说，科技是关键，信息是灵魂。不重视信息工作，就如同“盲人骑瞎马，夜半临深池”。要加强信息工作，建立专门机构，组织专业队伍，使全县尽快形成耳聪目明的“蛛网型”信息网。要在全国各地设立信息网点，广辟信息渠道，捕捉经济情报和人才信息，分析和利用这些信息，使之尽快转化为财富，转化为生产力，加快正定经济发展的步伐。1984年，正定县建立信息中心。同年，全县手摇电话升级为程控电话，举办了全省第一个县级“技术信息交易大会”，推出科技项目1 500项。信息成了正定经济起飞的助推器。

资料来源：习近平同志在正定. 河北日报，2014-01-02.

2. 分析服务/市场矩阵。营销人员也可利用服务/市场发展矩阵来寻找、发现服务营销的机会。

3. 进行市场细分。市场细分是指根据消费者需要的差异性，运用系统的方法，把整体市场划分为若干消费者群（子市场）的过程。服务营销人员还可通过市场细分来寻找、发现最好的服务营销机会。近年来，许多知名酒店就是通过市场细分，发现最好机会，进而经营经济型酒店并取得成功的。

在数字经济条件下，服务企业可以借助消费者数据发现更多的市场机会。消费者借助各种数字技术手段从事消费活动，包含视频通话、平台购物、网上浏览等，而这些消费行为会留下轨迹和数据。服务企业可以借助这些数据来分析消费者、分析市场，发现市场机会。以银行业为例，中国银联涉及43亿张银行卡，超过9亿的持卡人，超过1 000万商户，每天近7 000万条交易数据，通过对大数据资料库所在地的人口特征、年龄、交易量与复杂度等数据，以及客户在网站、手机银行、微信银行等软件上的使用习惯进行分析，可为客户提供个性化的服务。例如，针对高龄客户比例偏高的情况，考虑新增服务窗口并提供大屏幕显示器提醒；根据客户对网银、手机银行的使用习惯，将浏览率高的栏目与浏览率低的栏目进行重新排版设计，实现提升客户使用率及忠诚度的目的；根据不同客户在网络、手机App上访问的记录行为（页面浏览时间、次数、频率等），分析其关注资讯的不同，以提供不同需求的咨询和服务。

服务营销人员不仅要善于寻找、发现有吸引力的市场机会，而且要善于对所发现的各种市场机会加以评价，决定哪些市场机会能成为本企业有利可图的企业机会。

（二）评价市场机会

某种市场机会能否成为服务企业的机会，不仅要看利用这种市场机会是否与该企业的使命和目标相一致，而且取决于该企业是否具备利用这种市场机会、经营这种业务的资源条件，取决于该企业是否在利用这种市场机会、经营这种业务上比其潜在的竞争者有更大的优势，因而能享有更大的差别优势。企业使命是指由企业自身发展所规定或企业出于社会责任义务所承担的任务。企业目标是指企业生产、营销、服务等各项活动在销售、利润、市场份额、市场回报、发展速度、整体形象、产品或服务创新等方面所要达到的总体效果。企业资源是指任何可以影响企业选择和实施其战略的基础性事物，如人力、物力、财力、信息、技术等。差别优势是指企业在生产、营销、服务、资金、人力等各方面有别于同行竞争者并超越竞争者的优势。

假设某大城市的市民和旅客需要快餐，餐饮公司、百货商店和酒店都想利用这一市场机会生产经营快餐。究竟哪一家能享有最大的差别优势呢？这要看哪一家具备最多的有利条件。我们假设生产经营快餐必须具备四个条件：(1) 有一定资金；(2) 有所必需的店铺、设备和原材料；(3) 有开展快餐业务的技术；(4) 在广大消费者中有一定信誉。

餐饮公司完全具备这四个条件；百货商店满足条件 (1)、(2) 和 (4)；酒店具备条件 (1) 和 (2)。由此可见，餐饮公司享有最大的差别优势，因而快餐这种有吸引力的市场机会能成为它的企业机会。

此外，还要进一步对每种有吸引力的企业机会进行评价，即进一步调查研究：谁购买这些服务？他们愿意花多少钱？顾客在何处？谁是竞争对手？需要什么分销渠道？通过调查研究这些问题，营销人员要分析研究营销环境、消费者市场、生产者市场、中间商市场和政府市场。此外，企业的财务部门和生产部门还要估算成本，以确定这些市场机会能否转变成给企业带来利润的企业机会。

二、选择目标市场

服务营销人员发现和选择了有吸引力的市场机会之后，还要进一步进行市场细分和目标市场选择。目标市场是指具有相同需求或特征，企业决定为之服务的消费者群体。

企业需要根据一定的变量或依据对市场进行细分，之后，还要决定选择哪些子市场作为企业的目标市场。企业选择目标市场可以考虑下列策略（如图 3 - 1 所示）：

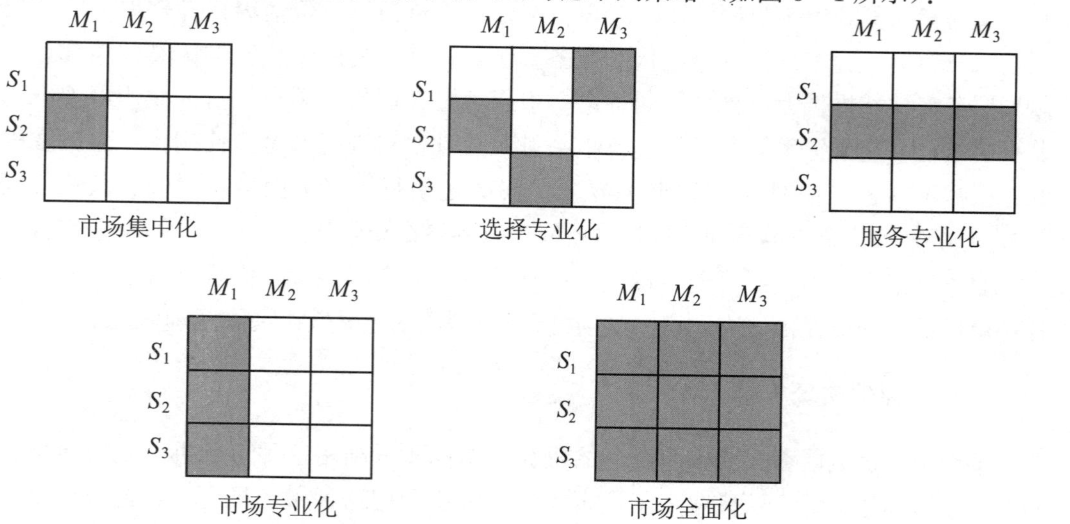

S——服务；M——市场

图 3 - 1　目标市场选择策略

1. 市场集中化。这是最简单的一种策略，企业只选择一个目标市场，只提供一种服务，只面向单一的顾客群。企业可以更清楚地了解子市场的需求，从而树立良好的信誉，在该市场巩固地位。同时，服务企业通过服务提供、分销和促销的专业化分工，可以实现规模经济效益。但是，单一市场的风险比较大，一旦所选择的市场需求发生变化，企业可能会面临倒闭的风险。如果企业具备在某一子市场从事专业化经营的优势地位与条件，或限于财力只能经营单一市场，或者是该子市场的竞争对手较少，那么企业就可以选择市场集中化策略。

2. 选择专业化。企业有选择地进入几个不同的子市场。每个子市场都具有良好的盈利潜力，且与企业的目标和资源条件相符合。这些子市场之间很少或根本不发生联系。选择专业化策略能够很好地分散风险，但也会分散企业的力量，因此采用选择专业化策略的企业应具有较多的资源和较强的营销实力。

3. 服务专业化。服务专业化指企业同时向几个子市场提供一种服务。企业通过这种策略可在特定的服务领域树立良好的形象。但一旦出现新技术、新服务，企业就会面临效益滑坡的风险。

4. 市场专业化。市场专业化指企业集中力量满足某一特定顾客群的各种需要。这种策略能更好地满足顾客的需求，树立良好的信誉。企业还可以向这类顾客群提供新服务，这成为新服务有效的营销渠道。但一旦顾客需求发生变化，企业就会面临收益下降的风险。

5. 市场全面化。市场全面化指企业为所有顾客群提供他们需要的所有服务。只有实力雄厚的服务企业才能采取这种策略。

三、设计营销组合

营销组合是服务企业营销战略的一个重要组成部分。

所谓营销战略，是指企业根据对市场机会的预测、分析和判断，选择目标市场，并为目标市场安排切合实际且行之有效的营销组合，以及为一定时期内营销发展所做出的总体设想和规划。

企业的营销战略包括两个不同而又互相关联的部分：一是目标市场，即企业拟投其所好为之提供服务的顾客群；二是营销组合，即服务企业为了满足这个目标顾客群的需要而对可控制的变量的组合，即产品、价格、分销、促销、人员、过程、有形展示 7P 要素的组合。

四、管理营销活动

服务营销过程的第四个主要步骤是管理营销活动，即服务营销的计划、组织、执行和控制。这是整个服务营销管理极其重要的关键性步骤，因为企业没有周密的营销计划，营销工作就会失去方向和目标。营销计划制订后还要靠有效的组织系统去执行和实施，否则就成了纸上谈兵。正如彼得·德鲁克（Peter Drucker）所说的那样：计划等于零，除非它变成工作。因此，制订营销计划仅仅是营销管理工作的开始。企业制订营销计划之后，还要花很大力气组织、执行和控制营销计划。

值得注意的是，企业的服务营销活动可能受到制度的管制，主要有两种：（1）自我管制（self regulation）。由行业本身的人员（如医师、会计师、律师）成立行业协会组织，自行设定道德标准、收费标准、广告限制和其他竞争规则（如医师不能做广告等）。（2）公共管制（public regulation）。由中央政府或地方政府建立管制体系，以监管服务活动。在许多国家，对于公用事业和一些重要的国有产业，在作重大的决策或者提高服务价格时，都必须征得有关政府主管机构的同意。党的二十大报告指出，“扩大社会保险覆盖面，健全基本养老、基本医疗保险筹资和待遇调整机制，推动基本医疗保险、失业保险、工伤保险省级统筹。促进多层次医疗保障有序衔接，完善大病保险和医疗救助制度，落实异地就医结算，建立长期护理保险制度，积极发展商业医疗保险。加快完善全国统一的社会保险公共服务平台。”① 这就为公共服务机构加强市场营销和内部管理提供了根本遵循。

即使没有直接的自我管制或公共管制，服务产业也可能受到其他环境因素的不利影响，因而在某些要求（如安全、环保、健康等）下限制或减缓了竞争。服务企业进行市场分析时必须将这些因素考虑进去。服务企业还必须决策如何将自己的服务与其他竞争性服务通过差异化显现出来。由于服务的无形性，其缺乏强有力的实物线索，企业要想彰显服务特色，必须付出更多的努力。此外，由于目前服务业缺乏有效的专利保护，因而有些创意理念和创新技术很容易被仿冒。服务营销者最容易忽略的一点就是服务终归是人与人之间的一种互动的关系。服务营销的成败一般来说应取决于这种人际互动的质量，人员因素至关重要。

新启迪 3-2

丽思卡尔顿的卓越服务

2024 年 1 月 4 日，万豪国际集团宣布已与北京北辰会展投资有限公司正式签约，共同筹备在首都打造第三家丽思卡尔顿酒店及首家万豪侯爵酒店。预计于 2026 年投入运营，北京北辰丽思卡尔顿酒店将向国内外宾客诠释传奇式服务与典雅设计，而北京北辰万豪侯爵酒店的殷切贴心服务与其现代设计风格相得益彰。两家酒店落址于北京中轴线上的国家会议中心二期一座，为高级会议、展览活动而设，集酒店、商业、写字楼等于一体，将共同为不同出行目的的宾客奉上量身定制的奢华旅居体验。事实上，丽思卡尔顿的任意一家酒店都十分擅长观察并满足顾客最细微的要求。不需要询问，酒店就会知道你对花生过敏，需要加长型睡床，需要不会引起过敏的枕头；当你抵达房间时，透气窗已为你开好，早餐和不含咖啡因的咖啡已经在房间放好。每天，从前台服务员到维修员、保洁员，每一名员工都细致地观察和记录顾客最细微的偏好。然后，每天早上，每家分店都会查看那些以前在丽思卡尔顿酒店入住过的新登记顾客，

---

① 习近平．高举中国特色社会主义伟大旗帜 为全面建设社会主义现代化国家而团结奋斗：在中国共产党第二十次全国代表大会上的报告．人民日报，2022-10-26.

然后准备一张能够满足每位顾客额外需求的清单。一旦丽思卡尔顿酒店获悉顾客有某种特殊需求，酒店员工就会千方百计地予以满足。例如，为了满足某位对特定食物过敏顾客的用餐要求，丽思卡尔顿酒店巴厘岛酒店分店的厨师特意在其他国家的零售店订购了专门的食物，通过物流配送到巴厘岛分店。又如，一家丽思卡尔顿酒店分店的清洗部没有在顾客离开前将顾客衣物上的污点去除，酒店经理为此特意赶到该顾客家中，根据衣物成本对该名顾客进行私人补偿。丽思卡尔顿酒店的一名经理介绍，如果连锁酒店中某一家分店获得了顾客宠物的照片，其他酒店也会印制一份并装裱起来，在顾客下一次入住时挂在顾客的房间。正是由于如此卓越的服务，95%的离店顾客认为获得了非常难忘的入住体验，超过90%的顾客会再次光顾。

资料来源：万豪国际集团携旗下丽思卡尔顿与万豪侯爵双品牌于北京签约.（2024－01－04）. https://fashion.sina.com.cn/l/ds/2024-01-04/1351/doc-inaaiwra3921803.shtml；中国富豪最青睐酒店品牌：丽思卡尔顿第一，安缦第二，半岛第三.（2020－01－13）. 金融界网.

第2节 服务营销调研

一、服务营销信息系统与服务营销调研

（一）服务营销信息系统

服务营销信息系统是指由人员、计算机程序及相关数据所构成的相互作用的复合体，企业借以收集、挑选、分析、评估和分配适当、及时和准确的相关信息，为营销者改进服务营销计划、执行和控制工作提供依据。服务营销信息系统处于环境与营销管理者（即信息使用者）之间。各种服务营销数据由环境流向企业服务营销信息系统，服务营销信息系统则将数据加以转换，并通过服务营销信息流程传导给管理者，管理者依据这些数据制订各种计划、方案，由此形成的各种数据又通过服务营销沟通流程回到环境。

服务营销信息系统是企业收集、处理并利用相关环境数据的工具。相关环境包括宏观环境与微观环境，十分广泛且经常变化。企业在制定决策时必须明确哪些范围内的环境最值得研究。随着信息技术的发展，企业可以获得大量营销信息。通过网站、手机App、电子邮件、短信、博客、微博、微信等数字化渠道，消费者给企业创造了大量的信息，包括消费者之间的互动信息。企业应收集与人口、价格水平、消费方式等相关的数据，以及竞争者的过去、现在与未来等有关信息。自信息收集到传送给管理者再到向环境做出反应，这一整个过程的时间性很重要。有效的服务营销信息系统应能向决策者提供迅速、准确、可解释的信息。

（二）服务营销信息系统的构成

1. 内部报告系统。内部报告系统是指向管理者提供有关销售、成本、现金流量、应收账款等各种反映企业经营现状的信息的系统。许多企业建立了行之有效的内部数据库。

内部数据库是指从企业网络数据资源中收集的关于消费者和市场信息的集合。市场部门提供有关顾客特征、销售交易和网站访问的信息。会计部门提供有关销售、成本、现金流量的记录。管理者必须以服务、地区、推销员为基础进行分类，并深入分析有关目前与过去销售及成本的信息。

2. 营销情报系统。营销情报系统是指营销管理者用以了解有关外部环境发展趋势的信息的各种来源与程序。借助该系统，将环境最新发展的信息传递给有关管理者。企业一般比较重视普查数据、各企业统计数据及营销调研这三个方面。企业经常采用的营销情报技术包括直接观察消费者、向企业员工询问、参照竞争者服务、互联网调研、监测网络热点、监测消费者在线聊天等。

3. 营销调研系统。营销调研系统是指对营销环境和市场需求进行观察、实验和调查，并对调研结果进行收集、评价，进而传递给决策者的信息系统。营销调研部门负责市场调查、消费者偏好测验、销售研究、广告评估等工作。党的二十大号召我们要“深入调查研究，扑下身子干实事、谋实招、求实效”①。习近平指出：“调查研究是谋事之基、成事之道，没有调查就没有发言权，没有调查就没有决策权。”② 营销调研系统是制定科学的营销决策的重要依据和营销信息的主要来源。

4. 营销分析系统。营销分析系统是指从改善经营或取得最佳经营效益的目的出发，借助各种数理分析模型和信息处理技术，帮助营销管理者分析复杂营销问题的信息系统。该系统包括先进的统计程序和模型，借助这些程序和模型，企业可以从信息中发掘出更有价值的启示和结论。

新启迪3-3

供应链金融数字信息服务

中国供应链金融数字信息服务平台对外提供企业综合分析服务和客户尽职调查服务。企业综合分析服务通过整合工商、司法、税务发票、电力等公共数据，仓储、物流等产业数据，基于上下游产业链的贸易金融数据，深度加工形成综合分析报告。客户尽职调查服务以传统数据源、生物识别、数字证书三种渠道为核心架构，整合个人信息核验、运营商信息核验、银行卡信息核验等多种服务，实现个人及企业信息查询及核验的一站式接入。平台通过连接上海票据交易所，为市场上各供应链金融平台提供供应链票据签发、承兑、背书转让等票据化服务，并提供企业真实性审核、贸易背景真实性审核、企业主体信用风险预警等增值服务。未来，平台将继续接入社保、学历等多维数据源，完善企业多层级画像，构建企业全景关系图谱，并在此基础上提供交易撮合、风险控制、风险预警等服务，逐步实现适用于互联网金融业务的应收账款、仓单、存货、知识产权等动产的交易、证券化等服务，探索搭建基于区块链技术的供应链金融应用子系统。

---

① 习近平．高举中国特色社会主义伟大旗帜　为全面建设社会主义现代化国家而团结奋斗：在中国共产党第二十次全国代表大会上的报告．人民日报，2022-10-26.

② 习近平在党的十九届一中全会上的讲话．(2017-12-31)．人民网．

（三）服务营销调研的含义与内容

1. 服务营销调研的含义。营销调研是指系统地设计、收集、分析并报告与企业有关的数据和研究结果。《孙子兵法·始计篇》曾谈道："兵者，国之大事，死生之地，存亡之道，不可不察也。"习近平同志曾经指出："调查研究是谋事之基、成事之道。没有调查，就没有发言权，更没有决策权。"[①] 为了确保企业营销的成功，必须注重营销调研，以获得尽可能详细准确的数据作为营销决策的依据。服务营销调研的真正价值是获得顾客洞察（customer insights）。顾客洞察是由营销信息生成的对顾客和市场的全新理解，企业以此为基础创造顾客价值，建立和维系顾客关系。所谓服务营销调研，是指系统地设计、收集、分析并报告与企业服务营销有关的数据和研究结果的营销活动。

2. 服务营销调研的过程。服务营销调研是一个复杂的过程，包括界定营销问题和调研任务、编制调研计划、收集信息、分析信息、展示调研结果和制定营销决策（如图3-2所示）。在此过程中，既有定量研究又有定性研究。定量研究一般是为了得出特定研究对象的总体统计结果而进行的。定性研究具有探索性、诊断性和预测性等特点，它并不追求精确的结论，而只是了解问题之所在，摸清情况，得出感性认识。定性研究的主要方法包括焦点小组、深度访问，以及各种投影技术等。

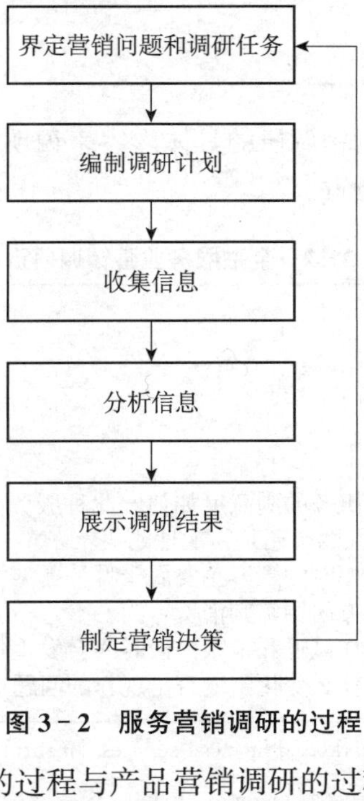

图3-2 服务营销调研的过程

一般认为，服务营销调研的过程与产品营销调研的过程没有什么不同。例如由银行、美容院、健身房、旅游公司、地方政府机构和研究机构等提供的服务，就可以沿用产品营销调研方法。而且，营销调研个案各不相同，没有一个放之四海而皆准的程序可循。

3. 服务营销调研的范围。产品营销调研的范围，包括市场特征确定、市场潜量估计、市场份额分析、销售分析、经营趋势研究、短期预测、竞争服务研究、长期预测、价格研

---

① 加强对改革重大问题调查研究 提高全面深化改革决策科学性. 人民日报，2013-07-25.

究和现有服务测试等。而对于服务营销调研，其范围主要包括四个方面，如表3-1所示。

表3-1 服务营销调研的范围

1. 市场界定与测量
   (1) 总体市场
   (2) 细分后的子市场
   (3) 市场领域：现有服务的新市场、现有市场的新服务、新市场的新服务
2. 市场特征分析
   (1) 顾客需求分析
   (2) 理想服务的特征
   (3) 顾客寻找服务的方法
   (4) 顾客态度与行为
   (5) 竞争状况、市场份额、营销成本
   (6) 必备气候条件
   (7) 市场、设施及竞争趋势
3. 市场预测与评估（5～10年的计划）
   (1) 成长或衰退的基本动力
   (2) 达到业务峰值的必备条件
   (3) 顾客需求变化、新型竞争服务业
   (4) 环境变化：社会、经济、科技、政治
   (5) 总体市场评估
4. 各子市场运营成功的必要条件
   服务市场特征以及重点发展项目

我们可以通过金融服务业营销调研的具体内容来说明服务营销的调研范围，表3-2展示的是金融服务业营销调研重点。

表3-2 金融服务业营销调研重点

1. 顾客的主要特征是什么？
(1) 向本企业购买服务
(2) 向竞争者购买服务
(3) 不购买服务
2. 为什么会有这种行为？
3. 顾客对于本企业和竞争者所提供服务的满意度如何？此种服务能满足所有顾客的需求还是仅能满足部分顾客的需求？可能导致重复性购买还是一次性购买？
4. 企业在一定期限内利润最佳和最差时的顾客主要属于哪种类型？
5. 如何使顾客朝着有利于本企业的方向调整其消费行为？
6. 现有顾客和潜在顾客的需求情况在最近和未来一段时间会发生什么变化？
7. 经济、法律和社会环境方面会有什么变化？能否出现新的问题或机会？

资料来源：McIver C，Naylor G. Marketing financial services. Institute of Bankers，1980.

服务营销调研已用于许多问题的处理，其中包括：(1) 消费者如何在相互竞争的服务企业之间作出选择；(2) 对某一种特定服务的购买决策是如何作出的；(3) 服务选择时的信息运用；(4) 质量的价格弹性（即消费者愿意为特别好的服务质量付出的代价）；(5) 引申服务调研（即研究探讨从某种服务可否引申出一系列其他服务）；(6) 广告公司的合作潜力与利用价值；(7) 消费者对广告活动的认知程度；(8) 广告效果研究；(9) 市场份额研究；(10) 利用神秘购买者（mystery shoppers）调研、考核服务质量等。

二、原始营销数据的收集

当现有数据来源不能提供解决营销问题所需的数据时，服务企业必须进行原始数据的收集。收集原始数据的主要方法有以下四种。

（一）观察研究

所谓观察研究，是指通过观察相关的人、行为和环境以及正在进行的某一特定服务营销过程，来收集原始数据的方法。例如，在超市的天花板上安装摄像机，追踪顾客在店内的购物过程，据此考虑重新陈列产品，以便顾客选购。观察研究还借助大数据、云计算、物联网、人工智能、脑科学等新兴科技来研究服务技术、顾客行为、顾客反应等营销问题。其主要优点在于客观实在，能如实反映问题。不足之处是运用这种方法很难捕捉到被观察者的内在信息，譬如他们的收入水平、受教育程度、心理状态、购买动机以及对产品的印象等。此外，无法对被观察者的行为或环境加以控制。

（二）实验研究

为了测试特定营销刺激对顾客行为的影响，必须引进若干控制方法。实验研究就是这样一种方法。所谓实验研究，是指将选定的刺激措施引入被控制的环境，进而系统地改变刺激程度，以测定顾客的行为反应。由于排除或控制了许多没有研究意义的因素，研究人员所观察到的影响可以被认为是某些刺激措施所致。控制环境的目的在于将那些也可能解释被观察现象的竞争性假设排除掉。

从本质上说，服务营销调研的实验活动与自然科学的实验活动是相同的。但是，市场测试、新产品试销等并不是在周密控制的实验室里进行的，而是在现实市场上以鲜活的人群为对象来进行的。因此，在进行实验设计时必须注意那些在实验室实验中无须考虑的因素。

（三）调查研究

关于调查研究的方法，习近平总书记指出：开展调查研究，要扑下身子、沉到一线，迈开步子、走出院子，到车间码头，到田间地头，到市场社区，亲自察看、亲身体验。[①]服务企业借助调查研究可以获得较为广泛的数据，它们对许多问题的研究都较具实用性。通过调查可以收集的信息包括社会经济特征以及消费者态度、意见、动机和公开行为等。在营销调研中，调查研究是收集有关服务特征、广告、促销及分销渠道等信息的有效方法。整个调查研究过程由四个主要步骤组成：

1. 确定研究目的。研究目的可能是进一步了解市场，也可能是寻求增加销售额的方法，还可能是寻找数据证实或推翻原有的见解。确定研究目的可以使问题进一步简化。

---

① 力戒形式主义官僚主义，为决胜全面建成小康社会提供坚强作风保证：学习《习近平关于力戒形式主义官僚主义重要论述选编》. 人民日报，2020-06-03.

2. 制定研究策略。为实现业已确定的研究目的，研究人员还必须确定调查方法、研究工具与抽样方式。这三方面的内容构成了一套研究策略。

（1）调查方法。调查方法主要有：人员访问、电话调查、邮寄问卷、微信圈调查、小程序或 App 调查和网络调查等。

（2）研究工具。研究工具的选择，主要取决于所要收集的信息类型与收集方法。如果只需少量回答，则最好用网络调查、电话调查或邮寄问卷。

（3）抽样方式。抽样调查是一种非全面调查，它是从研究对象中抽取部分单位进行调查，并用调查结果来推断总体情况的一种调查方法。根据抽取样本单位的方式不同，抽样调查大致可以分为两类：一类是概率抽样，或称随机抽样；另一类是非概率抽样。我国一般只把概率抽样称作抽样调查，而把非概率抽样称为典型调查、重点调查等。

3. 收集分析数据。在确定了研究策略之后，营销调研人员还需进行数据的实地调查、收集工作。分析数据是指对数据进行整理、编码、分类、制表、交叉分析及其他统计分析的工作过程。①

4. 形成研究报告。调查研究的最后一项工作是从大量数据中抽象出重要的证据来证实研究的结果，进而形成系统、完整的研究报告。报告的开始部分要有摘要，阐明主要发现和建议，而将详细的技术性问题留在报告正文内，待管理人员有时间或有兴趣时再仔细阅读。

（四）专家估计

当企业没有充足的时间来进行一项严谨的科学抽样调查，或即使用科学研究方法也不能收集到适当的数据时，采取专家估计不失为一种好办法。

三、服务营销调研和产品营销调研的差异

服务营销调研和产品营销调研在营销调研过程、目标及决策等方面有很多相似之处，但仍有一些不同之处。

（一）高管态度

虽然服务企业利用营销调研成果的情形在不断增多，但有时还是会遇到来自企业高管的阻力。造成阻力的原因如下：（1）道德考量。部分服务企业认为利用营销调研来做生意是不道德的，有挖空心思赚顾客钱的嫌疑。（2）企业规模。有些服务企业的规模太小，而且所服务的顾客仅局限于当地很小的范围，不值得在营销调研上进行投入。（3）费用负担。有些服务企业不愿或无力负担营销调研费用，尤其是当使用调查技术的费用较高时，就更觉得没必要花费太多。（4）独占垄断。有些垄断性服务企业由于没有竞争对手的威胁，可以安于现状，因而缺乏营销调研的主动性。（5）营销素养。服

① 郭国庆，王霞，梁栋. 营销决策模型. 北京：高等教育出版社，2019：8－9.

务企业的有些管理者欠缺营销素养，不了解营销调研的益处，或不懂得如何利用营销调研得到有价值的资料。（6）顾客接触。有些服务企业一直维持低水平的营销调研支出，原因是其服务工作一直采用与顾客直接接触的方式（如个人服务），因而也就认为它们更了解顾客的需要，可以靠员工得到足够的顾客信息。但是，通过员工直接接触顾客所获得的信息常常缺乏系统性，企业难以据此直接作出决策。

（二）数据质量

经过编排、加工处理的数据，称为二手数据。服务企业亲自收集的数据，称为一手数据或原始数据。一般地，服务营销调研首先考虑的是利用二手数据，因而对二手数据的收集和评价至关重要。

二手数据主要有四种来源：一是服务企业内部的信息系统；二是广告公司、行业协会、科研单位等机构的信息系统；三是政府出版物或商业、服务业出版物；四是信息服务企业提供的营销信息。

由于服务的无形性、易变性和时间性等特点，服务营销调研得到的数据质量要比产品营销调研的数据质量差一些。为确保服务调研数据的质量，必须对不同来源的二手数据依照如下标准进行仔细审核：（1）数据公正性。是指提供该项数据的人员或组织不怀有偏见或恶意。（2）数据有效性。是指研究人员利用科学的测量方法来收集数据。（3）数据可靠性。是指从某一群体中抽出的样本数据能够准确反映整个群体的实际情况。

（三）行业特征

服务营销调研与产品营销调研之间的差异，有些源于服务业本身的特征。这些特征给服务营销调研造成了各种不利影响（如表3-3所示）。

表3-3 服务业特征对营销调研的影响

特征	对营销调研的影响
无形性	通用的调研测试对无形的服务并不完全适用 新服务开发的营销调研更适合采用直接试销，而非概念测试
不易取得专利	不适宜大规模研发投资 更倾向于模仿跟进（me too）的服务创新模式 更倾向于服务提升而非服务创新 新进入者的模仿跟进会影响新服务开发的积极性
不易标准化	新服务开发过程中难以精确地进行概念描述和概念测试
服务人员与顾客的相连性	服务质量因服务人员而异，且受制于顾客的参与程度，所以服务质量难以准确测定
在服务与分销方式、过程与人员之间无明显界限	因为不容易评估服务提供者及相关有形产品对服务质量的影响，所以难以对分销方式、服务过程和服务人员做出准确的评估

（四）概念界定

由于服务概念的含混不清，顾客不易说出从一种新服务之中可能获取的利益，顾客和服务企业难以准确描述服务应包括的基本要素等，这给服务营销调研带来了挑战。新服务开发最棘手的问题之一莫过于如何确认、测量以及分解该项服务的各个构成要素。由于服务具有无形性、时间性和易变性等特征，因此服务的价值应从带来的利益而非外观上进行界定、描述和识别。这也意味着，为了确定某一服务在市场上的形象、反映和定位，营销调研者必须做比产品营销调研更多的先期工作。尽管如此，服务的具体概念、规格、内容、数量、层次等也很难准确描述、表达出来。这就给服务营销调研带来了难度。图 3－3 描述了服务概念测试的有关步骤。

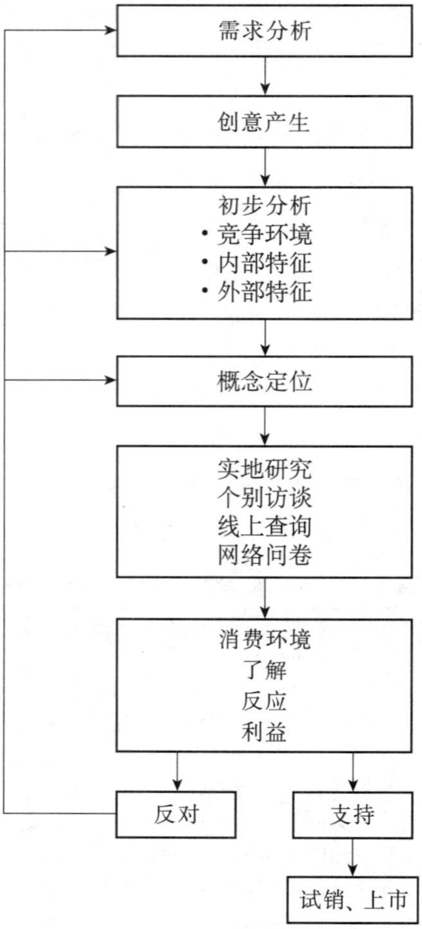

图 3－3　服务概念测试的过程

资料来源：Murphy P E，Robinson R K. Concept testing for service//Donnelly J H，George W R. Marketing of services. Chicago：American Marketing Association，1981：218. 有改动。

服务的初始概念来自消费者需求分析。为了应对需求，企业要寻找创意，并对这些创意进行初步分析，即评估竞争环境，企业内部特征，外部供应商、分销商、顾客等各方面对创意的反应和匹配性。在对服务的概念定位初步明确之后，企业还必须进行实地研究、个别访谈等，将服务概念传达给那些经过抽样选定的潜在顾客，进而评估各方对这些概念的反应。顾客对于服务概念已有所了解并形成购买动机之后，若发现测试结果不理想，则表示服务概念有必要进一步修正。若结果是有利的、可行的，便可以进行市场试销或者直接将服务推向市场。由该模型也可以看出，确定服务概念不是件简单容易的事情。因此服务营销调研要比产品营销调研更复杂、更困难。

另外，服务业与制造业存在的差异对服务营销调研恰恰是有利的。

1. 调研及时，数据新颖。调研者有机会在服务销售之前、之后以及在销售当中（即实现服务之时）对服务予以评估。服务不像有形产品那样先制造后消费，而是在产出的同时消费。同时，服务提供者也可以在服务产出时立刻获得反馈信息，并且随着顾客的需求变化及时进行适当调整。

2. 买卖互动，信息充分。顾客的直接参与往往可以让卖主或服务提供者知道所需要的服务标准和规格。大多数服务企业一开始就占据拥有大量市场信息的优势，远胜过消费品企业，这是因为服务企业经常与顾客互动交流，对顾客需求有更深入、具体、及时、全面的了解。随着顾客数据、顾客画像、顾客洞察的有效应用，大多数服务企业都可以完全依赖内部数据来对顾客特性进行精准有效的营销调研。

3. 借鉴成功，避免失误。近年来服务业利用营销调研提高竞争力的案例日益增多，也给服务营销调研者带来了诸多便利。因为他们不但可利用已被证实有效的营销调研技巧，而且可以避免过去产品营销调研技术应用上的失误和不当。

四、在线服务营销调研

（一）在线服务营销调研的主要方式

习近平指出，要发挥网络传播互动、体验、分享的优势，听民意、惠民生、解民忧，凝聚社会共识。[①] 在线服务营销调研是指通过互联网调查、在线焦点小组、基于网络的实验或者追踪消费者在线服务购买和消费行为来收集原始数据的营销调研过程。其主要方式有：(1) 以互联网作为媒介开展服务营销调研。企业可以把调查问卷放到网站或其他网络平台上，也可发送电子邮件邀请人们回答问卷。(2) 创建在线面板，提供定期反馈，组织现场讨论，或安排在线焦点小组讨论，借以收集营销信息。(3) 网上实验调研。企业可以在不同的网站、不同的时间进行实验，以不同的价格、头条新闻或服务特征，来调查、测试、了解消费者的反应，比较各种营销决策的相对优势。(4) 建立虚拟购买环境。利用虚拟购买环境来测试顾客对新服务的反应，调研相应营销计划的可行性。当顾客访问虚拟网站或转向其他网站时，企业可以根据其点击率了解其服务购买行为特征。

（二）在线服务营销调研的优势

在线服务营销调研比传统的调研方式收到调研结果的比例高、速度快，而成本低，尤其是省去了邮寄、打电话、采访和数据处理的成本。样本规模对成本的影响微乎其

---

① 加快推进网络信息技术自主创新 朝着建设网络强国目标不懈努力. 人民日报，2016-10-10.

微。一旦调查问卷设置完毕，10个受访者和10万个受访者的在线成本差别不大。调研人员借助电子邮件或在特定网站上发布信息的方式，可以轻松快速地同时对数以千计的受访者进行调查。由于受访者自己输入信息，回复可以快速完成。信息收到后，调研人员就可以汇总、审核、共享调研数据。基于互联网的调查由于更具有趣味性、互动性和吸引力，更容易得到受访者的配合与支持，因而回复率更高，受访者的覆盖面更广。

在线服务营销调研既可以基于互联网开展定量调查和收集数据，又可以通过在线焦点小组、微信、博客等开展定性研究。利用网络会议，在世界任何地方、任何时间都可以对偏远地区的参与者进行焦点小组访谈。所谓在线焦点小组，就是指在网络上聚集一组人，与训练有素的主持人讨论各种服务或组织，以便获得有关消费者态度和行为的定性洞察。在线焦点小组的参与者可以使用自己的网络摄像头，在家里或办公室参与焦点小组会议，了解访谈内容，进行实时互动和面对面的讨论。在线焦点小组会议可以在任何语言环境中进行，并可同声传译，将来自不同国家和地区的人有效地联系在一起。调研人员几乎可以在任何地方实时查看访谈现场，省去了旅行、住宿和设备成本。

（三）在线服务营销调研的劣势

在线服务营销调研的不足之处是无法控制样本。如果看不到受访者，调研人员很难知道受访者是什么样的人。为解决这一问题，不少企业使用选定社区和受访者面板的方法进行在线调研，也有企业致力于开发自己的社交网络，用以获取顾客信息和顾客洞察。

第3节　服务营销战略

一、服务营销战略分析

服务企业为了谋求长期的生存和发展，根据外部环境和内部条件的变化，制定的企业长期性、全局性规划，即服务营销战略。在此过程中，决策者“要善于通过历史看现实、透过现象看本质，把握好全局和局部、当前和长远、宏观和微观、主要矛盾和次要矛盾、特殊和一般的关系”[①]，确保服务营销战略切实可行。服务营销战略是企业在组织目标、资源和各种环境机会之间建立与保持一种可行的适应性的管理过程。习近平总书记指出：“战略是从全局、长远、大势上作出判断和决策。”“要善于进行战略思维，善于从战略上看问题、想问题。”“战略上判断得准确，战略上谋划得科学，战略上赢得主动，党和人民事业就大有希望。”要增强战略的前瞻性，准确把握事物发展的必然趋势，敏锐洞悉前进道路上可能出现的机遇和挑战，以科学的战略预见未来、引领未来。要增强战略的全局性，谋划战略目标、制定战略举措、作出战略部署，都要着眼于解决事关事业

① 习近平．高举中国特色社会主义伟大旗帜　为全面建设社会主义现代化国家而团结奋斗：在中国共产党第二十次全国代表大会上的报告．人民日报，2022-10-26．

兴衰成败、牵一发而动全身的重大问题。要增强战略的稳定性，战略一经形成，就要长期坚持、一抓到底、善作善成，不要随意改变。要把战略的原则性和策略的灵活性有机结合起来，灵活机动、随机应变、临机决断，在因地制宜、因势而动、顺势而为中把握战略主动。[①] 制定营销战略实质上就是根据情况选择做最恰当的事，“做恰当的事比恰当地做事更重要”。习近平总书记指出，“要善于分析新的市场环境、新的技术条件，用好新的营销手段，打开视野来用好当地资源，注重开发农业产业新功能、农村生态新价值，如发展生态旅游、民俗文化、休闲观光等”[②]。这就为服务营销战略分析提供了典范。

服务营销战略分析是制定服务营销战略的重要组成部分和先决条件。在此过程中，可借助 SWOT（优势、劣势、机会、威胁）模型，对服务企业内部因素（优势、劣势）、外部环境（机会、威胁）进行分析，从而确定应选择的营销战略。

（一）优势、劣势分析

优势是指能使企业获得战略领先并进行有效竞争，从而实现自己目标的某些强有力的内部因素和特征；劣势则与其相反，是指在竞争中本企业在力量或态势上处于比对方更差的地位。分析服务企业的优势、劣势一般围绕下列问题展开：（1）企业在行业中的地位；（2）企业的资本状况及融资渠道；（3）企业目标市场顾客的信任度、忠诚度；（4）企业的服务进入市场的难易度；（5）企业竞争对手的状况；（6）企业决策者、管理者、员工的素质；（7）企业与社会有关部门的关系；（8）企业服务开发空间的大小等。

（二）机会、威胁分析

机会是指对企业营销行为富有吸引力的领域，在这一领域中，该企业将拥有更多的发展空间和优势；威胁则是指环境中对企业不利的趋势所形成的挑战，面对这些挑战，企业若不采取趋利避害的营销决策，就会导致市场份额被侵蚀。服务企业的营销机会与威胁分析一般围绕以下问题展开：（1）是否有新的商机或新的竞争对手进入？（2）是否创新服务或被替代服务所取代？（3）国际、国内市场的变化是否有利于服务企业？（4）各类环境的变化对服务企业的发展有利还是有弊？（5）企业的定位是否得当？等等。

（三）服务营销对策分析

服务企业制定营销对策时，可将企业的内部因素（优势、劣势）和外部环境（机会、威胁）进行综合分析，形成下面的四象限简图（如图 3－4 所示），分别作出不同的对策选择。

1. SO 战略，即扩张性对策。这时企业内部拥有优势，而环境又提供了机会。这是理想的最佳状态。

2. WO 战略，即防御性对策。这时内部条件已处劣势，但外部环境尚有机会，企业要趋利避害。

---

① 习近平．推进中国式现代化需要处理好若干重大关系．求是，2023（19）．

② 习近平．加快建设农业强国　推进农业农村现代化．求是，2023（6）．

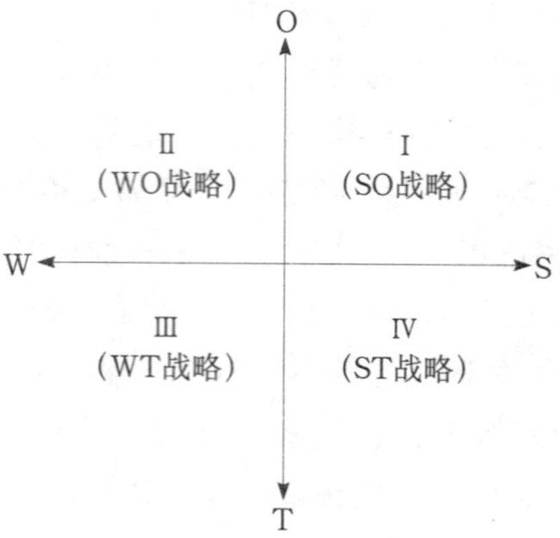

图3-4 服务营销对策分析

3. WT战略，即退出性对策。这时企业内部处于劣势，而外部又处于受威胁状态，要果断撤离。

4. ST战略，即分散性对策。这时企业内部拥有优势而外部受到威胁，关键在于要善于运作。

其中，扩张性对策可以采取以下具体措施：（1）外延扩张式，即扩大目标市场范围和领域，增设服务网点，拓宽服务渠道，扩大营销队伍。（2）内涵积累式，即通过技术改进、成本降低，追求高收益率。（3）资本营运式，即通过资本营运，实行特许经营、兼并、联合等方式加以扩张。

分散性对策主要是指多元化对策，多元化对策包括同心多元化、水平多元化、跨领域多元化等。习近平总书记指出，"全球产业体系和产业链供应链呈现多元化布局、区域化合作、绿色化转型、数字化加速的态势，这是经济发展规律和历史大趋势，不以人的意志为转移"①。分散性对策的目的在于分散营销风险。是采取关联性多元化还是非关联性多元化要视企业的情况而定，不能不顾前提就认定孰优孰劣。

防御性对策最主要的举措是不断利用环境提供的市场发展机会，引入创新机制，推出新的服务，淘汰陈旧过时的服务。

二、服务营销战略选择

党中央提出，要积极扩大国内需求，发挥消费拉动经济增长的基础性作用，通过增加居民收入扩大消费，通过终端需求带动有效供给，把实施扩大内需战略同深化供给侧结构性改革有机结合起来。要提振汽车、电子产品、家居等大宗消费，推动体育休闲、文化旅游等服务消费。② 习近平总书记指出，作为管理者"首先要有战略眼光，看得远、想得深"，要"多打大算盘、算大账，少打小算盘、算小账"，"做到既为一域争光、更为

---

① 习近平. 加快构建新发展格局　把握未来发展主动权. 求是，2023（8）.

② 中共中央政治局召开会议　分析研究当前经济形势和经济工作　中共中央总书记习近平主持会议. 人民日报，2023-07-25.

全局添彩”。[①] 这就为企业服务营销战略选择提供了强有力的思想武器。在市场营销实践中，同产品营销战略一样，服务营销战略有以下选择。

（一）成本领先战略

成本领先战略是一种内涵积累式战略，是指通过降低成本的努力，使成本低于竞争对手，以便在行业中赢得总成本领先的优势，获得高于行业平均水平的收益。

1. 实施成本领先战略必须具备以下三个基本前提条件：(1) 服务的品质相同；(2) 企业资金实力雄厚；(3) 服务功能相同。

2. 实施成本领先战略可以采取以下途径：(1) 调整企业资产结构和服务结构；(2) 压缩费用，减少支出；(3) 完善分销渠道和促销措施；(4) 在高成本、劳动密集型的活动中实现自动化。

（二）差异化战略

差异化战略是一种特色经营战略，是指通过企业形象、产品特色、顾客服务、技术特点、顾客网络等形式，努力形成一些在全行业范围内具有特色的东西，使顾客建立品牌偏好和忠诚。正如习近平所说，“日月不同光，昼夜各有宜”；还指出，要“完善基础研究人才差异化评价”。[②] 正是因为有了差别，世界才多姿多彩[③]。

采取差异化战略的企业必须具备以下前提条件：(1) 强大的营销能力；(2) 创造性的眼光；(3) 在服务方面享有盛誉；(4) 拥有传统的优质技能；(5) 销售渠道的合作伙伴给予强有力的支持。

（三）聚焦战略

聚焦战略也称为集中化战略、专业化战略、目标集聚战略，是指企业将全部资源集中用于某一技术、某一市场或某一品牌的服务并取得领先优势。这既是企业逐渐分离成许多独立的子企业的过程，也是同类服务由分散趋向集中的过程。

聚焦战略的实施必须具备以下条件：(1) 市场需求具有较大规模并且有差异明显的顾客群体；(2) 服务特点适宜专业化经营；(3) 企业适合进行标准化管理。

聚焦战略的积极意义在于：资源的相对集中能保证成本领先优势；活动范围的缩小促使企业采取科学管理方式；企业经营方向和目标十分明确，风险较小。其局限性在于：企业竞争范围狭窄，企业的应变能力减弱。

（四）多元化战略

采用这种战略的企业同时经营两个以上行业的服务，是在企业内部各项功能高度分化和专业化并拥有协调方式的情况下采取的分散风险的战略。

---

① 习近平：年轻干部要提高解决实际问题能力　想干事能干事干成事. (2020-10-10). 新华网.

② 习近平. 加强基础研究　实现高水平科技自立自强. 求是，2023 (15).

③ 习近平在华盛顿州当地政府和美国友好团体联合欢迎宴会上的演讲. (2015-09-23). 人民网.

实施多元化战略的前提条件是：（1）所有服务都处于市场生命周期的同一阶段；（2）所有服务都是风险产品或滞销产品；（3）所有服务都对某种资源严重依赖。

（五）全球化战略

企业营销无国界。党的二十大报告指出，“我们要拓展世界眼光，深刻洞察人类发展进步潮流，积极回应各国人民普遍关切，为解决人类面临的共同问题作出贡献”[①]。服务企业的全球化战略是指为了寻求更大的市场、寻找更好的资源、追逐更高的利润，企业决定在世界各地从事服务的生产与营销活动。核心服务一般被各种各样的附加要素包围着，这些附加要素不仅增加了价值，而且使企业制定有效的全球化战略成为可能。

企业在制定全球化战略时，必须明确应当提供的附加服务。这些附加服务主要有以下八种。

1. 信息服务。全球化会影响获取信息的地点和所获取信息的特征。

2. 咨询服务。全球顾客对咨询的需要有很大的差异，这反映了经济发展水平、当地基础设施的特征、地形和气候、技术标准和教育水平等因素的差异。

3. 订单处理服务。一旦顾客准备购买，关键的附加服务就应发挥作用，接受申请、订单和预订。全球预订系统将会影响订单处理服务的特征和地点。

新启迪 3－4　机器人优化订单处理服务

4. 招待服务。招待服务即照顾顾客。在顾客不得不拜访供应商的服务场地时，一个管理良好的企业至少应当在一些细微的方面将顾客视为客人来对待。招待服务在不同的国家可能会有很大的不同，比如可忍受的等待时间长度（在巴西要比在德国长）。

5. 保管服务。保管服务是指对物品实行保存与管理的服务活动，即是在保证物品的品质和数量的前提下，依据一定的管理规则，在一定的期间内把物品存放在一定的场所的活动。在不同国家，由于社会文化等各方面的差异会存在意想不到的保管服务需求。

6. 例外服务。例外服务包括处理投诉、建议、表彰、嘉奖和补偿等。

7. 账单服务。顾客需要清晰列明各项费用的账单。因此在全球化环境中，账单上需要清楚地说明币种和汇率。

8. 支付服务。当顾客购买大量不同的服务时，他们对付款的便利性会寄予很高的期望。大多数的信用卡、旅行者支票、移动支付已经为许多小额购买解决了支付外币的问题。在中国，微信、支付宝、花呗、银联商务、银联在线、云闪付、美团支付、京东支付、度小满、滴滴支付等移动支付给旅行者带来了很大的便利。一些餐馆、商店在付款服务方面也做得好。在伦敦的希思罗国际机场，旅行者在一些餐馆和零售商店中可以用几种主要的货币现钞支付账单。

党的二十大报告指出，“中国坚持经济全球化正确方向”，“共同营造有利于发展的国

---

① 习近平. 高举中国特色社会主义伟大旗帜　为全面建设社会主义现代化国家而团结奋斗：在中国共产党第二十次全国代表大会上的报告. 人民日报，2022－10－26.

际环境，共同培育全球发展新动能”。[①] 习近平指出，“着力扩大国内需求，加快建设强大国内市场，主动扩大优质服务进口，鼓励扩大知识密集型服务出口，以中国大市场机遇为世界提供新的发展动力，以高质量发展为全球提供更多更好的中国服务，增强世界人民的获得感。”[②] 面对错综复杂的国际营销环境，服务企业的营销全球化战略可以聚焦四个主要方面：确定全球营销任务、全球市场细分、竞争定位及营销组合。

1. 确定全球营销任务。习近平指出：“经济全球化是人类社会发展必经之路，多边贸易体制为各国带来了共同机遇。在各国相互依存日益紧密的今天，全球供应链、产业链、价值链紧密联系，各国都是全球合作链条中的一环，日益形成利益共同体、命运共同体。”[③] 确定全球营销任务的内容是确定主要的目标市场、市场细分原则及各个市场的竞争定位。全球营销对于企业实现其全球战略目标具有重要的作用，所以，企业的营销全球化战略应与其总体战略相适应。

2. 全球市场细分。在全球市场细分方面，有三种战略可供选择。（1）全球市场细分战略。它是指市场细分的主要依据在于不同国家的消费者在需求上的共性，如人口统计指标、购买习惯和偏好等，而不重视国别或文化的差异性。（2）国别市场细分战略。它是指市场细分主要强调不同国家之间文化上的差异性，市场细分主要以地理位置和国家为基准。（3）混合市场细分战略。它是指在市场细分的过程中统筹兼顾国别情况，某些国家市场规模很大，可是存在个别化，而另一些较小国家的市场则可组合成一个共同的细分市场。例如，营销区域化就是一种重要的混合型市场细分战略。

3. 竞争定位。除了进行市场细分，企业还要确定其在每一个市场上的竞争地位。四种主要的竞争定位战略包括市场领导者、市场挑战者、市场跟随者和市场补缺者。企业在所有的国外市场都采取的同样的竞争定位战略，称为全球型竞争定位战略；企业在不同市场采取的不同的竞争定位，则称为混合型竞争定位战略。

4. 营销组合。根据企业的全球市场细分选择和竞争定位选择，其营销组合战略有四种主要类型，如图3－5所示。

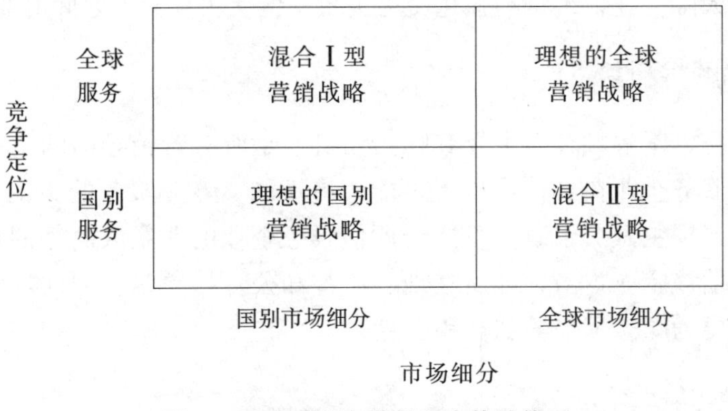

图3－5　全球服务营销组合战略体系

① 习近平．高举中国特色社会主义伟大旗帜　为全面建设社会主义现代化国家而团结奋斗：在中国共产党第二十次全国代表大会上的报告．人民日报，2022－10－26．

② 习近平向2023年中国国际服务贸易交易会全球服务贸易峰会发表视频致辞．人民日报，2023－09－03．

③ 习近平．习近平谈治国理政：第3卷．北京：外文出版社，2020：456．

在图3-5中，理想的全球营销战略是指采用统一的营销计划，在一个全球性细分市场上营销一种标准化的服务；理想的国别营销战略则要求对营销组合进行专门的调整，以满足各个国家市场的需要；混合Ⅰ型营销战略虽然采用标准化服务，但需要调整其他营销组合要素，以支持其服务战略；混合Ⅱ型营销战略则是指将营销组合中的某一关键要素标准化，对其余要素做适当调整。

三、服务营销战略实施

战略实施是指企业将选定的战略转化为具体的行动，确保战略实现预定目标的过程。党的二十大报告指出，要“不断提高战略思维、历史思维、辩证思维、系统思维、创新思维”。这就为服务企业营销战略实施提供了科学指引。服务企业营销管理者尤其要做好如下工作：

（一）了解服务业态

习近平总书记多次强调，“要高度关注新业态发展”①，“积极发展新业态、新模式，培育新增长点、形成新动能”②，注重“强龙头、补链条、兴业态、树品牌”③。服务业态的区分和描述是制定营销战略的重要环节。以有形产品为主的企业，在形成适当的企业形态观念上比较有据可凭，但以无形服务为主的服务企业，问题就难以回答。例如，是以设备为基础还是以人为基础来区分服务？照此区分，以设备为基础的行业可能是自动化的（如自动洗车）、由非专门技术人员操作的（如干洗店）或者由专门技术人员操作的（如电脑）；以人为基础的行业包括使用技术性劳动的（如家电修理）、使用非技术性劳动的（如清洁服务）或者使用专业性劳动的（如会计师、律师、设计师）行业。以此种方式区分服务业，关键是回答下列两个问题：这项服务如何实现？靠什么样的设备或人来进行这项服务？以人为基础的行业在实施营销战略时，必须注重卖主和买主之间的互动关系，通过密切人际交往，维护与强化交易关系，促使买卖双方之间的业务关系更密切。

（二）明确顾客利益

确定目标市场，了解顾客需求及其购买动机，是所有营销导向的企业都要面临的重要任务，只不过服务企业在具体实施上可能稍有不同。专业服务的买主“购买”的是卖主的技能，因此当买主做决定时，可能会评估服务企业的业主或高管的行为和个性。此外，买主也要评估该企业本身，如所在地、声誉和公众形象等。因此，服务企业制定营销战略必须明确要为顾客带来的利益和价值。

（三）确定竞争地位

服务企业必须先考虑如何进入市场，然后考虑如何确立并维持其竞争地位。要发展

---

① 习近平．努力成长为对党和人民忠诚可靠、堪当时代重任的栋梁之才．求是，2023（13）．
② 坚定信心保持定力　稳扎稳打善作善成　推动雄安新区建设不断取得新进展．人民日报，2023-05-11．
③ 习近平．加快建设农业强国　推进农业农村现代化．求是，2023（6）．

并维持具有特色地位的方法虽然很多，但在服务业中实行起来并不容易，因为企业所提供的服务往往缺乏一个强有力的实体核心。因此服务企业要确立强有力的竞争地位，常用的方式是服务差异化，在顾客心目中创造服务企业及其服务的鲜明形象，并在市场上形成一种颇具特色的定位。

（四）借力数字技术

许多劳动密集型服务企业试图以自动化、机械化、规范化手段，利用大数据、云计算、物联网、区块链、人工智能、移动互联网等现代数字技术来提高业务效率和营销绩效。例如，不少餐馆利用送餐机器人为食客服务，航空公司利用大数据掌握旅客需求动向，医院借助智能机器人送药、送病历、安排候诊等。当然，在提高效率方面，服务企业所面临的问题比制造企业更多。

（五）科学规划开发

服务规划和服务开发对于服务企业而言是很重要的问题，要建立竞争地位就必须不断开发新服务。另外，为了向顾客提供搭配均衡的服务类别，服务规划和新服务开发也必须得到高度重视，并持续推进。新服务开发可以采用收购方式进行。在以人为基础的服务中，凡是由专业人才或高技术型人员提供的服务，风险都较大。因此任何企业要收购此类服务企业，都必须想办法争取到熟练的服务导向的经理来经营。

（六）加强部门互动

营销策略、决策是否会影响到服务企业其他方面的决策，以及其他方面的决策是否会影响到营销策略？事实上，服务企业中不同职能部门的相互关系更为密切。例如，服务企业为提高生产效率而用设备取代人力时，反而可能降低营销效率。顾客可能会认为服务人员的数量减少后，服务质量会全面降低。因此，必须强化目标协同、政策协同、部门协同，增强服务营销工作的系统性、整体性、协同性。

学术前沿 人工智能服务营销战略研究

黄（Huang）和鲁斯特（Rust）围绕“人工智能如何应用到服务营销中”这一论题，提出了基于 AI 的服务战略框架。该文首先将人工智能（AI）分为三类：机械型、思维型、感知型。

机械型 AI 通常只能在最低程度上学习和适应。它的设计目标是效率最大化和差异最小化，是标准化服务的理想选择。

思维型 AI 从数据中学习和适应，它可以进一步被分为分析型 AI 以及直觉型 AI。分析型 AI 的设计目标是探索客户多样性，以识别有意义的模式（即数据挖掘、文本挖掘）。更高级的直觉型 AI 是为了最大限度地提高决策准确性而设计的（即解决问题，最大限度地提高数据科学语言中回答问题的准确性）。因此，思维型 AI 是推进个性化服务的理想选择，以实现最佳的服务生产力。

感知型 AI 从经验中学习和适应。所谓“经验”，是指文本数据中的上下文和基于个人的特定的数据。这一级别的人工智能可能拥有所有的机械型和思维型 AI 的能力，但它可以进一步将这些能力应用于基于经验的数据。感知型 AI 是关系化服务（也即个性化关系）以及提升客户满意度和留存率的理想选择。

基于以上三种人工智能，作者进一步提出了应用了人工智能的服务流程，以及在流程各个阶段人工智能起到的作用，如表 3-4 所示。

表 3-4 人工智能在服务营销战略中的应用

服务流程	起主导作用的人工智能	达成的服务目标
服务交付	机械型 AI 进行自动化处理	• 运输 • 交付 • 付款
服务创建	思维型 AI 进行预测	• 识别新的市场 • 发展新的服务业务 • 个性化服务
服务交互	感知型 AI 密切参与	• 吸引客户 • 将服务进行个性化适配 • 和客户交互 • 客户服务 • 客户关怀

资料来源：Huang M H，Rust R T. Engaged to a robot? The role of AI in service. Journal of Service Research，2021，24（1），30-41.

素养园地

三一重工的服务战略

三一重工为了数字化转型，投资近百亿元对旗下数十座工厂的制造、生产、销售和服务等所有环节进行优化，运用 IT 技术进行计算、存储、分析和提供 IT 信息服务。到 2024 年 1 月，三一重工成为全球制造业首家获认证的“灯塔工厂”，为国内工业制造业提供了一条经过实践验证的数字化转型之路。

三一重工初始做数字化转型的目的也是希望通过设备连接、采集动态数据及数据分析来提高整体运营能力，但由于找不到合适的技术提供方，三一重工只好依靠自主研发，从底层控制软件做到成熟的应用平台。企业依靠技术手段实现的大数据深度获取、分析对企业生产经营，特别是对服务产生的影响可能表现在两个方面。第一，企业通过运用机器学习、数据挖掘技术对包括消费者或其他核心利益相关者在内的主体行为特征进行深度分析，进而构建出更加准确的“数字画像”，方便企业开展更加聚焦、定向的服务；搭载了传感器、数据处理以及网络通信技术的智能产品，由于天然具备了服务属性，所以能够提供更好的客户体验。第二，企业通过设计、工艺、制造的一体化、数字化改造，可以消除内部不同环节、部门间的壁垒。蕴藏在生产运营过程中的数据也为制造企业提高内部服务化效率创造了更大空间，数据可视化之后，企业可以依赖实时数据而非经验指导决策，这些措施的推进都将提高以员工为核心的内部服务水平。

在工程机械制造领域，三一重工的服务是首屈一指的。无论是其一诺千金的“211”承诺(2 小时内到达客户现场、1 天内为客户解决一般故障、常用配件 1 天内准确送达)，还是其开展的“服务万里行”活动，都是对“一切为了客户”这一经营理念的有效诠释。在追求产品不断创新的同时，它还追求更高的服务品质，比如推动服务走向智能化。

借助全球客户管理系统（enterprise customer customization，ECC)，三一重工可以对其分布在世界各地的设备进行实时监测，从而进一步提升其对客户的服务水准和更好地控制资金风险。三一重工出厂的每一台设备都可以在 ECC 控制系统的后台找到，进入所选设备的管理中心，设备的基本情况，如设备的运行位置、累计工作时间、累计油耗、月度或年度的忙闲程度等便可尽收眼底。对于设备在某段时间内的历史运行轨迹，系统还可以以动画的形式对其进行展示，使三一重工可以做到对每一台设备的状况了如指掌。一旦某台设备出现故障，工程师便可以依据设备回传的数据，快速对故障进行排查，指导客户自主维修，从而进一步节省设备的维修时间。如果这种远程指导不起作用，三一重工则会派遣距离设备最近的工程师到现场进行维修。

让维修服务变得便利的功臣，除了系统反馈的数据，还有三一重工部署在全球的服务车，方便客户在需要使用其他资源的时候可以快速获得。这套系统除了可以让客户在设备出现故障时及时得到处理，还便于客户对自己的设备进行管理。当客户将自己的手机与系统绑定后，系统便会在指定的时间内将设备的公共信息发送到客户的手机上。如果某客户的设备在某个区域作业，而该客户并不希望自己的设备负责此区域之外的工程，他无须自己或者委派他人到现场“盯梢”，而只需要通过系统设定设备的运行区域，一旦设备在未经允许的情况下跨了区域，用户的手机便会收到系统发来的报警信息。

在客户需求驱动方面，伴随着模仿型排浪式消费阶段的结束，个性化、多样化消费渐成主流，制造企业不再满足于单纯的设计、生产与交付，而是需要应对更加复杂的交互环境与资源协同场景。从客户本质需求出发，涵盖产品、服务和系统三大要素的综合解决方案正在越来越多地取代由售后、安装、维护等构成的基础服务化内容。融合了数字技术和服务化全价值链的“场景式消费”是当前制造企业致力发展的新方向。在提供常规服务之外，三一重工也创设了具有场景化的“生态智慧风电”、“矿山开采”、“智慧码头”以及“应急救援”等整体解决方案。在这些场景式消费中，客户不仅关注产品的物质性需求、功能性需求，同时也关注情感性和体验性需求。针对特定场景下客户的特殊需求满足，企业需要构建更细腻化的客户服务方案，这进一步促使企业将产品之外的其他要素，如情感或关系等纳入设计范畴，并且能够迅速链接到服务这一过程可能会用到的各种资源。从客户角色来看，单纯的消费者、使用者已不足以定义完整的客户身份。组织边界淡化以及数字技术支撑使得客户拥有更多机会通过提供知识经验以及新价值创造方式，参与到企业生产、设计、制造、营销等环节。三一重工在产品生产过程中将客户意见纳入产品设计阶段，从而在设计之初就不断改进完善，形成个性化产品。在后续使用过程中，三一重工也非常重视客户满意度指标，将客户投诉处理工作搬到线上。客户的深度参与为企业获取全面的客户信息提供了重要依据，也为进一步服务创新提供了市场保障。

三一重工在数字化转型过程中，主动拥抱数字变革。与优云携手共建的运维平台夯实沉淀了集团数据资产，提升了运维保障能力和自动化管理水平等，满足了集团业务支撑需求。

以数字科技赋能经营，在数字产业升级的带动下，组织产能提升 70%、制造周期缩短 50%、自动化率提升至 90%。未来，三一重工将继续积极探索集团发展新模式新业态，布局智能运维平台建设，持续增强数据治理，采用大数据分析、机器学习和 AI 算法等关键技术，进一步提升数字化运营能力，科学规划，让决策更精准，为集团数字化转型和业务可持续性发展保驾护航。

资料来源：http://www.lucaijing.com.cn/yc/zz/41344.html；https://zhuanlan.zhihu.com/p/517447831.

小结

服务营销过程包括分析市场机会、选择目标市场、设计营销组合、管理营销活动。服务营销信息系统是指由人员、计算机程序及相关数据所构成的相互作用的复合体，使企业能够收集、挑选、分析、评估和分配适当、及时和准确的相关信息，为营销者改进服务营销计划、执行和控制工作提供依据。服务营销信息系统由内部报告系统、营销情报系统、营销调研系统、营销分析系统构成。营销调研是营销信息系统的重要组成部分。服务营销调研的真正价值是获得顾客洞察。服务营销调研是指系统地设计、收集、分析并报告与企业服务营销有关的数据和研究结果的营销活动。服务营销调研过程包括界定营销问题和调研任务、编制调研计划、收集信息、分析信息、展示调研结果和制定营销决策等。收集原始数据的主要方法有观察研究、实验研究、调查研究、专家估计。服务营销调研与产品营销调研的差异表现在高管态度、数据质量、行业特征、概念界定等方面。在线服务营销调研是指通过互联网调查、在线焦点小组、基于网络的实验或者追踪消费者在线服务购买和消费行为来收集原始数据的营销调研过程。服务营销战略是指服务企业为了谋求长期的生存和发展，根据外部环境和内部条件的变化，制定的企业长期性、全局性规划。服务企业可选用成本领先战略、差异化战略、聚焦战略、多元化战略或全球化战略。在制定全球化战略时，可以考虑提供信息、咨询、订单处理、招待、保管、例外、账单、支付等附加服务。服务企业的全球化营销战略包括确定全球营销任务、全球市场细分、竞争定位和营销组合等。服务营销战略实施包括了解服务业态、明确顾客利益、确定竞争地位、借力数字技术、科学规划开发、加强部门互动等。

重要概念

服务营销过程	市场机会	市场信息	市场细分
差别优势	企业使命	企业目标	企业资源
目标市场	服务专业化	市场专业化	市场全面化
营销组合	服务营销信息系统	内部报告系统	营销情报系统
内部数据库	营销调研系统	营销分析系统	顾客洞察
服务营销调研	二手数据	观察研究	实验研究
调查研究	抽样调查	数据公正性	数据有效性

数据可靠性	在线焦点小组	服务营销战略	SWOT 模型
成本领先战略	差异化战略	聚焦战略	多元化战略
全球化战略	全球市场细分战略	国别市场细分战略	混合市场细分战略

复习题

1. 服务营销过程和服务营销调研分别包括哪些步骤？
2. 服务营销调研和产品营销调研有哪些不同？
3. 如何开展在线服务营销调研？
4. 服务营销战略实施有哪些要点？

第4章

服务目标营销战略

思维导图

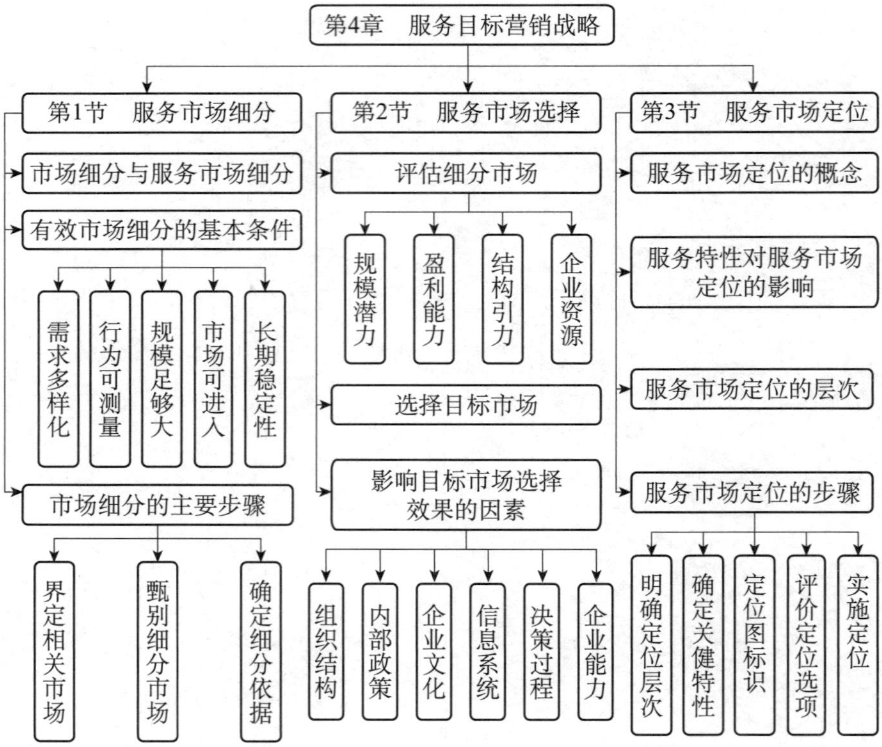

本章要点

- 服务市场细分的主要步骤和有效市场细分的基本条件。
- 目标市场战略以及影响目标市场选择效果的因素。
- 服务市场定位的层次、方法和原则。

第 1 节　服务市场细分

任何一个企业，无论规模如何，所能满足的也只是市场总体中十分有限的部分需求。因此，服务企业在进入市场之前，必须进行市场细分，结合自身的实力和特点，准确选择目标市场，并确立自己在市场中的竞争地位。市场细分、市场选择和市场定位构成了目标营销的全过程。

一、市场细分与服务市场细分

近年来，党中央一直强调，要“完善促进消费体制机制，要顺应居民消费新趋势，从供需两端发力，积极培育重点消费领域细分市场，营造安全放心的消费环境，提升居民消费能力，引导形成合理消费预期，切实增强消费对经济发展的基础性作用”①。服务企业必须在市场细分的基础上，选择一个或几个适合自己产品或服务的细分市场（又称子市场），然后在合理定位的基础上制定具有针对性的营销组合策略，如此才能获得成功。所谓营销组合是指影响市场需求和顾客购买的企业可控制因素的组合。服务营销组合也就是前面所讲的 7P 组合。

（一）市场细分

市场细分就是根据消费者不同的需求特征将整体市场划分成若干消费者群体的过程，每一个消费者群体都是一个具有同类需求和欲望的子市场。通过市场细分，企业能够向目标子市场提供独特的服务及其相关的营销组合，从而使顾客需求得到更加有效的满足，并达到留住顾客和提高顾客忠诚度的目标。

（二）服务市场细分

服务目标营销与产品目标营销有很多相似之处。在服务目标营销过程中，同样可以借助人口因素（年龄、性别、收入、民族、职业等）、地理因素（国家、地区）、心理因素、行为因素（知识、态度、使用方式）等来进行市场细分。但是，服务企业在应用上述因素进行市场细分和市场选择时，必须注意目标市场中顾客之间的相容性。主要原因

① 激发制度活力激活基层经验激励干部作为　扎扎实实把全面深化改革推向深入. 人民日报，2018-07-07.

是：在服务产品提供过程中，服务现场往往同时有多位顾客，这就要求保证目标顾客之间的相容性，避免需求差异巨大的顾客在同一空间和同一时间相互干扰。与有形产品提供者相比，服务提供者具有更强的满足顾客需要的能力。考虑到服务营销的特点，服务目标市场营销在确定细分基础、弄清细分市场状况、选择合适的细分市场评价标准、选择细分市场（即确定目标市场）以及市场定位的过程中，必须特别关注并确保细分市场内顾客之间的相容性。

以携程为例，介绍顾客相容性。携程在住宿市场的营销优势，与其“一站式旅游服务平台”的贡献密不可分。在在线旅游服务营销过程中，线上订票作为重要预订入口，对于酒店住宿、度假旅游等细分市场具有显著导流作用。统计数据显示，31%的机票用户有酒店入住需求，22%的火车票用户有酒店入住需求。“机票＋酒店”服务组合将加强在线旅游品牌触达，形成业务板块间的相互导流，提高用户下单率，赋能多板块业务增长。

（三）服务市场细分的意义

市场细分对于服务企业具有极为重要的意义。随着服务市场上新竞争对手的不断加入和服务项目的增多，企业之间的竞争日益加剧。市场细分有助于企业投资于能够带来经济效益的领域，从而避免因盲目投资造成的资源浪费。同时，市场细分有助于企业通过服务差异化建立竞争优势。服务差异化是指企业向目标市场推出与竞争对手不同的优质服务，在市场竞争中赢得优势，吸引更多顾客购买，提高企业营销绩效。即使在较为成熟的行业里，市场机会也存在。企业通过营销调研和市场细分能够发现尚未被满足的顾客群体的需求，如果企业据此设计出独具特色的服务，并且比竞争对手提供更优质的服务来满足顾客的需求，就能获得成功。

二、有效市场细分的基本条件

（一）需求多样化

有效市场细分要求细分市场内部的需求差异明显小于细分市场之间的需求差异。因此，细分市场内部的需求一般能保持较高的相似度，否则就需要重新进行市场细分。例如，如果一家酒店的所有顾客都对服务具有相同的要求，就没有必要对他们再进行参会者、就餐者、经商者和旅游者的细分。

（二）行为可测量

随着市场细分理论在企业营销中的普遍应用，对市场细分标准的研究也越来越为人们所重视。归纳起来，主要有以下几方面：地理因素、人口因素、心理因素和行为因素。这些因素有些是相对稳定的，但多数处于动态变化之中。在可测量性方面，顾客具有的某些特征信息易于获取和测量，如需求趋势、市场潜量、顾客偏好及其对服务、价格、广告宣传等的反应，以及影响顾客购买行为的人口、地理、文化等因素。

（三）规模足够大

细分之后的市场应该具有足够大的规模和潜力、具备一定的购买力，企业可从中获得效益。细分市场应该能够带来足够的好处，值得企业为之投入营销组合的资源。比如一家银行要针对某细分市场做广告，该细分市场上的消费者就应该达到特定的数量，以使收益抵消其做广告所支付的费用。因此细分市场的规模要大到足以支撑企业的投资行为及其所带来的规模经济。规模经济（economies of scale）是指在一定的产量范围内，平均成本随着产量的增加而不断降低的情况。一般来说，内部需求分化程度高的细分市场往往难以产生足够规模的同类需求，会给企业细分市场营销战略的执行带来不确定性，此时需要采取其他战略，如针对某些重要顾客采用大规模定制（mass customization）。大规模定制是一种集企业、顾客、供应商、员工和环境于一体，在系统思维指导下，用整体优化的观点，充分利用企业已有的各种资源，在标准技术、现代设计方法、数字技术和先进制造技术等现代科技的支持下，根据顾客的个性化需求，以低成本、高效率和高质量的大批量生产提供定制化产品和服务的生产方式。这里之所以强调系统思维，是因为“万事万物是相互联系、相互依存的。只有用普遍联系的、全面系统的、发展变化的观点观察事物，才能把握事物发展规律”①。

（四）市场可进入

细分市场应具有空间上的可进入性、观念上的可接近性等，企业应能够比较方便地进入细分市场，而不受太多限制。企业应该能通过成本合理的营销组合接触到细分市场并与消费者群体进行沟通，通过服务营销，有效地增强消费能力，改善消费条件，创新消费场景。

（五）长期稳定性

构成一个细分市场的潜在顾客能在相当长的时间内保持稳定，而不至于经常变化不定。一个子市场的形成，要受到许多因素的影响。而一旦细分后的子市场发生了重要变化，企业的营销组合也需要随之作出调整，以确保通过高质量服务供给创造有效需求，以多种方式和渠道扩大市场需求。

三、市场细分的主要步骤

市场细分是一个将异质市场划分成若干个同质市场的过程，这个过程通常包括三个步骤，如图 4－1 所示。

（一）界定相关市场

界定相关市场就是确定企业递送其服务所要寻找的顾客群体。比如，一家投资银行

---

①　习近平. 高举中国特色社会主义伟大旗帜　为全面建设社会主义现代化国家而团结奋斗：在中国共产党第二十次全国代表大会上的报告. 人民日报，2022－10－26.

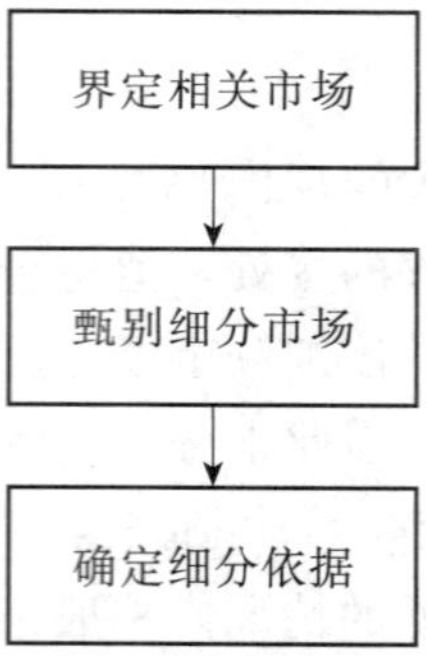

图4-1　服务市场细分的主要步骤

将资产超过100万元的人作为自己的潜在顾客；一家星级酒店则瞄准商务人士市场。为界定企业的相关市场，服务营销者需要与消费者进行非正式的接触，并将消费者分成若干个小组，以便了解他们的动机、态度和行为，进而通过问卷调查向消费者收集相关的市场资料，如服务的知名度、消费方式、对该服务所属类别的态度等。在了解这些信息的基础上，企业必须对自身的资源状况进行分析，明确自己的优势和劣势，然后在以下几个方面作出选择：服务线的宽度、顾客类型、地理范围、企业所要涉入价值链的环节。习近平总书记指出，"要以智能制造为主攻方向推动产业技术变革和优化升级，推动制造业产业模式和企业形态根本性转变，以'鼎新'带动'革故'，以增量带动存量，促进我国产业迈向全球价值链中高端"①。成功的市场细分意味着企业能够在明确的细分市场上满足现有顾客和潜在顾客的需求。

（二）甄别细分市场

在界定相关市场之后，企业必须甄别细分市场。市场细分的依据是客观存在的需求的差异性，但差异有很多，究竟按哪种因素细分，没有一个绝对的标准或固定不变的模式。营销人员必须考虑各种细分市场的因素，找出考察市场结构的最好方法。下面简要介绍几种主要的细分市场的方法。

1. 地理细分。它是指根据顾客工作和居住的地理位置（如国家、省、区/县等）进行市场细分的方法。由于地理环境、自然气候、文化传统、风俗习惯和经济发展水平等因素的影响，同一地区的人们的消费需求具有一定的相似性，而不同地区的人们则有不同的消费习惯与偏好。因此，地理因素可以成为市场细分的依据。这种方法由于简单明了，为许多服务企业所偏爱。比如，肯德基在上海推出了花式早餐粥以及为消费者量身定做的早餐组合套餐，而在北方城市推出了寒稻香蘑饭。肯德基按地区安排它的营销计划，使其产品更具有地方性，广告、推广和销售等工作也更适应各地区消费者的需求。

2. 人口细分。它是指根据顾客的年龄、性别、家庭人数、生命周期等人口因素细分市场。人口统计变量是指用来表征人口学特征的变量，如性别、年龄、受教育程度等，是区分消费者群体最常用的依据。消费者的欲望、偏好和使用频率等经常与人口统计变量密切相关，而且人口统计变量比其他类型的变量更容易衡量。例如，不同年龄的顾客

① 习近平. 努力成为世界主要科学中心和创新高地. 求是，2021（6）.

对服务需求有不同偏好，“当代青年思想活跃、思维敏捷，观念新颖、兴趣广泛，探索未知劲头足，接受新生事物快，主体意识、参与意识强，对实现人生发展有着强烈渴望。这种青春天性赋予青年活力、激情、想象力和创造力”①。服务企业必须对青年市场的需求特色给予高度关注。一些银行根据顾客的生命周期划分市场，它们把顾客生命周期分成单身、年轻满巢（年龄在 40 岁以下，至少抚养一个孩子）、中年满巢（年龄超过 40 岁，至少抚养一个孩子）、年老空巢就业（年龄超过 60 岁，仍就业，但孩子独立）和年老空巢退休等几个阶段。由于处于生命周期不同阶段的顾客的需求有很大差异，银行可以借此寻求目标市场，提供能够满足顾客需求的服务。

3. 社会经济细分。它是指根据顾客的收入水平、教育背景和社会阶层等社会经济变量细分市场。一个人的教育背景、职业与收入、社会地位等变量之间存在直接关系。社会地位是指受社会规范、法律和习俗制约的社会成员在社会系统中的位置，常用来表述社会名望和荣誉高低，也泛指所拥有财产、权力和权威的情况。一般来说，一个人的受教育程度越高，就越可能获得较高的地位和收入。

近年来，按职业进行市场细分的方法逐渐得到一些企业的重视。另外，诸如社会阶层、住所类型、家庭决策机制等细分变量也被一些服务企业所采用，如顾客对住所类型的关注对房屋租赁公司有很大的现实意义。

4. 心理细分。它是指企业将影响顾客购买行为的心理因素（如生活态度、生活方式、个性和消费习惯等）作为市场细分的依据。生活方式是指个人和家庭日常生活的主要方式，包括衣、食、住、行以及休闲等方面。人们形成和追求的生活方式不同，消费倾向也不同，那么他们所需要的服务也就不同。常见的心理细分会把具有共同个性、兴趣、心智特征的顾客归纳为某一个整合群体。许多服务企业越来越倾向于采用心理因素进行市场细分。

5. 行为细分。它是指根据顾客的购买时机、使用状况或频率、忠诚程度、促销反应以及态度等因素细分市场。

（1）购买时机。按购买时机细分即按顾客购买服务的时机进行分类。例如，某些项目专门适用于某个时机（春节、中秋节等），企业可以把特定时机的市场需求作为服务目标。如旅行社可以专门在寒暑假或国庆节等为顾客提供旅游服务。

（2）使用状况或频率。按使用状况或频率进行细分就是根据顾客对服务的使用方式及其程度进行细分。据此顾客大体上可以划分成从未使用者、曾经使用者、准备使用者、首次使用者、偶尔使用者、经常使用者等几个细分市场。服务企业往往关注那些经常使用者，因为他们的使用次数比偶尔使用者要多得多。所以，许多快餐店愿意为那些经常光顾的顾客提供快速服务，价格也较为低廉。银行则对各种使用者都表示关注：一方面，它们希望了解那些经常使用者的特点、行为和身份等，以不断吸引其购买服务；另一方面，它们也会采取一些措施来刺激那些偶尔使用者，促使其向经常使用者转变。

（3）忠诚程度。顾客的忠诚包括对企业的忠诚和对品牌的忠诚，也可作为细分依据。比如根据品牌忠诚不同可将顾客分为单一品牌忠诚、多品牌忠诚和无品牌忠诚。

---

① 习近平：在纪念五四运动 100 周年大会上的讲话.（2019－04－30）. 人民网.

（4）促销反应。这是根据顾客对促销活动的反应进行市场细分的方法。显然，不同的顾客对于诸如广告、微信传播、室内演示和展览等促销活动的反应是各不相同的。比如，喜欢企业向其邮寄产品目录的顾客对其他邮寄品也有较高的反应率。由此，服务企业可采用直接邮购的方式与这类顾客沟通，并建立较好的顾客关系。一旦顾客对某个服务企业表示忠诚，那么即使他们偶尔对企业的服务不满意，通常也不会轻易改变这种忠诚。

（5）态度。顾客对服务的态度大体可分为热爱、肯定、冷淡、拒绝和敌意。例如，有人偏好手机银行、微信支付等数字化金融服务，也有人难以接受新兴的移动支付手段。针对不同的态度，企业可采取不同的营销对策。

6. 顾客受益细分。它是指根据顾客在购买过程中对不同利益的追寻进行市场细分。这种方法与前面几种方法不同，它侧重于顾客的反应，而不是服务的购买者本身。比如，不同的顾客希望从不同的银行那里得到不同的利益：一部分顾客希望能从声誉较好的银行那里获得全面、整体性的服务；一部分顾客则希望获得低利率的优惠贷款；还有一部分顾客希望在私人银行进行高利率储蓄，购买高回报的理财产品。一家银行可以根据自身的资源状况，选择其中的一个或两个细分市场进入，提供独具特色的服务。服务的特点使得顾客受益细分的方法几乎适用于所有服务企业。①

按顾客受益因素细分市场，首先必须了解顾客购买某种服务所谋求的主要利益是什么；其次要调查谋求某种利益的顾客是哪些人；最后要了解市场上的竞争品牌各自适合哪些顾客利益，以及哪些顾客利益还没有得到满足。

新启迪 4-1

车险市场的客户受益细分

中国的车险客户分成四类：（1）对价格比较敏感的客户群；（2）关注理赔服务的客户群；（3）依赖关系的客户群，他们比较传统、谨慎，希望通过自己的个人关系（比如朋友介绍推荐、在保险公司工作的亲戚推荐）购买车险；（4）关注捆绑服务的客户群，他们希望保险公司能够提供捆绑式的一系列服务来满足对车险的整体需求。

实际上，客户在选择保险公司时，更加关注的是品牌知名度、理赔质量等，他们认为最便宜的保险公司不一定最适合自己。保险公司应采取差异化营销战略，对于不同的客户群采取不同的价格和分销策略。

7. 服务要素细分。这是根据顾客对企业服务要素的反应进行细分。虽然从某种意义上说它可以归入顾客受益细分，但是仍有单独论述的必要，因为了解顾客对企业服务中不同要素的看法及反应，将有助于企业设计更合理的服务包。利用服务要素进行市场细分时，通常要考虑如下三个问题：（1）是否存在具有同种服务要求的顾客群体；（2）企业能否使自己的服务差异化；（3）是否所有服务都需要是同等质量水平的。

彼得·吉尔摩（Peter Gilmour）对设备销售租赁行业进行了研究，以了解不同细分

① Roy S K, Mutum D S, Nguyen B. Services marketing cases in emerging markets: an Asian perspective. Berlin Heidelberg: Springer-Verlag, 2016: 101-124.

市场对售后服务、电话订货效率、订货便利程度、技术人员能力、送货时间、送货可靠性以及数据资料提供等的反应。结果表明，不仅购买者和供应商对这些服务重要性的看法各有侧重，而且购买者之间对这些服务重要性的看法也有很大区别。因此，通过测定购买者对不同服务要素重要性的理解，供应商将会更加有的放矢地为不同的细分市场提供最佳服务，满足购买者的愿望和要求。

（三）确定细分依据

在确定细分市场最佳依据时，首先把各种潜在的、有用的标准罗列出来。比如，一家金融服务企业在选择顾客时可从以下几个方面考虑：地理位置、顾客规模、行业类型、购买经验、服务需求等。其次，要对其重要性做逐一评估，选出那些被认为重要的标准。之后，还要对那些重要的标准再做进一步的详细划分。

在某些情况下，这种划分可能比较直接和显而易见，如依据年龄、性别和地理位置等因素细分，而对于那些心理因素则要做较深入的营销调研，以了解其特征及需求类型。

第 2 节　服务市场选择

服务市场选择是指服务企业确定哪些顾客或顾客群体的需求应予以满足，即确定企业服务目标市场的过程。服务目标市场是服务企业决定进入的、具有共同需求或特征的顾客集合。也就是说，服务企业在细分的若干个子市场中，根据自身的条件，选择对自己最有利的、决定要进入的市场。[①]

一、评估细分市场

市场细分揭示了服务营销者面临的市场机会，接下来就要对各个细分市场进行评估，以确定其最终要进入的目标市场。对细分市场的评估必须考虑下面四个因素。

（一）规模潜力

潜在的细分市场要具有适当的规模和理想的增长率，这样的细分市场才能为服务企业进入提供驱动力。规模潜力是一个相对量，对于实力雄厚的大企业来讲，是指规模较大、增长速度较快的细分市场；对于中小企业来讲，则是指不被大企业看好、规模较小、增长速度适中的市场。但无论是实力雄厚的大企业还是实力较弱的中小企业，都必须考虑目前的销售量及其增长率，选择与自身条件相适应的细分市场作为目标市场。

衡量一个企业在某一市场上的发展潜力可以采用购买力指标法。购买力指标法以三个指标为基础：细分市场消费者人数与整体市场消费者人数之比；细分市场消费者总收入与整体市场消费者总收入之比；细分市场销售额与整体市场销售额之比。细分市场的

① Kotler P，Keller K. Marketing management. 18th ed. Harlow：Pearson Education Limited，2021：214.

购买力指标（BPI）为：

$$BPI=0.2\times\frac{细分市场消费者人数}{整体市场消费者人数}+0.5\times\frac{细分市场消费者总收入}{整体市场消费者总收入}+0.3\times\frac{细分市场销售额}{整体市场销售额}$$

假设该市场的年销售额是 X，那么该市场的潜在销售额是 $X\times BPI$。如果公司在该市场中的实际销售额是 Y，那么该公司完成了潜在销售额的 $Y/(X\times BPI)$。将此结果与现阶段该公司的市场份额相比，如果比较的结果大于1，则说明该市场发展的余地较大。结果的正向差异越大，市场潜力越大。

（二）盈利能力

盈利能力是企业通过业务活动获得利润的能力，反映企业经营状态和经营效率。细分市场不但要具备理想的规模和增长率，还要有理想的盈利能力。当然，不同服务企业的盈利能力是不同的，即使同一个服务企业，在不同时期的盈利能力也会有所不同。但从长期来看，任何服务企业都必须保证一定的盈利水平，否则将无法维持生存与发展，也就失去了进入细分市场的意义。

（三）结构引力

结构引力是指各种不同的市场结构给服务企业带来的不同机会和吸引力。具有相同盈利能力的细分市场，由于市场结构的差异，对企业的吸引力也会有所不同。可借助迈克尔·波特（Michael Porter）于20世纪80年代提出的五力模型（如图4-2所示），从以下五个方面探讨细分市场的结构引力。

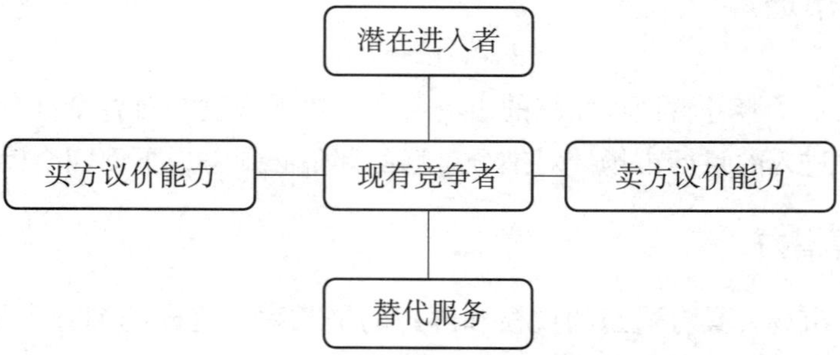

图4-2 迈克尔·波特的五力模型

1. 现有竞争者。如果某个细分市场已经有为数众多、实力强大、竞争意识强的竞争者，则该细分市场就会失去吸引力。如果细分市场正处于稳定或萎缩状态，面临固定成本高、退出壁垒高或者竞争者投资大等问题，那么，企业坚守该市场通常需要付出高昂的代价。

2. 潜在进入者。若细分市场的盈利能力过高，则可能吸引新竞争者加入。它们会投入大量资源，增加新的生产能力，努力争夺市场份额，那么，该细分市场可能就会失去吸引力。而如果细分市场进入壁垒高，并且新进入的服务企业有可能遭到市场内原有企业的强烈抵制，这样的细分市场就很难进入。

3. 替代服务。如果细分市场已经出现替代服务或者具有潜在的替代服务，则该细分市场就会失去吸引力。替代服务会限制细分市场价格和利润的增长，服务营销者必须密切关注替代服务的发展状况。

4. 买方议价能力。如果细分市场中购买者的议价能力很强或正在增强，则该细分市场的吸引力就较小。拥有强大议价能力的购买者会设法压低价格，对服务提出更高的要求，这会使服务企业利益受到损害。

5. 卖方议价能力。如果服务企业的原材料、器械、技术、数据或设备供应商具有较强的议价能力，则可能导致价格上升或者所供应产品或服务的质量降低，使企业蒙受损失。这样的细分市场也是缺乏吸引力的。对于服务企业，最佳防御办法就是与供应商建立良好的合作关系或开拓多种供应渠道。

（四）企业资源

企业资源是指企业所拥有和控制的有形资源、无形资源和人力资源的总和。包括土地、厂房、生产设备、原材料、应收账款、品牌商誉、技术、专利、商标、数据、企业文化、管理经验等。即使某一细分市场具有合适的规模和增长速度，也具有较好的盈利能力和结构引力，服务营销者仍需将本企业的目标和资源与其所在细分市场的情况结合起来考虑。例如，某一细分市场虽然具有较大的吸引力，但不符合企业的长远发展目标，这时，企业不能只顾眼前利益而损害长远的战略利益，应该放弃这样的细分市场。诚如习近平指出的，要“善于算大账、总账、长远账”，“不能为了局部利益损害全局利益、为了暂时利益损害根本利益和长远利益”。[①] 另外，即使某一细分市场符合企业的目标，企业也必须考虑其是否具备进入该市场并在竞争中取得优势的资源和技术条件。企业如果没有超过竞争者的技术和资源，甚至缺乏赢得市场竞争的必备力量，就不应该进入该细分市场。诚如习近平指出的，要着力“增强企业对市场需求变化的反应和调整能力，提高企业资源要素配置效率和竞争力”[②]。

此外，服务企业在选择目标市场时除了要认真考察上述四个因素，还应当考虑到企业社会责任这一重要因素。这表现在企业选择目标市场时应尽量统筹兼顾，对市场购买者一视同仁，适当关照弱势群体，乐于为处于不利地位的顾客提供服务，为扶贫济困、扎实推进共同富裕贡献企业力量。

二、选择目标市场

目标市场战略即市场涵盖战略，一般来说，有三种目标市场战略可供服务企业选择。

（一）无差异营销战略

无差异营销战略是一种针对市场共性的、求同存异的营销战略，即以整个市场中的

① 习近平：新发展理念就是指挥棒、红绿灯．(2016－12－15)．中国新闻网．

② 习近平谈市场经济：不能忘了“社会主义”这个定语．(2019－01－28)．人民网．

共性部分作为目标，不考虑细分部分的差异性，只求能够满足大多数顾客的共同需要。企业采取这一战略的前提是消费者需求的同质性，即认为它所面对的是同质的市场，或者忽略消费者需求的多样性，而着眼于其共同的需求或偏好，不进行市场细分，将整个市场作为目标市场，针对共同的需求，推出一种产品，并采用单一的营销手段。

采用无差异营销战略的优势是可以获得规模效益，它是一种与大规模生产和标准化生产相适应的营销方法。首先，无差异营销的促销宣传、单一的销售程序、相同的管理模式，降低了销售费用和管理费用；其次，以整个市场作为目标市场，节约了市场细分的调研和规划费用，从而降低了企业的经营成本。

无差异营销战略也有其不足之处。首先是无法满足消费者的差异性需求偏好。实际上很难找到一个需求完全同质的市场，所以用同一种营销战略去满足所有消费者的需求是不可行的。尤其是在消费者需求个性化、差异化的趋势日益明显的当下，无差异营销战略正面临严峻挑战。其次是应对竞争风险的能力较差。无差异营销战略容易受到竞争者的冲击，一旦竞争者将市场细分，进而从各个细分市场进入，则企业的市场地位将面临挑战。

（二）差异营销战略

差异营销战略是指企业在市场细分的基础上，选择多个子市场作为目标，针对每个目标市场，分别设计不同的产品和营销方案。

企业采用这一战略主要是着眼于消费者需求的差异性，在市场细分的基础上，针对各个细分市场的不同需求和偏好，制订相应的营销方案去满足消费者的需求。现在越来越多的服务企业在采用差异营销战略。例如，假日集团刚进入中国时只推出假日品牌，为了满足商务客人的需求，又陆续推出皇冠假日、洲际假日等品牌。万豪国际集团进入中国市场首推的是万豪品牌，后来又推出全品牌发展战略，既有高档的丽思卡尔顿、万豪等，又有中高档的万怡、新世纪，体现了不同的风格。比如万豪体现的是古典式风格，万怡追求的则是智能化商务和现代派风格，不同的风格适应不同的市场需求。

差异营销战略的优点是能扩大销售，提高企业的竞争能力。首先，拥有多种服务和营销组合，可以更好地满足不同消费者的需求和偏好，争取更多的消费者；其次，服务企业通过这种战略可以在不同的细分市场上占有一定的份额，有效地抵抗某一细分市场需求、竞争状况突变时对企业构成的威胁。

差异营销战略也有其不足之处。首先，差异营销战略要比无差异营销战略投入更多的研发费用、市场调研及规划费用，以及差异性的广告宣传费用等，致使企业总的经营成本偏高。其次，此种战略要求服务企业具有较强的综合管理能力，分别对不同的市场设计不同的营销组合，并使企业整体经营状况协调一致，因而管理的难度更大。所以，对于那些资金有限、技术实力较弱的中小企业来说，原则上不适合采用此种战略。

（三）集中营销战略

集中营销战略是指企业选择一个或几个子市场作为目标市场，制订一套营销方案，集中力量争取在这些子市场上占有大量份额，而不是在整个大市场上占有少量份额。

采用这种战略的服务企业也是着眼于顾客需求的差异性聚焦优势服务，集中优势资源，将资源和精力集中在一个或几个子市场上，利用有限的资金和力量，向纵深发展，彰显服务的特色和优势，追求较高的市场份额。

集中营销战略的优点主要表现在两个方面：一是有利于企业在一个较小的范围内集中力量，深入了解特定目标市场的需要，以便服务企业制定有针对性的营销组合策略，提供最好的服务；二是实行专业化经营，有利于企业降低经营成本。

集中营销战略的不足之处主要表现为风险大。由于采用这种战略的企业的目标市场范围较小，一旦目标市场上出现剧烈的需求波动或实力强大的竞争者，企业就容易陷入困境。

一般而言，实力较强的大中型服务企业通常可采用无差异营销战略或差异营销战略；那些实力较弱的小企业虽无力与大企业竞争，但灵活性强，可以见缝插针地在大中型服务企业不参与、竞争不激烈的某个狭小的细分市场上立足，即采用集中营销战略。

三、影响目标市场选择效果的因素

（一）组织结构

组织结构是表明组织各部分排列顺序、空间位置、聚散状态、联系方式及其相互关系的构成模式。服务企业组织结构涉及职能部门及其各种分支机构，具体结构取决于企业的任务分配和与外部世界打交道的方式。根据消费者利益确立目标市场的方法可能会打破企业各部门之间的界限。那些处在不同部门和区域之间的目标市场，往往因为被忽略、无人负责而营销失败。服务企业需要认真地筹划如何实现目标细分市场与组织内部结构相匹配。

（二）内部政策

市场选择在本质上是一种跨部门的活动，要求许多不同职能部门的管理者参与其中并发挥专长。如果各职能部门无法协作或一起工作，市场选择就很可能会失败。因此，服务企业一定要制定合理的内部政策，保障企业内部团结协作、和衷共济。

（三）企业文化

基于顾客利益的市场选择，往往会因为它与企业内部成员理解问题的方式不一致而遭到排斥。尤其是金融服务企业、律师事务所、会计师事务所之类的专业服务企业，它们往往从专业角度看待为顾客提供的利益，缺乏换位思考，对顾客如何理解服务带来的价值和利益不甚关心，也往往了解甚少。因此，服务企业在市场选择时，一定要在顾客利益和专业人士偏好之间做出明智抉择。

（四）信息系统

信息系统是由计算机硬件、网络和通信设备、计算机软件、信息资源、信息用户和规章制度组成的，以处理信息流为目的的人机一体化系统。新的市场选择方案如果与现有的信息系统不协调，这就意味着很难评估目标市场的价值，或者在该目标市场从事业务活动时，很难进行责任分配和绩效监督。服务企业一定要关注市场需求的新趋势，积极应用大数据、区块链、人工智能、移动互联网、物联网等最新数字技术，及时更新企业信息系统，使其与市场变化和时代发展同步。

（五）决策过程

新的目标市场如果没有被纳入营销计划，那么在制订和执行计划时就会被忽略。与此相类似，如果在现有的资源分配程序中没有将新目标市场涵盖在内，新目标市场的营销活动就很难获得预算的保障支持。企业应该认真思考如何使目标营销战略与计划、预算和评估系统相互融合，“不断提高战略思维、历史思维、辩证思维、系统思维、创新思维、法治思维、底线思维能力”①。

（六）企业能力

企业能力是指企业配置资源，发挥其创新、生产、营销、融资和管理等竞争优势的能力。党的二十大提出，“推动国有资本和国有企业做强做优做大，提升企业核心竞争力。”② 在市场营销实践中，发现并确定具有吸引力的目标市场，对服务营销人员来说并不困难，但是，要想在现有基础上获得竞争优势却没那么简单。企业可能恰恰就是由于缺乏为这类顾客提供服务的能力而丧失了竞争优势。因此，服务企业必须努力提升自己的创新能力、生产能力、营销能力、融资能力和管理能力。其中，创新能力是指企业在掌握现代科技的基础上，利用从研究和实践经验中获得的知识或从外部引进技术，为生产新的产品或服务、建立新的工艺流程和系统而实质性改进工作的能力。生产能力是指企业在一定时期内为市场提供产品或服务的能力。营销能力是指企业统筹利用内外部资源，满足目标市场需要，实现营销目标，确保企业持续发展的能力。融资能力是指企业从自身生产经营、资金拥有和使用的实际出发，充分考虑未来发展需要，通过科学预测和决策，从一定的渠道向投资者和债权人筹集资金，以保证企业正常生产经营需要的能力。管理能力是指企业管理者通过计划、组织、领导、协调、控制等职能，实现企业既定目标的能力。

第 3 节　服务市场定位

一、服务市场定位的概念

企业通过市场细分只是确定了所要进入的目标市场，然而究竟如何进入该市场还需要对市场上的竞争状况做进一步的分析，以确定企业自身的市场位置。这就是市场定位的问题。党的二十大指出，“推进职普融通、产教融合、科教融汇，优化职业教育类型定

① 习近平．高举中国特色社会主义伟大旗帜　为全面建设社会主义现代化国家而团结奋斗：在中国共产党第二十次全国代表大会上的报告．人民日报，2022－10－26．

② 习近平．高举中国特色社会主义伟大旗帜　为全面建设社会主义现代化国家而团结奋斗：在中国共产党第二十次全国代表大会上的报告．人民日报，2022－10－26．

位"[①]。这对于教育培训、职业教育等服务机构加强市场定位具有十分重要的现实指导意义。

所谓服务市场定位，是指服务企业根据市场竞争状况和自身资源条件，建立和发展差异化竞争优势，以使自己的服务在顾客心目中形成区别并优于竞争者的服务的独特形象。习近平总书记指出，要引导"企业在高质量发展中找准定位，通过企业自身改革发展、合规经营、转型升级，不断提升发展质量"[②]，"构建现代化产业体系，既要有雄心壮志，积极抢位发展，又要立足实际，善于错位发展。要找准定位、明确方向，整合资源、精准发力，加快传统产业改造升级，加快战略性新兴产业发展壮大，积极部署未来产业"[③]。当企业选择了目标市场并遇到竞争对手时，自然而然要做定位分析。正如《孙子·谋攻篇》所言："知彼知己者，百战不殆。"比如，企业需要了解在这一细分市场中顾客心目中所预期的最好服务是什么，竞争对手所能够提供服务的程度，以及本企业提供的服务是否与顾客需求相吻合；如果顾客的预期尚未或很少被满足，那么企业应该采取怎样的措施使自己的产品达到顾客预期的水平；等等。

借助市场定位，企业高管能够明确企业现有的位置、希望占据的市场，确定自身的市场机会，并在竞争情况发生变化时采取相应的措施。服务市场定位是服务差异化的先决条件，更是服务品牌形象确立的基础。每一种服务都会因提供者和提供标准的不同而形成一系列区别于其他服务的特征，其中既有实质性的特征，又有心理感知的特征。市场定位就是使这些特征在顾客心目、口碑传播和公众舆论中不断强化和固化的过程。

市场定位为服务差异化提供了机会，每家服务企业及其服务在顾客心目中都占据一定的位置，形成特定的形象，从而影响顾客的购买决策。定位可以不经计划而自发地随时间形成，也可以经过周密规划纳入营销战略体系，针对目标市场进行。后者的目的在于在顾客心目中创造有别于竞争者的差异化优势。

顾客的服务购买决策过程实际上就是对成本和价值进行比较和考量的过程。顾客总价值包括服务价值、产品价值、人员价值和形象价值等，顾客总成本则包括时间成本、精力成本和维护成本等，二者之差就是顾客让渡价值。因此，市场定位在很大程度上取决于企业有效地为顾客提供让渡价值的能力。

迈克尔·波特的价值链（value chain）模型有助于对顾客价值进行分析（如图4-3所示）。所谓价值链，是指企业产品或服务的设计、生产、销售、递送以及辅助过程中所进行的价值创造活动的集合体。借助价值链分析，企业可以发现通过增加价值实现产品差异化的途径。波特认为，价值链活动可以分成两种类型。一种是基本活动，如内部和外部物资管理、运营、营销和服务等；另一种是支持性活动，如采购、基础设施建设、人力资源管理、技术开发等。支持性活动渗透于基本活动的过程之中。考虑到服务企业的具体特点，可以设计出符合服务企业实际情况的价值链。比如，一家咨询公司的价值链包括服务理念决策、营销和销售、资料收集、数据分析、解释和建议、报告整理以及

---

① 习近平．高举中国特色社会主义伟大旗帜　为全面建设社会主义现代化国家而团结奋斗：在中国共产党第二十次全国代表大会上的报告．人民日报，2022-10-26.

② 守正创新真抓实干　在新征程上谱写改革开放新篇章．人民日报，2023-04-22.

③ 解放思想开拓进取扬长补短固本兴新　奋力谱写中国式现代化江西篇章．人民日报，2023-10-14.

沟通服务和评价等；而一家房屋管理协会的价值链活动则包括融资、服务设计和开发、资金管理、顾客管理、营销、宣传推广和服务等。通过价值链分析，企业将明白如何从价值链上的各种活动着手建立竞争优势。一方面可以通过有效地从事各项活动而获得低成本的优势，另一方面可以通过利用独特的方式从事这些活动而获得差异化优势。应该明确的是，价值链上的各项活动并不是独立进行的，它们之间也存在相互影响、相互作用的关系。而且，在服务企业内这些活动之间的界限更加模糊。比如，营销、运营和人力资源管理等活动之间不是完全独立的。因此，企业有必要根据实际情况对这些活动或职能进行协调和整合，以达到有效为顾客提供价值的目的。

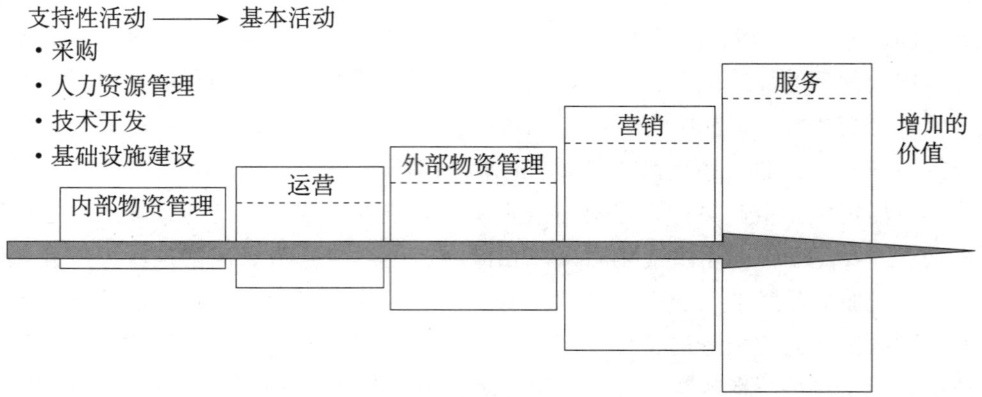

图 4-3　价值链模型

二、服务特性对服务市场定位的影响

（一）服务的无形性

与产品营销有所不同，服务的无形性使得企业无法根据看得见、摸得着的产品特征来递送服务。但是，市场定位却可以使无形的服务有形化。它通过有形展示的运用而使顾客感知到无形的利益。比如，一位旅客入住某酒店时希望酒店非常整洁，也就是说，他愿意得到“整洁”的利益。而当他走进酒店房间时看到的是一尘不染的地毯、整齐洁净的设施，连卫生间马桶的盖子上都贴着印有“已为您消毒”字样的便条，这些有形产品证据都将促使其在心目中形成一个良好的印象，即这家酒店很整洁。采用市场定位策略也有助于顾客对其他附加在服务上的有形特征进行识别。比如，如果一家保险公司进行市场定位时希望顾客能够比较容易地投保，公司就会设计出详细、易懂的投保说明书并免费赠阅。

（二）服务的易变性

服务的易变性在很大程度上取决于服务人员在服务生产过程中的作用。比如，在一家餐馆中，主要是服务员与顾客打交道，他们的表现将直接影响顾客对餐馆的服务评价。然而，他们的服务质量在不同的时间也会有所不同，而且服务员之间的水平也参差不齐，这就使整个餐馆的服务存在很大差异。同时，提高或降低服务中任何一部分的质量都将会影响整体服务质量。比如一家被认为服务质量水平很高的酒店可能会因为个别服务人员仪表不整洁而给顾客留下不好的印象。因此，企业在进行市场定位时也可以从提高服务人员素质入手。麦当劳快餐店就因充分认识到了这一点，才开办了“麦当劳汉堡大学”对其员工进行严格培训，从而在员工素质方面与其他快餐店形成差异化优势。

（三）服务的相连性

由于服务本身不是一个具体的物品，而是一系列的活动或过程，因此在服务的过程中，顾客和服务提供者必然发生联系，二者缺一不可。服务人员向顾客提供服务的时候也正是顾客消费服务的时候，即服务的生产和消费过程同时进行，其中离不开顾客的参与。

因此，企业也可以从管理顾客参与的角度实现产品的差异化。总之，服务的上述基本特征为企业进行市场定位提供了现实依据，企业可以从多个角度实现服务的差异化。

服务市场定位的最终目的是提供差异化服务，使之区别和优于竞争对手的服务，而不论这种差异化是实质性的、感觉上的，抑或二者兼有。虽然服务的差异化不如有形产品那样明显，但是每一种服务都能让顾客感受到互不相同的特征。既然如此，服务企业在进行定位时必须尽可能使服务具有十分显著的特色，以最大限度地满足顾客的需求。通常，在评价差异化特征时有以下几个标准可供选择：（1）差异重要性，即差异所体现的需求对于顾客来说是极为重要的。（2）差异显著性，即企业服务同竞争对手的服务之间具有明显的差异。（3）差异沟通性，即这种差异能够很容易地为顾客所认识和理解。（4）差异独占性，即这种差异很难被竞争对手模仿。（5）差异可支付性，即目标顾客认为因服务差异而付出额外的花费是值得的，从而愿意并有能力购买这种差异化服务。（6）差异盈利性，即企业能够通过实行服务差异化而获得较多的利润。

企业在市场定位时面临一项重要的抉择，即向目标顾客推销其服务的特征数量究竟是一个还是多个。有的营销人员喜欢强调一个特征而不提及其余；也有一些营销人员认为应该介绍服务的多个特征，这样能够找到更多的市场机会，并不易被其他竞争者跟随。不管怎样，有一点是必须强调的，即企业必须承认和接受服务在顾客心目中已有的形象和看法，如果试图否认或挑战顾客的已有认知，必然会导致失败的结局。成功的定位战略必须考虑到顾客对服务的已有认知，然后确定哪些服务需求在顾客心目中是十分重要的，哪些需求是竞争对手所没有或很少满足的。企业所要选择的正是那些未被满足又对顾客极为重要的需求。

三、服务市场定位的层次

前面提到的定位均指服务企业提供的服务和产品的定位。事实上，定位有好几个层次，前面提到的只是其中之一，即服务产品层次，而作为一个系统的服务市场，其定位一般包括以下几个层次。

（一）行业定位

在考虑企业位置以及服务、产品位置之前，服务企业必须首先考虑自己所在的行业在整个服务业中的相对位置。部分服务企业行业定位如图4-4所示。

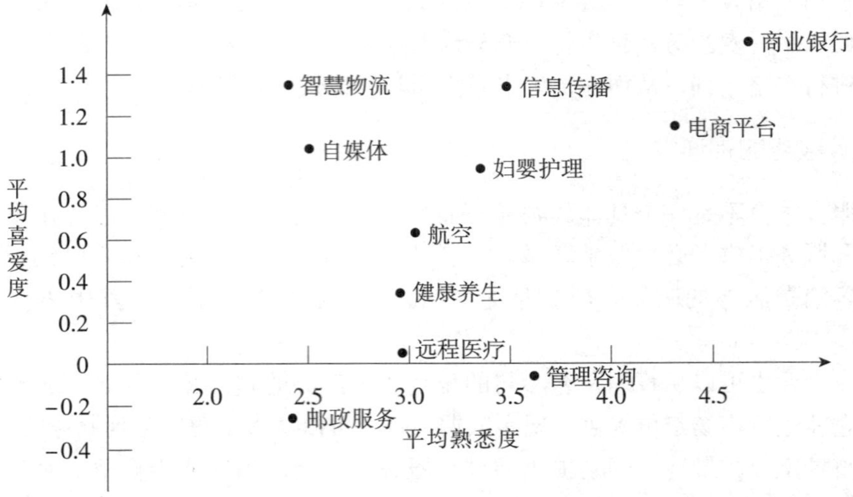

图4-4 部分服务企业行业定位

（二）企业定位

企业定位与其服务产品定位是相辅相成的。企业定位处于定位层次的高层，服务企业必须先定位其服务产品，然后才能在公众中树立起良好的企业形象。而企业定位则对服务产品定位起着强化作用。一旦企业定位成功，获得良好的社会声誉，则企业的服务产品定位也会相应得到巩固，并为企业带来长期效益。

一般而言，根据自身的资源状况和市场竞争状况，服务企业可在如下定位中进行选择，找到适合自己的定位。

(1) 市场领导者。指市场份额最高，在行业中处于领导地位的企业。这样的企业既是市场竞争的领导者，也是其他企业挑战、效仿或回避的对象。如零售业的京东、快餐业的麦当劳、豪华酒店业的丽思卡尔顿、家电业的格力电器、智能手机业的华为等。

(2) 市场挑战者。指在同行业中虽然居于次要地位，但已发起与市场领导者的竞争并迅速发展的企业。

(3) 市场跟随者。指在市场上居于次要地位，一时不能成为行业领导者的企业。根据其追随领导者的程度可以分为紧密跟随者、距离跟随者和选择性跟随者三种定位。

(4) 市场补缺者。指在市场上拾遗补阙，实行专业化经营，以避免与主要企业发生冲突，仅为市场提供某些有效的专业化服务的企业。这种定位一般适用于那些实力较弱的中小企业。

（三）个别服务定位

个别服务定位是将某种个别的（单项的）服务定位在顾客心目中，只要顾客产生了相关需求，就会自然而然地想到与之相关的多种（或多项）服务，从而达到先入为主的效果。个别定位是整个服务定位体系的基础，只有企业最终售出的多项或单项服务在顾客心目中占据了有利的位置，企业定位才会有坚实的基础。

服务可以有形化，比如餐厅的美味佳肴、景点的绿树红花、健身房的器械设施等，也可以是无形的，比如理发、理疗、咨询、音乐会等。定位的目的就是让这些有形、无形的事物在顾客心目中留下深刻的印象。

最后需要说明的是，企业并不需要在上述所有层次进行定位。比如出租车公司和饭店，只需在企业层次和个别服务层次定位就行，而且定位决策也相当简单。但对于一些规模大、开展多项业务的服务机构，上面几个层次的定位都是必要的。但是，有两点需要明确：(1) 企业定位和个别服务定位必须有清晰的相关性并有内在的逻辑关联；(2) 品牌既可产生于服务产品层次的市场定位，也可产生于个别服务层次的市场定位。

四、服务市场定位的步骤

服务市场定位包括以下步骤：明确定位层次、确定关键特性、定位图标识、评价定位选项、实施定位。下面逐一加以分析。

（一）明确定位层次

服务市场定位的第一步就是明确需要特别关注的是哪一层次的定位。采取哪一层次的定位一般是很明确的，但有些企业会在不同的时期强调不同的层次。例如，英国的一些结算银行目前再度重视服务层次的定位，而非服务组合（多项服务或个别服务）层次的定位。

（二）确定关键特性

一旦定位层次得以明确，就需要针对选定的细分市场确定一些关键特性，尤其应当考虑那些影响购买决定的因素。每个人在对服务作出购买决定时都会采用不同的标准，购买服务的目的也可能影响评价标准，比如个人就餐和宴请客人对餐厅的评价标准不同，人们对商业保险和人身保险的评价标准也有差异。使用服务的时间同样会影响服务选择，比如人们为工作日午餐和周六晚餐会选择不同的餐馆。另外，决策单位也有关系，比如个人消费的服务购买决策和组织消费的服务购买决策，对于服务特性的关注是有所不同的。例如，家庭将比个人更重视旅店的友好态度；个人体检和单位组织体检在选择健康体检机构时也会有不同的决策模式。

顾客会基于自身感知的不同服务机构之间的差异来作出选择，有时这种差异并非本行业最重要特性之间的差异。比如，乘飞机的旅客通常把安全性作为首要选择标准，但事实上大多数航空公司提供的飞行安全性相差无几，旅客的选择实际上是基于舒适性、正点率以及飞机上提供的饮食等其他因素。因此，企业应当通过调查，确认决定服务选择的关键特性是什么，这将构成服务市场定位的基础。

服务企业应当确认目标市场要求的关键特性和特殊利益。重要的是了解顾客希望这些相关的关键特性带来什么利益，并设法让顾客感受到这种利益的存在。有许多分析研究工具可以用于确认关键特性，比如因果分析、多元回归分析、差分方程分析等。

（三）定位图标识

在确定了关键特性之后，应将具备这些最重要特性的服务企业的相对位置在定位图上显示出来。如果存在一系列关键特性，建议通过统计方式将之综合并简化为二维且能代表顾客偏好的主要选择特性。

定位图可表示竞争企业依据选择的特性所处的市场位置，其中空白之处还暗示着企业潜在的市场机会（如图 4－5 所示）。如果企业有多个细分市场，则可以根据顾客在不同市场上对服务和利益的不同评价作多个定位图。

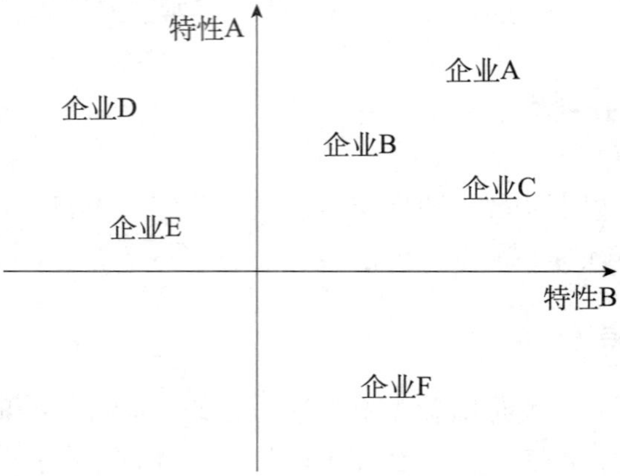

图 4－5　二维定位图

服务企业管理者借助定位图，不仅可以确定竞争企业的位置，而且能够发现核心需求所在，从而沿着满足核心需求的路径进行重新定位。图 4－6 展示了澳大利亚不同职业的市场位置及核心需求所处的区域。例如，钢构建筑工收入颇丰但声望欠佳，因此有必要提高声望以满足核心需求。有时，核心需求并非十分明显，尤其是当不同的顾客群体偏好不同时。

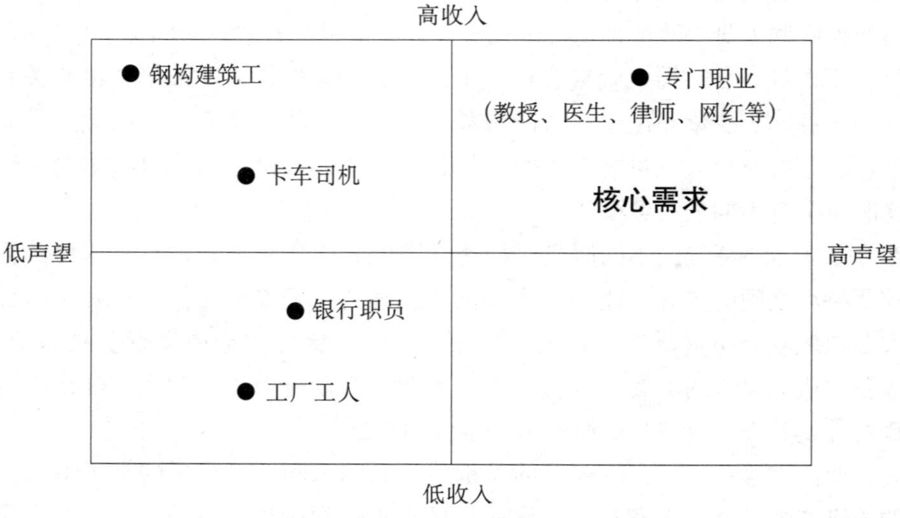

图 4－6　不同职业定位图

（四）评价定位选项

1. 可供选择的定位方法。

（1）避强定位。这是一种避强就弱、抢占市场薄弱环节的定位方法。服务企业采用这种定位方法可以避免激烈冲突并巩固当前的位置。比如一家出租车公司在全国排名第二，为了避免来自强手的打击，它把第二这个市场位置当作一项资产，其宣传用语是："我们暂时屈居第二，所以我们会更加努力！"这样既宣传了自己，又激发了顾客的同情心和信任度，从而巩固了当前的市场位置。服务企业还可以采用确定空缺的市场位置、打击竞争对手弱点的定位方法。农村中小银行作为向"三农"和小微企业等经济"细胞"输送金融"血液"的毛细血管，虽然面临着线下优势削弱、优质客户流失、资本补充承压、信用风险加剧、盈利水平下降等现实困难，但其立足和深耕县域经济这一潜力无限的大市场，不断夯实客户根基、丰富产品体系、强化服务功能，探索适合自身特色的"小而美"市场定位，找准乡村振兴切入点，统筹新型城镇化和乡村全面振兴，做好普惠金融大文章，加快推进零售金融精细化、特色化转型。这既是其回归"支农支小支持实体经济"本源定位的明智选择，也是彰显贴近农民、快速服务、客户忠诚等优势，实现高质量发展的一条差异化竞争蹊径。

（2）迎头定位。迎头定位又叫对峙定位，是指企业根据自身的实力，为占据较佳的市场位置，与同行最强的竞争者正面竞争，采取与其相同的市场定位。这是一种以强对强的市场定位方法。由于与强有力的竞争对手针锋相对，因而这种方法的风险较大，但同时也能激励企业以较高的目标要求自己，"保持越是艰险越向前的英雄气概"①，努力进取，奋发向上，如麦当劳、肯德基、永和豆浆等在很多地方的竞争就是采取的这种定位方法。

（3）重新定位。当企业服务出现滞销、市场反应迟钝等现象或第一次定位不准确时，就需要进行重新定位。重新定位往往基于以下三种情形。

一是原有定位不能实现营销目标。此种情形或是因为传播的困难，或是因为虽有效地向目标顾客传递了企业的定位观念，但市场份额、利润率等经营指标不理想。比如，纽约附近的长岛有一家小银行叫长岛信托（Long Island Trust Company），面临来自纽约的花旗银行等大银行日益激烈的竞争。营销调研表明，长岛信托在六家银行中按分支行数目、服务范围、服务质量、资本金等指标衡量均排名最后。为此，长岛信托把自己重新定位为"长岛人的长岛银行"，所有指标的排名不久后就有了大幅提高。

二是开发新市场的需要。新的市场有不同的市场环境和不同文化、社会背景的顾客，原有定位可能不再合适，需要重新定位。

三是竞争的需要。企业在竞争中可能会丧失原来在某些方面的明显优势，而建立在原有优势基础上的定位无法再使企业具有竞争力，需要重新定位。

一般而言，重新定位具有一定的风险。首先，企业内部要在定位方面达成共识是比较困难的；其次，要重新获得顾客的认同也并非易事；最后，企业还可能面临资金困难。

---

① 习近平. 以史为鉴、开创未来　埋头苦干、勇毅前行. 求是，2022（1）.

2. 成功定位的原则。成功定位应具备以下特征。

（1）定位应当是有意义的。企业不应该只将定位看作一些华丽的口号，还应当赋予其实际意义。如苹果公司一直把自己树立成一个年轻的、具有自由和创新精神的、立志于改变世界的公司，这种形象定位使其在家庭和教育市场上颇受欢迎，但在相对保守的企业市场上表现平平。苹果公司于是开始着力解决顾客所遇到的问题，在促销宣传中也注意强调这一点，从而使定位更具有实际意义。

（2）定位应当是可信的。许多公司声称能为所有人提供所有服务，这其实是难以令人信服的。即使是那些行业中的领先者，也不是无所不能的，而是集中于特定领域做一个可信任的企业。虚假夸大的定位往往会适得其反，给企业带来不利影响。

（3）定位必须是独一无二的。企业应当在既定的目标市场上发掘能使自己持续保持领先地位的市场定位。市场上存在许多不同的差异化途径能够使企业成为领先者。表4-1列出了12种定位选项及其内涵。企业应当根据自身情况和市场的竞争状况加以选择。

表4-1　定位方法

定位选项	含义
市场份额领先者	最大的规模
质量领先者	最好的或最可信的产品和服务
服务领先者	最迅捷地为顾客排忧解难
技术领先者	最早发现新技术
创新领先者	在技术应用上最具创造性
柔性领先者	最具适应性、灵活性和应变性
关系领先者	最擅长支持协助顾客
特权领先者	最具排斥性，仅为高端人士服务
知识领先者	最好的功能、体验、效果和技术
全球领先者	在国际市场上占据最佳位置
折扣领先者	最低的价格
价值领先者	最好的性价比

企业在考虑这些定位选项哪一种最合适时，应回答以下问题：（1）哪一种定位最能体现企业的差异化优势？（2）哪一种定位目前已经为主要竞争对手所占据？（3）哪些定位对自己的目标市场最有价值？（4）哪些定位充斥着众多的竞争者？（5）哪些定位目前竞争尚不激烈？（6）哪些定位最适合企业的服务定位战略？

以上关于定位选项的选择是从顾客感知服务的角度来分析的。事实上，考虑定位的角度有多种，因为企业的位置要受到竞争群体和顾客群体的影响。企业、竞争者、顾客构成一个定位感知网络（如图4-7所示），该网络对企业营销战略的实施有着非常重要的影响。

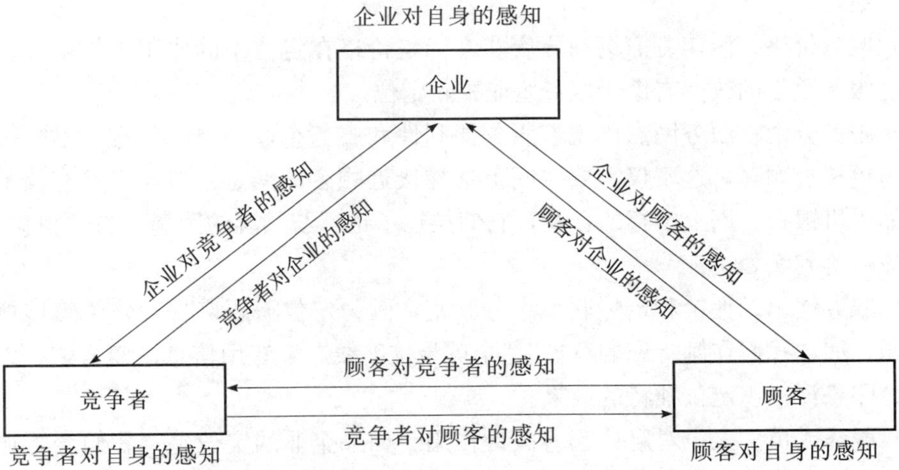

图 4－7　定位感知网络

应当注意到，企业对自身的感知与竞争者和顾客对企业的看法经常相悖。立足于企业层次的定位必须致力于宣传服务差异化的明显特征，以提高企业的可见度和可信度，为此企业必须不断地与顾客对话，以支持并提升其市场位置。

（五）实施定位

在服务市场定位的各环节中，实施定位是最为重要的一步。诚如习近平总书记指出的，“一分部署、九分落实。不注重抓落实，不认真抓好落实，再好的规划和部署都会沦为空中楼阁”①。企业和服务的市场定位需要通过与顾客的隐性接触和显性接触传播出去，这就意味着企业的员工、政策和形象都应当体现期望的市场定位。事实上，企业期望的位置和实际的位置往往不一致。比如，英国航空公司曾标榜自己服务周到，但旅客的实际感受并非如此，为此公司需要做大规模的内部调整，其中包括员工必须真正想顾客所想，而经理对员工也要采取关怀的态度。在广告策略上，公司大胆放弃了沿用很久的“我们关心您”这一口号，转而从具体行动上体现公司特色。可见，成功的定位需要统筹协调企业的内部和外部营销策略，形成有机统一的整体形象。

如果目标顾客对企业提供的服务反应冷淡，那么原有定位就很有可能是失败的定位，即原有定位没能充分彰显企业的服务特色，与竞争者相比没有明显的优势。因此企业的定位战略必须凸显本企业服务的与众不同之处，而且这些不同之处必须是顾客所看重、所渴望的。企业必须经常考察其定位战略，使之不至于过时或者脱离目标顾客所需。

营销组合是将定位战略落到实处的关键所在，市场定位战略决定营销组合策略，营销组合策略必须贯彻落实市场定位战略，并充分考虑到目标市场的关键服务特性。关注这些特性的目的是分析竞争者的市场定位，进而挖掘竞争者定位的弱点所在，以便与之抗衡。服务营销组合的每一个因素都必须支持服务的市场定位。

（1）服务产品。产品本身能够彰显定位，比如银行发行某种新卡，就可以将其定位

---

① 习近平．在二十届中央政治局第一次集体学习时的讲话．求是，2023（2）．

为创新性银行。

（2）服务价格。酒店、商场和旅店非常清楚价格在定位中的作用。价格以及一定价格带来的服务质量的改变有助于服务企业重新定位。

（3）服务分销。服务网点体现着服务便利性和服务企业的空间位置。不少银行把自己定位为更接近顾客，这不仅需要空间上选择接近顾客的网点位置，而且有赖于技术的进步，如手机银行、网上银行的普及，它们拉近了银行与顾客的距离，将“更接近顾客”的定位战略落到实处。

（4）服务促销。促销和定位联系十分紧密，因为定位需要广告、公关等传播工具将定位主题，如“我们在倾听您的意见”“全球最佳航线”等有用信息广而告之，以达到人尽皆知、印象深刻、定位独特的效果。

（5）服务人员。人员对定位起着关键作用。如果企业的定位是“我们会更加努力”，那就必须设法保证每个员工确实在为服务顾客付出更大的努力。企业为了收到市场定位的应有成效，必须注重培训员工以改善其服务表现。

（6）服务有形展示。有形展示对顾客感知服务质量具有重要的影响，可用来创造竞争者难以模仿的竞争优势，在定位中充分展现企业服务的独特性和差异性。

新启迪 4－2　酒店业的目标营销

（7）服务过程。过程对定位也是至关重要的。如果银行或超市门前排起长队，再训练有素的员工也束手无策。另外，通过流程再造，也可以对企业进行重新定位。

学术前沿　数字时代个性化服务定位的前沿概念

个体主义化（individualization）。个体主义化是数字时代个性化服务定位研究的核心概念之一。它强调将服务定位从群体层面转向个体层面，通过运用大数据和人工智能等技术手段，对用户进行精细化的个性化定位和个性化服务推荐。个体主义化的实质是从群体的普遍规律中发掘个体的特殊性，并根据个体需求提供定制化的服务。

用户画像（user profiling）。用户画像是指通过收集和分析用户的个人信息数据，对用户进行深度分析和描述，以揭示用户个性化需求和行为特征。用户画像可以包括用户的个人信息、行为偏好、社交关系等多方面内容。利用用户画像可以更好地理解用户需求，从而实现更精准的个性化服务定位。

迁移学习（transfer learning）。迁移学习是一种机器学习方法，通过将从一个领域学到的知识迁移到另一个相关领域中，从而提高学习效果。在个性化服务定位中，迁移学习可以利用已有的用户画像和行为数据，快速建立起新用户的画像，并根据相似用户的行为习惯进行个性化推荐。这种方法可以克服新用户数据不足的问题，提高服务的个性化程度。

融合推荐系统（hybrid recommender system）。融合推荐系统是利用多个推荐算法和模型的优势，将它们进行有效的融合，提高个性化推荐的准确性和多样性。融合推荐系统可以结合协同过滤、内容推荐、基于规则的推荐等不同的推荐算法，从多个角度综合考虑用户的兴趣和偏好，实现更全面和个性化的推荐服务。

自动化营销（automated marketing）。自动化营销是利用人工智能和自动化技术来实现市场营销活动的自动化和个性化。通过分析大量的数据和用户行为，自动化营销可以自动识别并预测用户的需求和偏好，从而个性化地进行推广、广告投放和顾客关系管理。这种个性化的自动化营销方法可以提高营销效率和效果，降低营销成本。

深度学习（deep learning）。深度学习是一种基于人工神经网络的机器学习方法，它可以通过学习大规模数据和模式，自动发现和提取特征，从而实现对复杂问题的有效处理和解决。在个性化服务定位中，深度学习可以用于分析消费者的行为数据、社交媒体数据以及各种文本和图像数据，挖掘潜在的个性化需求和潜在用户群体，从而实现更精准和个性化的服务定位和推荐。

实时个性化营销（real-time personalized marketing）。实时个性化营销是一种利用实时数据和算法来实现即时、个性化互动的营销方法。通过使用实时数据分析和机器学习算法，可以在用户与品牌进行互动的同时，即时地、个性化地提供相关的产品、促销信息或建议。这种实时个性化营销可以更好地满足用户需求，并提供更具吸引力的个性化体验。

情感分析（sentiment analysis）。情感分析是一种人工智能技术，用于识别和分析人们在社交媒体、在线评论和其他数字渠道上表达的情感和情绪。在个性化服务定位中，情感分析可以帮助企业了解用户的情感状态和态度，例如他们对产品、服务或品牌的喜好或不满意程度。基于情感分析的结果，企业可以更好地定位用户需求，提供更贴切和个性化的服务。

素养园地

海澜之家的目标营销战略

海澜之家自 2021 年开始便进行集团化战略的拓展，对于男装市场的了解也逐渐加深。尤其是在提出年轻化的战略方向后，海澜之家的市场推广策略也开始发生转变，且正在寻求一条属于自己且符合市场规律的目标营销战略。

在挑选代言人方面，海澜之家始终坚持“1＋1＞2”的策略，将品牌形象、目标消费人群以及自身的战略方向，通过代言人传递出去。从代言人的更替，足以看出海澜之家在市场推广方面的倾向，而近期官宣年轻偶像，更加凸显了其年轻化的战略方针。每一次海澜之家官宣代言人都能喜提热搜，可见消费者对于海澜之家的代言人关注度之高。作为国民品牌，海澜之家每一次选择代言人，都是在向消费者透露品牌建设方面的前瞻性信息。就像 2020 年海澜之家选择足球运动员作为代言人，宣传海澜之家的轻运动系列服饰，打破了海澜之家此前在消费者心目中的形象，将产品由商务开始向运动方面转型。而选择与海澜之家的“国民品牌”形象完美匹配的“全民巨星”代言，则在品牌推广方面获得了市场的广泛关注，由此实现了市场推广的价值，且极具标志性。随着“偶像”群体加入海澜之家的代言队伍，也让品牌更加符合 Z 世代的消费风格以及营销倾向。2023 年 5 月，海澜之家官宣品牌代言人由实力演技派演员担任。2023 年 11 月 18 日，海澜之家入选“2023 中国品牌 500 强”榜单。

在小红书平台，其市场推广主要是针对年轻女性消费群体。海澜之家旗下 OVV 女装在该平台精准投放，获得了市场的认可和广泛的好评。而在蜜芽平台的市场推广，则主要是针对宝妈群体，将男生女生、英氏等品牌的产品进行详细介绍，让宝妈学会如何挑选母婴用品。在微博方面的推广则是针对全部消费群体，因此在发布相关内容时，主要是体现出全面性。而面向年轻消费群体的推广则主要集中在抖音、快手平台，让更多的年轻消费者既能够直接消费，又能从当前的流行趋势获得有效资讯。海澜之家选择这一市场推广方式主要是消费转型时代下的必然结果。市场逐渐呈现出细分化，而市场推广策略也需要作出相应的调整，由此符合市场发展趋势，并形成符合海澜之家消费矩阵。

从海澜之家发布的 2023 年财报可以分析，品牌在此后的发展过程中，在保持主品牌的发展策略不变的情况下，必然会针对细分市场作出相应的调整，线上市场推广还会优化，由此实现营销策略的彻底转型。

资料来源：https://www.zhihu.com/question/501718520/answer/2575290883.

小结

市场细分、市场选择和市场定位构成了目标营销的全过程。市场细分是指根据消费者不同的需求特征将整体市场划分成若干消费者群体（子市场）的过程。在服务营销过程中，可以借助人口因素（年龄、性别、收入、民族、职业等）、地理因素（国家、地区）、心理因素、行为因素（知识、态度、使用方式）等来进行市场细分。但是，在应用上述因素对服务进行市场细分和市场选择时，必须注意目标市场中顾客之间的相容性。主要原因是：在服务产品提供过程中，服务现场往往同时有多位顾客，这就要求保证目标顾客之间的相容性，避免需求差异巨大的顾客在同一空间和同一时间相互干扰。

有效市场细分的基本条件是：需求多样化、行为可测量、规模足够大、市场可进入、长期稳定性。服务市场细分方法主要有地理细分、人口细分、社会经济细分、心理细分、行为细分、顾客受益细分和服务要素细分等。服务市场选择需要评估细分市场（子市场），主要考虑规模潜力、盈利能力、结构引力以及企业资源四个因素。有三种市场涵盖战略可供服务企业选择，即无差异营销战略、差异营销战略和集中营销战略。无差异营销战略是一种针对市场共性的、求同存异的营销战略，即以整个市场中的共性部分作为目标，不考虑细分部分的差异性，只求能够满足大多数顾客的共同需要。差异营销战略是指企业在市场细分的基础上，选择多个子市场作为目标，针对每个目标市场，分别设计不同的产品和营销方案。集中营销战略是指企业选择一个或几个子市场作为目标市场，制订一套营销方案，集中力量争取在这些子市场上占有大量份额，而不是在整个大市场上占有少量份额。影响目标市场选择效果的因素有组织结构、内部政策、企业文化、信息系统、决策过程、企业能力、操作系统等。服务市场定位，是指服务企业根据市场竞争状况和自身资源条件，建立和发展差异化竞争优势，以使自己的服务在顾客心目中形成区别并优于竞争者的服务的独特形象。市场定位为服务差异化提供了机会，每家服务企业及其服务在顾客心目中都占据一定的位置，形成特定的形象，从而影响顾客的购买决策。市场定位过程在很大程度上取决于企业有效地为顾客提供价值的能力。顾客让渡价值是企业所提供的顾客总价值与顾客总成本之差。其中全部顾客价值包括服务价值、产品价值、人员价值和形象价值等，全部顾客成本则包括时间成本、精力成本和维护成本等。服务市场定位与服务的特征密切相关。服务市场定位包括行业定位、企业定位、个别服务定位等。而明确定位层次、确定关键特性、定位图标识、评价定位选项及实施定位，则是完成服务市场定位的一般步骤。

重要概念

市场细分	营销组合	服务差异化	规模经济
大规模定制	地理细分	人口细分	人口统计变量
社会经济细分	社会地位	心理细分	生活方式
行为细分	顾客受益细分	服务要素细分	服务市场选择
服务目标市场	无差异营销战略	差异营销战略	集中营销战略
创新能力	生产能力	营销能力	融资能力
管理能力	服务市场定位	顾客让渡价值	价值链
差异重要性	差异显著性	差异沟通性	差异独占性
差异可支付性	差异盈利性	市场领导者	市场挑战者
市场跟随者	市场补缺者	避强定位	迎头定位
重新定位			

复习题

1. 有效市场细分的基本条件有哪些？
2. 评估细分市场应考虑哪些因素？
3. 可供选择的市场涵盖战略有哪几种？
4. 影响目标市场选择效果的因素有哪些？
5. 服务市场定位要经过哪几个步骤？

3

PART THREE

| 第3篇 |

服务营销组合策略

第 5 章

服务产品与服务品牌

思维导图

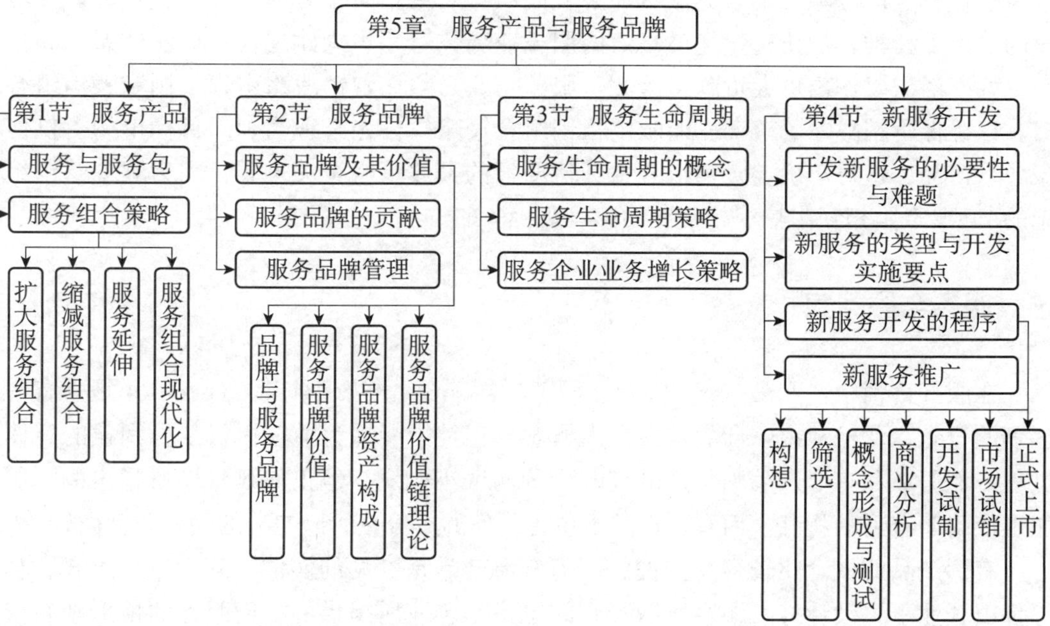

本章要点

- 服务包与服务的属性特征。
- 服务组合策略。
- 服务品牌资产构成与服务品牌价值链理论。
- 服务生命周期及新服务开发的实施要点。
- 新服务推广的原则。

第 1 节　服务产品

党的二十大报告指出，“构建优质高效的服务业新体系，推动现代服务业同先进制造业、现代农业深度融合”[①]。这就为服务业高质量发展指明了方向。服务企业应认真落实党的二十大精神，加快构建优质高效的服务业新体系，为构建现代化产业体系、满足人民美好生活需要作出更大贡献。为此，服务企业必须在营销战略引领下制定营销组合策略，以确保营销战略的落实。而制定营销组合策略，首先必须明确向目标市场提供何种服务、产品。这对于确定营销组合中其他要素的具体策略至关重要，因为服务营销组合中的 7P 要素是相互影响、相互制约和有机统一的。

一、服务与服务包

在服务营销中，产品（product）、服务（service）与有形产品（goods）是具有一定区别的概念。严格地说，产品是一个大概念，它是指能够为顾客提供某种利益的客体或过程；而服务和有形产品则是产品范畴中的两个小概念。但正如科特勒所指出的，服务往往依附于有形的物品，而有形产品也包含服务的成分，所以二者的关系非常微妙。[②]

有形产品的概念比较容易把握。因为有形产品是可见的实体，其大小、款式、功能等都由企业事先设计好，顾客所购买到的也正是企业所提供的。而服务的情形则有很大不同。由于服务具有无形性，顾客购买服务的过程实质上是感知服务的过程。这就意味着企业提供的服务与顾客所感知的服务可能处于两个不同的层次。因此，服务企业必须把顾客感知服务与企业提供服务二者联系起来，并将视角统一到顾客利益层面。

国家发展改革委《关于恢复和扩大消费的措施》指出，增加戏剧节、音乐节、艺术节、动漫节、演唱会等大型活动供给。鼓励举办各类体育赛事活动，增加受众面广的线下线上体育赛事。大力发展智能体育装备，提升科学健身智慧化水平。实施全民健身场地设施提升行动，加强体育公园建设，补齐全民健身设施短板。遴选确定新一批国家体

---

① 习近平．高举中国特色社会主义伟大旗帜　为全面建设社会主义现代化国家而团结奋斗：在中国共产党第二十次全国代表大会上的报告．人民日报，2022-10-26．

② 郭国庆．服务营销学．2 版．北京：高等教育出版社，2019：77-80．

育消费试点城市。鼓励各地加大对商品展销会、博览会、交易会、购物节、民俗节、品牌展、特色市集等活动的政策支持力度，进一步扩大会展消费。开展“老字号嘉年华”等活动，促进品牌消费。

（一）顾客利益

习近平总书记指出，“党在任何时候都把群众利益放在第一位。”① 服务企业在营销实践中，应该将顾客利益放在第一位。顾客利益是指顾客在购买服务过程中所追求的服务能给自己带来的愉悦、便利和效用。虽然企业能够确定服务的功能及其给顾客带来的利益，但顾客购买到的只是他们所需要的一部分。区别服务企业提供的是什么和顾客可以从中获得的利益是什么，是理解服务概念的关键。

顾客利益具有两种特性：一是服务与有形产品不同，倘若没有服务递送体系，服务就不可能存在，所以，服务递送体系的设计和运作非常重要，这是对服务进行界定的最基础要素。二是顾客利益可以决定服务递送体系中何者需要质量管理、何者不需要。虽然有例外的情形，但在一般情况下，服务和服务递送体系是不可分割的。

在理解和看待顾客利益时，服务营销者必须注意如下几方面问题。

1. 服务必须基于顾客的需求和利益，但顾客对于所需求的东西有时不是很清楚，在需求的表达上也常常会出现一些偏差。

2. 顾客需要的利益可能因使用服务的经验、新的预期以及服务消费时所发生的变化等情况而随时做出调整、改变。

3. 营销者在评价顾客利益与顾客需求二者孰轻孰重时，会遇到一些操作方面的难题，尤其是在各服务要素之间比例的配置方面，往往很难作出尽善尽美的决策。

对于顾客来说，只有能给他们带来利益的感知服务才是真正意义上的服务。企业提供服务与顾客感知服务之间的区别和差异给服务营销带来了困难。一方面，顾客要求企业提供的服务是基于顾客的需求及其所追求的利益，而顾客可能由于缺乏足够的知识、经验和能力来清楚地表达其需求，使企业无法确定顾客利益之所在；另一方面，顾客在享用服务中获得或好或坏的体验后，可能会追求新的利益，这又给企业准确把握顾客利益带来了难度。

（二）服务包

格朗鲁斯提出的服务包模型认为，服务作为一种产品，可以被认为是一个包裹，一个由有形产品和无形服务构成的集合。基本的服务包可分为三个层次，即核心服务（core service）、便利服务（facilitating service）和支持服务（supporting service），如图5-1所示。核心服务是指企业为了满足顾客最根本的需求所提供的服务。比如，酒店提供住宿，银行吸收存款、提供贷款等。一个企业可以有多种核心服务，如航空公司既可以提供旅客运送服务，也可以提供货物运输服务。便利服务是方便核心服务消费或使用的活动，如果没有这种服务，顾客将不能方便地使用核心服务，如航空公司的订票服务。金融是国

---

① 习近平．坚持人民至上．求是，2022（20）．

民经济的血脉，是国家核心竞争力的重要组成部分，要加快建设金融强国，全面加强金融监管，完善金融体制，优化金融服务。[①] 以银行金融服务为例，银行的便利服务包括银行卡业务、网上银行等。支持服务是增加服务的价值或者使企业同其他竞争者区分开来的一系列活动。例如，酒店为顾客提供旅游用的地图，银行开展查账业务等。便利服务同支持服务之间的区别有时并不十分明显。一些服务在某些场合是便利服务，在有些场合则为支持服务。二者的区别主要如下：便利服务是不可或缺的，是必要条件，而支持服务的缺少只会导致服务缺乏竞争力，也就是说，缺少便利服务对服务的影响更大。

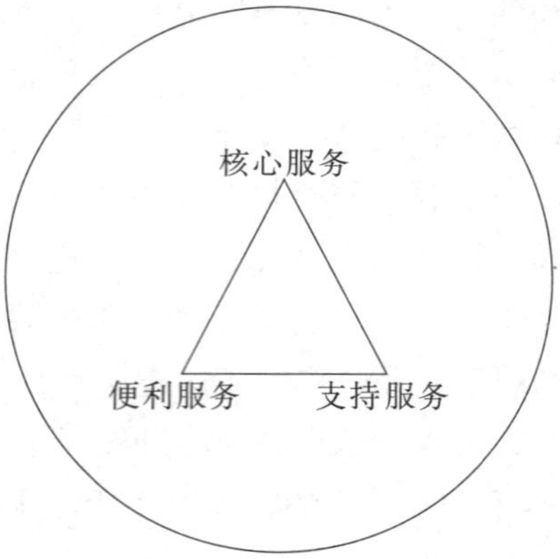

图5-1 服务包构成

（三）服务属性特征

正如有形产品的品牌、款式、设计颜色和包装等会影响顾客购买决策一样，服务的属性特征（如服务品牌、售后服务、服务保证等）也同样起作用。而且，由于服务具有无形性，这些属性特征甚至会被顾客当成核心服务的一部分。

1. 服务品牌。习近平总书记指出，发扬“工匠精神”，加强品牌建设，培育更多“百年老店”，增强产品竞争力。[②] 由于顾客对服务的消费是一个感知的过程，因而企业建立服务品牌就意味着企业向顾客提供更多的价值，企业借此也可以获得较高的利润。所以，虽然传统上品牌化被视为有形产品的专利，但如今的服务企业也开始建立自己的服务品牌。显然，建立服务品牌是比较困难的，因为企业无法保证服务质量始终如一。有学者曾对苹果AR头盔租借市场上顾客的品牌忠诚度进行研究，结果表明，对于顾客维持、延续或终止租借协议，服务效率、头盔质量和服务人员的仪表等是比较重要的影响因素。

2. 售后服务。售后服务通常与有形产品的销售联系在一起，但它也是服务营销活动的重要组成部分。例如，航空公司为旅客提供出租车搭乘、酒店预订服务；保险公司建议顾客随着个人条件的变化而改变投保策略；医生在手术后给病人定期复查等。售后服务不仅有助于企业扩大销售，而且有利于建立顾客对企业的忠诚，并能够从顾客那里得

---

① 中央金融工作会议在北京举行. 人民日报，2023-11-01.
② 习近平：推进供给侧结构性改革是一场硬仗.（2017-06-21）. 人民网.

到有关服务质量的信息反馈，从而有利于改善服务。

3. 服务保证。保证既是服务的属性特征，又是服务营销策略的要素之一。从法律上看，提供保证是卖方的事，已售出的东西必须由卖方保证适合使用或能满足某些条件。这种保证分为两个部分，即隐含保证（implied warranty）和明示保证（express warranty）。隐含保证是经由立法程序而存在的，无论卖方是否明确表示过，都必须负责予以保障；而明示保证是由卖方表明提供的，经常被用作销售促进和卖方自我保护的手段，这种保证广泛应用于金融服务业。此外，如果企业能完全兑现其保证，甚至超出法律要求的范围（如航空公司处理航班延迟的方式），就长期而言，反而可以争取到更多的顾客并与他们建立良好的关系。

（四）服务之花模型

服务之花模型是指由洛夫洛克（Lovelock）提出的八种附加服务像花瓣一样围绕在核心服务这个“花心”周围所形成的服务组合，借以说明服务整体统筹的优化效果（如图5-2所示）。所谓服务整体统筹，是指企业确认顾客感知质量的各个关键点，采取有效措施强化管理，扬长避短，从整体上提高服务质量，推动服务创新的过程。习近平总书记指出，“创新的实质效果是优胜劣汰、破旧立新”[①]。营销实践证明，局部优化往往只是熟能生巧的问题，而整体统筹优化则是战略眼光的问题。那些在所处行业中独占鳌头的服务企业，并不是在核心服务上打败了对手，而是在服务整体统筹中确立了自己的竞争优势。

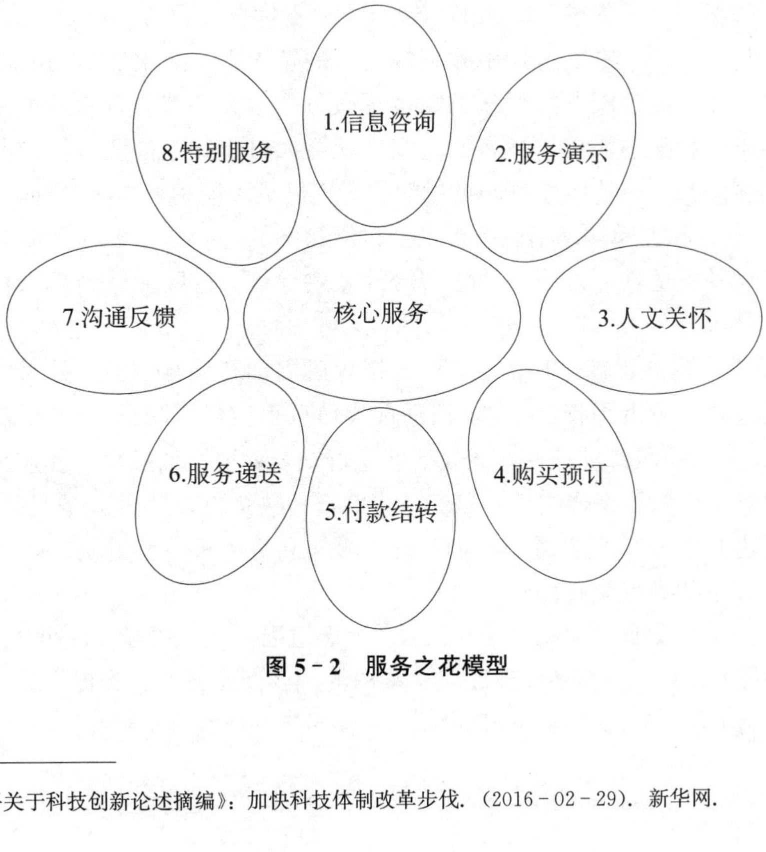

图5-2　服务之花模型

① 《习近平关于科技创新论述摘编》：加快科技体制改革步伐.（2016-02-29）.新华网.

从图5-2可以看出，核心服务与八种附加服务之间相互依托，相互汲取力量。服务竞争已不再是单纯的核心服务竞争，而是服务整体的竞争。成功的服务整体统筹能使“花瓣”与“花心”相得益彰，并使八种附加服务成为利润和感知质量的双重触发点。下面具体介绍八种附加服务。

1. 信息咨询。信息咨询是指企业整理、分析顾客感兴趣的产品或服务信息并积极回复问询、主动传播相关信息的过程。一般情况下，顾客只有在获悉可以抵御感知风险的信息后，才能在内心形成消费安全感，进而购买所需服务。

2. 服务演示。服务演示是指现场展示产品或服务的用途、用法、特性与优势，以眼见为实引导、促进顾客购买的过程。顾客倾向于通过服务演示提前知晓服务流程和服务效果，之后再决定购买服务。即使无法做到这一点，他们也希望低成本地试用部分或全部服务之后再确认是否购买。

3. 人文关怀。人文关怀是人与人之间真挚情感的自然流露，是一种给人以关爱、礼遇与尊重的奇妙感觉，是一种感染他人、温暖人心的个性魅力。在服务营销中，人文关怀是指服务人员对顾客表示欢迎、关心和尊重的行为。比如雨天为顾客提供雨伞，热情地向老顾客打招呼。

4. 购买预订。购买预订是指企业借助电话、手机App、官网等提前售出服务，满足顾客需求的过程。礼貌、快捷、准确地协助购买服务的顾客完成预订服务，尽可能地让顾客节省时间和精力是提前带给顾客满意感的有效手段。

5. 付款结账。付款结账是指企业精确、快速计算出顾客应付金额之后，给顾客以多种方式付款（包括现金、支票、信用卡、银行卡、支付宝、微信、花呗、合规优惠券等）的便利，顾客付款后及时准确地提供收据或发票的过程。企业不要认为核心服务售出后就万事大吉了，作为附加服务的付款结账也是服务的重要环节，万不可掉以轻心。倘若因员工疏忽给出了错误的账单，顾客的满意度就会大打折扣。排队等候结账和结账安全性同样影响顾客感知。企业应给移动支付的顾客提供更多便利，以减少排队等候的时间。

6. 服务递送。服务递送是指服务提供交付给顾客的过程，主要涉及服务网点的易进入性、服务环境的舒适性以及服务设施布局的高效性等。这些无疑会被顾客看作核心服务的重要组成部分。

7. 沟通反馈。沟通反馈是指企业在服务销售后主动与顾客沟通，并对顾客提出的问题做出反馈的过程。习近平指出，“要借助现代信息手段建立联系。网站、网页、博客、QQ、微博、微信等手段都应该用，只要能联系群众，就要八仙过海、各显神通。在服务方面，倾听呼声……解决燃眉之急是服务，牵线搭桥、提供发展机会是服务，分享快乐、共创美好生活也是服务”①。应看到，企业付出时间和努力进行沟通反馈，对顾客忠诚度的提高和顾客关系的维持大有裨益。

8. 特别服务。特别服务是指属于常规服务递送过程之外而顾客又迫切需要的一组附加服务。例如，帮助顾客照看孩子或宠物，送喝酒的顾客回家等。服务提供者应该对特别情况做出预测并制定可变通的计划和处理办法，以防员工在顾客寻求特殊帮助时不知所措。

---

① 习近平谈群团工作，坚持为党分忧、为民谋利.（2017-11-27）. 人民网.

以上八种服务构成了服务之花模型的八个花瓣。要想让服务之花更加灿烂诱人，即最大限度地满足目标顾客需要，在服务整体统筹中必须贯彻这样的指导思想：这八种服务与核心服务是相互联系、相互支撑的，而不是相互隔绝、彼此孤立的。任何一项服务的优势都会强化其他服务的顾客感知，而任何一项服务的缺陷都可能使其他服务的努力前功尽弃。所以用团队精神去塑造整体服务，把服务看作一个系统的企业活动才能增强服务竞争力。

二、服务组合策略

以习近平同志为核心的党中央“坚持全心全意为人民服务的根本宗旨，树牢群众观点，贯彻群众路线”①，在抗击疫情、精准扶贫、乡村振兴等方面，注重“完善配套政策”②，“打出了一套政策组合拳”③，取得了举世瞩目的重大成就。服务组合是指某一企业所提供的全部服务线（又称服务大类）、服务项目的组合，也就是企业的服务产品结构。

服务组合策略涉及对服务组合的宽度、长度、深度和关联度等方面进行全方位决策。此处以某酒店的服务为例来对相关概念加以说明（如表5-1所示）。服务线是相关联的一组服务，这些服务出自同一生产过程，或针对统一的目标市场，或经由同一渠道分销，或同属于一个服务档次或价格区间。服务组合宽度是指一个企业所提供服务大类的多少，即服务线的条数。在表5-1中，服务组合宽度是3。服务组合长度是指各服务线长度的总和，即服务线中服务项目的数量，在本例中是16。服务组合深度是指每个服务项目中包含的服务子项的品种，如果双人间又分为普通双人间和豪华双人间，那么双人间的服务组合深度就是2。服务组合关联度是指各服务线在最终效用、提供条件、分销渠道及其他方面的关联程度。由于客房服务、餐饮服务与会务服务总是很容易为顾客所共同利用，可以说酒店的服务组合具有很高的关联度。

表5-1　某酒店服务组合策略

	服务组合宽度		
	客房服务	餐饮服务	会务服务
服务线长度	单人间	中餐服务	贸易展销会
	标准间	西餐服务	化装舞会
	双人间	风味食品服务	宴会
	双套间	酒吧服务	冷餐会
	多套间	咖啡厅	鸡尾酒会
	总统套房		

① 习近平. 高举中国特色社会主义伟大旗帜　为全面建设社会主义现代化国家而团结奋斗：在中国共产党第二十次全国代表大会上的报告. 人民日报，2022-10-26.

② 加快建设全国统一大市场提高政府监管效能　深入推进世界一流大学和一流学科建设. 人民日报，2021-12-18.

③ 习近平. 在全国脱贫攻坚总结表彰大会上的讲话. 人民日报，2021-02-26.

分析企业资源、市场态势以及现有服务组合的宽度、长度、深度和关联度，将为企业在如下服务组合策略中作出合理的确认或进行决策调整提供全面的信息。

（一）扩大服务组合

扩大服务组合包括拓展服务组合的宽度和长度。前者指在原有服务组合中增加一条或几条服务线，扩大经营范围；后者指在原有服务线内增加新的服务项目。一般而言，扩大服务组合可使企业充分利用人、财、物等资源，分散经营风险，增强竞争力。营销管理者要“着力增强防风险、迎挑战、抗打压能力，带头担当作为”[①]。

（二）缩减服务组合

当市场不景气或原材料、资金、人工、能源等供应紧张时，收缩服务线反而能使总利润提升。这是因为从服务组合中剔除那些获利能力差的服务线或服务项目，可使企业集中有限的资源发展获利多的服务线或服务项目。

（三）服务延伸

每一个服务项目都有其特定的市场定位或档次。服务延伸策略指的是全部或部分地改变服务原有的市场定位档次，具体办法有向下延伸、向上延伸、双向延伸三种。

1. 向下延伸。这种策略是把原来定位于高档的服务线朝低档方向延伸，目的在于利用高档服务的声誉来吸引购买力水平低的顾客购买新设的低档服务项目。采取向下延伸的策略时，企业会有一定的风险。新的低档服务项目也许会蚕食高档服务项目原有的市场份额，因为低档市场可能会吸引高档市场的顾客。企业向低档市场延伸也可能会激发竞争者将服务项目相应地转移到高档市场。

2. 向上延伸。指原来定位于低档的服务企业，在服务线内增加高档服务项目。向上延伸同样存在风险：管理者和服务人员可能会因能力不足，不能很好地为高档市场服务；在低档市场上树立的形象可能无法吸引高档市场的顾客等。

3. 双向延伸。指定位于中档的服务在获得中档市场优势后，同时朝高档、低档两个方向延伸，以扩大其市场阵容。万豪国际集团对其酒店供应线实行双向延伸，在其中档价位酒店之外，为高档市场增加了万豪侯爵线，为较低档市场增加了庭院线，而集市式小酒店则主要服务于度假者和其他有低档需求的顾客。该策略的主要风险是，旅客在其他万豪国际集团酒店发现了低价并能让他们同样满意的服务时，就会转向低价服务，但对于万豪国际集团来说，顾客选择低档服务总比转向竞争者好。

（四）服务组合现代化

在某些市场条件下，虽然服务组合的宽度、长度和深度都十分合适，但服务组合在生产形式和服务理念上已全面落后于竞争对手或顾客预期，这时就必须通过引进先进技术、

---

① 习近平．高举中国特色社会主义伟大旗帜　为全面建设社会主义现代化国家而团结奋斗：在中国共产党第二十次全国代表大会上的报告．人民日报，2022-10-26.

培养优秀人才、实施服务创新或技术改造等来适应新的竞争形势。习近平总书记指出，要“加强创新人才队伍建设，搭建创新服务平台”，推动“中国产品向中国品牌转变”。[①]

新启迪5-1

服务外包推动中国服务转型

近年来，国家致力于运用数字技术推进“服务+”，深化服务外包领域“放管服”改革，从而加快了中国服务业转型升级，推动国内外服务外包产业发展，并助力“中国制造”向“中国服务”转型。服务外包是现代市场经济发展的前沿领域，是指企业将其生产经营过程中的某些环节或流程交由专业企业，从而降低成本、提高效率和发挥各自优势。企业可以外包的流程包括研发、设计、会计、法律、营销、检测、维修等许多环节。互联网技术的迅猛发展，既便利了服务外包，也使软件开发、数字平台、云计算等领域的信息技术外包蓬勃发展。

第2节 服务品牌

一、服务品牌及其价值

（一）品牌与服务品牌

习近平总书记指出，“加快建设一批产品卓越、品牌卓著、创新领先、治理现代的世界一流企业，在全面建设社会主义现代化国家、实现第二个百年奋斗目标进程中实现更大发展、发挥更大作用”[②]。品牌是一种名称、术语、标记、符号、设计或其组合，用以辨认某个或某群销售者的产品及服务，并使之与竞争对手的产品和服务区别开来。品牌是一个集合概念，包括品牌名称、品牌标志、商标。品牌名称是指品牌中可以用语言称呼的部分。品牌标志是指品牌中可以被识别出但不能用语言称呼的部分。企业在政府主管部门注册登记以后，就享有某个品牌名称和品牌标志的专用权，这个品牌名称和品牌标志受到法律保护，其他任何企业都不得仿效使用。因此，商标实质上是一个法律名词，是指已获得专用权并受法律保护的一个品牌或一个品牌的一部分。我们把这些品牌的名称、术语、标记、符号、设计或它们的组合称为品牌元素。

服务品牌是指用来将本企业服务与竞争者服务区别开来的名称、术语、标记、符号、设计或其组合，它能彰显其独特的服务价值、服务文化和服务个性。习近平总书记指出，要完善教育对外开放战略策略，统筹做好“引进来”和“走出去”两篇大文章。要大力推进“留学中国”品牌建设，讲好中国故事、传播中国经验、发出中国声音，增强我国教育的国际影响力和话语权。[③] 党的二十大以来，我国全面深化服务贸易创新发展试点，

---

① 习近平讲故事：推动中国产品向中国品牌转变．人民日报海外版，2019-01-31.
② 加快建设世界一流企业 加强基础学科人才培养．人民日报，2022-03-01.
③ 加快建设教育强国 为中华民族伟大复兴提供有力支撑．人民日报，2023-05-30.

持续释放试点制度红利。同时，数字技术、数字经济快速发展，带动传统服务贸易升级，也催生服务贸易新业态和新模式。截至2024年初，我国已经有112家特色服务出口基地，涵盖文化、数字服务、地理信息、知识产权和语言服务等七个领域。①

《质量强国建设纲要》指出，争创国内国际知名品牌。完善品牌培育发展机制，开展中国品牌创建行动，打造中国精品和“百年老店”。鼓励企业实施质量品牌战略，建立品牌培育管理体系，深化品牌设计、市场推广、品牌维护等能力建设，提高品牌全生命周期管理运营能力。开展品牌理论、价值评价研究，完善品牌价值评价标准，推动品牌价值评价和结果应用。统筹开展中华老字号和地方老字号认定，完善老字号名录体系。

（二）服务品牌价值

服务品牌表达了顾客对某种服务及其利益的认知和感受，显示出该服务在顾客心目中的价值和意义，是维系企业与顾客关系的关键要素。隐含在品牌资产之下的基本资产是顾客资产（customer equity），即所有忠诚的顾客为企业带来的利润总和。品牌资产是品牌对顾客影响力的体现。服务品牌对顾客的影响主要是指由品牌所带来的顾客对企业服务及其营销策略的反应，以及品牌所引起的顾客偏好和顾客忠诚。企业可从四个顾客感知维度测量品牌的价值和优势：（1）差异化：是什么因素使得该品牌独树一帜。（2）关联度：顾客感知到的服务满足其需要的程度。（3）品牌知识：顾客对该品牌的了解程度。（4）重视程度：顾客关心、重视该品牌的程度。②

服务品牌价值是一个品牌所具有的财务价值，即在某一个时点，运用类似有形资产的评估方法，对品牌属性、品质、档次、品位、文化、个性等计算出来的价值金额（如图5-3所示）。

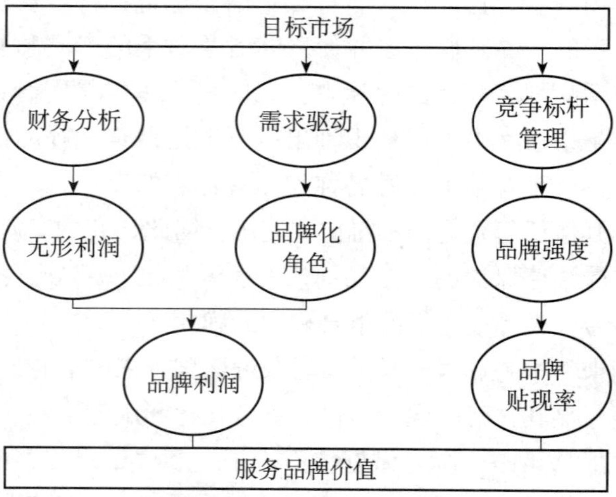

图5-3 服务品牌价值

① 我国服务贸易持续增长.（2024-01-05）. 光明网.

② 郭国庆，王霞，梁栋. 营销决策模型. 北京：高等教育出版社，2019：132-133.

（三）服务品牌资产构成

服务品牌资产是一个系统概念，它由一系列因素构成。品牌名称和品牌标志是品牌资产的物质载体，品牌知名度、品牌美誉度、品牌忠诚度和品牌联想是品牌资产的有机构成，为顾客和企业提供附加利益是品牌资产的实质内容。而品牌建设是一个自下而上的渐进管理过程。首先，企业要确保顾客识别和认知品牌，并将其与特定品类或需求相关联。其次，企业要从战略的高度将大量无形资产和有形资产与顾客心智有机地联系起来，借助品牌联想使顾客从内心世界稳固地建立起品牌应有的意义。再次，依据顾客与品牌相关的判断和感受，引导和激发顾客的适当反应。最后，将顾客的品牌反应转化为强烈的顾客忠诚。这种品牌建设模型可称为品牌共鸣模型（如图5-4所示）。该模型包含上述四个步骤和由品牌建设六个模块构成的金字塔，金字塔的左边是品牌建设的理性路径，右边是品牌建设的感性路径。

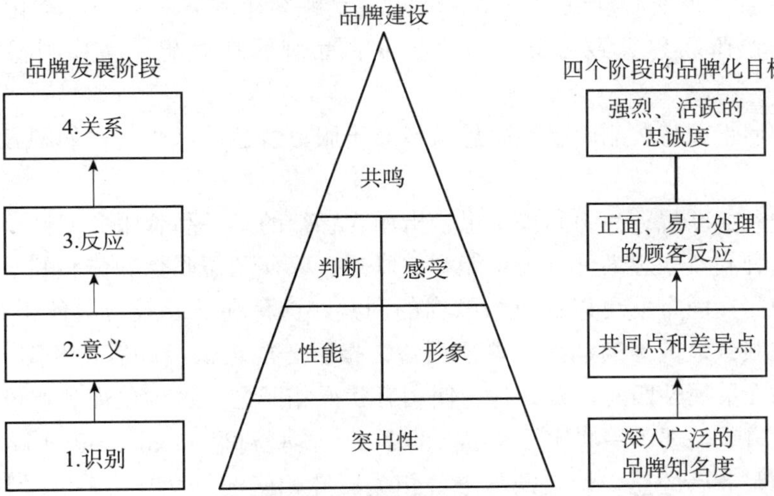

图5-4 品牌共鸣模型

1. 服务品牌知名度。服务品牌知名度是指某服务品牌被公众知晓、了解的程度，它表明品牌为多少或多大比例的顾客所知晓，反映的是顾客关系的广度。品牌知名度是评价品牌社会影响力大小的指标。品牌知名度的大小是相对而言的，名牌就是知名度相对较高的品牌。

品牌知名度一般分为四个层次：无知名度（unaware of brand）、提示知名度（aided awareness）、未提示知名度（unaided awareness）和顶端知名度（top of mind）。从品牌管理的角度，一般考虑后三个层次。它们呈金字塔形，层次越高越难实现。

品牌知名度的资产价值体现在以下几方面：（1）有助于人们产生品牌联想。（2）使人们由熟悉而渐至产生好感。（3）暗示某种承诺。品牌承诺（brand promise）是指营销者认为特定品牌是什么，应该为消费者做什么的一种愿景。（4）成为选购的对象。（5）弱化竞争品牌的影响。

2. 服务品牌美誉度。服务品牌美誉度是指某品牌获得公众信任、支持和赞许的程度。如果说品牌知名度是一个量的指标，那么品牌美誉度就是一个质的指标，它反映某品牌社会影响的好坏。

品牌美誉度的资产价值体现在口碑效应上，即通过把人们的称赞一传十、十传百，带动源源不断的销售。

3. 服务品牌忠诚度。消费者在一段时间甚至很长时间内重复选择某一品牌，并积极推荐他人购买的倾向，称为品牌忠诚。品牌忠诚度是顾客对品牌感情的度量，反映出一个顾客转向另一个品牌的可能性。品牌忠诚度是一项战略性资产，如果对它进行恰当的经营开发，就会给企业创造更多的价值。主要体现为：（1）降低营销成本；（2）增强渠道谈判力；（3）吸引新顾客；（4）减少竞争威胁。如果拥有一批忠诚的顾客，则品牌抵御竞争产品攻击的能力会大大增强，因为忠诚的顾客一般对所选择的品牌有一种眷恋感，很少会转向其他品牌。这就给竞争对手进入市场造成很大的阻力，会削弱竞争者的获利潜力。品牌忠诚还能为企业争取到对竞争做出反应的时间。

4. 服务品牌联想。联想是一种重要的心理现象和心理活动。事物之间的不同联系反映在人脑中就会形成心理联想。品牌联想就是顾客想到某一品牌时能记起的与品牌相关的信息。品牌联想大致可分为三个层次：品牌属性联想、品牌利益联想、品牌态度。

（1）品牌属性联想。品牌属性联想是指对于服务特色的联想，比如顾客认为服务是什么。

（2）品牌利益联想。品牌利益联想是指顾客感知的某一品牌服务属性给他带来的价值和意义。品牌利益联想又可分为功能利益联想、象征利益联想和体验利益联想。功能利益是指服务内在固有的可以提供给顾客的利益，这种利益一般与服务相关属性匹配，是顾客购买该服务最基本的动机。象征利益是指服务能提供给顾客的相对外在的利益，它一般与服务无关属性匹配，尤其是与使用者状况相匹配。这种象征利益可以满足顾客的社交需要、自尊需要等一些比较高层次的需要。体验利益（experiential benefits）是指顾客消费某种服务后的感受，它既与服务相关属性相匹配，又与服务无关属性相匹配，这些利益能使顾客获得愉悦感或者某种刺激。

（3）品牌态度。品牌态度是最高层次也是最抽象的品牌联想。它是指顾客对品牌的总体评价和选择。品牌态度通常建立在品牌属性和品牌利益上。比如说，顾客对酒店的态度建立在它的位置、客房、外观设计、服务质量、娱乐设施、食品质量、安全性和收费上。品牌态度有一个幅度，比如从厌恶到喜欢。值得一提的是，品牌态度是难以改变的。

品牌联想具有丰富的价值。美好、积极的品牌联想意味着品牌被接受、认可、喜爱，有竞争力，是成功的。总体来说，品牌联想的价值包括以下几个方面：（1）帮助处理信息，品牌联想引发个人传播（individual communication），亦即自身传播；（2）产生差异化；（3）提供购买理由；（4）促进品牌延伸。

对顾客建立品牌购买倾向比较关键的因素是品牌是否有意义、是否差异化、是否突出（如图5-5所示）。这三种品牌特质可以使顾客产生积极购买倾向，选择该品牌而不是其他品牌，愿意为该品牌支付更高的价格，执着地惠顾该品牌或决定未来购买该品牌。由此便会给企业带来财务绩效，表现为品牌势力、品牌溢价和品牌潜力三项评价指标的提升。品牌势力是指品牌未来的市场份额。品牌溢价是指品牌与同类服务品牌相比在同等价格水平上的增加值。品牌潜力是指品牌市场份额提升的概率。

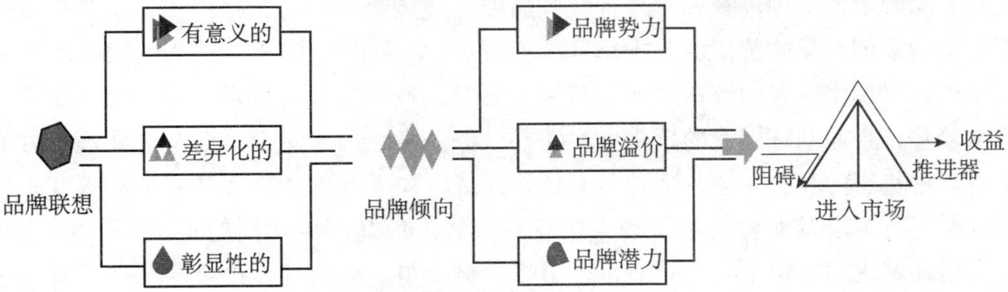

图5-5 品牌联想

品牌联想要善于将品牌与其他因素联系起来，从而形成品牌资产。这里涉及的因素包括：企业自身（通过品牌战略）、国家或地理区域（本土服务特色优势）、分销渠道（通过分销战略）、其他品牌（通过联合品牌等）、人物形象（通过许可）、代言人（通过背书）、文体活动（通过赞助）、第三方评价（通过颁奖、获奖、点评等）。图5-6展示了品牌联想的各种因素。

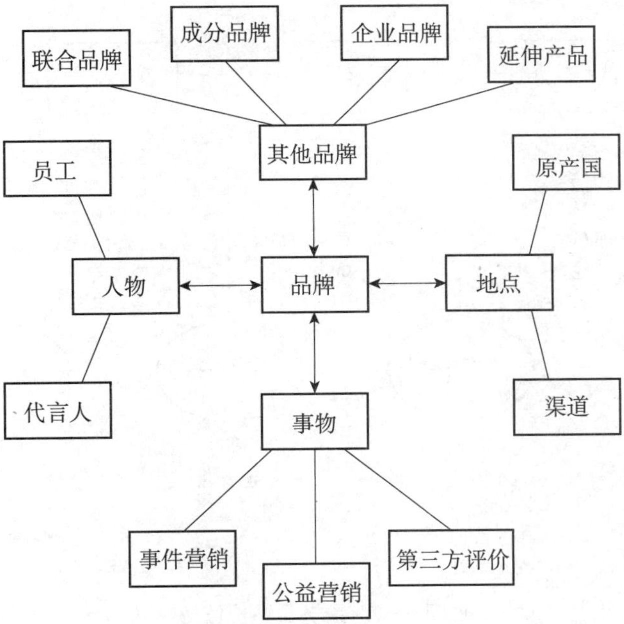

图5-6 品牌联想的各种因素

图5-6中的联合品牌（co-branding），又称合作品牌，是指两个或多个知名品牌被组合用于一种共同的服务，联合开展营销活动。联合品牌可以从现有目标市场挖掘出更多的销售额，为新的顾客和渠道开发更多的机会，减少新服务推出的成本，提升市场的接受速度。习近平总书记指出，人们生活水平在提高，优质特产市场需求在增长。要做好品牌、提升品质，延长产业链，增强产业市场竞争力和综合效益。[①]

① 始终干在实处走在前列勇立潮头 奋力谱写中国式现代化浙江新篇章. 人民日报，2023-09-26.

（四）服务品牌价值链理论

服务品牌价值链理论是一种评价服务品牌资产来源和产出的结构化方法和理论，描述了营销活动创造品牌价值的基本路径（如图5－7所示）。该理论认为，服务品牌价值始于企业针对现实顾客和潜在顾客的营销方案及其投资。针对特定目标市场的需求现状及未来趋势，企业制订周密的营销方案，在服务开发、渠道建设、促销传播等各方面进行投资。这些努力和投入会改变顾客心智，即顾客关于品牌的想法和感觉。顾客心智会影响其购买行为以及对营销组合因素的反应方式，使其产生不同的意识、联想、态度、依恋和行动，进而影响企业品牌溢价、市场份额、盈利能力等。投资者会从品牌的市场绩效指标评估该品牌给股东带来的价值。方案乘数、顾客乘数和市场乘数可以增加或减少该品牌从一个阶段流向另一个阶段的价值。方案乘数决定营销方案影响顾客心智的能力，是方案投资质量的函数。顾客乘数决定顾客心智创造的价值对市场绩效的影响程度，其影响因素包括竞争反应（其他竞争品牌营销投资的数量和质量效果如何）、渠道支持（各中间商投入的品牌支援和销售努力如何）、顾客规模（受品牌吸引的顾客有多少、能否带来利润）等。市场乘数决定品牌的市场绩效所呈现的价值借由股东价值体现出来的程度，它取决于财务分析者和投资者的行为。

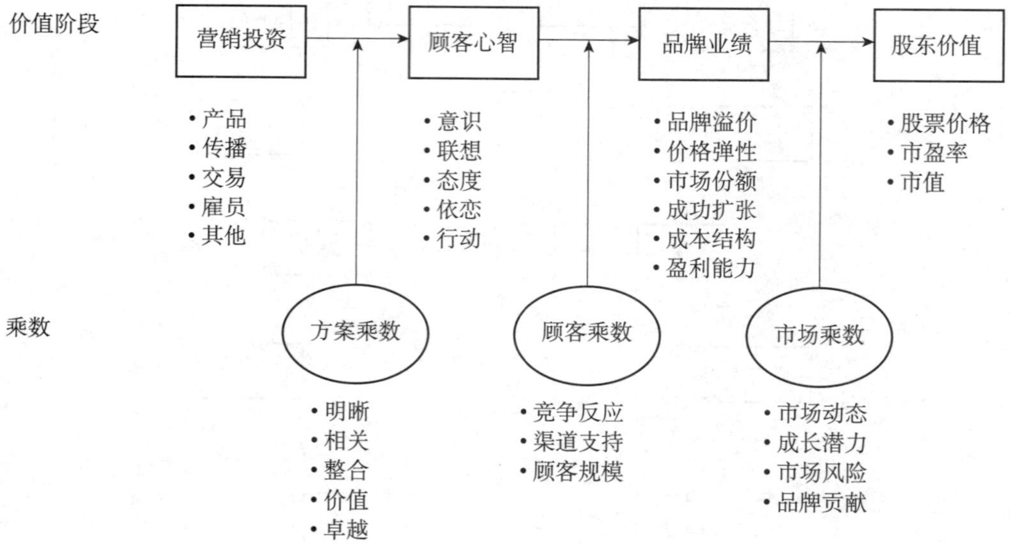

图5－7　服务品牌价值链

二、服务品牌的贡献

（一）服务品牌有助于彰显服务特色

服务企业可以借助多种媒介，包括设备标记、印刷品和电视广告、二维码、App、互联网网页、运货卡车、员工制服等，将其品牌传播给顾客、潜在顾客以及投资者等群体。其中企业名称构成了品牌的核心，但是陪衬性的语句、标识也扮演着关键角色。

服务品牌的全部内涵不一定能被顾客领悟到，但可以给顾客留下印象，以区别于其他品牌。比如，对于旅客来说，选择中国南方航空公司还是中国联合航空公司，不仅意味着服务品牌的不同，而且意味着所提供的顾客利益或可满足的偏好不同：中国联合航空公司对某个旅行者来说，可能意味着票价低廉，但对另一个顾客来说，选择该品牌可能意味着付费托运行李且旅途中不提供食物。

（二）服务品牌有助于展现品牌形象

服务品牌能起到展示服务理念、质量和价值的作用。企业提供的服务是什么、服务质量的高低以及服务价值的大小都将影响顾客对现有品牌的认知。因此，服务企业需要不断创造新服务并提高服务质量，以提升企业的品牌形象。

顾客通过亲身体验而得到的信息是强有力的，它能抵消或减弱企业宣传的信息与实际情况相悖的影响。也就是说，出色的品牌能使优质服务更优，但不能挽救劣质服务对品牌形象的影响。良好的品牌形象虽然能帮助企业吸引新顾客，但不能弥补劣质服务给顾客带来的损失。当顾客实际接受的服务与企业最初的承诺不符时，他将对企业持否定态度，从而使得企业借助品牌策略打开的市场大门再度关闭。

（三）服务品牌有助于企业赢得竞争优势

品牌是一种工具、一种展示形式，对管理有方的服务企业帮助最大。品牌能突出企业所提供的与众不同但对顾客来说至关重要的服务，从而为企业赢得竞争优势。营销专家曾进行过一项调查：请各公司的经理回答在他们心目中具有最强有力品牌形象的服务企业及其原因（部分回答如表5-2所示）。每个答案都揭示了优质服务对企业品牌的影响，以及强势品牌给企业带来的竞争优势。强有力的服务品牌有助于顾客认同、理解、信任这种服务，减少了顾客购买时在经济、社会和安全方面的顾虑。

表5-2 哪家服务企业拥有最强有力的品牌

我不得不提到联邦快递，因为它的服务优质，令我信服，它信守承诺，所提供的服务价格合理。它承诺的就是我所需要的服务。 ——杰克逊医药公司质量提高部主任
金拱门和麦当劳快餐成为众多同行对标管理的样板。不论麦当劳试图做什么，也不管其如何创新，竞争者必须紧随其后，因为麦当劳树立了评判的标准。 ——签名银行[①]董事会副主席

在以下条件下，强有力的品牌形象能为服务企业赢得竞争优势：（1）顾客觉得竞争者在服务项目、服务质量、价值等方面与之相似；（2）顾客对竞争者知之甚少，但对企业现有的强有力的品牌有所心动；（3）企业想进入相关的服务领域，并将品牌扩展到新领域；（4）企业打算开创一项富有革新精神的崭新服务；（5）企业计划改变其营销策略，

① 签名银行成立于2001年，总部位于美国纽约市，是全业务商业银行，在全美共有40家分支机构，主要服务私有企业及其高管，从2018年开始接受加密货币相关存款。2023年3月12日，美国财政部、美国联邦储备委员会和美国联邦储蓄保险公司发布联合声明，以“系统性风险”为由宣布关闭签名银行。

并希望应用新的品牌策略来开拓新的市场领域。

（四）服务品牌有助于增强顾客的企业认知

1. 利益认知。品牌利益认知是指顾客认识到某品牌服务的属性特征所带来的利益，它是品牌认知的一部分。品牌文化通过利益认知向顾客传递其服务能满足一定需求并在某方面具有较强满足能力的价值信息。

2. 情感属性认知。品牌情感属性认知是指顾客在对品牌的认知过程中，会将品牌的利益认知转化为一定的情感上的利益。顾客在追求服务属性利益的同时，也享受到了服务带来的情感属性。例如，海底捞的质量和服务可转化为“在这里感觉到受人尊重、舒适开心”。

3. 文化传统认知。服务品牌也代表了一种文化传统。文化传统有时会成为品牌的强大力量源泉，品牌因此而拥有更持久的生命力和市场优势。

4. 个性形象认知。品牌具有一定的个性形象，因此，对品牌的宣传不仅要指出其独特之处，还要赋予品牌鲜明的个性形象。个性形象更强调品牌与其他品牌的区分，无论顾客是否看到该品牌的标志和文字，都能意识到该品牌所代表的利益和形象。品牌的个性形象越突出，顾客对品牌的认知越深，该品牌在市场上的竞争优势就越强有力。

三、服务品牌管理

服务品牌管理是指综合配置服务企业资源，对服务品牌进行有效的计划、组织、实施、控制，增进品牌知名度、品牌美誉度、品牌忠诚度和品牌联想的一系列活动过程。①

（一）服务品牌命名

服务品牌命名应该遵循“五好”原则：好听、好记、好认、好理解、好传播。此外，还要符合服务属性，便于正面联想，还应体现各国（或地区）文化，符合法律规定。如果“Jingang Hotel”（金港大酒店）的名称改为“Golden Harbor Hotel”，必然会吸引更多外国顾客的注意力。人们发现，在服务品牌命名过程中，人名适合用于传统服务业如针灸、保健、养生等体现中华文化的传统服务业品牌命名，这样更富有历史感，也容易给人以信任感。地名适合于以产地、地缘而闻名的服务品牌命名，如东北雪乡旅游、珠海帆船赛事、三亚海洋潜水、河北崇礼滑雪、内蒙古草原骑射等。动植物名给人以亲切感，如小肥羊餐厅、凤凰卫视、桔子酒店、雪莲旅行社等。

（二）服务品牌定位

服务品牌定位是指服务企业针对潜在顾客的心理进行营销设计，创立服务、品牌或企业在目标顾客心目中的某种形象或个性特征，使其保留深刻的印象，从而取得竞争优

---

① 郭国庆. 市场营销学通论. 9 版. 北京：中国人民大学出版社，2022：202 - 211.

势。服务品牌定位的实质是在目标市场上取得竞争优势，确定服务在顾客心目中的适当位置及深刻的印象，以吸引更多的顾客。成功的服务品牌定位应能在深刻的情感层次上吸引顾客、锁定顾客，使品牌成为顾客的挚爱。这种品牌定位能够产生强大的情感影响力，激发广大顾客产生超乎寻常的品牌忠诚。进行品牌定位的基本原则就是与企业的市场定位相符合，在市场定位的基础上赋予品牌核心理念。如香格里拉酒店代表优雅的世外桃源，希尔顿酒店给人以家的感觉，这种核心理念反映了品牌赋予顾客的核心利益点，并能引起顾客的共鸣。

（三）服务品牌传播

服务品牌传播是指企业告知顾客服务品牌信息、劝说购买品牌以及维持品牌记忆的各种方法，是服务企业满足顾客需要，培养顾客忠诚的有效手段。首先要提高品牌的知名度。常用的工具是整合营销传播，最大限度地调动媒体力量。整合营销传播是指对顾客制订、实施各种形式的说服性沟通计划的过程。通常的做法是进行媒体分析，将社交网站、微信、博客、论坛、播客、报纸、杂志、广播、电视、广告等纳入视野，了解哪些渠道可能将信息最有效地传递给顾客，然后集中利用这一渠道。此时的注意力应该放在与顾客沟通上。其次是关于美誉度的建立，要在服务整体质量上下功夫，做实做细。最困难的是保持顾客对品牌的忠诚度。人们通常把品牌看作企业的资产，而实际上真正的资产是品牌中包含的顾客忠诚。最后要维持顾客忠诚，就需要满足其不断变化的需求，让他们体验新的价值。此时，应该趋向于加强已经建立的顾客与品牌的关系，提高他们的忠诚度。实践证明，成功的品牌是那些始终牢牢抓住顾客并赢得他们持久忠诚的品牌，因此，维持顾客忠诚已经成为企业提升品牌价值的关键。

（四）服务品牌危机处理

服务品牌危机处理是指当企业由于管理不善、同行竞争，甚至受到恶意破坏或外界特殊事件的影响而给品牌带来危机时，服务企业可进行一系列针对性的自救行动，以消除影响、恢复形象。服务品牌危机处理要坚持如下原则：（1）主动。任何危机发生后，不可回避和被动应付，要积极直面危机，有效控制局势。（2）快速。对危机的反应必须迅速，无论是对受害者、顾客、社会公众还是对新闻媒体。（3）诚恳。企业要有诚意，保护顾客利益，减少受害者损失。（4）真实。企业必须向公众陈述事实。（5）统一。危机处理必须协调统一，宣传解释、行动步骤统一到位。习近平指出："越是兵临城下，指挥越不能乱，调度越要统一。"[①]（6）全员参与。员工不是危机处理的旁观者，而是参与者，应发挥其宣传作用。（7）创新。危机处理既要充分借鉴过去的成功经验，也要根据危机的实际情况，借助新技术、新信息、新媒体和新思维，大胆创新。

（五）服务品牌升级

一个服务品牌在经历了一定时间的发展之后，往往会面临升级改造的问题。服务品

① 习近平. 在中央政治局常委会会议研究应对新型冠状病毒肺炎疫情工作时的讲话.（2020-02-16）. 人民网.

牌升级是指服务企业为了维护和提升品牌资产而实施的品牌定位升级、品牌形象升级、营销战略策略升级等。一般来讲，服务品牌升级通过营销创新、技术创新、管理创新等手段来实现，如改变视觉形象广告、推出新服务、赋予新价值等，使品牌保持活力。诚如习近平所提出的，“谁能在创新上下先手棋，谁就能掌握主动”①。

第 3 节　服务生命周期

一、服务生命周期的概念

由于顾客是从享用服务的过程中获得利益和满足的，因此，设计和开发新服务便成为企业营销决策的重要内容。正如有形产品有生命周期一样，服务也有生命周期。服务生命周期是指某一种服务从进入市场、稳步增长到逐步被市场淘汰的过程。全面认识服务生命周期并依据不同生命周期阶段的特征制定相应的营销策略和改进方案，是促进服务快速成长、保持服务长盛不衰的必由之路。党的二十大报告指出，“我们必须坚持解放思想、实事求是、与时俱进、求真务实，一切从实际出发”②。具体问题具体分析，“善于把方针政策的原则性和对策举措的灵活性结合起来”③。习近平总书记在谈到国有企业改革发展时，明确指出，“要根据形势变化，以提高核心竞争力和增强核心功能为重点，谋划新一轮深化国有企业改革行动方案”④。要“优化现有供给结构、提高产品和服务质量，培育发展新产业新业态、提供新产品新服务”⑤。

新服务由于在诞生之后的各个阶段会遇到不同的机遇和挑战，因此在各阶段的成长速度和生产规模也不相同。典型的服务生命周期如图 5－8 所示。

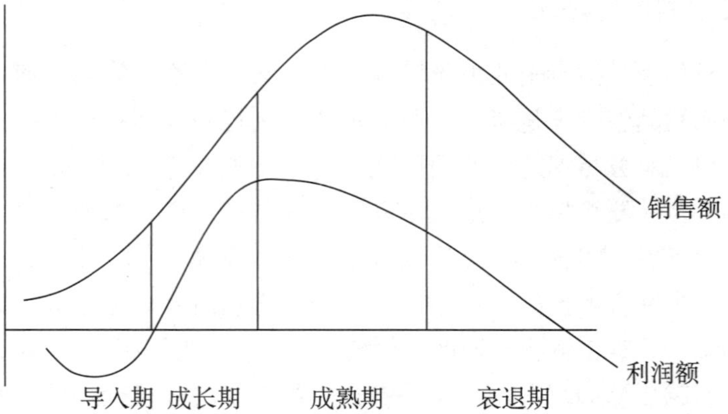

图 5－8　服务生命周期图

① 习近平谈创新驱动发展战略：要抓好顶层设计和任务落实.（2017－06－22）. 人民网.

② 习近平. 高举中国特色社会主义伟大旗帜　为全面建设社会主义现代化国家而团结奋斗：在中国共产党第二十次全国代表大会上的报告. 人民日报，2022－10－26.

③ 促进海内外中华儿女团结奋斗　为中华民族伟大复兴汇聚伟力. 人民日报，2022－07－31.

④ 习近平. 当前经济工作的几个重大问题. 求是，2023（4）.

⑤ 习近平：加强改革创新开创发展新局面.（2016－04－27）. 新华社.

二、服务生命周期策略

（一）导入期营销策略

导入期始于新服务上市。进入导入期的服务的市场特点是：服务销量小，促销费用高，成本费用高，销售利润很低甚至为负值。促销活动的主要目的是介绍服务，吸引消费者试用。

在服务的导入期，一般可把价格、促销、分销、有形展示、人员、过程等因素组合成各种不同的营销策略。假设仅考察促销和价格两个因素，则至少有以下四种策略。

1. 快速撇脂策略。借助高价格、高促销费用迅速扩大销售量，取得较高的市场份额。其适用条件为：大多数潜在消费者还不了解这种新服务；已经了解这种新服务的消费者急于求购，并且愿意按价购买；企业面临潜在竞争者的威胁，在这种情况下，应该迅速使消费者建立起对自己服务的偏好。

2. 缓慢撇脂策略。借助高价格、低促销费用获得更多的利润。其适用条件为市场规模比较小，市场上大多数的消费者已熟悉该新服务，消费者愿意出高价，市场潜在竞争威胁不大。

3. 快速渗透策略。借助低价格、高促销费用迅速打入市场，取得尽可能高的市场份额。其适用条件为市场容量很大，消费者对这种服务不熟悉，但对价格非常敏感，市场潜在竞争激烈，企业随着生产规模的扩大可以降低单位生产成本。

4. 缓慢渗透策略。借助低价格、低促销费用推出新服务。其适用条件为市场潜量很大，消费者熟悉这种服务但对价格敏感，并且市场上存在潜在竞争者。

（二）成长期营销策略

经过导入期之后，消费者对该服务已经熟悉，消费习惯业已形成，销售量迅速增长，这时服务就进入了成长期。在成长期，老顾客重复购买，并且带来了新顾客，销售量激增，企业利润迅速增长并达到高峰。随着销售量的增大，企业生产规模也逐步扩大，服务成本逐步降低，新的竞争者会加入竞争。随着竞争的加剧，新的服务特性开始出现，分销渠道增加。企业为维持市场的继续成长，需要保持或增加促销费用，但由于销售量增长迅速，平均促销费用有所下降。

企业为维持其市场增长率，延长获取最大利润的时间，可以采取如下几种策略。

1. 改善服务质量。如增加新的服务功能，优化服务呈现方式等。对服务进行改进，可以提高服务的竞争力，满足顾客更广泛的需求，吸引更多的顾客。

2. 寻找新的子市场。通过市场细分，找到新的尚未被满足的子市场，根据其需求组织生产、分销，迅速进入这一新的市场。

3. 改变营销传播重点。把广告公关的重心从提高服务知名度转到建立服务形象和劝说购买上来，树立服务名牌形象。维系老顾客，吸引新顾客，使服务形象深入顾客心中。

4. 在适当的时机降价，以激发价格敏感型消费者的购买动机和购买行为。

（三）成熟期营销策略

服务经过成长期后，销售额和利润额的增长逐渐趋缓，开始走向成熟期。在成熟期，服务的销售额先增长到最高峰，然后开始下降；服务的销售利润也逐步达到最高点，然后开始下降；市场竞争非常激烈，各种品牌的同类服务不断涌现。

为了使成熟期延长，或使服务生命周期出现再循环，企业可采取以下三种策略。

1. 调整市场。这种策略不是调整服务本身，而是寻找新的顾客群体、发现服务的新用途或改善服务递送方式、分销方式和促销方式等，使服务销售量得以扩大。

2. 调整服务。这种策略是通过调整核心服务或附加服务来满足顾客的不同需求，吸引新的顾客。从服务包视角看，核心服务、便利服务、支持服务中任何一个层次的调整都会起到延长成熟期的效果。

3. 调整营销组合。指通过对产品、价格、分销、促销、有形展示、人员和过程七个营销组合因素加以综合调整，刺激销售量回升。例如，在提高服务质量、改变服务性能、增加服务种类的同时，通过特价、早期购买折扣、补贴运费、延期付款、发放优惠券等方法来让利，拓展分销方式，广设分销网点，调整广告媒体组合，变换广告时间和频率，增加人员推销，强化公共关系等，多管齐下，进行市场渗透，扩大企业及服务的影响，争取更多的顾客。

（四）衰退期营销策略

衰退期的主要特点是：服务销售额急剧下降；企业从这种服务中获得的利润很低，甚至为零；大量的竞争者退出市场；消费者的消费习惯已发生改变；等等。进入衰退期，市场销售趋于下降的服务可称为疲软服务。对于企业而言，经营一个疲软服务不仅影响利润收入，还要承受各种隐性成本的压力，付出的代价相当高昂。疲软服务往往需要频繁调整价格和库存，可能会占用管理者很多的时间、精力。与其把广告促销、销售队伍、分销渠道、价格调整等营销资源配置在疲软服务上，还不如更多支持可持续发展的服务，以赚取更多的利润。疲软服务还可能会引起顾客对整个企业的担心，甚至导致顾客对企业其他服务也缺乏信心。保留疲软服务还可能贻误开发新服务的最佳时机，导致服务包低效率、不协调，影响利润收入，弱化企业竞争实力和市场形象。面对处于衰退期的服务，企业需要进行认真的研究分析，决定采取什么策略，在什么时间退出市场。通常有以下几种策略可供选择。

1. 继续。企业可以继续沿用过去的策略，在原来的子市场，使用相同的分销、促销方式及定价。诚如习近平总书记指出的，“保持战略定力和耐心，坚持一张蓝图绘到底，滴水穿石，久久为功”①。

2. 集中。即“把握方向，突出重点，形成拳头”②，把企业能力和资源集中在最有利的子市场和分销方式上，从中获取利润。这样有利于缩短服务退出市场的时间，同时又

---

① 习近平．努力成长为对党和人民忠诚可靠、堪当时代重任的栋梁之才．求是，2023（13）．

② 《习近平关于科技创新论述摘编》：加快科技体制改革步伐．（2016－02－29）．新华网．

能为企业创造更多的利润。

3. 收缩。大幅降低促销力度，尽量降低促销费用，以增加目前的利润。这样可能导致服务在市场上的衰退加速，但能从忠于这种服务的顾客中得到利润。

4. 放弃。对于衰退比较迅速的服务，应该当机立断，放弃经营。可以采取完全放弃的形式，如把服务完全转移出去或立即停止供应；也可采取逐步放弃的方式，将其所占用的资源逐步转向其他服务。

新启迪 5-2　数字技术助力酒店服务新生命周期

三、服务企业业务增长策略

服务生命周期理论表明，任何服务都有一个从兴盛到衰败的过程。因此，要利用 5G、物联网、人工智能、区块链、云计算和大数据等新技术的发展，助推服务业加快数字化改造，促进创新业务增长。企业必须时常考虑采取正确的服务业务增长策略，不断开发新服务，进入新市场，实现服务业务持续增长。表 5-3 显示了服务企业基于服务和市场两个方向的增长，从而形成服务企业的四种基本增长策略。

表 5-3　服务企业增长向量矩阵

<table>
<tr><th rowspan="2" colspan="2"></th><th colspan="5">服务层面</th></tr>
<tr><th>现有服务</th><th>服务改良
（品质、品型、表现）</th><th>服务领域延伸
（规格变化、种类变化）</th><th>新服务
（关联技术服务）</th><th>新服务
（非关联技术服务）</th></tr>
<tr><td rowspan="2">市场层面</td><td>现有市场</td><td>市场渗透</td><td>服务重构</td><td>服务领域延伸</td><td>服务开发</td><td>横向（广度）多元化</td></tr>
<tr><td>新市场</td><td>市场开发</td><td>市场延伸</td><td>服务差异化</td><td>服务多元化</td><td>纵向（深度）多元化</td></tr>
<tr><td colspan="2">资源/配售市场</td><td colspan="5">一体化</td></tr>
</table>

（一）市场渗透

市场渗透是指企业努力扩大现有服务在现有市场上的占有份额。实现市场份额的提高需要企业进行明确的市场定位，将精力集中于主要的细分市场和充分利用营销组合策略。在这里，顾客保留（customer retention）和提高消费频率是两个极为重要的方面。顾客保留就是企业能够始终拥有现有顾客，而不使其转向其他竞争者，企业可以通过诸如会员制等办法实现顾客保留。提高消费频率是指鼓励顾客经常购买和频繁消费企业的各项服务。比如，许多航空公司、美容美发店、足疗店、健身馆、商场、超市推出积分卡，以折扣和奖励等形式鼓励持卡顾客不断进行消费。

（二）新服务开发

新服务开发是指企业通过改进原有服务或增加新服务达到扩大销售的目的。日本航空公司为改进原有服务，推出选座“婴儿图案”新服务的做法值得借鉴。若是婴儿在飞行过程中一直哭闹，势必影响周围乘客的休息。对此，日本航空公司推出一项新服务，在其座位预订系统中引入了一个功能，当乘客携带两岁以下儿童旅行时，在选完座位后该区域会出现“婴儿”的图案，提醒其他自助选位乘客。不少已体验过该服务的乘客在社交媒体上发文称该项新服务十分暖心。

（三）市场开发

市场开发是指企业将现有服务打入新市场，为现有服务拓展更大的市场范围，从而获得更多的市场机会。例如，许多银行通过在国外设立分支机构吸引外国的顾客，良子足浴保健在美国、日本、韩国等国家设立了分支机构，为不同国家人民提供服务。相对而言，这种业务增长方式的风险较大，企业必须进行深入的市场调研，以确保准确了解外国顾客需求进而予以有效满足。

（四）多元化经营

多元化经营是指企业向原服务主导行业以外的领域发展，实行跨行业、非相关、多品类经营。这种业务增长方式的风险最大，因为在新的行业里服务企业原来建立的竞争优势有可能不复存在。

第 4 节　新服务开发

由服务生命周期理论可知，任何新颖时尚的服务都有走向衰退期的一天，因此，服务企业必须未雨绸缪，主动出击，积极开发新服务，时刻准备迎接新挑战。习近平总书记指出，“要发挥人工智能在产业升级、产品开发、服务创新等方面的技术优势，促进人工智能同一、二、三产业深度融合，以人工智能技术推动各产业变革，在中高端消费、创新引领、绿色低碳、共享经济、现代供应链、人力资本服务等领域培育新增长点、形成新动能”①。

一、开发新服务的必要性与难题

（一）开发新服务的必要性

新服务开发是实现营销差异化的根本途径。没有创新，企业就没有发展。因此开发新服务势在必行，其主要原因如下。

① 加强领导做好规划明确任务夯实基础　推动我国新一代人工智能健康发展. 人民日报，2018 - 11 - 01.

1. 保持竞争实力。为维持现有营销绩效、提升企业形象、增加市场份额、获得更多资源，服务企业必须及时适应市场需求变化，积极开发新服务。

2. 调整服务结构。对服务组合弃旧换新，及时取代已经不合时宜及销售锐减的服务，“走出一条质量更高、效益更好、结构更优、优势充分释放的发展新路”[①]。

3. 利用闲置产能，如多余的剧院座位或体育中心尚未被利用的健身设施等。新服务的引入可以创造优势利益。

4. 应对季节波动。许多服务业如旅游业可能存在季节性销售变动。新服务的引入有助于消除销售上的波动。

5. 降低营销风险。企业目前的营销模式可能高度依赖于极少数的服务，新服务的引入可以消除营销模式的失衡状态。

6. 探索创新机会。从营销实践来看，创新机会往往是在开发新服务的过程中发现的。

（二）开发新服务面临的难题

1. 研发任务重。服务企业的研发工作不同于生产企业。后者可以某种方式设计和试验新产品，而新服务由于具有无形性，因此研发任务艰巨得多。

2. 开发成本高。研发完成后，还必须吸引顾客来体验这种新服务。虽然服务可能以设备为基础，也可能以人为基础，但是预测哪种服务概念可以被顾客接受和吸引顾客是很难的，这就意味着成功地推出一种新服务的成本可能很高。

3. 容易被模仿。许多服务企业，尤其是人工密集型服务企业缺乏创新动力，往往以模仿其他企业的服务居多。[②]

4. 把握需求难。从理论上讲，顾客最基本的需求是服务创新的依据。然而由于顾客缺乏足够的知识、经验和能力来清楚表达其需求，企业无法准确识别顾客利益诉求。另外，顾客在接受服务的过程中会得到或好或坏的各种体验，这些体验将导致顾客追求更新的利益，致使企业难以把握顾客的服务需求。

二、新服务的类型与开发实施要点

（一）新服务的类型

新服务或者说服务创新包括以下类型。

1. 全新服务，企业必须采用完全创新的方法来满足顾客对服务的需求。采用这种方式风险较大，但回报也会很高。

2. 新市场服务，已有服务进入新市场时也被视为新服务。

3. 延伸服务（line-stretching），即增加现有服务的品种。如在某个商业学校里增设

---

① 习近平在吉林调研时强调 保持战略定力增强发展自信.（2015-07-18）. 人民网.

② Syson F, Perks H. New service development: a network perspective. Journal of Services Marketing, 2004, 18 (4): 255-266.

一个新培训班。选择这种方式投资较少，因为技术和营销方式已经具备，但是创新效果不会很突出。

4. 改进服务，即用新技术对现有服务予以改进和提高，它实质上是对核心服务以外的各层次进行改善，以调整产品的期望价值，增加顾客的附加价值。

服务企业应根据资源（生产能力、设施和市场资源）状况，制定新服务的选择策略（如表5-4所示）。

表5-4 新服务的选择

策略	企业资源
向现有顾客销售更多的现有服务	生产能力、设施及市场资源
向新顾客销售现有服务	生产能力、设施
向现有顾客销售新服务	市场资源
向新顾客销售新服务	无任何资源

（二）新服务开发的实施要点

习近平总书记指出，“推动文化创意产品开发”，“培育新型文化业态，增加优质文化产品和服务供给”。[①] 要确保新服务开发成功，必须注意如下实施要点：

1. 明晰资源实力。资源基础对于服务企业进行服务创新至关重要。企业要据此调整提供或考虑提供给新市场的服务的范围。市场机会对于服务创新是一种驱动力，但必须摸清家底，量力而行，仔细考察服务企业可获取的资源。

2. 内外统筹兼顾。开发新服务必须适应服务企业内部的需要或回应外界的影响。例如，一家旅游公司增加服务项目以适应其季节性的销售变动。同时，企业也可能因为接受顾客的意见或回应竞争对手的可能行动而增加更多的服务项目。事实上，新服务开发“是一个系统工程，需要统筹兼顾、系统谋划、整体推进，正确处理好顶层设计与实践探索、战略与策略、守正与创新”等重大关系。[②]

3. 抉择自创外购。服务企业在开发新服务时，还要在完全自主创新与部分借助外力或从外部购置资源之间作出抉择。企业可以依靠自身实力和资源投资于新服务开发，也可以考虑向外界购置资源，适当借助外力开发新服务。

三、新服务开发的程序

（一）构想

构想是对未来新服务的基本轮廓架构的设想，是新服务开发的基础和起点。这些设想可以通过许多方式产生，既可能来自企业内部，也可能来自企业外部；既可以通

① 习近平：一个博物馆就是一所大学校.（2019-01-07）. 人民网.
② 正确理解和大力推进中国式现代化. 人民日报，2023-02-08.

过正规的营销调研获得，也可以借助非正式的渠道。这些构想可能是为企业提供递送新服务的手段，也可能为企业取得服务的各种权利（如特许权）。从外部看，顾客、竞争对手、科研机构、大学和海外企业的经验等都是企业获得构想的主要来源；而从内部看，企业科研人员和营销主管是主要来源。有时，一般员工的设想对企业也具有启示意义。

为了促进新服务开发创意的产生，各种思考方式和技术，如专家意见法、头脑风暴法、侧向思维法等都可以采用。专家意见法是指企业精选各行业的专家组成小组，依靠彼此自由交换意见、讨论议题，找出富有创意的解决方案。头脑风暴法是指企业邀请有关专家召开专题会议，主持者以明确的方式向所有参加者阐明问题，说明会议规则，尽力创造融洽轻松的会议气氛，参加者不受任何限制，以会议形式进行讨论、座谈，打破常规，积极思考，充分发表看法。侧向思维法，亦称横向思维法，是一种非常规的思维方式，即以总体模式和问题要素之间的关系为重点，使用非逻辑的方法，发现问题要素之间新的结合模式，并以此为基础寻找问题的各种解决办法，特别是新办法。这种思维方式是理智控制着逻辑，常在技术创新构想产生过程的前期采用。

（二）筛选

对于所获得的构想，企业还必须根据自身的资源、技术和管理水平等进行筛选，因为有些比较好甚至很好的构想并不一定能付诸实施，通过筛选可以较早地放弃那些不切实际的构想。筛选的过程主要包括两个步骤：首先，建立评选标准以比较各个不同的构想；其次，确定评选标准中不同要素的权重，再根据企业实际情况对这些构想打分。一些服务企业习惯于采用市场规模、市场增长、服务水平和竞争程度等标准来评价打分。

（三）概念形成与测试

经过筛选之后，构想要转变成具体的服务概念，包括概念形成和概念测试两个步骤。在概念形成阶段，主要是将服务的构想转换成服务概念，并从职能和目标的角度界定未来的服务。然后进入概念测试阶段，其目的是测定目标顾客对服务概念的看法和反应。此外，在概念形成和概念测试的过程中还要进行定位，即将该服务的属性特征与竞争对手的服务进行比较，并了解它在顾客心目中的位置。其目的在于将新服务的属性特征与竞争对手提供的服务进行比较，并与顾客本身需求的服务进行比较。

（四）商业分析

商业分析是指预测和评估新服务的销售、成本和利润及其在商业领域的吸引力和成功概率。具体的商业分析包括很多内容，如提供该项服务所需要的人员和物质资源、销售状况预测、成本和利润水平、顾客对这种新服务的看法以及竞争对手的可能反应。盈亏平衡分析、投资回收期法、投资报酬率法等是服务企业商业分析常用的方法。

（五）开发试制

如果服务构想经过概念形成和概念测试，又通过商业分析被确定为可行，就进入了具体的服务开发阶段。这意味着企业要增加对此项目的投资，招聘和培训新的人员，购买各种服务设施，建立有效的沟通系统。此外，还要建立和测试构成服务的有形要素。与有形产品不同的是，在新服务的开发试制阶段，不仅要关注服务自身的要素，还要高度重视服务递送体系的构建。

（六）市场试销

无论新产品是有形产品还是无形产品，在研制出来之后通常都要经过市场试销，因为顾客对设想的产品与实际产品的评价可能会存在偏差。实践表明，很多产品试制出来之后仍然会被淘汰。试销新服务总是存在一些困难。比如，一家航空公司推出某项专为残疾人服务的新业务，它可以选择某个航线或者某些顾客进行试销，但是，如果它想在另外的某个城市设立一个办事处，就没有必要进行市场试销，因为这种服务从一开始就必须达到设计的标准和要求。事实上，由于服务的无形性特征，服务企业并无实体产品可供测试，因此，只有畅销与否才是检验服务优劣的有效方法。

（七）正式上市

这一阶段意味着企业开始正式推广新服务，新服务开始进入其生命周期的导入期。虽然一开始业务的经营可以选择适当的规模，但企业必须在新服务上市以前就考虑好如何在适当的时间和适当的地点采用适当的促销策略，向适当的顾客展示其新服务。

在新服务正式上市时，企业应进行以下基本决策：何时推出这项新服务？从何处开始推出新服务？服务是地方性的、区域性的、全国性的还是国际性的？最先向什么人推出新服务？如何开始推出新服务？等等。

四、新服务推广

新服务推广是指服务营销人员引导目标顾客由第一次接触新服务到最终接受采用新服务的演进过程。如果说新服务的开发过程是在研发人员的主导下进行的，营销人员只起到辅助决策的作用，那么新服务推广则要以营销人员为主导，在服务开发的基础上进行市场开发。

（一）服务推广原则

1. 提高新服务传播性。在服务推广初期，新服务知名度低，造成大量潜在目标顾客流失。营销人员应当通过广告、推销、网络平台、专业机构认证等手段提高新服务的知名度。只有知道了新服务的存在，顾客才会有接受这种新服务的可能。

2. 强化新服务优越性。顾客知道了新服务的问世，并不代表他们能够接受该服务。潜在顾客如果发现该服务并没有区别于其他同类服务的特色和优势，就不会产生进一步了解的兴趣，服务推广可能也就到此为止了。所以营销人员应该突出新服务的特色和优越性，并通过恰当的比较宣传、适度的效果描述以及必要的服务承诺来引发消费兴趣。

3. 降低新服务专业性。如果服务对服务对象的专业知识技术、信息了解程度要求很高，就会使服务的采用受到限制。所以企业通过必要的营销策略普及服务信息，相对降低服务的专业性，将有助于推动顾客接受新服务。

4. 创造新服务可分性。当顾客对新服务感兴趣，并认定自己可以接受这项新服务时，便会产生尝试的念头。但当顾客面对复杂、昂贵的服务项目时，这种念头可能就会受到遏制。因为试用可能会有不满意的地方，而为可能不满意的服务付出高额的成本是顾客所不愿意接受的。针对这个问题，营销人员如能创造条件分割出部分服务供顾客试用，将大大缓解顾客的焦虑心理，鼓励他们向采用新服务再迈出一步。典型的例子是辅导班的第一次课程供学员免费试听。

5. 改善新服务适用性。服务适用性源于服务的设计和生产，服务营销人员可以通过预期引导和心理调节，改善顾客的感知质量和满意度。经过优惠试用和努力推广，顾客会发现新服务既符合自己的价值观念和消费习惯，又能满足自己的需求和预期。此时，再借助适时的营销沟通消除顾客的疑虑，那么，采用新服务便会水到渠成。

（二）服务推广过程

服务推广过程就是使服务在目标市场上从无人知晓到被采用的过程。服务能否得到顺利推广，关键在于目标市场能否顺利地接受该服务，因此，必须妥善处理好影响目标市场从认知到采用服务各环节的问题。图 5－9 描述了服务推广过程。

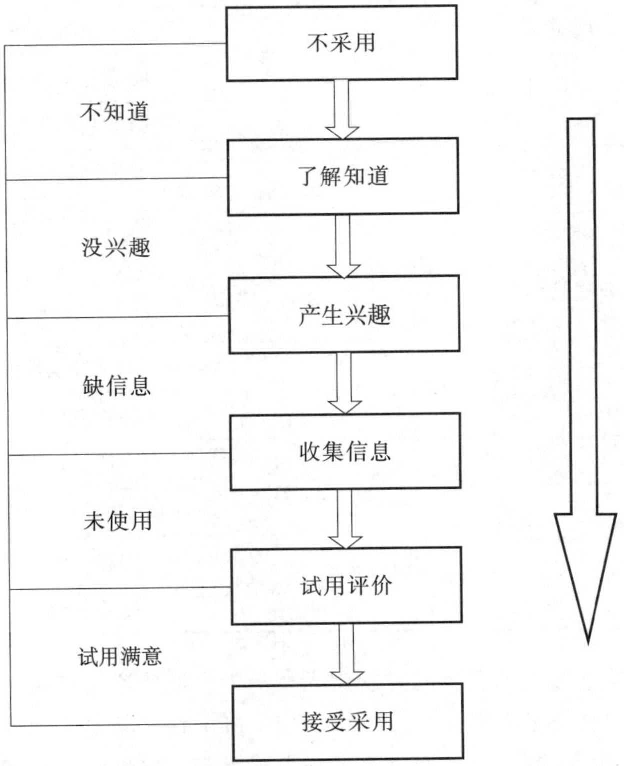

图 5－9　服务推广过程

德勤中国是一家立足本土、连接全球的综合性专业服务机构，始终服务于中国改革开放和经济建设的前沿。其在中国多个城市拥有超过2万名专业人才，向客户提供审计及鉴证、管理咨询、财务咨询、风险咨询、税务与商务咨询等全球领先的一站式专业服务。在2024年中国国际服务贸易交易会上，德勤中国通过空中直播、论坛参与、交流互动、品牌展示等多种方式，充分展现了其在帮助企业制定出海战略、提升企业治理能力、支持区域经济发展等方面的最新服务和实践。①

学术前沿 关于服务质量测量的最新研究

数字技术的进步促进了线上线下渠道的融合发展，传统服务业正在积极利用线上线下渠道改变服务的生产、传递和消费方式，线上线下融合的混合服务质量管理变得日益重要。沈鹏熠等基于多渠道交易过程视角，考虑顾客通过混合服务传递系统与服务企业的接触体验，全面定义和测量了线上线下融合的混合服务质量，在中国情境下开发了线上线下融合的混合服务质量测量量表（OMO-HSQ）。该量表包括实体服务质量、电子服务质量和整合服务质量3个主维度及其15个次级维度和对应的61个测量题项（见表5－5）。

表5－5 混合服务质量测量量表（OMO-HSQ）测量维度一览

测量维度	
实体服务质量	服务环境质量
	服务过程质量
	服务结果质量
	服务补救质量
	服务互动质量
电子服务质量	安全隐私保护
	网站设计质量
	系统可靠性
	信息内容质量
	网站补偿性
	网站物流和客服
整合服务质量	渠道选择自由度
	服务构造透明度
	内容一致性
	过程一致性

根据沈鹏熠等的定义，混合服务为同时使用人和技术渠道传递给消费者的服务，而混合服务质量被界定为顾客通过与混合服务企业的线上线下服务传递渠道的全面和深入接触，对混合服务企业线下服务属性、线上服务属性以及线上线下整合属性的感知和评价。在混合服务背景下，顾客体验是通过线上线下所有的接触时刻形成的，线上线下服务分销渠道被顾客

① 我国服务贸易持续增长.（2024－01－05）. 光明网.

以互补的方式使用和体验，并且线上线下渠道都以自己的方式促进顾客对混合服务质量的感知和评价。线上线下融合的混合服务质量可以从传统服务质量、电子服务质量和整合服务质量3个方面进行衡量和管理。其中，电子服务质量区别于虚拟服务质量，强调的是网络渠道服务质量。

资料来源：沈鹏熠，占小军，范秀成. 基于线上线下融合的混合服务质量：内涵、维度及其测量. 商业经济与管理，2020（4）：5－17.

素养园地

中国农业银行品牌焕新升级

进入新时代，中国农业银行品牌形象展现出新面貌，品牌内涵体系实现全面升级。一直以来，中国农业银行坚定不移走中国特色金融发展之路，与时代脉搏同频共振，与美丽中国共生共荣。中国农业银行明确提出“十四五”期间培育新时期品牌形象的重点任务，围绕服务乡村振兴领军银行、服务实体经济主力银行两大定位和“三农”普惠、绿色金融、数字化经营三大战略，加快品牌创新，提出2025年品牌建设思路与规划，明确“助力共同富裕的银行”品牌定位，实现一系列品牌焕新。

品牌内涵焕新。以“助力共同富裕的银行”为主要品牌定位，以“更懂中国的综合金融服务商”和“服务可持续发展的先行者”为辅助品牌定位，中国农业银行突出“有温度、有实力、有远见的同行者”的品牌人设，提出“以现代金融服务惠及城乡最广大客户”的品牌价值主张。

品牌口号焕新。中国农业银行是美丽中国的耕耘者，也是广大客户美好生活的同行者。在助力实现共同富裕的进程中，中国农业银行与城乡最广大人民共创幸福生活。为此，中国农业银行的品牌口号更新为“耕耘美丽中国　共创幸福生活”，充分传递出中国农业银行与广大客户携手同行、并肩共创的决心。

品牌视觉焕新。中国农业银行视觉焕新，品牌色彩更为丰富。“萌芽绿”“青山绿”“金穗黄”与标准“农行绿”组合，为品牌新形象赋予更多生机与韵律。此次焕新还增加了“数字流动生长的麦穗”辅助图形设计，象征中国农业银行坚守初心和使命，以流动性线条轮廓，体现数字化现代金融服务。新版辅助色以“农行绿”的色彩演变为主线，从“农行绿”到“金穗黄”的变化，记录了麦穗从萌芽到成熟的过程，寓意中国农业银行相伴客户共同成长。

动态标识焕新。中国农业银行品牌焕新还增加了动态标识的创新设计。以数字麦穗为基础图形，标识中的麦穗颗粒、外环图形通过旋转、环绕层层交叠，最终汇聚定格为中国农业银行品牌标识，展现出中国农业银行金融服务的多元性与包容性，更富年轻活力。

品牌广告片焕新。伴随品牌焕新，中国农业银行发布了全新品牌形象广告片，以《幸福交响》命名，强化阐释和传播中国农业银行品牌内涵。广告片以“声音”为主要创新点，用民族乐器演奏出幸福、欢快、喜庆的乐章，画面展现出人们因共同富裕而拥有幸福生活的场景，让公众与中国农业银行品牌内涵产生强烈的情感共鸣。

品牌焕新就在您身边。围绕“耕耘美丽中国　共创幸福生活”的全新品牌口号，中国农业银行布置了以此为主题的焕新展区，以中国传统刺绣为创意设计手法，让全新品牌口号更加深入人心。展区正面展现了祖国大好山河与百姓美好生活场景，背面通过刺绣丝线，分别引向“乡村振兴、实体经济、绿色金融”三大主题，表现中国农业银行以三大主题为支柱，践行责任与担当。

中国农业银行将品牌焕新展区延伸到全国网点，在网点打造“幸福花开”窗贴。通过引人入胜的繁华设计，将幸福感传递到客户面前。在品牌焕新之际，中国农业银行正式推出虚拟数字人“农小耘”，运用科技、时尚的创新发布方式，对中国农业银行品牌焕新整体内容进行解读，向全社会展示中国农业银行与时俱进的新品牌形象。

资料来源：农业银行品牌焕新升级　耕耘美丽中国　共创幸福生活.（2023-12-30）. 中国电子银行网.

小结

服务企业需要把顾客感知服务和企业提供的服务统一于顾客利益层面。顾客利益是指顾客在购买服务过程中所追求的服务能给自己带来的愉悦、便利和效用。服务作为一种产品，可以被看作是一个由有形产品和无形服务构成的集合。服务包由核心服务、便利服务和支持服务构成。而服务的属性特征主要由服务品牌、售后服务和服务保证构成。服务之花模型和服务整体统筹都强调统筹兼顾核心服务与附加服务才能收到理想的整体效果，增强企业的竞争优势。服务组合策略涉及扩大服务组合、缩减服务组合、服务延伸和服务组合现代化。服务品牌是指用来将本企业服务与竞争者服务区别开来的名称、术语、标记、符号、设计或其组合，它能彰显其独特的服务价值、服务文化和服务个性。隐含在品牌资产之下的基本资产是顾客资产，即所有忠诚的顾客为企业带来的利润总和。品牌资产是品牌对顾客影响力的体现。服务品牌对顾客的影响主要是指由品牌所带来的顾客对企业服务及其营销策略的反应，以及品牌所引起的顾客偏好和顾客忠诚。服务品牌价值是一个品牌所具有的财务价值，即在某一个时点，运用类似有形资产的评估方法，对品牌属性、品质、档次、品位、文化、个性等计算出来的价值金额。服务品牌资产是一个系统概念，它由一系列因素构成。品牌名称和品牌标志是品牌资产的物质载体，品牌知名度、品牌美誉度、品牌忠诚度和品牌联想是品牌资产的有机构成，为顾客和企业提供附加价值是品牌资产的实质内容。服务品牌有助于彰显服务特色，展现服务品位，从而使服务企业赢得竞争优势，增强顾客的企业认知。服务品牌管理涉及服务品牌命名、服务品牌定位、服务品牌传播、服务品牌危机处理、服务品牌升级等环节。服务生命周期是指服务从进入市场、稳步增长到逐步被市场淘汰的过程，由导入期、成长期、成熟期、衰退期构成。在服务生命周期不同阶段，服务企业应采取不同的营销策略。服务企业可通过市场渗透、新服务开发、市场开发、多元化经营四种策略寻求业务增长。新服务开发的实施要点是明晰资源实力、内外统筹兼顾、抉择自创外购。新服务开发一般要经过构想、筛选、概念形成与测试、商业分析、开发试制、市场试销和正式上市七个步骤。新服务推广的原则有提高新服务传播性、强化新服务优越性、降低新服务专业性、创造新服务可分性、改善新服务适用性。

重要概念

产品	顾客利益	服务包	核心服务
便利服务	支持服务	隐含保证	明示保证
服务之花模型	服务整体统筹	服务线	服务组合宽度
服务组合长度	服务组合深度	服务组合关联度	品牌
品牌名称	品牌标志	商标	顾客资产
品牌资产	服务品牌价值	服务品牌知名度	服务品牌美誉度
服务品牌忠诚度	服务品牌联想	品牌属性联想	品牌利益联想
功能利益	象征利益	体验利益	品牌态度
品牌势力	品牌溢价	品牌潜力	利益认知
情感属性认知	服务品牌管理	服务品牌定位	服务品牌传播
服务品牌危机处理	服务品牌升级	服务生命周期	市场渗透
顾客保留	新服务开发	市场开发	多元化经营
全新服务	新市场服务	延伸服务	改进服务
专家意见法	头脑风暴法	侧向思维法	新服务推广

复习题

1. 如何理解服务的概念及其属性特征？
2. 服务品牌资产包括哪些内容？
3. 如何进行服务品牌管理？
4. 在服务生命周期的不同阶段企业应采取哪些策略？
5. 新服务开发一般要经历哪些步骤？
6. 新服务推广应遵循哪些原则？

第6章
服务定价

思维导图

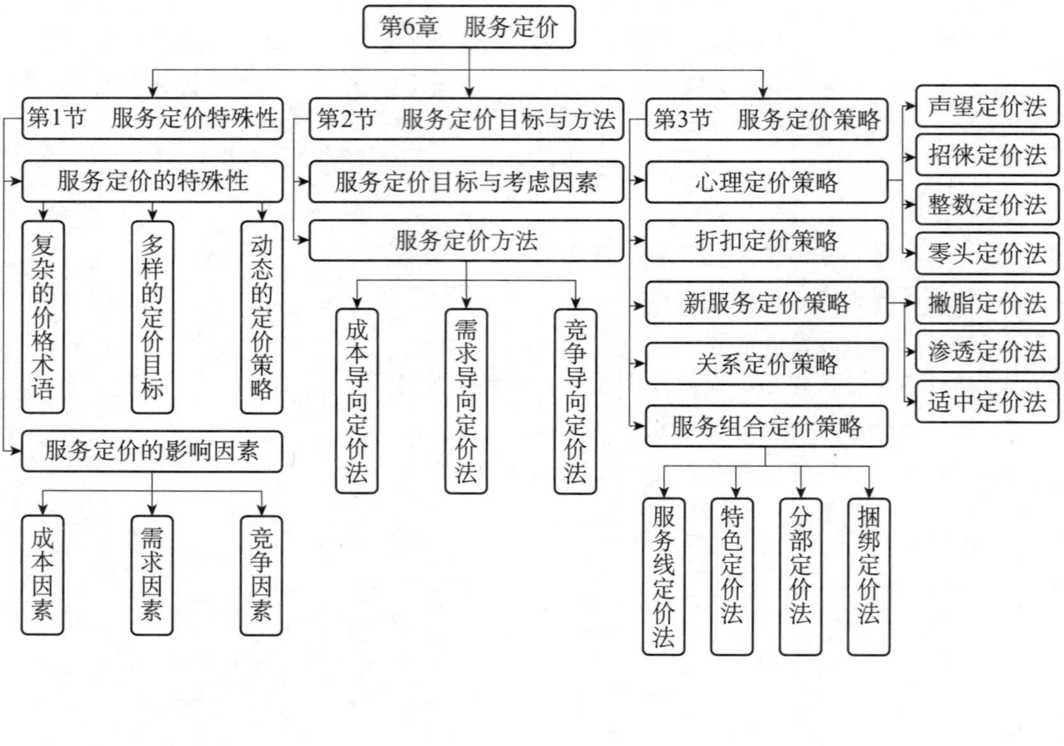

本章要点

- 服务定价的主要影响因素。
- 服务定价的目标、考虑因素和主要方法。
- 服务定价的主要策略。

第1节　服务定价特殊性

价格是服务营销组合7P因素中十分敏感又难以控制的因素，它直接关系市场对企业服务的接受程度，影响市场需求和企业利润收入，牵动企业、中间商、消费者等多方面的利益。服务营销组合其他因素所创造的价值，要靠定价给企业带来回报。在市场竞争激烈和环境变幻莫测的时代背景下，服务企业本来就已面临造价日益增大的压力，而互联网比价的流行以及顾客对让渡价值的追求进一步加大了定价的难度。

一、服务定价的特殊性

服务定价传递着服务价值、利益和效用的信息，顾客希望用自己的钱换取至少等值的服务效用，然而，顾客要在获得服务所带来的利益和对满意的综合感知之后才能准确作出服务价值的评判。所以，更多的服务购买消费决策是基于对价格信息的感知而直接作出的。如果顾客认为价格更多地意味着成本或代价，那么此时的价格便成为一种负面的推动因素，不少顾客往往会“望价兴叹”。如果顾客感觉到价格更多地意味着一种好处或利益，那么此时的价格便成为一种正面的购买吸引力。

与产品价格相比，服务价格具有明显的特殊性。主要体现在以下几个方面。

（一）复杂的价格术语

在运输服务中，价格称为运费；在保险业务中，价格称为保险金；教育培训的价格称为学费；银行服务的价格称为手续费与利息等。这些术语（代名词）在市场交易中是约定俗成的。服务业的复杂性决定了价格术语的复杂性，同时这种复杂性又说明了服务价格是市场评价的结果。《关于恢复和扩大消费的措施》指出，鼓励各地制定实施景区门票减免、淡季免费开放等政策。在保障游客自主选择权的基础上，支持不同区域景区合作推行联票模式，鼓励景区结合实际实施一票多次多日使用制，更好满足游客多样化需求。习近平总书记在谈到推进碳达峰碳中和工作时，指出要“完善财税、价格、投资、金融政策。要充分发挥市场机制作用，完善碳定价机制”[①]。

---

① 深入分析推进碳达峰碳中和工作面临的形势任务　扎扎实实把党中央决策部署落到实处. 人民日报，2022-01-26.

（二）多样的定价目标

很多竞争性的服务企业会像所有有形产品的生产者那样将利润最大化作为定价的战略目标。利润最大化原则可以体现在短期或长期的各种战略、策略规划中，时限的区别会直接带来定价理念的差异：如果将利润最大化置于短期目标的营销规划中，那么高价位的撇脂定价法将受到企业青睐；追求中长期的利润最大化的企业则更倾向于坚决阻止竞争对手进入或迅速占领所在子市场的定价原则。

制造业的定价至少要在市场上实现盈亏平衡，服务业中却有不少企业并不在乎在盈亏平衡点以下长期经营。这种价值理念上的差别，决定了服务业的定价理念会偏离利润最大化，而更趋于多样化。

1. 追求投资回报。近年来，党和政府“着力解决好人民群众急难愁盼问题，健全基本公共服务体系，提高公共服务水平，增强均衡性和可及性，扎实推进共同富裕”[①]。一些公共服务型服务企业，特别是资本密集型的公共事业服务机构，多由国家财政投资兴办并拨款运营，所以这类服务企业的定价原则是在把成本分摊在国家拨款中的基础上进行适当的加成定价。其管理目标在于分期偿还国家投资，并用积累的部分利润进行设备更新、技术改造等二期投资，以实现滚动发展。大多数服务企业是市场导向、自负盈亏、自主发展的，这些企业的服务定价必须考虑投资回报。诚如习近平总书记所指出的：“我们要的是有质量、有效益、可持续的发展，要的是以比较充分就业和提高劳动生产率、投资回报率、资源配置效率为支撑的发展。”[②]

2. 提升市场份额。服务领域的规模效益远比有形产品生产更难实现，原因在于服务的个性化强、需求分散、需求波动大等。所以为达到规模生产的目的，不少服务企业在相当长的时间内会将市场份额目标作为定价理念的首要指导原则。基于服务高固定成本、低边际成本的生产特点，在市场份额目标的引导下，起初低于成本的定价会在固定成本随着市场份额的不断提升而不断摊薄的情况下，最终实现服务增值。为了推进经济社会发展，习近平总书记明确指出，“要保障外贸产业链、供应链畅通运转，稳定国际市场份额”[③]。

3. 关注社会效益。那些以提供社会公益服务为己任的服务组织，如医院、图书馆、博物馆、体育馆、文化馆等，往往以覆盖一定比例的成本，或完全以细分市场顾客平均收入水平所能承担的价格作为定价标准。而另外一些国有服务企业，为了社会或国家的整体利益，也可能制定低于成本或低于行业平均水平的价格。党的二十大提出，文化事业和文化产业要“坚持把社会效益放在首位、社会效益和经济效益相统一”[④]。这就为文化服务行业明确定价理念提供了根本依循。

4. 重视顾客满意度。服务企业的长远发展依赖于顾客忠诚度的不断提高，而顾客忠

---

① 习近平．高举中国特色社会主义伟大旗帜　为全面建设社会主义现代化国家而团结奋斗：在中国共产党第二十次全国代表大会上的报告．人民日报，2022-10-26.

② 习近平谈兴国之要：发展是人类社会永恒的主题（2019-01-21）．人民网．

③ 习近平在统筹推进新冠肺炎疫情防控和经济社会发展工作部署会议上的讲话．人民日报，2020-02-24.

④ 习近平．高举中国特色社会主义伟大旗帜　为全面建设社会主义现代化国家而团结奋斗：在中国共产党第二十次全国代表大会上的报告．人民日报，2022-10-26.

诚又来自顾客对服务的满意。所以不少服务企业会将顾客满意度作为定价理念，为不同的顾客提供多样化、个性化的服务。正是在顾客满意度目标的指引下，服务市场上出现了大众服务与高档服务并存的态势。

（三）动态的定价策略

正是服务与有形产品本质属性的差别，导致了服务定价的动态多变。

1. 服务的无形性。就产品而言，其生产成本与价格之间的关系十分明显，但服务的无形性使得服务定价更困难。大多数顾客在选择产品时会很自然地检视产品，并根据其质量和自身的经验判断价格是否合理。顾客在购买服务时却不能客观、准确地检查无形的服务，第一次购买服务的顾客甚至不知道服务到底包含什么内容。再加上很多服务都按照各类顾客不同的要求对服务内容做适当增减，就使得顾客只能猜测服务的大概特色，然后进行价格比较，但对结论又往往缺乏信心。这就解释了为什么服务的定价幅度一般要比产品的定价幅度宽，而且最低价格与最高价格之间的差距极大。这种例子在管理咨询、健康养生、医疗和美容服务等行业比比皆是。因此，顾客在判断价格合理与否时，更多地受服务中实体要素的影响，在心目中形成一个价值概念，并将这个价值与价格进行比较判断，以确定是否物有所值。

所以，企业定价时所考虑的主要是顾客对服务价值而不是服务成本的认知。一般来说，服务中的有形产品成分越高，往往越倾向于使用成本导向定价，而且越倾向于采取全球流行的、国家规定的或行业形成的某种标准。例如，我国为了实现美丽中国战略目标，针对碳定价机制明确提出，“要充分发挥市场机制作用，完善碳定价机制，加强碳排放权交易、用能权交易、电力交易衔接协调”①。党的二十大报告指出，“完善支持绿色发展的财税、金融、投资、价格政策和标准体系”②，相比之下，服务中的有形产品成分越低，则越多地采用顾客导向定价，而且价格越缺少可循标准。服务的非实体性意味着提供服务比提供实体产品有更多的变化，服务水准、档次和质量等都可以依照不同顾客的需求进行调整，因此，服务定价必然也可以经由买主和卖主之间的协商来决定。

2. 服务的时间性和需求波动性。服务的时间性和需求波动性导致服务企业经常需要采用差别定价和边际成本定价③的策略，以充分利用有限且刚性的生产能力。这种定价策略常用于航空、旅游、酒店等行业。然而，采取差别定价策略通常需要其他管理策略的配合。首先，要在对需求弹性全面认识的基础上区分不同的细分市场。其次，要采取相应的措施避免差别定价策略对顾客预期的影响。顾客可能会选择在低价格时期消费服务，从而节约开支，服务企业可以采取适当的优惠来有效扭转这一局面。

3. 服务的易变性。如果服务是同质性的（如洗车、干洗、理发、美容、家政服务等），那么价格竞争可能会很激烈。不过行业协会或政府主管部门往往会规定收费标准，

---

① 深入分析推进碳达峰碳中和工作面临的形势任务 扎扎实实把党中央决策部署落到实处．人民日报，2022-01-26.

② 习近平．高举中国特色社会主义伟大旗帜 为全面建设社会主义现代化国家而团结奋斗：在中国共产党第二十次全国代表大会上的报告．人民日报，2022-10-26.

③ 边际成本定价是企业基于单位产品或服务的边际成本的定价方法，即通过市场需求曲线的与企业边际成本曲线的交叉点来确定价格的方法，这样定价既可使企业获得最大收益，又能保证顾客获得低价和最大效用。

防止不正常的降价。一般来说，越是独特的服务，卖方越可以自行决定价格，只要买方愿意支付此价格。在这种情况下，价格可能用作质量指标，而提供服务的个人或企业的声誉可能形成相当强的价格杠杆。另外，服务质量具有很高的差异性，服务之间没有统一的质量标准可供比较，往往是顾客要求的越多，则其得到的也就越多，而价格并没有变化。这也是一些顾客偏爱某个企业的原因。这种情况为企业选择细分市场和制定定价策略提供了决策依据。

4. 服务的相连性。服务与服务提供者的不可分性使得服务受到地理因素或时间的限制，同样，顾客也只能在一定的时间和区域内接受服务。这种限制不仅加剧了企业之间的竞争，而且直接影响其定价水平。

二、服务定价的影响因素

按照价格理论，影响企业定价的因素主要有三个方面，即成本、需求与竞争。成本是服务价值的基础组成部分，它决定产品价格的最低界限。如果价格低于成本，企业便无利可图；市场需求影响顾客对产品价值的认知，进而决定产品价格的上限；而市场竞争状况则在上限和下限之间调节价格并最终决定产品的市场价格。

（一）成本因素

服务营销人员必须理解服务的成本及其随时间和需求发生的变化。服务的成本可以分为三种，即固定成本、变动成本和准变动成本（semivariable costs）。固定成本是指不随产出而变化的成本，在一定时间内表现为固定的量，如建筑物建造成本、服务设施购买成本、工资、维修成本等。变动成本则随着服务产出的变化而变化，如临时雇员的工资、电费、运输费、邮寄费用等。在许多服务企业中，固定成本在总成本中的比重较大，例如航空运输企业与金融服务企业等，其固定成本的比重高达 60%左右，因为它们需要昂贵的设备和大量的人力资源；而变动成本在总成本中所占的比重往往很低，甚至接近零，如铁路运输企业和剧院等。准变动成本是指介于固定成本和变动成本之间的那部分成本，它们既与顾客的数量有关，也与服务的数量有关，比如清洁服务地点的费用、员工加班费用等。这种成本取决于服务的类型、顾客的数量和对额外设施的需求程度，因此不同服务之间的差异较大。同时，这种成本的变动所涉及的范围比较广。比如，如果飞机已经满员，要想额外增加一名旅客，那么所增加的就不仅是一个座位，在人员调配、协商沟通、资源消耗方面的要求也会相应增多。

新启迪 6－1　应对涨价的家政机器人

在产出水平一定的情况下，服务的成本等于固定成本、变动成本与准变动成本之和，而服务企业在制定定价策略时必须考虑不同成本的变动趋势。经验曲线（experience curve）有助于营销人员认识服务业的成本行为。经验曲线是表示在一种产品的生产过程中，产品的单位成本随着企业经验的不断积累而下降的曲线。在这里，经验意味着某些特定技术的改进。正是由于改进了操作方法、使用了先进的工艺设备以及采用了科学化的经营管理方法而形成了规模经济，企业成本才逐步下降。经验曲线为企业降低产品成本提供了有效的分析工具。

（二）需求因素

服务企业在制定价格政策目标时，应考虑需求弹性的影响。需求价格弹性是指因价格变动而相应引起的需求变动比率，反映了需求变动对价格变动的敏感程度。它通常用弹性系数来表示，该系数是服务需求量变化的百分比与其价格变化的百分比之比值。如果价格上升而需求量下降，则价格弹性为负值；如果价格上升，需求量也上升，则价格弹性为正值（如图 6－1 所示）。

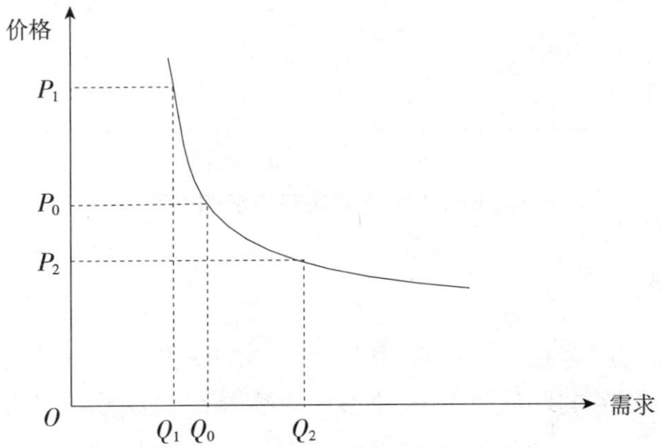

图 6－1　需求与价格的关系

需求价格弹性对企业收益有着重要的影响。通常企业销售量的增加会产生边际收益，而边际收益的高低又取决于需求价格弹性的大小。在某些市场上（如市区公共交通服务），需求受价格变动的影响很大，而在另一些市场，所受影响则较小（如我国的铁路客运。与世界各国不同的是，我国铁路客运的需求价格弹性很小）。显然，服务企业应该了解其产品的需求价格弹性。比如，一家拥有 20 000 个用户的有线电视服务企业将其价格由每月 10 元上调至每月 12 元，其结果是丧失了 4 000 个用户，此时边际收益为 2×16 000－4 000×10＝－8 000（元）。这意味着涨价使企业损失了 8 000 元，说明服务的需求价格弹性较高，价格的小幅波动会导致需求量的大幅变化，从而影响企业的收入。因此，企业必须弄清楚服务的需求价格弹性，然后才能制定合理的价格策略。

搜寻理论（search theory）有助于进一步解释需求价格弹性。该理论认为，顾客对价格的敏感度取决于顾客购买时可选择余地的大小。可选择余地越小，则需求弹性越小；反之，可选择余地越大，则需求弹性也越大。而可选择余地的大小又取决于顾客对服务有关信息和知识的获得程度以及他们对服务特征的认知，这些特征包括搜寻特征、体验特征和信用特征。如果顾客能够根据搜寻特征评价服务，由于这种特征容易获得，顾客可选择的余地比较大，则服务需求弹性较大。虽然对于大多数服务而言，它们更多拥有的是体验特征和信用特征，但是价格本身就是一种搜寻特征。所以，在缺乏其他信息的情况下，顾客往往把价格高低作为衡量服务质量的一个指标，故而价格敏感性也就比较高。当价格作为顾客唯一可以判断服务价值的指标时，需求与价格的关系也就发生了改变。如图 6－2 所示，价格过低，人们便会怀疑其价值，价格过高，人们又无力支付，只有适中的价格才能带来最大的需求。

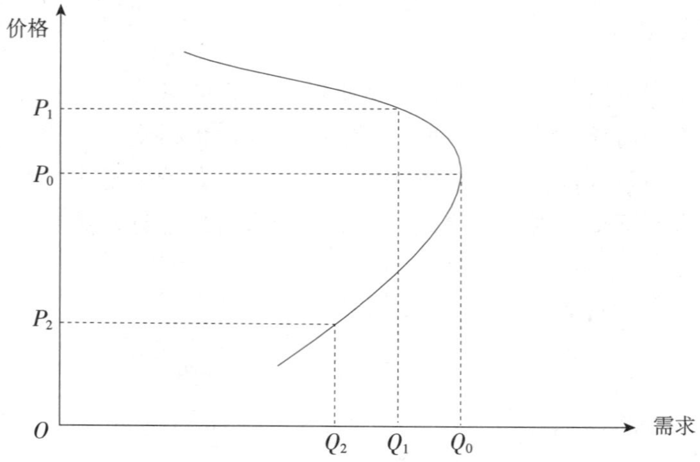

图 6－2　服务价格与需求的关系

（三）竞争因素

服务的无形性迫使顾客在消费时使用各种各样的参照物，其中竞争者的同类服务就是最佳参照物之一。服务的同质性使这种参照更容易导致激烈的价格竞争。市场竞争状况直接影响企业的定价。在产品差异性较小、市场竞争激烈的情况下，企业在定价方面的调整余地也相应缩小。市场竞争所包含的内容很广，比如，在交通运输行业，企业之间的竞争不仅有不同品种之间的竞争，而且有不同运输工具之间、对顾客时间和金钱的利弊权衡方式之间的竞争。因此，必须全面贯彻落实党的二十大精神，“建设高效顺畅的流通体系，降低物流成本”①。总而言之，凡是服务之间区别很小而且竞争较强的市场，都可以建立相当程度的一致价格。此外，在某些市场背景之下，传统和惯例可能会影响到索价（如广告代理业的佣金制度）。

而对于企业来说，在市场上除了从竞争对手那里获得价格信息，还要了解它们的成本状况，这将有助于企业分析、评价竞争对手在价格方面的竞争能力。无疑，向竞争对手学习对于任何企业都是十分重要的。服务企业要借鉴竞争对手确定成本、价格和利润率的做法，这将有助于企业制定适合自己的价格策略。②

第 2 节　服务定价目标与方法

一、服务定价目标与考虑因素

企业在定价以前，要考虑一个与企业总目标、营销目标相一致的定价目标，作为定

① 习近平．高举中国特色社会主义伟大旗帜　为全面建设社会主义现代化国家而团结奋斗：在中国共产党第二十次全国代表大会上的报告．人民日报，2022－10－26.

② 郭国庆．营销思想史论．北京：高等教育出版社，2019：182－184.

价的依据，然后根据这一目标，对企业的产品进行定价。一般而言，定价目标有两类：利润导向目标和数量导向目标。前者强调从组织的资源及劳动力的投资上获取高额的利润，后者注重提供更多的服务数量或拥有更大数量的顾客。

（一）三种利润导向目标

1. 最大利润目标。它是指企业希望获取最大的销售利润或投资收益。以追求最大利润为定价目标的企业有很多。企业可以有意识地降低一些容易引起人们注意的服务的价格，借以带动其他服务的销售，甚至可以带动高利润服务的销售。最大利润目标并不等于最高价格，服务价格过高，迟早会引发各方面的对抗行为。在国内外营销实践中，很难找到高价垄断能维持很长时间的例子。党的二十大报告指出，“加强反垄断和反不正当竞争，破除地方保护和行政性垄断”①，这对于服务定价具有极其重要的现实指导意义。

2. 投资回报目标。它是指一个企业把它的预期收益水平规定为投资额的一定百分比，即投资收益率或投资回报率。定价是在成本的基础上加入了预期收益。企业要事先估算：服务定价多少、每年销售多少、多长时间才能达到预期利润水平。预期投资收益率一般高于银行利率。采用这种定价目标应具备两个条件：第一，企业具有较强的实力，在行业中处于领导地位；第二，这些服务多为新服务、独家服务，以及低单价、高质量的标准化服务。

3. 适当利润目标。有的企业为保全自己、减少风险，或者囿于力量不足，把获取适当利润作为定价目标。比如按成本加成法决定价格，就可以使企业投资得到适当的收益。“适当”的具体水平则随产量、投资者的要求和市场可接受程度等因素的变化而有所变化。

（二）两种数量导向目标

1. 以销量最大化为定价目标。它是指增加服务的销量，从而争取最大的销售收入；保持或扩大市场占有率以保证企业的生存。采用此种目标的有大企业，也有小企业，如网络教育机构、在线健身养生机构、知识付费平台等。企业对自己在市场中所占的份额是容易掌握的，因而以销量最大化作为保持或增加份额的定价目标和依据比较切实可行。

2. 以适应竞争、争取尽可能多的顾客数量为定价目标。大多数企业对竞争对手的价格很敏感，定价以前更是多方面收集信息，把自己服务的质量、特点与竞争对手的服务进行比较，然后作出抉择：以低于竞争对手的价格出售；以与竞争对手相同的价格出售；以高于竞争对手的价格出售。当存在市场主导者时，新服务提供者要进入市场，一般只能采用与竞争对手相同的价格。生产、销售费用较低的小企业，或着意扩大市场占有率的企业，定价会低于竞争对手。

（三）服务定价考虑因素

整体营销战略意味着企业营销组合中任何策略的制定和贯彻执行都要与企业的营销

---

① 习近平. 高举中国特色社会主义伟大旗帜 为全面建设社会主义现代化国家而团结奋斗：在中国共产党第二十次全国代表大会上的报告. 人民日报，2022-10-26.

战略目标相一致，价格策略也不例外。企业在确定服务价格时，必须考虑以下三个要素。

1. 服务的市场定位。市场定位是指与竞争对手服务相比，企业服务在顾客心目中所占有的位置，即一种服务的顾客感知地位。显然，价格是营销组合中影响服务市场定位的一项重要因素。有形产品可以凭借其产品的实体特征在市场上占据一席之地，而服务市场定位所依靠的则是一些无形的特征。正如前面所指出的，价格是一个重要的搜寻特征，影响服务的市场定位。

2. 服务生命周期阶段。服务的价格也与其生命周期阶段有关。例如，在导入一种新服务时，企业可用低价策略进行市场渗透，并在短期内快速提高市场份额。企业也可以一开始就采用高价策略，在短期之内尽量攫取利润，因此也称为撇脂定价法。不过，这种策略只有在没有直接竞争对手以及存在大量需求的情况下才适合采用。

3. 价格的战略角色。价格策略的实现在企业整体目标实现的过程中具有战略性地位，决策者必须“不断提高战略思维、历史思维、辩证思维、系统思维、创新思维、法治思维、底线思维能力”[①]，确保价格策略与企业的战略目标相一致。例如，一家新开的假日旅游公司为了在市场上树立形象，可能有意采用低价策略来争取较高的市场占有率，虽然这意味着一段时期内企业可能无利可图。以渗透性价格作为策略手段，往往可以获得最大的销售量。当然任何价格策略都必须配合营销组合的其他要素，以实现更多策略目标。

二、服务定价方法

（一）成本导向定价法

构成服务企业成本的要素包括：（1）固定成本，即服务企业不提供服务也必须支付的成本。比如建筑物的租金、税收费用、保险、管理人员的薪金、资本的成本以及日常的维护费用，这种成本并不是由使用中的消耗和损坏引起的。（2）变动成本，即那些与企业服务的顾客数量或生产的服务数量相关的成本。比如服务场所的清洁费用、加班费用或额外人员的工资等。变动成本的大小取决于企业提供的服务类型、涉及的服务人员数量和需要额外设施的程度。一般情况下，变动成本是逐步增加的。（3）边际成本，即多实现一个单位的销售而增加的成本。服务企业以高于边际成本的价格完成服务的销售并不意味着实现了盈利，因为还要考虑固定成本与变动成本。

根据服务成本的形态以及在此基础上的核算方法的不同，成本导向定价法可以分为以下几种：

1. 成本加成定价法。它是指在单位服务的成本中加入一定比例的利润作为服务的销售价格的定价方法。在正常情况下，采用这种方法可以使服务企业获得预期的盈利，但如果企业处于激烈的市场竞争环境中，或是企业的服务组合比较复杂，则不宜采用这种方法，因为这种方法缺乏应对市场变化的适应性和应对供求变化的灵活性。

2. 边际成本定价法。它是指把单位服务变动成本和可接受价格的下限作为定价依据

① 习近平. 高举中国特色社会主义伟大旗帜　为全面建设社会主义现代化国家而团结奋斗：在中国共产党第二十次全国代表大会上的报告. 人民日报，2022-10-26.

的定价方法。在价格高于边际成本的情况下，企业出售服务的收入除完全补偿变动成本，尚可用来补偿一部分固定成本，甚至可能提供利润。边际成本定价法的实际意义在于：在保持固定成本不变、企业总收入不减少的情况下，可以通过增加服务销售量的办法来降低价格，以低价格策略增强服务的市场竞争力。

3. 盈亏平衡定价法。在销量既定的条件下，服务企业的服务价格必须达到一定的水平才能达到盈亏平衡、收支相抵。这个既定的销量就称为盈亏平衡点，这种制定价格的方法就称为盈亏平衡定价法。科学地预测销量和已知固定成本、变动成本是采用盈亏平衡定价法的前提。以盈亏平衡点确定价格只能使企业的生产耗费得以补偿，而不能得到收益。因此，在实际中通常将盈亏平衡点价格作为价格的下限，再加上单位产品目标利润后才作为最终市场价格。为了开展价格竞争或应对供过于求的市场格局，企业常采用这种定价方式以取得市场竞争的主动权。

4. 投资回报率定价法。它是指服务企业为了确保按期收回投资并获得利润，在总成本中加入预期的投资回报率来确定价格的方法。这个价格在投资回报期内不仅包括单位产品分摊的投资额，还包括单位产品分摊的固定成本和变动成本。

这些定价方法的优点是相对简单，并且容易保证服务企业合理利润的实现。但由于相对脱离市场，制定的价格很有可能不符合市场的实际情况，价格过高就会抑制需求，价格过低则使企业的利润受到损失并容易遭到竞争对手的排挤。成本导向定价法在产品有形性较强的领域如餐饮、零售等行业比较常见。

（二）需求导向定价法

企业的一切生产经营必须以顾客需求为中心，并在产品、价格、分销和促销等方面予以充分体现。根据市场需求状况和顾客对服务的感知差异来确定价格的方法叫作需求导向定价法，又称顾客导向定价法。其特点是灵活有效地运用价格差异，使平均成本相同的不同服务的价格随市场需求的变化而变化，不与成本因素发生直接关系。需求导向定价法主要包括感知价值定价法和需求差别定价法。

1. 感知价值定价法。所谓感知价值，也称感受价值、认知价值，是指顾客对某种服务价值的主观评判。感知价值定价法是指企业以顾客对服务价值的感知为定价依据，运用各种营销策略和手段，影响顾客对服务价值的认知，形成对企业有利的价值观念，再根据服务在顾客心目中的价值来制定价格的定价方法。

感知价值定价法的关键和难点是获得顾客对有关服务价值感知的准确资料。企业如果过高估计顾客的感知价值，其定价就可能过高，难以实现应有的销量；反之，若企业低估了顾客的感知价值，其定价就可能低于应有水平，导致企业收入减少。因此，企业必须通过广泛的市场调研，了解顾客的需求偏好，根据服务的性能、用途、质量、品牌等要素，判定顾客对服务的感知价值，制定服务的初始价格。然后，在初始价格条件下预测可能的销量，分析目标成本和销售收入，在比较成本与收入、销量与价格的基础上确定该定价方案的可行性，并制定最终价格。

2. 需求差别定价法。所谓需求差别定价法，是指服务价格的确定以需求为依据，首先强调适应顾客需求的不同特性，而将成本补偿放在次要的地位。这种定价方法通常用于在同一市场上对同一服务制定两个或两个以上的价格，或使不同服务价格之间的差额大于其成本之间的差额。其好处是可以使企业定价最大限度地符合市场需求，促进服务销售，有利于企业获取最佳的经济效益。

根据需求特性的不同，需求差别定价法通常有以下几种形式。

（1）以用户为基础的差别定价。它是指针对不同的用户或顾客，对同一服务制定不同的价格。比如，对老顾客和新顾客、长期顾客和短期顾客、女性和男性、儿童和成人、残疾人和健康人、企业用户和居民用户等，分别制定不同的价格。

（2）以地点为基础的差别定价。它是指随着地点的不同而收取不同的价格，比较典型的例子是剧院、体育场、航班等，其座位不同，票价也不一样。例如，体育场的前排座位可能收费较高，旅馆客房因楼层、朝向、方位不同而收取不同的费用。这样做的目的是调节顾客对不同地点的需求和偏好，平衡市场供求。

（3）以时间为基础的差别定价。它是指相同服务的价格随季节、日期甚至钟点的不同而变化。例如，供电公司在用电高峰期和低谷期制定不同的电价；电影院在白天和晚上的票价也会有所差别。所以，这类服务在定价之初就应考虑到不同时间的价格差别。值得注意的是，近年来，党和国家致力于“改革完善煤电价格市场化形成机制，完善电价传导机制，有效平衡电力供需”①，取得了明显成效。

（4）以交易条件为基础的差别定价。交易条件主要指交易量大小、交易方式、购买频率、支付手段等。由于交易条件不同，企业可能对服务制定不同的价格。比如，交易批量大的价格低，零星购买的价格高；现金交易的价格适当降低，支票交易、分期付款、以物易物的价格适当提高；预付定金、连续购买的价格一般低于偶尔购买的价格。

需求差别定价法由于针对不同需求而采用不同的价格，能够实现顾客的不同满足感，从而能够为企业谋取更多的利润，因此在实践中得到了广泛的运用。但是也应该看到，实行需求差别定价法必须具备一定的条件，否则，不仅达不到差别定价的目的，而且会产生负面作用。这些条件包括：（1）从购买者方面来说，购买者对服务的需求有明显的差异，需求弹性不同，市场能够细分，不会因差别定价而导致顾客的反感。（2）从企业方面来说，实行不同价格的收入要高于实行同一价格的收入。因为差别定价不是目的，而是一种获取更大利润的手段，所以企业必须进行供求、成本和盈利分析。（3）从竞争状况来说，在本企业实行高价策略的市场范围内，竞争对手不可能用低价进行对抗。这可能是因为本企业已垄断市场，竞争对手极难进入；也可能是因为服务需求弹性小，低价不会对顾客需求产生较大的影响；还可能是因为顾客对本企业的服务已产生偏好。

新启迪 6-2

搬家公司的定价策略

日本搬家公司的细致体贴体现在价格设定上。其根据实际情况来细分，不仅能够满足需求多、任务重的客人，也能够满足没有特殊需求、动手能力强的客人。以王女士

① 加快科技体制改革攻坚建设全国统一电力市场体系 建立中小学校党组织领导的校长负责制. 人民日报，2021-11-25.

最近的一次搬家为例。作为一名单身女性，她要从东京有电梯公寓的7楼搬到同城没电梯公寓的2楼。在联系多家日本搬家公司后，她摸清了各家的优势和价格。比如，有4种搬家套餐服务，即节约套餐、轻松套餐、完美套餐、极佳套餐。节约套餐就是只负责搬家，不负责装箱和拆箱；轻松套餐负责装箱拆箱；完美套餐不仅负责装箱拆箱，还负责把所有东西放到指定地方，客户基本不需要动手；极佳套餐是除了完美套餐包括的服务外，还负责原住址的清洁服务，特别方便那些搬家后就将老房子卖出的人。

还有的公司提供单项付费服务，比如侦测窃听器或摄像头、安装窗帘等，这些对单身女性很有必要。有些公司还额外提供很多免费便利服务，包括帮助客户联系水、电、燃气部门以进行地址变更；还会帮助客户联系邮局，如果有人给搬家前的地址寄东西，在半年内邮局都可以自动转送到现在的住址。上述公司的报价大致在3万～5万日元。

如果是跨城搬家，收费当然要贵一些。比如，某面向没有大型家具单身者的搬家公司，提供储物箱加运送的组合服务。储物箱分S、L、X三种尺寸，如果选择S尺寸，从东京搬到爱知县，那么价格就要在1.5万日元基础上，再加5.7万日元的运送费；如果是搬到埼玉县、千叶县、神奈川县等东京周边地区，则不需要增加运送费。

（三）竞争导向定价法

在竞争十分激烈的市场上，企业通过研究竞争对手的生产条件、服务状况、价格水平等因素，依据自身的竞争实力，参考成本和供求状况来确定服务价格，这种定价方法就是通常所说的竞争导向定价法。其特点是，价格与服务成本和需求不发生直接关系。服务成本或市场需求变化了，但竞争对手的价格未变，企业就应维持原价；反之，虽然成本或需求都没有变动，但竞争对手的价格变动了，企业就应该相应地调整其服务价格。当然，为实现企业的定价目标和总体经营战略目标，谋求企业的生存或发展，企业可以在其他营销手段的配合下，将价格定得高于或低于竞争对手的价格，并不一定要求与竞争对手的价格完全保持一致。此种定价方法适用于服务标准化或市场上只有少量的同类服务提供者等情形，主要包括：

1. 随行就市定价法。在垄断竞争和完全竞争的市场结构条件下，任何一家企业都无法凭借自己的实力在市场上取得绝对的优势。为了避免竞争特别是价格竞争带来的损失，大多数企业采用随行就市定价法，即将本企业某产品的价格保持在市场平均价格水平，利用这样的价格来获得平均报酬。正如习近平所指出的，价格要听市场的，价格太贵不一定卖得好。① 采用随行就市定价法，企业无须全面了解顾客对不同价格的反应，从而为营销人员节省了很多时间和精力。

采用随行就市定价法，最重要的就是确定目前的行市。在实践中，行市的形成有两种途径：第一种途径是在完全竞争的环境里，各个企业都无权决定价格，通过对市场的

---

① 习近平：价格要听市场的.（2017-10-20）.央视网.

无数次试探，相互之间取得一种默契而将价格保持在一定的水平。第二种途径是在垄断竞争的市场条件下，某一部门或行业的少数几个大企业首先定价，其他企业参考定价或追随定价。

2. 差异形象定价法。从根本上说，随行就市定价法是一种防御性的定价方法，它在避免价格竞争的同时，也抛弃了价格这一竞争利器。差异形象定价法则反其道而行之，它是指企业通过不同的营销努力，使同种同质的服务在顾客心目中树立起不同的形象，进而根据自身特点，选取低于或高于竞争对手的价格作为本企业提供服务的价格。因此，差异形象定价法是一种进攻性的定价方法。

新启迪 6－3　拼多多如何定价

运用差异形象定价法，首先要求企业必须具备一定的实力，在某一行业或某一区域占有较大的市场份额，顾客能够将企业服务与企业本身联系起来。其次，在质量大体相同的条件下，尤其对于定位为质优价高形象的企业来说，差异形象定价法只能在一定限度内实行，因为它必须支付高昂的广告、宣传和售后服务方面的费用。因此，从长远来看，企业只有通过提高服务质量，才能真正赢得顾客的信任，进而在竞争中立于不败之地。

第 3 节　服务定价策略

定价不仅是一门科学，而且是一门艺术。服务企业在明确了服务定价目标之后，就应当选择适当的服务定价策略和技巧，根据市场的具体情况灵活制定价格。

一、心理定价策略

心理定价策略是指运用一些心理学原理，根据不同顾客购买和消费服务时的心理动机来确定价格，引导顾客接受本企业服务的定价策略。

（一）声望定价法

这是指服务企业根据自己所提供的服务在顾客心目中的声望高低来制定相应的服务价格。因为对服务的质量很难形成统一客观的判断标准，所以在顾客心目中，价格在一定程度上就成为服务质量的标志。服务企业可以根据自己在业内的声望制定相应的价格。低价可以刺激消费，打开低端市场；高价对应高质、优质服务，同样可以吸引目标顾客。服务企业在利用声望定价法时必须充分分析自己的服务种类、服务质量和市场的接受程度等因素，避免一意孤行，造成市场反应冷淡。许多奢侈品企业采用的就是声望定价法。

（二）招徕定价法

招徕定价法也称为牺牲定价法，即采取低于服务市场通行的价格来吸引顾客尝试购买和消费服务产品。这是利用求廉的消费心理，因为恰当的低价总会引起顾客的兴趣。

有些服务企业就是利用顾客的这种心理，有意降低自己某几种服务的价格，以吸引顾客上门，从而带动其他服务的销售，提高收入。例如，喜马拉雅、西瓜视频等推出知识付费产品时，经常采用招徕定价法。

（三）整数定价法

对于那些无法明确显示服务质量的产品，顾客往往通过其价格的高低来判断其质量的好坏。但是，在整数定价法下，价格的高并不是绝对的高，而只是凭借整数价格来给顾客造成高价的印象。整数定价常常以偶数，特别是“0”作为尾数。利用服务的高价效应，可在顾客心目中树立高档、高价、优质的服务形象。

整数定价法适用于需求价格弹性小、价格高低不会对需求产生较大影响的服务，如星级宾馆、高级文化娱乐场所等，由于其顾客都属于高收入阶层，也愿意接受较高的价格，因此，整数定价法得以大行其道。

（四）零头定价法

零头定价法又称非整数定价法，是指企业利用顾客求廉的心理，制定非整数价格，尽可能在价格上不进位。这样可以在直观上给顾客一种便宜的感觉，从而激起顾客的购买欲望，促进服务销售量的增加。

二、折扣定价策略

折扣定价策略是指对基本价格做出一定的让步，通过让利于顾客来促进服务销售的定价策略。服务企业通过折扣方式可以达到两个目的：(1) 折扣是对服务承揽支付的报酬，如此才能促进服务的生产和消费，例如，保险经纪人的佣金或单位委托顾问服务的费用。(2) 折扣也是一种促销手段，它可鼓励提早付款、大量购买或高峰期以外的消费。折扣有以下几种形式。

（一）数量折扣

数量折扣是指按顾客购买数量的多少，分别给予不同的折扣，购买数量越多，折扣越大。其目的是鼓励大量购买或集中购买。数量折扣包括累计数量折扣和一次性数量折扣两种形式。累计数量折扣规定顾客若在一定时间内购买服务达到一定的数量或金额，则按其总量给予一定折扣，其目的是鼓励顾客经常向本企业购买，成为可信赖的长期顾客。一次性数量折扣规定一次购买某种服务达到一定数量或购买多种产品达到一定金额，则给予折扣优惠，其目的是鼓励顾客大批量购买，促进服务产品多销、快销。

数量折扣的促销作用非常明显，企业因单位服务利润减少而产生的损失完全可以从销量的增加中得到补偿。此外，销售速度加快，企业资金周转次数增加，流通费用下降，产品成本降低，从而导致企业总盈利水平上升。

运用数量折扣的难点是如何确定合适的折扣标准和折扣比例。如果享受折扣的数量标准定得太高、比例太低，则只有很少的顾客才能获得优惠，绝大多数顾客将感到失望；

购买数量标准过低、比例不合理，又起不到鼓励顾客购买和促进企业销售的作用。因此，企业应结合服务特点、销售目标、成本水平、资金利润率、需求规模、购买频率、竞争者手段以及传统的商业惯例等因素来制定科学的折扣标准和折扣比例。

（二）功能折扣

中间商在服务分销过程中所处的环节不同，其所承担的功能、责任和风险也不同，企业据此给予的不同折扣称为功能折扣。功能折扣比例的确定主要考虑中间商对服务企业分销的重要性、购买批量、促销功能、承担风险、服务水平、商业责任以及服务在分销中所经历的层次和在市场上的最终售价等。功能折扣的结果是形成购销差价和批零差价。

（三）季节折扣

有些服务的提供是连续的，而其消费却具有明显的季节性。为了调节供求矛盾，这些服务的提供企业便采用季节折扣的方式，对在淡季购买服务的顾客给予一定的优惠，使企业的生产和销售在一年四季保持相对稳定。例如，酒店在旅游的淡旺季分别采用不同的价格体系来吸引顾客，提高客房的使用率。此外，航空公司、旅行社、商场等服务企业也经常采取季节折扣的方式，吸引顾客购买。

三、新服务定价策略

（一）撇脂定价法

所谓撇脂定价法，是指在市场上以远高于成本的价格投放新服务，以期在短期内获取厚利，尽快收回投资。这一定价法就像从牛奶中撇取所含的脂肪一样，取其精华，所以称为撇脂定价法。这种定价法的目标对象是那些收入水平较高的先锋顾客，他们勇于尝试新事物，并且有足够的支付能力。利用高价产生的厚利，企业在新服务上市之初即能迅速收回投资，从而减少了投资风险，这是使用撇脂定价法的根本好处。此外，撇脂定价法还有以下几个优点：（1）有利于树立服务的良好形象。在新服务或升级服务上市之初，顾客对其尚无理性的认识，此时的购买动机多属于求新求奇。利用这一心理，企业通过制定较高的价格，提高服务形象，创造高价、优质、名牌的印象。（2）为企业调整服务价格留有余地。先制定较高的价格，在新产品进入成熟期后可以拥有较大的调价余地：不仅可以通过逐步降价保持企业的竞争力，而且可以从现有的目标市场上吸引潜在顾客，甚至可以争取到低收入阶层和对价格比较敏感的顾客。（3）有利于企业调整市场需求。在新服务开发之初，由于资金、技术、资源、人力等条件的限制，企业很难以现有的规模满足所有的需求，利用高价可以限制需求的过快增长，缓解服务供不应求的状况，并且可以利用高价获取的高额利润进行投资，逐步扩大服务规模，使之与需求状况相适应。

当然，撇脂定价法也存在缺点：（1）高价服务的需求规模毕竟有限，过高的价格不利于拓展市场、增加销量，也不利于占领市场和稳固地位，容易导致新服务开发失败。

(2) 高价高利会导致竞争者的大量涌入，模仿服务迅速出现，从而迫使价格急剧下降。此时若无其他有效的策略相配合，企业苦心营造的高价、优质形象可能会受到损害，从而失去一部分顾客。(3) 价格远远高于价值，在某种程度上损害了顾客利益，容易招致公众的反对和顾客的抵制，甚至会被认定为暴利而遭到取缔，引发公关危机。

（二）渗透定价法

渗透定价法是与撇脂定价法相反的一种定价策略，即在新服务上市之初将价格定得较低，以吸引大量的购买者，提高市场占有率。利用渗透定价法的前提条件有：(1) 新服务的需求价格弹性较大；(2) 新服务存在规模经济效应。

采用渗透定价法的企业无疑只能获取微利，这是渗透定价法的不足之处。但是，由低价产生的两个好处是：首先，低价可以使服务尽快为市场所接受，并借助大批量销售来降低成本，获得长期稳定的市场地位；其次，微利阻止了竞争对手的进入，增强了自身的市场竞争力。

（三）适中定价法

适中定价法既不是利用价格来获取高额利润，也不会让价格制约企业占领市场。适中定价法尽量降低价格在营销手段中的地位，重视在市场上更有效率的其他手段。当不存在适合撇脂定价法或渗透定价法的环境时，企业一般采取适中定价法。例如，一个企业可能无法采用撇脂定价法，因为其服务被市场看成是极其普通的，没有哪一个细分市场愿意为此支付高价。同样，它也无法采用渗透定价法，因为服务刚刚进入市场，顾客在购买之前无法确定服务的质量，会认为低价代表低质量（价格-质量效应）；或者是因为如果破坏已有的价格结构，竞争对手会做出强烈反应。当顾客对价格极其敏感因而不能采取撇脂定价法，同时竞争对手对市场份额极其敏感因而不能采用渗透定价法时，企业一般采用适中定价法。

虽然与撇脂定价法或渗透定价法相比，适中定价法缺乏主动进攻，但这并不是说正确执行它非常容易或不重要。采用适中定价法，也没有必要将价格定得与竞争对手一样或者接近平均水平。从原则上讲，适中价格甚至可以是市场上最高或最低的价格。与撇脂价格和渗透价格类似，适中价格也要通过参考服务的市场价值来确定。当大多数潜在购买者认为服务的价值与价格相当时，即使价格很高也属于适中价格。

四、关系定价策略

关系定价策略是近年来越来越受服务营销人员喜爱的一种定价策略。关系定价策略适用于服务企业与顾客之间有持续接触的交易，是一种考虑顾客终身价值、基于市场导向的定价策略，它能够刺激顾客多购买本企业的服务而抵制竞争者提供的服务。营销人员首先要理解顾客同企业发展长期关系的需求和动机，其次要分析潜在竞争对手的获利行为。一般来说，关系定价策略可以采用长期合同和多购优惠两种方式。

（一）长期合同

营销人员可以运用长期合同向顾客提供价格和非价格刺激，以使双方建立长期关系，或者加强现有关系，或者发展新的关系。这样可以从根本上转变服务企业与其顾客之间的关系，将一系列相当独立的服务交易转变为一系列稳定的、可持续的交易。每次交易都能提供有关顾客需求方面的信息，由此企业可获得效率等方面的利益。同样，顾客也可随着关系的深入发展而从中受益。来自长期合同的可观、稳定的收入使服务企业可以集中更多资源来拉开与竞争对手的距离。

（二）多购优惠

多购优惠的目的在于促进和维持顾客关系，它是指同时提供两种或两种以上的相关服务，价格优惠确保一次购买几种相关服务比单独购买要便宜。服务提供者将从多购优惠中获取三个方面的利益：（1）多购优惠能降低成本。大多数服务企业的成本结构是提供一种附加服务的成本低于单独提供第二种服务。例如，一家银行如果能在销售存款证书和存款账户的同时销售结算账户，那么它就可共同分摊账户开设和计算机处理成本，产生成本节约。如果银行能以降低收费和提高存款利率的形式将所节约成本的部分或全部让渡给顾客，就能刺激顾客购买相互关联的多种服务。（2）多购优惠能吸引顾客从一个服务企业购买相关的多种服务，开展交叉销售。（3）多购优惠能够有效增加一个服务企业与它的服务对象之间联系点的数目。这种联系点越多，企业获取顾客信息的途径就越广，了解顾客的需要与偏好的可能性也就越大。这类数据信息如能得到充分有效的利用，将会有助于企业与顾客发展长期的关系。

五、服务组合定价策略

一般来讲，专业咨询服务、酒店客房服务、电话通话服务等按时间收取费用，运输企业根据距离收取费用。服务企业往往面临十分复杂的情况，其中相对重要的是，怎样对服务组合中的部分服务进行定价。主要有以下几种方法：

（一）服务线定价法

服务线定价法是指根据顾客对同一服务线不同档次服务的需要，精选设计几种不同档次的服务与价格点。企业为达到自己生存和发展的基本目标，就必须在细分市场的基础上满足顾客的多种需要。因此服务线定价法是企业必然要采用的方法，尤其是顾客对价格比较敏感的服务企业。例如，某酒店的商务套房定价 998 元，豪华套房定价 1 709 元，贵宾套房定价 2 186 元，这样，不同的顾客会按照自己的需求来选择不同的房间。也许某位高级经理人会选择商务套房，而替一位尊贵的客人选择贵宾套房。

在许多行业，企业对其服务设定众所周知的价格点，运用高、中、低价格来让顾客联想高、中、低三个档次的质量。这样即使三个价格都提高了，顾客也会按照喜欢的价格点来进行消费。

（二）特色定价法

新启迪 6-4　米其林餐厅为何价贵

特色定价法是指服务企业在以较低价格提供核心服务的同时，还提供具有吸引力的较高价格的便利服务或支持服务与之相配，依靠后者的销售来增加利润。这种方法可以给顾客一个低价的印象和更大的选择余地。一家以味美价廉闻名的餐馆吸引了众多顾客，但其酒水价格是一般餐馆的 3～5 倍，那么该餐馆就可以利用食品收入弥补成本费用，而利用酒水收入获取高额利润。

（三）分部定价法

分部定价法是指将价格分为固定费用和变动费用两部分，在一定范围内收取固定价格，超出该范围加收变动费用。服务企业常用这种方法，例如，移动通信企业会收取固定的月租费，然后再按使用时间等计价收费；游乐园通常在门票中包括部分可玩项目，若想玩其他项目则需单独支付费用。

（四）捆绑定价法

新启迪 6-5　著名酒店的捆绑定价

捆绑定价法（product-bundle pricing）是指将数种服务或服务特征组合在一起，以低于分别销售时支付总额的价格销售，从而最大限度地吸引各具特征的顾客。捆绑定价法可以使顾客花较少的钱买较多的服务内容，使商家相对较高的固定成本被更多的顾客分担，因此广泛地运用于服务业。

学术前沿　关于服务定价研究的最新概念：便利定价和便利意识

便利定价（convenience pricing）是一种营销策略，通过将产品价格定位在消费者认为便宜、实惠、物有所值的水平上，来吸引消费者的购买。它是根据消费者对产品的便利程度和价值的感受来制定的定价策略。

便利定价的核心目标是为消费者提供方便、简单、易得的产品或服务。消费者在购买决策中，常常会考虑价格以及购买的便利程度。便利定价将价格定位在相对较低的水平，以满足消费者对便利和经济性的需求。这种定价策略希望通过降低价格，促进销售量的增加，从而获得更高的利润。

便利定价常常与批发和零售业务相关。例如，大型超市通过提供繁多的商品种类、方便的购物环境和较低的价格，来吸引更多的消费者。便利店也采用便利定价的策略，将产品价格定位在消费者认为合适而且容易接受的水平上。这些商家常常通过大规模采购和供应链管理来实现成本节约，从而可以提供相对较低的价格。

但是，便利定价也存在一定的风险和挑战。过于低价可能导致产品质量下降，从而引起消费者的不满和退货。此外，过于便宜的价格也可能会对企业的利润率造成影响。因此，企业在制定便利定价策略时，需要均衡考虑成本、利润和消费者的诉求，确保价格的合理性和可持续性。

便利意识（convenience consciousness）是一种消费者对可以节省时间和精力的商品、服务或购买过程的偏好。与价格意识的概念类似，便利意识可以理解为消费者专注于节省时间和精力的程度。高度便利意识的消费者在购物时会非常注重便利方面，并且甚至愿意为了增加便利性而支付更高的价格。

资料来源：Wieseke J，Kolberg A，Schons L M. Life could be so easy：the convenience effect of round price endings. Journal of the Academy of Marketing Science，2016，44（4）：474－494；Chenavaz R，Drouard J，Escobar O R，et al. Convenience pricing in online retailing：evidence from Amazon. com. Economic Modelling，2018，70：127－139.

素养园地

华为不打价格战

2024年是原生鸿蒙的关键一年。华为将加快推进各类鸿蒙原生应用的开发，集中打赢"技术底座"和"三方生态"两大最艰巨的战斗，通过技术创新、产品创新和商业模式创新，为消费者提供高端精致、简单易用、极致流畅、纯净安全的服务体验。已经有包括爱奇艺、支付宝、美团、米哈游、B站、高德地图在内的超400家企业宣布启动鸿蒙原生应用开发，涵盖出行、社交、游戏、办公、购物、生活、教育等18个领域。华为应用市场已经上线鸿蒙原生应用专栏——鸿蒙先锋，上线专栏的应用已有150多款，包括高德地图、QQ音乐、爱奇艺、喜马拉雅、抖音等，基本覆盖衣食住行各个方面。

华为是中国服务型企业的一个成功案例，它以优质的产品和服务取胜，避免了价格战的竞争。早在2005年的时候，任正非就已经认识到低价倾销产品的策略对企业和行业的危害，并写了一篇题为《华为与对手做朋友　海外不打价格战》的文章，明确提出不打价格战的口号。他在文章中指出："在海外市场拓展上，我们强调不打价格战，要与友商共存双赢，不扰乱市场，以免西方公司群起而攻之。我们要通过自己的努力，通过提供高质量的产品和优质的服务来获取客户认可，不能由于我们的一点点销售来损害整个行业的利润，我们决不能做市场规则的破坏者。"在此原则上，华为之所以能够脱颖而出，取得如此巨大的成功，离不开以下几个关键因素。

首先，华为一直致力于技术创新和研发投入。作为通信设备和信息技术领域的领军企业，华为不断进行技术创新，并投入大量资金用于研发，以推出全球领先的产品和解决方案。据华为官方数据，截至2023年8月，鸿蒙生态的设备数量就已超过7亿，已有220万开发者投入鸿蒙生态的开发。这一数字显示出华为对于推动技术创新的承诺和投入。这使得华为在服务质量上有着明显的优势，能够满足客户的高要求。

其次，华为非常重视客户导向和需求响应。华为通过深入了解客户的需求，并运用自身的专业能力和经验，为客户量身定制解决方案，并提供持续的日常维护和支持服务。这种高度个性化和专业化的服务质量，使得客户在使用华为产品和服务时得到了极佳的体验，提高了客户的满意度。根据市场调研公司君迪（J. D. Power）在2020年发布的中国智能手机用户满意度调查报告，华为在所有智能手机品牌中排名第一。

再次，华为还非常注重品质管理和持续改进。华为高度重视品质，从产品设计到生产制造的全过程都严格控制质量，并通过ISO质量管理体系的认证来确保产品的稳定性和可靠性。华为还不断改进产品和服务，从客户反馈和市场需求中汲取经验，不断提高质量，以满足客户更高的期待。

最后，在全球化布局和本土化服务方面，华为也取得了巨大的成功。华为在国际市场上广泛覆盖，具备强大的运营能力，并依托本土化的业务和服务部署，为客户提供与当地市场紧密结合的解决方案。华为拥有全球领先的供应链管理体系，能够高效地为全球客户提供产品和服务交付，使得客户可以享受到高效、定制化的服务，提高了客户的满意度。

华为凭借其持续的技术创新、客户导向和品质管理，以及全球化布局和本土化服务的战略优势，获得了巨大的市场份额和用户忠诚度。华为的成功经验为其他服务型企业提供了宝贵的借鉴和启示。

资料来源：华为：2024年鸿蒙生态全面进化关键一年.（2024-01-02）. 环球网.

小结

价格是服务营销组合7P因素中十分敏感又难以控制的因素，它直接关系着市场对企业服务的接受程度，影响着市场需求和企业利润收入，牵动企业、中间商、顾客等多方面的利益。服务营销组合其他因素所创造的价值，要靠定价给企业带来回报。在市场竞争激烈和环境变幻莫测的时代背景下，服务企业本来已面临日益增大的造价压力，而互联网比价的流行以及顾客对让渡价值的追求进一步加大了定价的难度。

有形产品的定价理论一般都适用于服务，但服务定价也有其特殊之处，包括复杂的价格术语、多样的定价理念和动态的定价策略等。就定价理念而言，有追求投资回报、提升市场份额、关注社会效益、重视顾客满意度等。服务定价的主要影响因素有成本、需求与竞争。服务企业的定价目标包括三种利润导向目标和两种数量导向目标。前者包括最大利润目标、投资回报目标和适当利润目标，后者包括以销量最大化为定价目标和以适应竞争、争取尽可能多的顾客数量为定价目标。企业在确定服务价格时，必须考虑的因素包括服务的市场定位、服务生命周期阶段和价格的战略角色。

服务企业常用的定价方法通常有成本导向定价法、需求导向定价法和竞争导向定价法。成本导向定价法包括成本加成定价法、边际成本定价法、盈亏平衡定价法和投资回报率定价法。需求导向定价法包括感知价值定价法、需求差别定价法。竞争导向定价法包括随行就市定价法和差别形象定价法。

服务定价策略既是一个科学问题，也是一个艺术问题。服务企业的定价策略有心理定价策略、折扣定价策略、新服务定价策略、关系定价策略和服务组合定价策略等。心理定价策略包括声望定价法、招徕定价法、整数定价法和零头定价法。折扣形式包括数量折扣、功能折扣和季节折扣。新服务定价策略包括撇脂定价法、渗透定价法和适中定价法。关系定价策略包括长期合同和多购优惠。服务组合定价策略包括服务线定价法、特色定价法、分部定价法和捆绑定价法。

重要概念

固定成本	变动成本	准变动成本	经验曲线
需求价格弹性	市场定位	成本加成定价法	边际成本定价法
盈亏平衡定价法	投资回报率定价法	感知价值定价法	需求差别定价法
随行就市定价法	差别形象定价法	心理定价策略	声望定价法
招徕定价法	整数定价法	零头定价法	折扣定价策略
数量折扣	撇脂定价法	渗透定价法	适中定价法
关系定价策略	多购优惠	服务线定价法	特色定价法
分部定价法	捆绑定价法		

复习题

1. 影响服务定价的因素有哪些?
2. 服务定价的主要方法有哪些?
3. 服务的心理定价策略有哪些?
4. 新服务定价策略有哪些?
5. 服务组合定价策略有哪些?

第7章

服务分销

思维导图

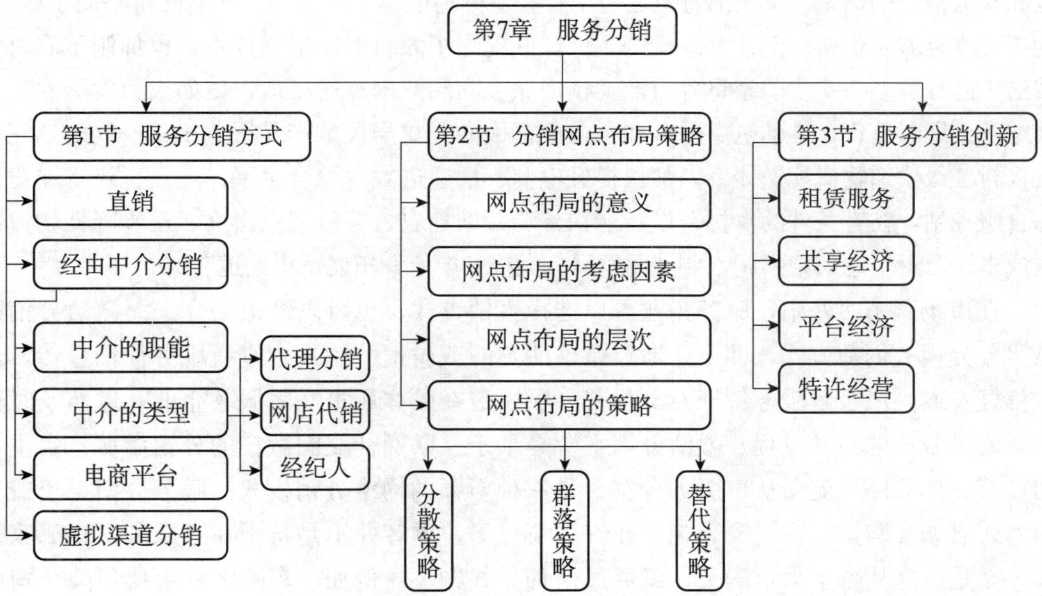

本章要点

- 中介在服务分销中承担的职能。
- 虚拟渠道分销的优势。
- 网点布局的考虑因素和布局策略。
- 租赁服务、共享经济、平台经济、特许经营的新发展。

第 1 节　服务分销方式

服务分销是指企业借助各种不同的渠道将服务提供给消费者的活动过程。党的二十大报告指出，“加快发展物联网，建设高效顺畅的流通体系，降低物流成本”①。《关于恢复和扩大消费的措施》推出的背景之一是有些乡村超市、小卖部的一些商品价格高于城里。物流成本是城乡价格“倒挂”现象的主因，既提高了农村居民生活成本，也抑制了农村消费潜力的释放。下一步国家将着力推动畅通城乡商品双向流通渠道，比如大力发展农村直播电商、即时零售，推动电商平台和企业丰富面向农村居民的产品服务供给。同时，完善县乡村三级快递物流配送体系，加快提升电商、快递进农村综合水平；建设村级寄递物流综合服务站，在有条件的乡村布设智能快件箱，增加农村零售网点密度，逐步降低物流配送成本。习近平总书记强调，要“要发展壮大扶贫产业，拓展销售渠道”②。

在市场营销实践中，服务企业可以选择直销方式，也可以经由中介。而微信分销则是服务分销的创新方式，即企业通过微信朋友圈或微信分销平台进行服务促销宣传，让微信好友或网民了解服务特征及其优势，吸引潜在顾客积极联系服务企业，进而及时选择、购买服务的活动过程。微信分销平台是基于互联网社交圈微信的分销商城，卖主利用社交媒体的巨大流量从事服务分销，是一种新颖的网络分销模式。服务分销渠道或分销方式对顾客购买具有重要影响。在许多情况下，顾客并不是特别在意服务出自哪家企业，而是在意从哪个渠道购买，或通过何种方式购买。例如，车险客户更换保险公司的频率很低，但是分销渠道或分销方式是影响其决定购买与否的关键因素。

一、直销

直销是指服务企业不经由任何中介，直接将服务销售给最终消费者的分销方式。服务企业经常选择的分销方式就是直销，这主要是服务的相连性即服务提供者和消费者不可分离所导致的。直销往往能给服务企业带来某些特殊的营销优势：（1）对服务的供应

---

① 习近平. 高举中国特色社会主义伟大旗帜　为全面建设社会主义现代化国家而团结奋斗：在中国共产党第二十次全国代表大会上的报告. 人民日报，2022-10-26.

② 习近平春节前夕赴贵州看望慰问各族干部群众　向全国各族人民致以美好的新春祝福　祝各族人民幸福吉祥　祝伟大祖国繁荣富强. 人民日报，2021-02-06.

与递送可以保持较好的控制。若经由中介处理，往往会造成失去控制的问题。习近平总书记强调，要“规范中间环节、中介组织行为，减轻企业负担”①。(2) 以真正个性化的服务方式，在其他标准化、同质化以外的市场，产生富有特色的服务的差异化。(3) 可以从顾客那里直接了解需求现状、未来需求变化及其对竞争对手服务的意见和态度等信息。(4) 能够保证经营原则始终得到贯彻，尤其是在推出新服务时。(5) 能够保证服务企业的利润在内部进行分配，而不需要与其他组织分享。

一些投资顾问机构或会计师事务所有时会主动地限制顾客的数量，以为顾客提供个性化服务。但如果直销是由服务的相连性决定的（如法律服务、家教、美容美发、照顾护理以及其他家政服务），这时服务提供者可能面临如下问题：(1) 在针对某一特定专业个人需求（如著名的辩护律师）的情况下，公司业务的拓展便会遇到种种问题。(2) 直销有时意味着局限于地区性市场，在人的因素所占比重很大的服务中更是如此，任何科技手段都无法充当服务机构与顾客之间的桥梁。

新启迪 7-1

微博营销

虽然移动互联网流量红利期已经结束，但中国社交媒体用户每年仍有近1亿的增量，增速高达10%。作为中国最具影响力的社交媒体之一，微博在保持自身用户快速增长的同时，也为企业客户创造了巨大的营销机会。

微博是一个媒体化、社会化、融合化的广场型社交平台，聚合了海量的用户、丰富的关键意见领袖（KOL）以及鲜活的热点、多元的内容，再加上平台特有的热点引爆、兴趣聚合等属性，因而能够把品牌与用户紧密地连接起来，在共鸣场域中催化品牌与用户的关系，助力企业释放其商业价值。

从用户层面看，微博有4.97亿月活跃用户，其中81%是30岁以下的年轻人，57%为三四线城市用户，63.9%的月活跃用户同时也是网购兴趣用户，微博上的火爆品牌与天猫上的爆品具有一致性，微博上具备年轻力、下沉力和购买力的用户，是企业想触达的优质目标消费者群体。

从创作者与内容层面看，微博拥有78万头部创作者，他们分布在64个垂直兴趣领域。此外，还有2.8万明星及其相关的账号、3 000多个多频道网络（MCN）机构、500多个合作IP。这些构成了一个巨大的能量场，赋能企业社会化营销创新，深度连接目标用户。

二、经由中介分销

（一）中介的职能

中介是指介于服务的生产者与消费者之间，依法取得资格，帮助生产者向消费者分销服务的机构。中介在服务分销过程中，除了承担交易职能，还要承担以下几种分销职能。

① 习近平．在民营企业座谈会上的讲话．人民日报，2018-11-02.

1. 引入职能。引入职能是指服务出现在顾客更方便购买的时间和地点，将更多的顾客引入服务的分销系统中。这一职能可以由服务的中介来完成。中介地域分布的广泛性能够使服务在更多的地方、更长的时间内进行销售。比如在各级音像店中销售音乐会、歌舞剧的门票等。

2. 信息职能。要使潜在购买者了解服务的特点，仅仅依靠媒体广告是远远不够的，还需要销售人员与顾客直接进行服务沟通。依靠中介的参与可以缓解服务企业人员不足的问题，向潜在购买者提供更全面的信息。

3. 展示职能。通过中介进行服务的有形展示，能够增强顾客对服务的直观感受，引发顾客的购买冲动，进而促进服务的销售。相对于直销而言，中介可以代理多种服务，包括竞争性、互补性的服务，甚至可以将主要服务、附加服务打包出售，从而形成很强的消费吸引力。

4. 承诺职能。服务提供者关于服务质量保证的承诺能够通过中介有效地传递给顾客，并且因为顾客容易接近增加了质量承诺的可信度。中介的介入保证了服务的可靠性。

5. 支持职能。对于服务提供者而言，促销分销环节的外移节约了其固定成本的投入和管理精力，通过中介进行分销在某种程度上减少了服务提供者的市场风险。

6. 后勤职能。在正式服务前的一些准备工作，如培训服务的教室准备、设施保障、师资安排等教务工作，再如旅行团的集合、分组、统一标识等工作都可以由中介来进行。

7. 跟踪职能。后勤职能通常表现为服务前的准备工作，跟踪职能则表现为服务后的一些善后工作，包括解答疑问、获得反馈信息等。中介的加入能大幅弥补这一职能的欠缺，这一点在保险服务中体现得尤为明显。投保人希望遇险后立刻获得损失检验和赔偿支付，这往往是保险公司力不能及的。

（二）中介的类型

只要服务企业和中介信誉可靠，那么完全可以由中介完成服务的分销。随着服务竞争的深化，通过中介进行市场扩张已经成为服务业销售的发展趋势。服务业的中介形态很多，常见的有下列三种。

1. 代理分销。代理分销是指由委托人与代理人签订代理协议，授权代理人在一定范围内代表其向第三者进行服务分销，处理有关事务。一般常见于旅游、住宿、运输、保险、信用、家教、家政等服务业。

2. 网店代销。网店代销既可以代销服务，也可以代销实物。服务代销是指某些提供网上批发服务的网站或者服务企业与想做网店代销的人达成协议，为代销人提供服务内容、服务质量、服务场景的图片等数据，并以代销价格将服务提供给网店代销人销售。而代销人是指为与其达成协议的批发网站实行终端销售的网店代销资格人。

代销可以销售很多同类服务，且没有地域限制。而代理一般只能销售企业某一品牌的服务，且有地域限制。一旦服务企业在某个地区授权了代理人，代销人在该地区代销企业服务，就必须得到代理人的授权，没有授权是不能销售的，代理人在取得代理权的时候都会明确与供应商约定，其代理地区的销售只能由其负责。

一些代销网站专门设立了代销培训，让代销人了解操作流程、操作规范、奖罚条例、职责范围等，指导代销人更好地开展业务。

3. 经纪人。经纪人是指为促成他人产品或服务交易，在委托方和合同方订立合同时充当订约居间人，为委托方提供订立合同的信息、机会、条件，或者在隐名交易中代表委托方与合同方签订合同而获取佣金的依法设立的经纪组织和个人。

就服务业而言，有技术经纪人、劳务经纪人、文化经纪人（如明星经纪人）等。技术经纪人是指以收取佣金为目的，为促成他人技术交易而从事居间、经纪或者代理等经纪业务的公民、法人和其他经济组织。劳务经纪人是指以获取佣金为目的，从事劳务中介的机构、公司和个人等。

文化经纪人是指与文化市场相关的众多行业的经纪人群体，即在演出、出版、影视、娱乐、美术、文物等文化市场上为供求双方充当媒介而收取佣金的经纪人。党的二十大报告指出，“繁荣发展文化事业和文化产业。坚持以人民为中心的创作导向，推出更多增强人民精神力量的优秀作品，培育造就大批德艺双馨的文学艺术家和规模宏大的文化文艺人才队伍”①。文化经纪人也可以分为两种，即文化艺术经纪人和体育经纪人。文化艺术经纪人的服务对象是文化艺术界的人，体育经纪人的服务对象是体育界的人。

文化经纪人已经成为国际上公认的“金领职业”。为文化体育明星服务的明星经纪人又可以分为两类：一是演艺中介，是指为明星演出、出席、展露及其他活动牵线搭桥，从中收取佣金的个人或组织。二是营销经纪人，是指具有市场开拓、包装运作、形象策划、公关协调等营销能力的专业型经纪人。他们精通文化、体育、艺术等专业知识，善于经营管理，依托广泛的社会关系，凭借敏锐的营销视野，开发明星的潜质，“包装”营销明星，帮助明星寻找成长发展的机会。

中介可能的形式还有很多，某些服务交易可能会涉及多家服务企业。例如，某人长期租用一套房屋，可能涉及的服务企业包括房地产代理、公证人、银行、建筑商等。另外在许多服务业市场（如拍卖），中介还可能会代表买主或卖主。

新启迪 7-2

数字经济时代的分销创新

数字经济时代，面向终端客户的保险分销有两类主要渠道：一是保险公司数字化的分销体系，包括保险公司自建的数字化直销平台、合作的场景，也包括数字化技术加持下的新型代理人团队；二是有客户洞察和服务能力的平台型公司，包括掌控各类数字生态入口的大型数字寡头企业，也包括细分领域的数字生态。基于两类渠道，大量的重要新势力会生长在其上。例如，KOL型代理人将成为寿险销售的重要渠道。流程上，KOL首先通过保险、教育、产品比较、行业热门话题等方式聚集关注者，而微信公众号、知乎等则是聚集人气、沟通信息的优质渠道。之后，将用户从公众号等公域引导到微信群等私域，由客服人员进行不断的交流和促销引导。最终，通过多次触达、沟通和咨询，实现线上渠道的长险转化。除了KOL型代理人，各类互助社区，零售、航旅等数字场景，都在逐渐成长为保险分销领域的重要势力。

---

① 习近平. 高举中国特色社会主义伟大旗帜 为全面建设社会主义现代化国家而团结奋斗：在中国共产党第二十次全国代表大会上的报告. 人民日报，2022-10-26.

（三）电商平台

在数字经济时代，服务企业也可以借助电商平台分销服务。习近平强调，要积极发展农村电子商务和快递业务，拓宽农产品销售渠道，增加农民收入[①]，电商在农副产品销售方面大有可为[②]。电商平台是为企业或个人提供的网上交易洽谈的平台，是建立在互联网基础上进行商务活动的虚拟网络空间和保障商务顺利运营的管理环境，是实现信息流、物流、资金流有序、高效流动的重要场所。企业可以充分利用电商平台提供的网络基础设施、支付平台、安全平台、管理平台等共享资源，高效率、低成本地开展服务分销活动。著名的电商平台有京东、当当、淘宝等。

三、虚拟渠道分销

虚拟渠道分销是指借助现代数字技术联络客户、发布信息、预约服务以及递送服务。

（一）虚拟渠道分销的优势

利用虚拟渠道进行分销是一种新方式，相对于传统的分销渠道，虚拟渠道运用系列化、系统化的电子工具，将原有的纸张流动、货币流动甚至人员流动几乎全部变成了电子流动。虚拟渠道分销的优势如下：

1. 提供服务的时间随意化、空间虚拟化。这是虚拟渠道分销的最大特点与优势。从购物时间看，顾客可以任意安排时间，大大方便了顾客。从空间看，虚拟渠道构成的空间没有地域限制，是一个依靠现代数字技术进行交流的虚拟空间。

2. 经营成本低廉。（1）设备的购置费用低，而传统的服务店铺需要昂贵的租金。（2）在交易成本方面，互联网提供了最低成本的交易途径。研究表明，通过互联网与1 000个用户建立联系的成本几乎只相当于采用传统方式与1个用户建立联系所需要的成本，也就是说，通过互联网进行交易的边际成本几乎为零，但边际效益却大于零。（3）一个经营良好的网上服务点，可以将库存降至最低。（4）网上服务可以节省大量的时间，减少通信、谈判、交通等方面的支出，服务提供者可以与顾客直接在网上进行沟通。

3. 信息处理快捷。一方面，以电子化的方式在网上收集、处理、传递信息，增加了沟通的便利性；另一方面，服务提供者可以与顾客就交易的内容在短时间内达成一致，大大缩短了交易时间。

4. 便利个性化服务。虚拟渠道分销的最大特点是以顾客为导向，顾客拥有比过去更大的选择自由，“依托我国超大规模市场优势，以国内大循环吸引全球资源要素，增强国内国际两个市场两种资源联动效应”[③]，顾客可以根据自己的个性特点和需求在全球范围内寻找服务提供者，不受地域限制。通过进入感兴趣的网站或虚拟店铺，顾客可以获取

---

① 坚定信心埋头苦干奋勇当先 谱写新时代中原更加出彩的绚丽篇章．人民日报，2019-09-19.

② 习近平：电商在农副产品销售方面大有可为．(2020-04-21)．共产党员网.

③ 习近平．高举中国特色社会主义伟大旗帜 为全面建设社会主义现代化国家而团结奋斗：在中国共产党第二十次全国代表大会上的报告．人民日报，2022-10-26.

企业的相关信息，使购物更加个性化。

（二）企业网站的类型

一般来讲，企业建立自己的网络渠道总有其目的，根据侧重不同，可以将企业网站分为以下五种类型。

1. 信息传播型。设计目的在于通过间接的途径获取经济效益，例如促进相关产品的销售和销售成本的降低。收益的根源在于通过网络引起公众对服务的注意，从而增加现实当中的交易机会。这种网站的价值应当通过网民上网时的注意率以及他们受到的购买诱惑来衡量。

2. 广告促销型。网络电视、广播以及许多期刊型网站走的是广告模式的路子。技术和信息内容编制需要的所有费用均来源于广告收入。此时，顾客的注意力就成为网站价值的关键衡量标准。

3. 付费订阅型。网站订阅的费用可能按小时、天、周、月或年来支付。最常用的支付手段是信用卡、微信、支付宝等。

4. 在线销售型。一个进行产品销售的网站实际上是一个电子版的产品目录。这些虚拟店铺通过精心编制的图片和文字来描述它们提供的产品、开展促销活动并进行在线交易。一旦产品被购买，该网络企业就安排产品销售的执行，包括包装和运送等。执行过程有时由网络企业来进行，有时则由生产厂家通过配送机制来完成。

5. 售后服务型。作为一种有效的沟通渠道，许多企业利用互联网提供技术支持与售后服务。特别是一些互联网企业，需要对产品进行技术说明，提供免费升级软件。利用互联网可以让顾客在网站上寻求即时支持和售后服务，只有技术难度较大和专业知识要求较高时，这些企业才通过传统渠道解决问题。

关于法律服务网络问题，党中央一直高度重视，指出，要围绕更好满足人民群众日益增长的法律服务需求，健全公共法律服务网络，拓展服务领域，创新服务方式方法，完善服务体制机制，提高服务质量，加快建设覆盖城乡、高效便捷、均等普惠的现代公共法律服务体系。[①]

第2节　分销网点布局策略

一、网点布局的意义

近年来，我国致力于“优化基础设施布局、结构、功能和系统集成，构建现代化基础设施体系”，“统筹乡村基础设施和公共服务布局”[②]，为服务企业分销网点布局创造了十分便利的环境条件。网点布局是指服务分销网点位置的选择、确定，是与服务企业营销战略和竞争战略相联系的一项重要策略。成功的布局可使企业在环境适应、竞争地位、

① 把稳方向突出实效全力攻坚　坚定不移推动落实重大改革举措．人民日报，2019－03－20．

② 习近平．高举中国特色社会主义伟大旗帜　为全面建设社会主义现代化国家而团结奋斗：在中国共产党第二十次全国代表大会上的报告．人民日报，2022－10－26．

需求管理、规模效益、柔性生产、贴近需求等方面得到改善，具有重要的意义。

（一）增进环境适应

环境适应是指服务企业对外在营销宏观环境改变的反应能力。营销宏观环境是指那些给企业带来市场机会和环境威胁，能够影响企业运作和绩效的自然及社会力量的总和，包括人口环境、经济环境、自然环境、技术环境、政治法律环境以及社会文化环境等。因为网点布局策略牵涉到企业大量资金的投入，因此网点位置的选择将大大影响企业能否对未来的经济、人口和竞争态势变化保持良好的反应能力。例如，在全国范围内布局，可以降低物流成本，摆脱因区域经济下滑导致的经营困境；在全球范围内布局，可以抵御因国家政治、经济危机造成的全面金融风险。总之，服务企业网点布局有助于增强企业对外部环境的适应能力，提升竞争实力。

（二）巩固竞争地位

竞争地位是指服务企业相对于竞争对手的实力状况和市场地位。成功的网点布局可以通过率先形成的便利的服务体系和市场认知度而设置一种无形的进入障碍。而在市场繁荣前获得并保持最佳位置，更是能够人为地创造一种竞争优势，从而有效地打击竞争对手，进一步巩固服务企业的竞争地位。

（三）改善需求管理

需求管理是指企业对服务需求的数量、质量和实践的控制能力。服务固有的属性——生产能力的有限性、低弹性和服务的不可储存性，决定了服务企业往往很难引导需求、控制需求，但是，服务企业可以通过在不同的市场群体周围布局网点的策略来达到控制需求并改善需求管理的战略目的。不同的客户群体能有效地保证为企业提供相对稳定的需求，这对于饱受需求波动之苦的服务企业具有重要的战略意义。

（四）提升规模效益

规模效益是指企业将生产要素等比例增加时，产出增加价值大于投入增加价值的情况。只有当经营规模扩大，其产出增加的比例大于全部要素投入量增加的比例时，这种经营规模才具有规模效益。服务企业可以通过在众多网点提供相同或相似的服务，获得规模经济效益。多点定位和服务标准化策略能使优质的服务得到迅速复制，这是企业扩张的一种常用策略。当然，多点布局也可能存在引发邻近网点相互争夺业务、浪费经营资源的风险，但是基于理想的成长模式规划的网点布局策略将有助于提升规模效益，规避市场风险。

（五）强化柔性生产

柔性生产是指通过系统结构、人员组织、运作方式和营销管理等方面的改革，使生产系统快速适应市场要求变化，消除冗余无用的损耗，取得最大的经济效益。一些服务的设施简单，所需服务人员较少，比如便利店、洗衣店、私人诊所、美容院、健身房等。这些服务项目在空间上具有很高的柔性即灵活性，对需求的空间适应性很强，如果需要，可以很容易地实现服务系统移植和多点布局。另一些服务却与空间地域结合得非常紧密，消费需求只有在服务的集中地才能得到满足，典型的代表是旅游业，比如颐和园、八达岭长城、天安门只能在北京看得到。还有一些服务只有实现对大型设施和专业人员的集中，才能保证服务质量、服务特色或服务优势。比如北京协和医院等中外闻名的医疗机构，如果只有简单的医疗器械和几名专家，是无法使人相信其是以治疗疑难杂症而闻名于世的。这些服务项目本身的特点决定了其生产灵活性不足，对它们进行多点定位是不现实的。当然，有些服务本身和营销策略的创新可以在一定程度上改变服务生产的灵活性，比如集中进行服务生产，形成规模效益，但将分销网点或中介分散布局。银行总部的中央电脑和金融专家与在分支行的电脑终端和柜台人员便构成了一个分合有度的产销体系，从而提高了服务生产、递送的柔性。

新启迪7-3

柔性服务的魅力

柔性服务极具传播价值。采用柔性服务本身已经颠覆了企业所在行业的传统做法，从资源配置、服务方式到顾客体验，都会给人耳目一新的感觉。而且，柔性服务多数会伴随商业模式和技术上的创新，比如优步（Uber）将移动互联、移动支付、顾客关系管理等新工具融合在一起呈现给顾客，这些创新非常有吸引力。因此，当企业采用柔性服务后，将有机会实现成本小、收效大的“软传播”，即通过吸引媒体的关注和报道，节约大量传播费用，掌握传播主动权。

柔性服务是品牌美誉度的有力支撑。柔性服务的精髓是个性化，而个性化服务带给消费者的必定是更好的体验。这种良好的体验会减少消费者的抱怨，同时提升企业获得正面评价的机会。比如，有的企业的产品和服务在同行中并不是很突出，但其在顾客享受其服务的各个环节都加入了一点人性化体验，比如老顾客进店就能被叫出名字，记得老顾客的喜好等，这为其赢得了非常高的美誉度。

柔性服务是顾客与企业的黏合剂。柔性服务的核心是为不同顾客提供量身定制的服务，这会给顾客带来双重感受：基本需要（个性化的销售体验）和社会需要（尊贵的社会地位感受）。在这一过程中，如果顾客愿意承担因此带来的溢价，那么他就会习惯于接受量身定制的服务，进而成为企业的忠诚顾客，并且忠诚顾客的数量会随着口碑效应成倍增长。如家酒店的房间不是最大的，设施也不是最好的，但是因为从微信平台订房到房间布置的每个细节，都能让出差的商务人士体会到专属服务，所以，虽然如家酒店的会员数量和同行相比并没有太大优势，但如家酒店的活跃和忠诚顾客的比例远超同行。

（六）有效贴近需求

市场需求会因为人在空间位移的灵活随意性而具有相当的空间自由选择性。理论上讲，对于大多数服务而言，能够限制需求物理运动的因素是相当有限的，但对于一些特殊的服务而言，至少以下四个因素限制了需求的灵活性：(1) 有些服务的标的是顾客所有的一个物体，而这个物体具有空间上的固定性，比如针对住宅、厂房、设备等的保洁、调试、维修等服务。(2) 有些服务的目标顾客本身就不能移动或不便移动，比如以重伤、重症病人为服务对象的急救中心服务等。(3) 对于靠低价促销的服务、标准化的服务、人员接触少的服务等，顾客很难体会到服务之间的差别，所以一般不太乐于为获得服务而进行长距离移动，因此，只有在需求发生地点附近存在分销点，才会方便顾客购买。(4) 对于经常性、习惯性购买的服务，顾客希望就近获得。只有对那些购买频率低、服务优势明显、专业化程度高的服务，顾客才愿意投入更多的时间，搜索更大的空间范围去完成消费。服务企业的网点布局将有助于企业更有效地贴近需求、满足需求，实现可持续发展。

二、网点布局的考虑因素

一旦服务企业的决策层认定有必要建立分散的网点，那么，下一步就需要进行网点数量和地址选择。影响分销网点布局的主要因素有四个方面。

（一）营销战略

这是决定服务企业是否采取多点布局最根本的参照标准。如果一家服务企业在营销战略上采取全球扩张、主动竞争的态势，那么它的网点数量和地址选择的标准自然就是基于全球范围的多点布局和全线出击的策略；如果企业只希望在某一区域内逐步扩张，那么它的网点布局标准就可能是以重点地区的重要网点为中心，进行梯度扩张的策略。

（二）企业特征

所有服务企业在考虑网点布局时都会以追求某种利益最大化为决策标准。不同的是，对于竞争性的服务企业，网点布局策略由成本最小化（如各类服务分销商）或利润最大化（如零售商等服务生产点）决定；而公共服务组织的定位决策则更多地考虑社会整体利益的最大化。诚如党的二十大报告中指出的，要“加快义务教育优质均衡发展和城乡一体化，优化区域教育资源配置”①。而银行网点选址，则要考虑附近居民家庭状况、人口密度、交通地理位置、购买力、竞争局势及未来规划方向等。

（三）竞争态势

这是影响服务企业网点布局和地址选择的重要因素和标准。在竞争策略上采取积极抗衡、同步竞争策略的服务企业往往把网点设置在竞争对手网点的邻近区域，比如肯德基和麦当劳两大快餐店，网点遍布全球，数量庞大，竞争十分激烈。几乎所有有肯德基门店的地方都会有麦当劳门店。

---

① 习近平．高举中国特色社会主义伟大旗帜　为全面建设社会主义现代化国家而团结奋斗：在中国共产党第二十次全国代表大会上的报告．人民日报，2022-10-26.

（四）行业布局

近年来，我国致力于“优化重大生产力布局，构建优势互补、高质量发展的区域经济布局和国土空间体系。”[①] 服务企业所在行业的网点分散程度也是网点布局决策应当重点考虑的因素。举例来说，对超级市场连锁集团而言，15 万人以上的商圈可以支持一家超市，而在 60 万人的区域范围内至少应有两家分店，以便居民能在短时间内完成日常购物。类似的银行、诊所、茶馆、干洗店、电竞馆、足疗馆、快餐店等一般采取以距离或人口为基础的网点分布惯例。依据这些惯例，可以寻找潜在可进入的商圈，并兼顾竞争对手的网点布局和长远发展的潜力确定待进入的商圈，供下一步参考。

新启迪 7－4　中国邮政储蓄银行的网点布局

三、网点布局的层次

在评估了网点布局的四个考虑因素后，也就到了网点布局的实质性阶段。但网点布局并不是一蹴而就的，而是一个有步骤的战略性决策过程。一般而言，服务企业的地理布局包括从地域到地区再到地点三个层次。

（一）地域布局

地域布局是指在服务可达的最大范围内对服务分销网点的区域分布的基本确定。特别要注意的是对待定区域市场的需求调研预测和评估是地域布局的基础和前提。近年来，我国“深化医药卫生体制改革，促进医保、医疗、医药协同发展和治理。促进优质医疗资源扩容和区域均衡布局”[②]，从而为健康服务业在服务营销过程中实施精准有效的地域布局打下了坚实基础。

（二）地区布局

地区布局是指在选定的区域中选择最易于经营的城区或街区来确定分销网点的设置方位，诸如繁华区、商业中心、商业街等。地区布局主要考虑该地区的人口密集度、服务企业密度以及服务企业之间的结合力等。

（三）地点布局

地点布局是指最终确定的服务设施和店铺的确切地点或具体位置。在此引入服务商圈的概念。服务商圈是指服务网点以其所在地为中心，沿着一定的方向和距离扩展，吸引顾客的范围，简单地说，就是吸引顾客的地理区域。服务商圈的大小与顾客购买服务的特点、顾客行为、交通因素等有很大关系。对于新设网点服务商圈的划分，往往通过

① 习近平．高举中国特色社会主义伟大旗帜　为全面建设社会主义现代化国家而团结奋斗：在中国共产党第二十次全国代表大会上的报告．人民日报，2022－10－26．

② 习近平．高举中国特色社会主义伟大旗帜　为全面建设社会主义现代化国家而团结奋斗：在中国共产党第二十次全国代表大会上的报告．人民日报，2022－10－26．

市场调查来进行，包括对市场环境的分析和对顾客基本特征的分析以及竞争网点的调查。

虽然客观上地理布局往往由于先入者对地点的垄断性占据而受到阻碍，但主观上有两条布局原则是必须遵循的。一是服务网点"三布局层次"必须坚持统一的布局标准，同时要在考虑同业的集中情况和交通便利情况等基础上做到灵活变通。二是地理位置的选择必须按照"地域—地区—地点"的顺序进行。有些企业先考虑地点，对地区乃至地域的现状和发展趋势分析不够，如果当地人口外迁、地域经济中心转移，将会导致偏离预期的投资失败。

四、网点布局的策略

（一）分散策略

这是将服务企业的网点布局分散，即多店铺和多点化策略。分散策略通过将网点布局的均衡区域放大，扩大目标市场的覆盖面，提高竞争力，由此可以获得至少三个优势：

1. 有效提升知名度。大范围的网点布局辅以统一的形象识别，可以提升服务企业知名度，增加各网点的吸引力。

2. 先入优势得回报。服务企业如果是当地的先入者，则可利用分散布局抢先占领市场，取得良好的投资回报。

3. 配置资源求发展。服务网点的广泛分布可以使企业统一调度资源，发挥整体优势，激励各网点扬长避短。

（二）群落策略

群落原本是一个生物学概念，这里用来指商家群聚的现象。群落策略是指服务企业将分销网点布局在同行竞争者聚集的楼宇、街道或区域，同时，企业自身的各个网点也适当集聚，形成在一定时间和空间内旗舰网点、综合网点、轻型网点等各业态分布的种群集合。群落策略包括竞争群落策略和饱和群落策略。竞争群落策略是指在众多竞争对手集中的地方设立店铺，以求共赢。这是基于对顾客在众多竞争的服务企业之间选择时表现出的消费行为特征的分析和服务企业的具体实践总结出来的。饱和群落策略则是竞争群落策略的进一步发展，指在金融街、中央商务区、繁华市区、交通流动率高的街区集中、饱和地聚集了众多提供相同服务的场所或店铺。尽管其会造成资源的浪费，但在实践中，因此而获得的广告费用的降低、便于监督和识别等优点，能够弥补其缺点。比较著名的马连道京城茶叶一条街、王府井小吃一条街等，都是这种策略运用的体现。

要使群落策略发挥最大效用，服务企业就必须在业务智能化基础上，使区域内网点群落相互协同，加强旗舰网点、综合网点对轻型网点的营销服务支持，更好地发挥其营销触角作用，以有效解决轻型网点获客能力问题。要以网点效能为群落化管理出发点，以资源投入产出为衡量标准，推动网点群落内高效网点与低效网点的资源重配，有效解决区域内网点效能分化问题。在网点群落中建立网际协同关系，转变一个网点服务一片区域的旧思路，形成一个网点群落服务整个区域的新思路，以群落弥补单一网点的功能不足，有效解决网点服务体验不足问题。

（三）替代策略

新启迪7-5 银行业群落策略与智能化网点

网点布局策略的本质在于利用网点抢占市场先机，用最低的成本为最大范围的目标顾客服务。替代策略是指服务企业不是采用实体店的空间占有方式，而是采取营销中介、委托授权、通信运输等替代方式进行分销网点布局，在空间上实现市场扩展。

1. 以营销中介替代网点。这种网点布局思路打破了由服务生产和销售的同时性决定的服务无法分销的定律，充分发展服务分销渠道和网络，利用分销商的信誉和网点出售服务凭证或承诺，是服务提供者实现低成本扩张的最佳选择。实践中，这种替代策略已经为不少服务提供者带来了良好的收益。例如，代办信用卡的零售商便是银行服务的虚拟网点。服务企业虽然支付了一些佣金，让渡了部分利润，但是节省了网点建设的成本，缩短了建设期，避免了市场风险和经营风险。

2. 以委托和授权替代网点。常规的网点布局强调的是与竞争对手争夺有利的市场进入点，而现代服务营销观念则提出了利用竞争对手的网点来拓展市场的策略。以委托和授权替代网点策略就是指有声誉、有实力的同业服务提供者之间通过委托或者授权的方式建立合作关系，利用对方的网点作为自己的虚拟网点，以此来发展自己的市场策略。这种思路的本质就是通过合作共同将市场做大，符合共同利益。银行、审计、物流等行业对此运用得越来越多。通过往来行之间的相互合作，例如自动柜员机联网，每家银行都向自己的顾客提供了更大范围、更加便利的服务。对会计审计行业、物流快递行业来说，通过委托、授权当地企业完成就近的业务也是节省人力、运力、财力的有效途径。

3. 以通信和运输替代网点。随着网络视频、物联网、人工智能等互联网信息技术的不断发展，信息流对物流的替代趋势已日渐明显。服务营销实践中许多需要人与人之间当面沟通的活动（如商务谈判、产品或服务展示、文件签署等），现在通过电话和网络就能实现。因此，健康养生业、法律咨询业、银行业、保险业、证券业的一些企业开始把服务平台向通信网络方面转移。互联网的普及使得电子商务、快递物流、订餐外卖等逐渐成为人民美好生活的组成部分。另外，城乡交通体系的完善使运输的成本和时间大大缩减。对于许多服务而言，服务企业无须设立众多网点，通过电话和运输就可以完成服务的提供。例如急救中心没有遍布所有医院，但在有需要时可随时调遣救护车；而互联网远程医疗既能使患者得到及时、精准的救治，同时也降低了医生差旅食宿的成本和时间耗费，而且使得优质医疗资源得以共享和充分利用。

第3节 服务分销创新

习近平指出：“中国正在大力建设‘数字中国’，在‘互联网＋’、人工智能等领域收获一批创新成果。分享经济、网络零售、移动支付等新技术新业态新模式不断涌现，深刻改变了中国老百姓生活。”① 正是在科学技术日新月异的时代背景下，租赁服务、共享

① 习近平：把握时代机遇 共谋亚太繁荣.（2018-11-19）. 人民网.

经济、平台经济、特许经营等新模式广泛应用于服务分销，为服务分销创新注入了活力和新动能。

一、租赁服务

进入21世纪以来，租赁服务业的增长非常迅速，许多个人和公司都已经或者正在从拥有产品转向租用或租赁产品。采购也正从制造业部门转移至服务业部门，这也意味着许多销售产品的公司增添了租赁和租用业务。近年来，我国高度重视“解决好新市民、青年人等住房问题，鼓励地方政府和金融机构加大保障性租赁住房供给，探索长租房市场建设”①。新兴的服务机构纷纷出现，投身于租赁市场的服务供应。

（一）租赁、租赁服务与服务租赁

租赁是一种以一定费用借贷实物的经济行为，出租人将自己所拥有的某种物品交与承租人使用，承租人由此获得在一段时期内使用该物品的权利，但物品的所有权仍保留在出租人手中。承租人为其所获得的使用权需向出租人支付一定的费用（租金）。

租赁服务是指在约定的期间内，出租人将资产使用权让与承租人以获取租金的行为。租赁服务的价值主要在于节税，降低交易成本，减少不确定性。

服务租赁是指由出租人向承租人提供特殊服务的租赁，出租人除向承租人提供租赁物外，还承担设备的保险、维修、配件供应以及培训技术人员等多项服务。它是在金融租赁基础上附加各种服务项目的租赁形式。由于这种租赁的设备保养、维修等均由出租人负责，承租人在租期内，经过一定的预告时间，可以中途解除租约，因而设备的租期往往短于设备的预期寿命。出租人除了提供各种服务以外，还要承担设备老化的风险，承担在租约未到期承租人退租和租约到期后承租人不愿续租或留购的风险，因而租金较融资性租赁高。对于承租人来说，采用这种租赁方式可以租用技术较新而租期较短的设备，当有新产品问世时，可以立即汰旧换新，还可以利用租赁公司的技术和知识优势，实际上不一定比自备维修力量多花钱。

（二）可租赁的产品

在产业市场，目前可以租用或租赁的品种包括客车、货车、厂房和设备、飞机、货柜、办公室装备、机器人等；在消费品市场，则有房屋、汽车、摩托车、家具、家用电器、运动用品、帐篷、工具、电影拷贝、充电宝、雨伞等。在租用及租赁合同中，银行和融资公司以第三者的身份扮演了重要的中介角色。

有些产品是不能租用的，尤其是消耗性物品，如食物、礼品等。而且在许多情况下，拥有产品比租用产品更有利。

（三）租赁服务带来的利益

1. 出租人的利益。出租人可以获得的利益包括：（1）扣除维护、修理成本和服务费

---

① 习近平. 当前经济工作的几个重大问题. 求是，2023（4）.

之后的所得可能高于买断产品的所得。(2) 租赁可以促使出租人打开市场，否则因为产品成本的因素，出租人难以进入市场。(3) 设备的租赁可以使出租人有机会销售与该设备有关的产品（如复印机和纸张)。(4) 了解承租人的要求及其他信息，有助于企业开发、分销新产品以及配合顾客购买/拥有该产品的各种补充性服务。

2. 承租人的利益。承租人可以获得的利益包括：(1) 资金不至于套牢在资产上，因而可以用来从事其他方面的采购。(2) 在产业市场，租用或租赁可能比拥有产品更有利可图。这是因为如果能够租用物品，则进入某一行业或某一市场所需要的资本支出比物品必须购买的情况少；某种情况下对于一种产品只有季节性或暂时性需求，租用设备就比拥有设备更为明智与经济；承租人可以获得新设计的产品，这样就可以规避产品过时与式样改变的风险；在大多数租用规定下，服务上的问题，包括维护、修理等，都由出租人负责。(3) 租用可以减少产品选用错误的风险以及购后考虑的问题。

3. 租赁消费的影响。租赁消费可能对企业产生如下影响：(1) 租赁及租用品的库存投资会提高，随之而来的是，存货周转率降低而对储存的需求增加，同时对维护、修理设备及存货整理和再包装的需求也会增加。(2) 在租赁及租用情况下，必须有新的库存观念。例如，应该更注重占用率和产能利用率，而非存货周转率。(3) 凡供租赁及租用的产品，必须有较高的质量。耐久性及易于维护和修理都是重要的特点，因为租用物品往往是利用度高且经常重复使用的。

二、共享经济

(一) 共享经济的含义

共享经济（sharing economy）是指拥有闲置资源的机构或个人，将资源使用权有偿让渡给他人，让渡者获取回报，分享者通过分享他人的闲置资源创造价值的一种经济模式。它是以获得报酬为目的，陌生人之间的物品使用权暂时转移的一种商业模式。换言之，共享经济就是你将闲置的资源共享给别人，提高资源利用率，并从中获得回报。它由三个步骤组成：(1) 搜寻过剩资源。当时间、物品、知识、技能、人员等资源出现过剩之后，被共享的机会便随之而来。共享经济的第一步就是找到过剩的资源。(2) 搭建共享平台。网站、App 等均可成为撮合供需双方的介质。共享经济的第二步就是搭建能够连接供需双方的平台，让待共享的资源成功地共享出去。(3) 获得相应回报。让分享者通过平台获得回报，包括金钱回报、心理回报或满足（如愉悦的心情）等。

国家信息中心发布的《中国共享经济发展报告（2023)》显示，2022 年我国共享经济市场规模持续扩大，在增强经济发展韧性和稳岗稳就业方面继续发挥积极作用，共享经济主要领域亮点凸显。全年共享经济市场交易规模约 38 320 亿元，同比增长约 3.9%。[①] 未来共享经济的发展与企业及 5G 技术的结合将更加密切。在 5G 技术来临的背景下，共享经济同样也将面临技术升级。包括人工智能、大数据、云服务等新技术

---

① 《中国共享经济发展报告（2023)》：共享经济成为扩内需的重要抓手. 中国经营报，2023-02-24.

的应用，将进一步推动共享经济平台在运营、服务、监管等方面的全面升级。在共享经济发展的初始阶段，行业平台产品更多是围绕C端（个人用户）来进行应用落地，未来随着共享经济模式逐渐成熟，围绕B端（商家用户）服务的共享经济应用将实现落地。办公空间共享、企业资源共享、供应链互通等将成为共享经济B端服务的重点挖掘领域。

（二）共享经济的运行机理

实际上，共享经济是所有权和使用权分离的一种经济形态，它在使用权和所有权分离的基础之上最优化利用用益物权。共享经济主要分两大类：第一是物的共享，就是所有权和使用权分离；第二是知识、技能、人才的共享，比如自媒体和互联网直播、知识分享，都是共享经济的构成部分。共享网络平台不是共享产品和服务的所有者，仅是一个信息服务提供者。使用者在上面进行信息的交换，然后去交易、去共享。所有权人分享自己商品的使用价值，用户通过购买的方式分享使用价值。也就是说，只是把物的用益物权扩大化，没有扩大增量和存量，只不过是灵活使用存量。

总之，共享经济就是利用别人暂时不用的、闲置的资源，人人参与，各得其所，获得相应的回报。共享经济的五个要素是闲置资源、使用权、连接、信息、流动性。共享经济的关键在于如何实现最优匹配，实现零边际成本，解决技术和制度问题。

（三）共享经济的新发展

进入21世纪，各种网络虚拟社区、网络论坛开始出现，用户开始在网络空间向陌生人表达观点、分享信息。但网络社区以匿名为主，社区上的分享形式主要局限于信息分享或者用户提供内容，而并不涉及任何实物的交割，大多数情况下也并不带来任何金钱的报酬。

随着优步、爱彼迎等一系列实物共享平台的出现，共享开始从纯粹的无偿分享、信息分享，走向以获得一定报酬为主要目的、基于陌生人且存在物品使用权暂时转移的共享经济。共享经济的核心就是整合线下的闲散物品或服务提供者，让他们以较低的价格提供产品或服务。对于供给方来说，通过在特定时间内让渡物品的使用权或提供服务，可获得一定的金钱回报；对于需求方而言，不直接拥有物品的所有权，而是通过租借等共享的方式使用物品。

共享经济得益于“健全共建共治共享的社会治理制度”[①]，其发展过程也是去中介化和再中介化的过程。所谓去中介化，是指随着共享经济的出现，个体的服务提供者摆脱了对企业组织的依附，直接向最终用户提供服务或产品。所谓再中介化，是指个体的服务提供者虽然脱离了企业组织，但为了更广泛地接触需求方，他们需要接入互联网的共享经济平台。

近年来，外卖行业、网约车出行领域抢占市场的比拼，让人们认识到这样一种营销

---

① 习近平．高举中国特色社会主义伟大旗帜 为全面建设社会主义现代化国家而团结奋斗：在中国共产党第二十次全国代表大会上的报告．人民日报，2022-10-26.

策略：通过补贴和低价策略吸引用户、培养消费习惯，再通过提价来获取利润。共享单车兴起的初衷是解决出行最后一公里的问题，当拥有巨大用户规模的共享单车也加入涨价行列，势必会增加部分用户日常生活的成本。

新生事物的发展，大多有一个从快速野蛮生长到有序规范的过程。当资本热潮褪去、行业重新洗牌，共享单车市场趋于理性，涨价似乎是必然选择。一方面，在结束了前期烧钱补贴比拼和无序竞争之后，市场格局逐渐稳定，从“疯狂扩张”转向“理性经营”，定价也就回归到正常区间。另一方面，高损耗、高运维成本和重资产扩张模式使得共享单车企业成本高企，通过涨价提升运营收入弥补亏损、增强变现能力也是一个迫切选择。从这个意义上讲，共享单车涨价既是市场趋于理性的表现，也是破解发展难题的现实之举。

共享经济正由粗放式发展走向精细化运营。在此时代背景下，谁能提供更优质的服务，谁能带来更好的消费体验，谁就能获得长久竞争力。一些共享单车公司通过大数据、物联网等技术，优化车辆调度、运营维护，实现了投放数量、骑行需求与停放管理之间的动态平衡和效率最大化。还有一些公司瞄准细分市场，深挖用户个性化需求，提供多样化出行服务，“换道超车”。因此，共享单车公司除了调整价格，更要通过精细化经营和科学管理来提升服务质量和水准，获得用户认可。

三、平台经济

（一）什么是平台经济

平台是指为合作参与者和客户提供的一个合作和交易的软硬件相结合的场所或环境。平台经济是指借助虚拟或真实的交易平台，促成买卖双方或多方之间交易，平台以收取费用或赚取差价获益的商业模式。

近年来，越来越多的平台进入服务领域，对于加强品牌建设，提升服务品质，发展便民服务新业态，延伸产业链，带动扩大就业，提升流通创新能力，促进产销衔接等发挥了重要作用。党中央一直高度重视平台经济的监管和执法，提出“要加大监管执法力度，加强平台经济、科技创新、信息安全、民生保障等重点领域执法司法。要完善反垄断体制机制，充实反垄断监管力量”[①]。

（二）平台经济的特征

1. 平台经济是一个双边或多边市场。平台企业一边面对用户，一边面对商家。通过双边市场效应和平台的集群效应，形成符合定位的平台分工。在这个平台上有众多的参与者，有着明确的分工。平台运营商负责聚集社会资源和合作伙伴，为用户提供优质服务和产品，通过聚集人气，扩大用户规模，使参与各方受益，达到平台价值、用户价值和服务价值最大化。

2. 平台经济具有增值性。平台企业能为消费者和商家提供可获得收益的服务，关键就是要为双边或多边市场创造价值，从而吸引用户，提高平台的黏性。如百度一方面为

① 加强反垄断反不正当竞争监管力度　完善物资储备体制机制深入打好污染防治攻坚战. 人民日报，2021-08-31.

广大用户提供搜索服务，另一方面通过聚集流量，帮助商家向用户推送更加精准的广告。

3. 平台经济具有网络溢出效应。溢出效应是指某个人或组织的行动和决策使另一个人或组织受损或受益的情况。平台买卖双方任何一方数量越多，就越能吸引另一方数量的增长。卖家和买家越多，平台越有价值。同时，平台经济之所以拥有巨大魅力，是因为具有交叉溢出效应特征，即一边用户的规模增加显著影响另一边用户使用该平台的效用或价值。

4. 平台经济具有开放性。平台经济可以吸引各种资源的加入，合作伙伴越多，平台就越有价值。平台的开放性有利于“实现多边合作、多方共赢”①，从而提高平台的聚焦效应。淘宝、腾讯、京东商城、百度等纷纷加入开放的行列。

（三）平台经济的价值

1. 推动产业持续创新。平台通过整合产业资源、市场资源，可为企业提供广阔的发展空间，同时驱动企业进行持续创新，以获得和巩固竞争优势。平台商家为赢得更多用户，就必须加强技术、产品、服务与品牌宣传推广等方面的创新。平台企业自身为了实现高附加值，也要持续进行技术创新和商业模式创新，而这些创新将会带动整个产业的发展。苹果应用商店模式的创新发展就引来众多企业效仿，从而带动了“硬件制造—软件开发—信息服务”整条产业链的创新发展。

2. 引领服务经济增长。各类服务业价值链或者价值网络里都存在着搭建平台的机会。平台一旦建立，就能够吸引各种资源加入，发挥平台的集聚效应，带动产业资源向平台倾斜，创造出巨大价值。平台经济作为创造和聚集价值的桥梁，正日益成为服务经济中最有活力的一部分。谷歌的成功在于其打造了信息汇聚与分享的平台，苹果的成功在于其打造了内容汇聚与交易的平台，而脸书的成功在于其打造了人汇聚与联络的平台，这都充分体现了平台经济的巨大潜在价值。

3. 变革生活消费方式。平台经济中所蕴含的新的沟通模式，正成为人们日常生活模式和社交结构变革的重要推动力。例如，新浪微博等社交网络平台已成为人际交往的重要渠道，淘宝等电商平台已成为人们日常消费的优先选择，而支付宝等第三方支付平台以及网络银行的普及为人们带来了更多便利。特别是随着互联网的发展，社交网络平台加速了人际交流互动和信息流动。这种变革直接带来生活方式和消费方式的改变，使信息消费得到迅猛发展，也使基于信息交换的商务活动、交易活动等成为未来经济活动的主要组成部分。

四、特许经营

（一）特许经营的含义

特许经营是指特许人将自己拥有的商标（包括服务商标）、商号、产品、专利和专有技术、经营模式等以合同的形式授予被特许人使用，被特许人按照合同规定，在特

① 解放思想锐意进取深化改革破解矛盾 以新气象新担当新作为推进东北振兴. 人民日报，2018-09-29.

许人统一的业务模式下从事经营活动，并向特许人支付相应的费用。合作、动力和团队精神是特许经营成功的重要条件。习近平针对社会主义经济建设问题指出，“国有资本继续控股经营的自然垄断行业，实行以政企分开、政资分开、特许经营、政府监管为主要内容的改革”①，“允许社会资本通过特许经营等方式参与城市基础设施投资和运营”②。2023年6月27日，钱江源国家公园管理局与浙江森古生物科技有限公司、开化云台居民宿有限公司正式签订特许经营协议。协议规定，管理局将特许经营权（铁皮石斛、民宿经营）和国家公园品牌及国家公园IP使用权授予两家公司，同时允许适度开展自然教育研学、产品营销展示等活动。两家公司需履行不得对国家公园生态功能造成破坏，并遵守国家公园相关法律法规规定，符合国家公园总体规划管控要求等义务。③

（二）特许经营的特征

特许经营具有如下特征：（1）一个人对一个名称、一项创意、一种秘密工艺或一种特殊设备及其相关联的商标拥有所有权。（2）此人将一种许可权授予他人，允许其使用该名称、创意、秘密工艺及相关联的商誉。（3）包含在特许合同中的各种规定，可对被特许人的经营进行监督和控制。（4）被特许人应支付权利金或为已获得的权利做出某种补偿。

特许经营需要具备如下条件：（1）必须订立包括双方同意的所有条款的合同。（2）特许人必须在企业成立前，给予被特许人各方面的基础指导与训练，并协助其开展业务。（3）业务开展之后，特许人必须在经营上持续提供有关事业运营的各方面支持。（4）在特许人的控制下，被特许人被允许使用特许人所拥有的商业名称、定型化业务或程序以及特许人所拥有的商誉，并且以此作为相关的经营资源。（5）被特许人必须用自有资源进行实质性的资本性投资。（6）被特许人必须拥有自己的企业。

特许经营过去基本上与制造业业务相关，通常以代理机构形态或经销方式出现，如汽车经销商。人们一般熟知的垂直特许经营机构是由两种或多种经销层次构成的，而最近新发展的水平特许经营机构，通常是产品或服务的零售商和其他在同一分销渠道的机构有特许经营关系，这种形态又称为“服务主办者零售特许经营”。尤其是干洗服务、就业服务、工具和设备租用业以及清洁服务等行业的水平特许经营发展迅速。

（三）特许经营的优势

特许人可从特许经营中获得的优势和利益包括：（1）体系的扩展在某种程度上有助于摆脱资金和人力资源的限制。（2）可激励经理人在多处场所运营，因为他们都是该事业的局部所有权人。（3）特许经营是控制定价、促销、分销和使服务内容一致化的重要手段。

被特许人可从特许经营中获得的优势和利益包括：（1）有经营自己事业的机会，

---

① 《习近平关于社会主义经济建设论述摘编》（三）. 使市场在资源配置中起决定性作用和更好发挥政府作用. (2017-06-19). 人民网.

② 毫不动摇坚持我国基本经济制度 推动各种所有制经济健康发展. 人民日报，2016-03-09.

③ 钱江源启动基于国家公园的“品牌授权”特许经营许可. (2023-06-30). 新华网.

而且他们的经营是在一种经测试证实行之有效的服务的观念指导下进行的。(2) 有大量的购买力作为后盾。(3) 有促销辅助支持力量作为后盾。(4) 能获得集权式管理的各种好处。

顾客可从特许经营中获得的利益是能得到服务质量的有效保证，尤其是在全国性特许经营情况下，则可享有更多的优势和利益。

（四）特许经营的缺点

伴随着资本投入，被特许人可能带来激励承诺和原动力。但是在一个分散经营的环境中确保所有被特许人的服务和公众形象一致所需要的费用和会遇到的困难可能会抵消这些优点。被特许人可能被高度激励，但特许人同样需要付出大量时间和努力。在某种程度上，这归因于特许人在法律上独立于被特许人。从根本上讲，特许是一种不平等的合伙关系，处理这种复杂关系所带来的困难以及潜在的冲突有时会导致特许经营的失败。

学术前沿 学术界关于平台经济研究的最新概念

零工经济（gig economy）。它是指通过在线平台进行临时工作的现象。随着移动互联网和在线平台的兴起，越来越多的人选择在闲暇时间接受短期的雇佣工作，如开网约车、外卖送餐等。

数字平台生态系统（digital platform ecosystem）。它是指一个由多个数字平台相互联系和相互依赖的生态系统。数字平台生态系统不仅包括传统的消费者和供应商，还涵盖其他中介者、开发者、数据分析师等角色。它们通过数据和信息的交换与合作，形成一个复杂的网络。

共享数据经济（data sharing economy）。随着互联网和大数据技术的发展，数据已经成为新的生产要素，共享数据经济提出了一种新的经济模式。在这个模式中，个人和组织可以共享和交换数据，以获得更大的经济和社会效益。这个概念强调了数据的价值和利用方式，以及数据分享所带来的风险和挑战。

社交商务（social commerce）。它描述了社交媒体与电子商务的融合。社交媒体的发展使得消费者能够在社交网络上与商家进行直接互动，进行购物和商业交易。

资料来源：Richter H，Slowinski P R. The data sharing economy: on the emergence of new intermediaries. Iic-International Review of Intellectual Property and Competition Law，2019，50 (1)：4-29.

素养园地

淘宝：现代流通体系的成功案例

淘宝是一个中国企业建设现代流通体系的成功案例。作为中国最大的在线购物平台，淘宝成功地打造了一个全面而高效的流通体系，并通过创新的商业模式和技术手段，推动了中国电商行业的发展。

首先，淘宝通过引入C2C（消费者对消费者）模式，创造了一个开放的商业平台，让个体商家能够直接面向消费者销售商品。这一模式打破了传统的商业层级体系，使得市场更加活跃和竞争。在淘宝上，任何人都可以成为卖家，通过建立自己的店铺，自由选择商品，并通过淘宝提供的支付和物流服务，方便地将商品送到消费者手中。这种模式为商家提供了更多的销售渠道和机会，同时也满足了消费者多样化、个性化需求。

其次，淘宝积极引入互联网技术，改善和优化了物流配送系统。通过与物流公司合作，淘宝建立了自己的物流网络，实现了从商品拿货到快递送达的全程可追溯。同时，淘宝还推出了“菜鸟网络”，依托大数据和人工智能等技术，实现了智能化的仓储和配送管理，大幅提高了物流效率，缩短了发货时间，让消费者享受到了更好的购物体验。同时，淘宝还推出了“无人超市”等创新项目，通过科技手段实现自动化销售和配送，进一步提高了效率和便利性。

最后，淘宝还通过推出支付宝等电子支付工具，解决了传统线下支付方式的不便和不安全问题。支付宝提供了安全、便捷的手机支付服务，为消费者和商家提供了一个更简单、更高效的支付方式。这一创新迅速改变了人们的支付习惯，同时也为淘宝打造了一个庞大的消费者群体，促进了更多的交易和流通。

通过以上方法，淘宝成功打造了一个现代流通体系，改变了传统的购物方式和商业模式。它为消费者提供了更多的选择和便利，为商家提供了更多的机会和发展空间，同时也推动了中国电商行业的快速发展。淘宝的成功经验不仅影响了中国，也对全球电商行业产生了重要的启示和影响。

小结

服务分销是指企业借助各种不同的渠道将服务提供给消费者的活动过程。服务企业可以选择直销方式，也可以经由中介。而微信分销则是服务分销的创新方式，即企业通过微信朋友圈或微信分销平台进行服务促销宣传，让微信好友或网民了解服务特征及其优势，吸引潜在顾客积极联系服务企业，进而及时选择、购买服务的活动过程。直销是指服务企业不经由任何中介，直接将服务销售给最终消费者的分销方式。服务企业经常选择的分销方式就是直销，这主要是服务的相连性即服务提供者和消费者不可分离所导致的。中介是指介于服务的生产者与消费者之间，依法取得资格，帮助生产者向消费者分销服务的机构。中介在服务分销过程中，除了承担交易职能，还要承担引入职能、信息职能、展示职能、承诺职能、支持职能、后勤职能、跟踪职能等分销职能。中介主要有代理分销、网店代销、经纪人等类型。在数字经济时代，电商平台、虚拟渠道分销等也成为服务企业常用的分销方式。电商平台是为企业或个人提供的网上交易洽谈的平台，是建立在互联网基础上进行商务活动的虚拟网络空间和保障商务顺利运营的管理环境，是实现信息流、物流、资金流有序、高效流动的重要场所。虚拟渠道分销是指借助互联网技术联络客户、发布信息、预约服务以及递送服务。虚拟渠道分销的优势在于提供服务的时间随意化、空间虚拟化，经营成本低廉，信息处理快捷，便利个性化服务等。正确的分销网点布局有利于服务企业增进环境适应、巩固竞争地位、改善需求管理、提升规模效益、强化柔性生产、有效贴近需求。影响服务企业分销网点布局的主要因素有营销战略、企业特征、竞争态势和行业布局等。网点布局策略主要有分散策略、群落策略、替代策略等。服务分销的创新主要有租赁服务、共享经济、平台经济、特许经营等。

重要概念

服务分销	微信分销	直销	中介
引入职能	代理分销	服务代销	代销人
经纪人	技术经纪人	劳务经纪人	文化经纪人
演艺中介	营销经纪人	电商平台	虚拟渠道分销
网点布局	环境适应	营销宏观环境	竞争地位
需求管理	规模效益	柔性生产	贴近需求
地域布局	地区布局	地点布局	服务商圈
分散策略	群落策略	竞争群落策略	饱和群落策略
替代策略	租赁服务	服务租赁	共享经济
去中介化	再中介化	平台经济	溢出效应
特许经营			

复习题

1. 服务直销有哪些优势？
2. 中介分销服务需要承担哪些职能？
3. 服务分销网点布局的意义及其考虑因素有哪些？
4. 服务网点布局有哪些主要策略？
5. 如何看待共享经济和平台经济在中国的发展前景？

第8章
服务促销

思维导图

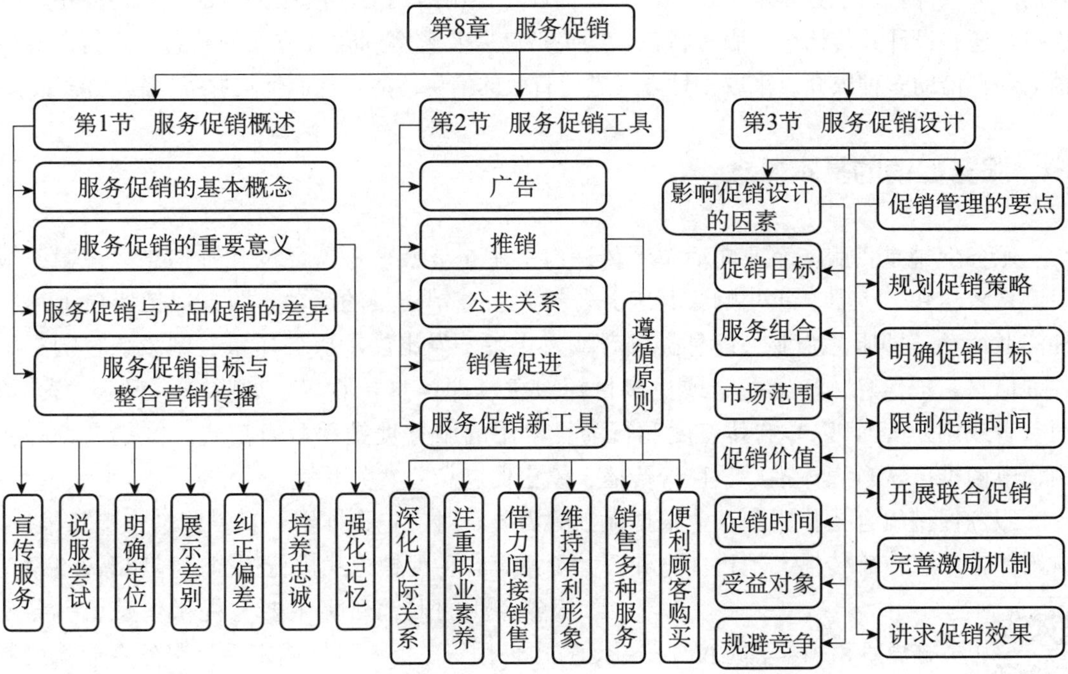

本章要点

- 服务企业的促销目标及确定促销预算的方法。
- 服务促销的意义及主要促销工具。
- 服务广告的原则和任务。
- 服务促销管理的要点。

第1节　服务促销概述

近年来，我国致力于“加强全媒体传播体系建设，塑造主流舆论新格局。健全网络综合治理体系，推动形成良好网络生态”[①]。这在客观上为企业传播服务信息提供了十分有利的环境条件。在服务营销实践中，企业不仅要推出适销对路的服务产品，制定吸引人的价格，还要设计并传播企业服务特色、购买条件以及顾客利益等方面的信息，进行服务促销活动，借助多种媒介、采取多种方式进行有效的信息传播，从而促进服务销售的提升。

一、服务促销的基本概念

服务促销是指服务企业向消费者传递有关本企业及服务产品的各种信息，说服或吸引消费者尽快、大量、重复购买其服务，扩大服务销售量的活动。服务促销实质上是一种沟通活动，即服务企业（信息提供者或发送者）发出展示服务质量、刺激顾客购买的各种信息，把信息传递给一个或更多目标对象（即信息接收者，如听众、观众、读者、消费者或用户等），以影响其态度和行为。常用的服务促销手段有广告、推销、直复营销、电商推广、自媒体推广、口碑传播、销售促进和公共关系等。

服务促销组合是指服务企业根据促销的需要，对广告、推销、直复营销、电商推广、自媒体推广、口碑传播、销售促进和公共关系等各种促销方式进行适当选择和综合编配。

新启迪8－1　喜马拉雅助力金融促销

服务企业的促销目标主要有提供信息、引导购买、提醒使用等。促销目标确定后，服务企业就可制定促销预算，即确定在促销活动上应花费多少资金。一般来讲，企业确定促销预算的方法主要有四种。

（一）量力而行法

量力而行法是指根据企业所能拿出的资金数额来确定促销预算的方法。也就是说，在其他营销活动的经费被优先分配之后，尚有剩余者再供促销之用。

---

① 习近平．高举中国特色社会主义伟大旗帜　为全面建设社会主义现代化国家而团结奋斗：在中国共产党第二十次全国代表大会上的报告．人民日报，2022－10－26．

（二）销售百分比法

销售百分比法是指企业按照服务销售额的一定百分比来计算和决定促销预算。

（三）竞争对等法

竞争对等法是指企业比照竞争者的促销预算来决定本企业的促销预算，以保持与竞争者旗鼓相当、势均力敌的对等局势。

（四）目标任务法

目标任务法是指通过确定促销目标，决定为达到这种目标而必须执行的工作任务，最后通过估算执行这种工作任务所需的各种费用来确定促销预算的一种方法。①

在服务营销实践中，顾客不仅需要知道核心服务的存在，还需要获取服务的地点、时间、价格以及针对其需求的各种信息。因此，能否与顾客有效地沟通将直接决定服务营销活动的成败。服务的无形性给促销带来了更多困难，主要表现为语言、非语言行为、价值观和思维过程的差异所带来的困难。在这四种差异中，语言差异产生的困难最显而易见，因而也最容易克服。非语言行为会影响服务质量，非语言线索广泛存在，而这些线索主要提供有关我们感觉方式的信号。在服务交易中，顾客的感觉是非常关键的信息。在跨文化环境中，这些非语言线索通常比较难以了解而且容易被误解。笑、皱眉、沉默、插话、语气、用双手递名片等，所有这些非语言行为都能预示服务提供者与顾客之间的关系。持续训练并提升服务人员理解顾客非语言行为的能力是保证服务效率和顾客满意度的一个重要因素。显然，企业不可能将服务人员训练成顾客非语言行为的“词典”，关键是识别出那些重复发生的问题并制定适当的管理战略和训练方案。

二、服务促销的重要意义

对于服务企业来说，有效的促销可以使那些原本无形的服务获得有形的支持，并把后台的生产活动表现出来，充分彰显那些一度被人忽视的优势和资源。它还能提供信息和教育顾客，帮助顾客作出明智的选择，从购买服务中获取更高价值。

服务促销的意义主要体现在如下方面：

（一）宣传服务

当企业推出一项新的、复杂的甚至专业性很强的服务时，为使潜在顾客对这项服务的功能、特色、质量等有清楚的认识，企业需要借助服务促销来宣传服务，消除顾客的陌生感和疑虑。

---

① Kotler P，Armstrong G. Principles of Marketing. 18th ed. Harlow：Pearson Education Limited，2021：422－423.

（二）说服尝试

在购买无形服务时，光靠简单的服务内容介绍无法消除顾客的感知风险。企业不仅需要提供完备的信息，还要提供消费的服务保证，鼓励顾客亲身尝试。例如，免费试听、健身体验分别是说服顾客接受全程培训和加入健身俱乐部的良好方式。

（三）明确定位

服务应该以某种与众不同的形象定位为目标顾客所接受。而形象定位是战略性的、与竞争服务定位相差异的独特定位。所以，企业客观上也需要通过服务促销来明确这种形象定位，让顾客充分体验、积极尝试。

（四）展示差别

顾客往往希望了解企业的服务与竞争对手的服务之间甚至同一企业现在提供的服务与以往提供的服务之间的差别，以便为自己的消费选择提供充足的依据。服务促销的一大任务就是展示本企业服务差异化优势和特征，帮助顾客比较鉴别，尽快作出购买决定。服务差异化是指企业就顾客广泛重视的某些方面在行业内独树一帜，使企业服务形象与众不同，以一种独特的服务定位满足顾客需求。习近平总书记特别重视“采取差异化策略”①，提倡“制定差异化政策，分类精准施策”②。

（五）纠正偏差

受某些原因的影响，顾客感受到的服务缺陷经常会比实际的不足更严重。这种感受上的偏差往往会影响顾客对服务和服务企业的印象。通过服务促销纠正顾客感受上的偏差，表达企业努力改进业务的决心，会给顾客留下真诚的感觉。

（六）培养忠诚

服务感受风险的存在使得顾客每一次消费都会小心谨慎。通过服务促销定期消除顾客刚刚萌生的不满，有助于顾客由回避风险转化为品牌忠诚。

（七）强化记忆

促销的第一层目的在于让顾客了解服务，第二层目的在于向顾客保证他们选择的正确性，第三层目的在于不断强化顾客对服务的记忆。如果顾客相信自己体验过的服务具有比较优势，那么不时地强化记忆会树立起他们对服务品牌的忠诚。

三、服务促销与产品促销的差异

服务促销和产品促销有许多相似点，表现在以下方面：（1）促销在整体营销中的角

---

① 毫不放松抓紧抓实抓细各项防控工作　坚决打赢湖北保卫战武汉保卫战．人民日报，2020-03-11．
② 习近平：推动形成优势互补高质量发展的区域经济布局．求是，2019（24）．

色；（2）建立各种有效促销方式的问题；（3）促销执行管理的问题；（4）为了促销目的而使用的各种各样的方法和媒体；（5）可利用的协助促销的组织团体。

服务促销和产品促销也存在显著的差异。这些差异可分为以下三类。

（一）企业素质特征

服务企业类型不同，各具特点，因此要找出所有类别服务企业的共同差异不是一件容易的事情。下面列举的各项因素旨在说明为何服务促销和产品促销之间会有区别。

1. 营销理念。有些服务企业是产品导向的，因而不清楚营销措施对业务发展的重要价值，只把自己当作服务的提供者，而没有清楚认识自己更是服务需求的满足者。这类服务企业的高管一般未受过专业化营销训练，也缺乏相关的营销技术，当然更不清楚促销在整体营销中所扮演的角色。

2. 职业道德。党的二十大报告指出，“实施公民道德建设工程，弘扬中华传统美德”，“推动明大德、守公德、严私德，提高人民道德水准和文明素养”。[①] 这为企业提升道德素质指明了方向。要特别注意到，企业在采取某些营销手段和促销方法时，可能会遇到职业和道德方面的限制。传统和习俗可能会阻碍某些类型促销手段的运用，这些促销手段甚至会被认为“不适当”或者“品位太差”。例如，医学专家可能不愿意借学术讲座、医学知识科普讲座推销医学服务。

3. 企业规模。许多服务企业的规模很小，不认为自己有足够的实力在营销或特别的促销活动方面进行投入。

4. 市场竞争。许多服务企业并不需要扩展其服务范围，因为现有范围内的业务已经占据其全部生产能力。这些企业普遍缺乏远见，认同促销可以维持稳固的市场地位且具有长远意义。

5. 促销知识。服务企业对于可利用的丰富多样的促销方式可能了解不多，只了解大量广告和推销，而对于程序化广告、网红促销等花费少、效果好的创新型促销方式缺乏了解。程序化广告是利用人工智能技术，根据定位算法购买并投放广告。

（二）顾客决策过程

服务促销与产品促销的差异还体现在顾客购买行为和购买决策过程等方面。

1. 顾客态度。顾客态度是影响服务购买决策的关键。顾客在购买服务时往往是凭着对服务与服务提供者的主观印象，而这种对主观印象的依赖在购买产品时则没有那么重要。一般来说，服务比产品更为个性化，并且顾客往往较少对服务的购买感到满意。

2. 购买动机。在购买的需求和动机上，不论是购买产品还是购买服务，同类型的需求都可以获得满足。其中，有一种需求对产品和服务都很重要，那就是“个人关注的欲望”。凡能满足这种“个人关注的欲望”的服务提供者，必能凸显其服务与竞争对手之间

---

① 习近平．高举中国特色社会主义伟大旗帜 为全面建设社会主义现代化国家而团结奋斗：在中国共产党第二十次全国代表大会上的报告．人民日报，2022-10-26.

的差异，从而吸引更多的购买者。

3. 购买过程。就购买过程而言，产品和服务的差异较为显著。有些服务的购买被视为有较大风险，部分原因是顾客不易评估服务的质量和价值。另外，顾客也往往会受到其他人，如对购买和使用有经验的邻居或朋友的影响。而这种在购买决策过程中易受他人影响的现象，对于服务营销有比较大的意义，服务提供者和其他顾客之间有必要发展形成一种专业关系，而且要在促销努力方面建立一种口碑传播的方式。这两种做法会使服务促销努力更为有效。

对于组织购买者来说，在资本设备购买过程和服务购买过程之间存在显著的不同。一项调查发现，组织购买者的服务购买过程通常：(1) 涉及的组织层级比资本设备购买过程少；(2) 涉及的同一层级的部门数比资本设备购买过程少；(3) 涉及的组织成员人数比资本设备购买过程少；(4) 涉及的意见沟通比资本设备购买过程多。

（三）促销组合运用

无论是产品促销还是服务促销，最基本的促销工具都是广告、推销、销售促进和公共关系，只是在实际运用中，它们的重要性有所不同（见图8-1）。

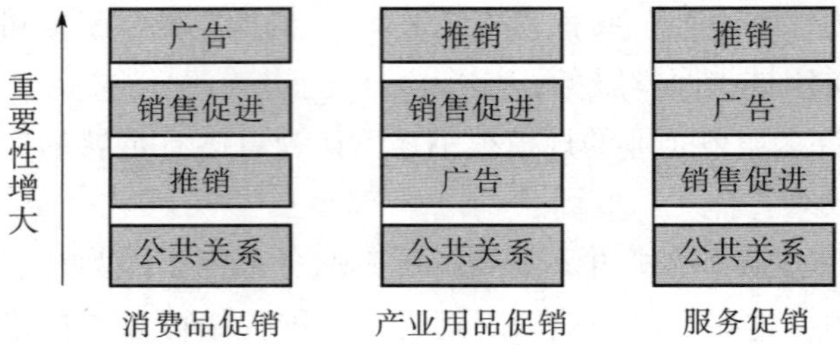

图8-1 促销组合的运用差异

产品促销具体分为消费品促销和产业用品促销。对于消费品来说，主要强调非推销，这是因为目标市场太分散，而广告的特性（有效培养顾客的意识，大量提供企业及其产品信息）决定了它在消费品促销中具有最重要的作用。推销则是产业用品促销的最重要方式，产业用品的特性（例如，顾客地域的高度集中与较大的单次购买量）决定了推销的重要性。特别是当有形产品是为特殊的行业顾客设计，而且在销售计划和实际购买之间有一段相当长的时间时，推销更加重要。销售促进对于消费品和产业用品具有同等重要程度。但这并不意味着广告在产业用品促销中不重要，而推销在消费品促销中不重要，这只代表了相对重要性。

对于服务企业而言，由于更多地强调互动性，销售人员与顾客接触频繁。服务越复杂，就越需要提供准确的信息，回答顾客的各种问题，讨论其他可行方案，因此，对于大多数服务企业来说，推销的沟通作用最重要。推销是刺激服务购买的最佳手段，随着服务朝个性化发展，这种重要性还在不断加强。同时，广告也是服务企业的重要促销工具，特别是随着网络广告的兴起，它在吸引注意力和刺激购买兴趣方面的作用不容忽视。对于服务，销售促进和公共关系则起着次要的促销作用。

四、服务促销目标与整合营销传播

（一）服务促销目标

服务促销目标与产品营销大致相同，主要有如下几种：(1) 使顾客建立对该服务及服务企业的认知及兴趣。(2) 使服务内容和服务企业本身与竞争对手产生差异。(3) 传播并描述所提供服务的种种利益。(4) 建立并维持服务企业的整体形象和信誉。(5) 说服顾客购买或使用该服务。

对服务促销目标的具体描述，请见表 8-1。

表 8-1 服务促销目标

1. 针对顾客的促销目标
增进对新服务和现有服务的认知
鼓励试用服务
鼓励非用户
——参加服务展示
——试用现有服务
说服现有顾客
——继续购买服务而不是终止使用或转向竞争对手
——提高购买服务的频率
改变顾客需要服务的时间
传播服务的特色利益
改善服务广告效果，吸引顾客注意
传播关于服务如何、何时及在何处被购买和使用的市场信息
鼓励顾客改变与服务递送系统的互动方式
2. 针对中介机构的促销目标
说服中介机构递送新服务
说服中介机构努力销售更多服务
防止中介机构在销售场所与顾客进行价格谈判
3. 针对竞争对手的促销目标
对一个或多个竞争对手发起短期攻势或进行防御

总之，任何促销努力的目的都在于通过传达、说服和提醒等方法，最大限度地增加服务的销售。显而易见，服务的性质不同，服务企业的促销目标也会有所不同。例如，在运输业和物流业，其促销目标一般包括以下内容：(1) 在所有潜在顾客之中建立企业知名度。(2) 对产品和服务做出详尽的说明，包括服务的性价比、特色、优势以及其他事项。(3) 改善企业在现有和潜在顾客中的形象，以改善顾客对企业的态度。最主要的目标是在企业将来开发新服务时，让新的目标顾客群体更容易接受。(4) 消除已存在的错误观念。(5) 将有关企业服务的特殊项目或附加服务及调整情况告知现有及潜在的顾客。(6) 将市场上各种新的服务渠道告知现有及潜在的顾客。

（二）服务整合营销传播

服务整合营销传播是指集成、整合与企业服务有关的所有传播活动的过程，确保企业能够高度整合并统筹使用广告、推销、销售促进、公共关系、直销、直邮广告、电子邮件、短视频、微信公众号、自媒体平台、新闻媒体等所有传播手段，发挥各自的优势，将一致的服务信息传播给所有顾客，从而实现促销的集成、聚焦和低成本。无论是有意设计还是不断修正错误的结果，成功的服务企业总是多年一贯地对其营销传播活动要素进行整合。其实，采用每个服务促销组合要素（如图 8－2 所示）开展的营销传播所传递的信息也应该是统一的。也就是说，不论信息来自广告、现场推销人员、期刊文章还是报纸上的优惠券，顾客接收到的信息都应该是一样的。

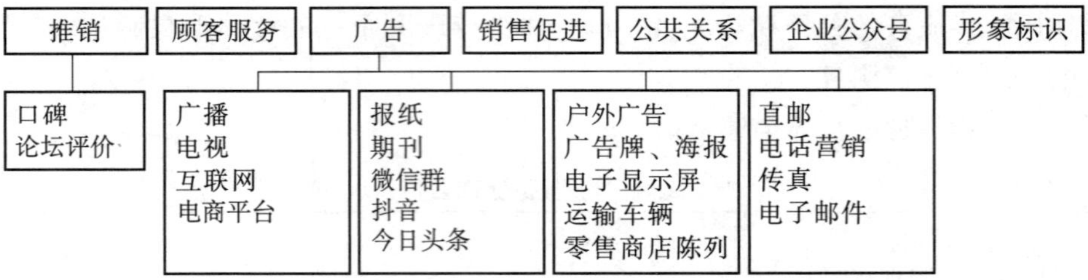

图 8－2　服务促销组合要素

顾客一般并不从广告、销售促进、公共关系、推销等方面来区分企业的信息传播，在他们看来，一切都是“广告”。只是营销人员要将这些传播要素加以分解。遗憾的是，很多营销人员在设计促销信息时忽略了这一点，没有把信息传播的各个要素协调起来。其中，最常见、最典型的不一致出现在人员推销与服务促销组合的其他要素之间。促销方法上的这种不协调、不连贯性迫使越来越多的企业开始采纳整合营销传播的观念。营销无形产品所遭遇的挑战迫使服务企业思考克服其服务无形性、模糊性的手段，这也正是整合营销传播发挥其独特效用的有利时机。

第 2 节　服务促销工具

服务促销工具包括广告、推销、公共关系、销售促进等。本书仅对常用的促销工具做介绍。

一、广告

广告可以通过其借用的媒介将信息迅速传达给顾客，为他们提供有价值的信息、有说服力的论点和强有力的证据。服务广告是指企业为了促进服务销售，以付费方式通过广告媒体向顾客传播服务信息的手段。2016 年 2 月 19 日习近平在北京主持召开党的新闻舆论工作座谈会并发表重要讲话。他指出，新闻报道要讲导向，副刊、专题节目、广告宣传也要讲导向。①

广告宣传尽管是企业市场营销的微观行为，但也是媒体宣传的重要组成部分，因而也有导向问题。好的广告能够传播正能量、弘扬社会正气、倡导正确的价值观、引导健

① 坚持正确方向创新方法手段　提高新闻舆论传播力引导力．人民日报，2016－02－20．

康的消费观。不良的广告甚至虚假广告，可能误导消费者、助长奢靡之风、败坏社会风气，甚至给消费者带来财产损失，最终也会损害媒介的公信力。

广告宣传不仅要讲导向，首先要求企业讲求市场营销道德，坚持客观真实原则。广告宣传不仅要讲导向，还要依法合规经营，守住《中华人民共和国广告法》(简称《广告法》）这个底线。2015年4月，全国人大常委会通过了新修订的《中华人民共和国广告法》，2018年和2021年又对《广告法》进行了修正，《广告法》是指导广告宣传的一个基本遵循。《广告法》要求，广告应当真实、合法，以健康的形式表达广告内容，符合社会主义精神文明建设和弘扬中华民族优秀传统文化的要求。所有的广告活动都必须符合《广告法》的要求，违反《广告法》必然会在导向上出问题。

（一）服务广告的原则

由于服务业所具有的特征，即生产和消费的无形性、相连性等，顾客在购买服务时面临各种困难，并承担较大的风险，因此服务广告必须有自己独特的指导原则。

1. 传播精准信息。服务广告的最大难题在于，要以简洁、精准的文字和视听形象传达所提供服务的业务领域、消费用途、质量水准等。有些服务广告可以使用图像、音频或符号等来协助传送信息，有些则必须更详尽地解释其服务（如专业服务），服务广告必须运用简明精炼的广告语和相关形象，准确、贴切地展现服务内涵的丰富性与多样性。

2. 强调服务利益。服务广告应注重展示服务给顾客带来的利益，而不是强调一些技术性细节。而且，所强调的利益应与顾客寻求的利益一致。因此，广告中使用的利益诉求必须建立在充分了解顾客需求的基础上，从而确保收到最好的促销效果。

3. 确保践行承诺。只宣传企业能够提供与顾客能够得到的承诺。而不应做出让顾客产生过高预期而企业又无力兑现的承诺。最明智的做法是，只承诺“最起码的服务标准”，如果能做得比标准更好，顾客通常会更加愉悦。

4. 重视激励员工。服务企业的员工很重要，尤其是在必须由员工与顾客互动才能满足顾客需求的服务企业里，员工的作用就更加关键。因此，企业员工也是服务广告的重要受众。由于顾客购买的服务是由员工呈现、提供出来的，因此服务广告不仅要考虑如何激励顾客购买，更要考虑如何激励员工积极表现。

5. 维持顾客合作。企业必须在服务的提供过程中争取并维持与顾客的合作关系。在服务广告中，企业需处理好两方面问题：一是如何赢得并维持顾客对该服务的信任和购买；二是如何在服务生产过程中获取并保持顾客的配合与合作。

6. 刺激口碑传播。口碑传播是指具有感知信息的非商业传播者和接收者关于品牌、服务和组织的非正式人际传播，对于服务企业及服务的购买选择有着较大的影响。服务广告应能鼓励、刺激人们的口碑传播，以收到理想的促销效果。可使用的具体方法有：（1）说服那些满意的顾客，让他们把自己的感觉告诉其他人。（2）制作一些资料供顾客传递给非顾客群体。（3）针对意见领袖进行直接的广告宣传活动。意见领袖是指首先较多接触大众传媒信息，并将自己再加工的信息传播给其他人的人。（4）激励潜在顾客与现有顾客进行沟通交流。

7. 提供有形线索。服务广告发布者应该尽可能使用有形线索作为提示，增强促销的效果。这种较为具体的沟通展示可以变成非实体性的化身或隐喻。知名的人物和物体（如建筑、飞机）经常可用来为服务提供服务本身无法进行的“有形展示”。

8. 发挥持续效用。服务企业可以通过在广告中持续连贯地使用象征、主体、造型或形象，克服服务的无形性和易变性所带来的一系列营销难题。英国航空公司大获成功的“fly the flag”标语广告，就得益于连续性的使用。有些品牌的象征特点非常鲜明，顾客甚至可从其象征符号中辨识公司的效率、地位、声望等。

新启迪 8 - 2　体验式户外广告

9. 消除购后疑虑。购买产品或服务的顾客经常会在事后对购买行动的合理性产生疑虑。产品购买者可通过对产品实体的评估打消疑惑，但对于服务则不能如此。因此服务广告必须借助信息彰显顾客购买选择的合理性，并且鼓励顾客将购买和使用后的利益转告他人。

（二）服务广告的任务

1. 树立企业形象。精准反映企业的价值观念、成长历程、经营状况、公益活动、服务特色、管理创新等，充分展现美好的企业形象。企业形象是指社会公众和企业员工对企业整体的印象和评价。

2. 展示服务个性。改善顾客对服务品牌、服务属性、服务保证的了解和预期，充分展示企业服务的优势、个性和特色，唤起顾客对企业服务的关注和好感，进而使顾客产生购买行为。

3. 建立顾客认同。企业形象和企业服务应与顾客需求、价值观和态度相适应。企业通过广告活动，广泛宣传企业成就，弘扬正确向上的价值观，有利于赢得广大顾客的认同。

4. 引导员工行为。服务企业所做的广告有两种诉求对象，即顾客和员工，因此服务广告也必须能表达和反映企业员工的观点，从而使员工支持与配合企业的营销努力。

5. 支持人员推销。服务广告应尽量为企业销售人员推介服务、赢得顾客信任、提高销售业绩创造有利的氛围和条件。顾客若能事先对企业及其服务留有良好的印象，则会给销售人员的工作带来很大的便利和帮助。

二、推销

服务推销是指服务企业派出销售人员与潜在顾客接触，进行服务优点展示的口头陈述，说服顾客大量购买、积极购买服务的过程。推销的一般原则、程序和方法在服务业和制造业中类似。例如，销售工作必须予以清晰界定；应该招募合格的推销人员并加以训练；应该设计并执行有效的奖酬制度；对推销人员必须予以监督和管理等。产品推销和服务推销的一个差异是，在某些情况下，服务推销可能必须雇用专门技术人员而不是专业推销人员来推销其服务。另外二者对推销人员的资格也可能有不同的要求。例如，对人寿保险推销中“顾客如何看待服务购买”“顾客的服务购买行为”“服务推销”等的调查反映出推销服务比推销产品更困难（如表 8 - 2 所示）。

表 8-2 推销产品和推销服务的差异

1. 顾客如何看待服务购买 • 顾客认为服务业比制造业更缺乏一致的质量水准 • 购买服务比购买产品的风险高 • 购买服务似乎总会伴随不愉快的购买体验 • 决定是否购买一项服务时，对该服务企业的了解是一个非常重要的因素 2. 顾客的服务购买行为 • 顾客对于服务不在意价格差异 • 顾客对于服务的某一特定卖主给予最多关注 • 顾客受广告的影响较小，受别人介绍的影响较大 3. 服务推销 • 在购买服务时顾客参与程度很高 • 推销人员往往需要花费很多时间说服顾客作出购买决策

资料来源：George W R，Myers T A. Life underwriter perceptions of differences in selling and services. CLU Journal，1981，4：44-49.

服务推销应遵循如下原则：

1. 深化人际关系。服务企业推销人员和顾客之间的良好个人接触可以使双方得到满足。服务企业以广告方式表达的对顾客个人利益的重视，必须靠真实可信的人际关系和个性化关注才能得以实现。人际关系是人与人之间通过交往和互动形成的直接的心理关系。企业推销人员要想深化与顾客的人际关系，首先要做到尊重顾客、理解顾客、关心顾客、信任顾客、善于与顾客沟通。其次，要注意保持良好的第一印象，对顾客热情、真诚，关注顾客的需要和利益。最后，要保持与顾客经常联系，可以多走动、常见面，也可以通过微信、短信、网络等信息手段经常沟通联络。

2. 注重职业素养。职业素养是指职业人士在社会活动中需要遵守的行为规范，包括职业信念、职业道德、职业心态、职业知识技能、职业行为规范等。服务企业的职业推销人员应努力增强职业素养，不断提高专业技术和技能。这是因为，在大多数服务交易中，顾客总相信企业具备提供预期服务效果的能力，在服务推销过程中，若推销人员能以专业方法处理各种问题，则效果会更好。销售服务即表示卖方对于其服务工作能完全胜任，例如对该项服务非常了解，具备丰富的专业知识等。在顾客看来，服务提供者的行为举止必须表现出专业性，其外表、举止行为和态度都必须符合顾客心目中的标准。

3. 借力间接销售。企业可通过以下几种方式借力间接销售。

（1）推销关联服务，即企业通过推广和销售其他相关联的产品和服务，并协助顾客更有效率地利用现有各项服务，来创造对新服务的引申需求。例如，航空公司可销售“假日旅游服务”，旅馆可借推销“当地名胜游览”，将相关的服务和其他服务或产品有机地联系起来，从而创造更多的销售机会。保险公司、银行、干洗店和旅行社等服务企业均可采取这种方式。

（2）引证关键人物，即企业利用公断人、见证人与意见领袖来影响顾客的选择过程。对于许多服务（如保险代理、旅行社、投资顾问、管理顾问咨询、观光旅游），顾客必须依赖他人给予协助和建议才有可能作出购买决策。因此，服务企业的销售人员应多利用参考群体、舆论意见主导者与其他有影响力的人来促进销售。

（3）突显个人魅力，也就是借助自我推销来赢得潜在顾客的支持和好感，建立顾客信任和忠诚。这种方式在某些专业服务领域使用相当普遍，包括开展公众演讲、参与社区事务、加入专业组织、参与专业会议和培训课程等。

4. 维持有利形象。形象建立和形象维持是服务企业推销应遵循的重要原则。顾客往往通过企业推销人员的素质判断服务企业整体管理水平以及服务质量的优劣，因此，推销对服务企业的整体形象有很大的影响。推销人员的利益诉求、工作效率、顾客关心度和销售技巧等都会影响既有的企业形象。

5. 销售多种服务。在推销核心服务时，服务企业可从围绕核心服务的一系列便利服务或支持服务中获得利益。同时，这也使顾客购买服务时较为简易、便利并省去许多麻烦。假期承包旅游服务就是一个明显的例子，即从顾客的立场出发把一系列的多种服务合并成为只需要一次购买的服务。事实上，目前保险公司、航空公司、银行和零售业公司都已经扩展了其所提供的附加服务项目（如财务处理、预订、送货、咨询等），所有这些附加服务都具有强化核心服务（如旅行、食宿等）购买驱动力的作用。

6. 便利顾客购买。顾客对服务在概念上可能不易了解。其原因可能是顾客并非经常购买某个服务（如房子），也可能是顾客利用服务（如婚庆服务）时处于某种重大情感压力（emotional strain）之下。所谓情感压力，是指在与人相处的过程中，为了得到或维持感情所承受的压力。在这类情形下，专业服务销售人员应使顾客的购买简化，也就是说，以专业方式处理好一切该处理的事务，并告诉顾客服务进行的过程，尽量减少对顾客提出的要求。

服务企业应不断加强对推销工作的管理和协调，其中包括以下管理的要点。

第一，管理购买机会。包括：投入，即弄清顾客的需求和预期以及获取有关评价标准的知识；过程，即将专业技术人员、推销人员等视为服务的化身，妥善管理顾客和卖主互动的效果，鼓励顾客积极参与服务过程；产出，愉悦而满意的服务购买体验。

第二，评估推销质量。包括建立合理的预期表现水平，利用既有预期水平作为购买后判断质量的基础。此外，还要评估顾客对企业服务以及销售人员服务质量的感知水平。

第三，善用参照群体。参照群体是指个人在形成其购买消费决策时用以作为参照、比较的个人或群体。企业可以利用企业外的参照群体激励满意的顾客参与传播过程（如口碑传播），发展并管理有利的公共关系。要让所有员工了解对外接触的重要性。鼓励员工感受其在满足顾客过程中的角色和所作出的贡献，了解在服务设计过程中顾客参与的必要性，并通过提出问题、展示范例等方式，形成各种顾客所需要的服务规范。

三、公共关系

公共关系是指企业为改善与社会公众的关系，促进公众对企业的认识、理解与支持，达到树立良好企业形象、促进销售的一系列公共活动。

（一）公共关系的特点

服务的公共关系具有以下三个显著特点。

1. 可信度高。新闻特稿和专题文章往往比直接花钱购买的报道具有更高的可信度。

2. 解除防备。公共关系是以新闻、活动、学术研讨会等方式表达，而不是以直接销售的方式表达，更容易被潜在顾客或使用者接受。例如，借助会议推广促销旅游、培训、医疗服务等，往往会收到意料不到的好效果。

3. 戏剧化（dramatization）呈现。公共关系工作可以使一家服务企业或一种服务在沟通中收到戏剧化的效果，加深相关受众的印象和理解。

（二）公共关系的任务

1. 启动项目。公共关系能够帮助组织树立良好的形象，进而容易使其以一种令人信服的方式向社会推荐新型或风险型服务项目，比如，媒体评论与宣传是电影、戏剧等推出新服务的首选手段。在其他服务项目中，宣传在新服务早期接受过程中也扮演类似角色。

2. 维持形象。成为积极的新闻素材能帮助服务企业树立良好的品牌形象。如果服务企业能够作为技术领先者或顾客服务冠军被提及，将有助于在顾客心目中形成高品质、高信誉的形象。

3. 处理危机。如果反应及时、处理得当，公共关系能抵消诸如食物中毒等事件的负面宣传效应，帮助企业渡过灾难性危机。人们常说的危机公关，就是指企业为避免或者减轻危机所带来的严重损害和威胁，有组织、有计划地学习、制定和实施一系列管理措施和应对策略，包括危机的规避、控制、解决以及危机处理后的恢复振兴等活动过程。

4. 强化定位。对于步入成熟期的组织，媒体的经常报道或组织精心策划的公共关系宣传有助于使顾客保持认知和加强定位。沃尔玛的“天天平价”之所以能如此深入人心，与其公共关系宣传密不可分。

（三）公共关系的工具

1. 宣传报道。宣传报道是介绍企业新型服务的重要工具，它通过发表免费的新闻信息或肯定的评价来帮助企业宣传新服务。宣传报道的信息要想被新闻单位采用，必须真实可靠、实事求是，而且应包含媒体和受众感兴趣的内容。

2. 会议推广。会议推广是企业以学术会议或产品说明会的形式，营销者以专家顾问的身份，借亲情服务或科学普及、学术研讨的方式，向特定顾客推广产品或服务的一种促销手段。

3. 事件营销。公共关系经理可以通过赞助有足够新闻价值的事件或社区服务来实现新闻覆盖。同时，这些事件也有助于提高企业的品牌知名度。所谓事件营销是指通过策划、组织和利用具有新闻价值、社会影响以及名人效应的人物或事件，吸引媒体、社会团体和消费者的兴趣与关注，以求提高企业或产品的知名度、美誉度，树立良好公众形象，并最终实现产品或服务销售目标的手段和方式。简单地说，事件营销就是把握新闻的规律，制造具有新闻价值的事件，并通过具体的操作，让这一新闻事件得以传播，从而达到公共关系的效果。

4. 公益赞助。党的二十大报告指出，“引导、支持有意愿有能力的企业、社会组织和个人积极参与公益慈善事业。”① 公益赞助是企业赞助某项社会活动，借由此产生的良好社会效应进行营销传播，以获得社会公众的关注和好感，从而达到提升品牌形象、促进销售的目的。企业也可以选择为社会上的公益事件提供赞助，从而将自己定位为富有爱心和社会责任感的企业，这势必会使企业受到公众的广泛关注并赢得他们对企业的好感。

5. 媒体传播。党中央历来“高度重视传播手段建设和创新，推动媒体融合发展，提高新闻舆论传播力、引导力、影响力、公信力”②。习近平总书记指出，“全媒体不断发展，出现了全程媒体、全息媒体、全员媒体、全效媒体，信息无处不在、无所不及、无人不用，导致舆论生态、媒体格局、传播方式发生深刻变化。”③ 党的二十大报告指出，“加强全媒体传播体系建设。”④ 事实证明，服务企业开展媒体传播、新闻发布有助于新闻界、现有及潜在顾客、行业分析家、股东及其他人了解企业的相关信息。同时，微信、短信、微博、网站、电子阅报栏、网络电视等媒介也是新服务构思和服务改进的公开论坛，可以获得访问者的各种反馈信息。

公共关系决策主要涉及三个方面：(1) 建立公共关系目标。(2) 选择公共关系的信息与工具。(3) 评估公共关系效果。

新启迪 8-3

数字技术与公共关系

进入数字经济时代，社会公众对网络的使用越来越频繁，网络对社会舆论导向、公共事件评价以及服务企业形象的影响力越来越大，已经成为消费者评价服务品牌或企业的第一信息来源，成为企业日常公关活动的主阵地。将数字技术、互联网思维用于服务企业公共关系活动，就是网络公关。具体来讲，网络公关是指利用互联网、数字技术塑造服务企业形象、推动公共关系和谐发展、促进与公众交流互动、及时接受客户建议、改进企业服务营销的活动过程。网络公关具有成本低、针对性强、效率高、容易建立口碑等优势。

公关搜索引擎优化（即PRSEO，其中PR为公关，SEO为搜索引擎优化）是指以互联网为平台，根据企业现状、服务或产品特点以及行业特征，综合利用各种网络媒体资源平台对企业新闻稿进行合理优化，使软文获得搜索引擎稳定的较前排位，从而达到有效传播信息、吸引顾客购买的行为过程。优化新闻稿主要从标题关键词设置、内容关键词密度、发布渠道、超链接设置等方面入手。

---

① 习近平. 高举中国特色社会主义伟大旗帜　为全面建设社会主义现代化国家而团结奋斗：在中国共产党第二十次全国代表大会上的报告. 人民日报，2022-10-26.

② 中共中央关于党的百年奋斗重大成就和历史经验的决议. 人民日报，2021-11-17.

③ 习近平1.25谈媒体融合发展十大“金句”.（2019-03-05）. 人民网.

④ 习近平. 高举中国特色社会主义伟大旗帜　为全面建设社会主义现代化国家而团结奋斗：在中国共产党第二十次全国代表大会上的报告. 人民日报，2022-10-26.

四、销售促进

销售促进是针对某一事件、价格或顾客群体的营销活动，通过提供额外利益鼓励顾客或营销中介做出直接的反应。销售促进对于服务人员特别重要，因为它是一种短期因素，能加快服务推广宣传、吸引顾客注意力进而激励他们迅速采取购买行动。

（一）采用销售促进的原因

服务企业在使用销售促进这一促销工具时，通常出于对如下因素的考虑。

1. 需求。在需求波动且存在闲置产能的情况下，为了充分利用产能、积极扩大销售，必须及时开展销售促进活动。

2. 顾客。这主要是指：（1）消费该项服务的人不够多。（2）购买服务的量不够大。（3）购买或使用之前的选择需要协助。（4）在支付方面有一定不便或问题。

3. 服务。包括：（1）新服务正在推出。（2）没有人知道或谈起该服务。（3）没有人使用该服务。

4. 中介。包括：（1）经销商对企业销售的服务未给予足够的关注。（2）经销商对企业销售的服务未给予足够的促销支持。

5. 竞争。包括：（1）目前竞争激烈而密集。（2）竞争的发展趋势愈演愈烈。（3）新服务开发和推广面临竞争。

与产品的销售促进相比，服务企业采取销售促进时应该考虑的特殊因素有二：（1）由服务的特征造成的问题，如服务不能储存。因此，在销售促进措施的采用上，必须有所顾忌，如使用高峰折扣定价技巧，平衡服务的需求数量。（2）某些服务企业本身专有的特殊问题，例如，某些销售促进手段的使用可能涉及道德问题，或者某一专业团体会认为某些方式太过冒进。因此，销售促进在实践中往往经过“掩饰、包装、套路”或在其他名义下进行。

（二）销售促进的好处

1. 协调供求。借助销售促进，企业可以有效地调整服务需求和供给的波动周期。比如，为保证航空公司和旅馆一直有稳定的顾客流，两者可以共同推出一项具有吸引力的假期服务捆绑销售，并以低价格和优质服务来吸引顾客，填充那些可能出现空闲的座位和房间。

2. 强力防御。销售促进也可被服务企业用作强有力的防御手段。比如，当某一航空公司通过降低票价来争取客源时，其他竞争对手通常会紧急跟进，否则就会面临顾客大量流失的风险。

3. 彰显特色。卓有成效的销售促进活动，可以为服务注入新的内容，也可以充分展现新的服务特色。有奖销售或竞赛的激励、降价以及特别销售的刺激，都能提升顾客对服务的整体感知。在某些情况下，销售促进甚至能制造轰动效应，帮助服务企业从竞争中脱颖而出。麦当劳快餐推出的游戏促销就曾经引发很大的轰动。

（三）销售促进的工具

1. 样品赠送。它给了顾客一个免费试用服务的机会。比如，信用卡公司可以向信用卡持有人提供信用卡保护计划的一个月免费试用。美国在线公司向电脑所有者提供调制解调器10分钟的试用，以鼓励他们使用其网络服务。

2. 价格/数量促销。这种方法如果被顾客理解为短期促销而不是鼓励持续的大额订购，那么应该在一个有限的时间内采用，而不宜作为长久之策。如航空公司向商务旅行人员提供特定航线上的多年通行证，条件是他们在某一个特定的时间范围内与航空公司签约。这样的策略有助于企业迅速建立稳定的基础顾客群体，同时还可以增加预付的现金流入。

3. 优惠券。它通常采用以下形式：直接降价，与最初购买者同来的一个或多个顾客可享受折扣或费用减免（如第二张门票半价），或在基本服务的基础上提供免费或有价格折扣的延伸服务（如在每一次洗车时都提供免费打蜡服务）。传统的做法是将优惠券印刷在报纸和杂志上，或者通过直邮方式发送给顾客。有些服务企业采取的创新方法是把各种优惠券组合成优惠券簿（看起来类似支票簿）出售，激励购买者使用各种各样的服务。例如，公园、餐厅、酒吧、电影院等就经常采取这种办法。

4. 折扣补贴。它被竞争性市场上的航空公司、酒店和汽车租赁公司广泛用来保持那些频繁外出旅行人员的品牌忠诚度，他们在加入某一个特定的常客计划之前必须签约。这类折扣采取一系列分阶段奖励的形式，如提供免费的服务升级（提供头等舱标准的服务、房间更大、汽车更好）、免费的陪同票等。另外，更直接的折扣例子是，百货商店主动将信用卡邮寄给潜在的顾客，并且在一个确定的期限内对所有商品的购买都提供折扣。采用这些折扣方案的一个有利之处在于，可以对服务的价格进行调整以适应不同程度的竞争和需求的季节性。

5. 礼品赠送。它是一种为了给短暂易逝的服务增加有形要素而提供的特殊促销方式。例如，银行和保险行业提供的服务很难进行差异化，于是，便经常进行礼品赠送。例如，银行定期实施礼品战，向储户提供金额大小逐步累进的礼品，从食用油、米、面到台历、电子表、手机等，作为对拥有不同存款额的储户的回报。如果顾客在较长的时间里把他们的存款存入银行，那么这种方法可能比提供更高的存款利率成本更低。为了鼓励顾客（可能拥有几张信用卡）增加信用购买额或把其应付款项集中在一个账户中，银行已经开始尝试一种促销活动，即向那些在一个给定时间段内应付款超过一定金额的顾客提供不同种类的奖品。

6. 有奖销售。这种方式引入了机会这个要素，如抽签中奖。它可以有效地增加顾客对服务的参与感和兴奋感，并鼓励顾客增加对服务的使用。

五、服务促销新工具

（一）互联网广告

习近平指出："移动互联网已经成为信息传播主渠道。随着5G、大数据、云计算、物联网、人工智能等技术不断发展，移动媒体将进入加速发展新阶段。”① 移动互联网作为一个全新的广告媒体，传播速度快、促销效果好、应用成本低，是服务企业精准促销的必要手段。互联网广告（或网络广告）是指通过网站、网页、互联网应用程序等互联网媒体，以文字、图片、音频、视频或者其他形式，精准、高效传播服务或产品信息的商业广告。随着信息家电的普及，网络已经泛指传输、存储和处理各种信息的设备及其技术的集成。因此，网络广告应是基于计算机、通信等多种网络技术和多媒体技术的广告形式。其具体操作方式包括注册独立域名，建立公司主页；在热门站点上做横幅广告（banner advertising）及链接，并登录各大搜索引擎；在知名 BBS（电子公告板）上发布广告信息，或开设专门论坛；通过电子邮件给目标消费者发送信息等。所以，电子邮件广告、搜索引擎关键词广告、搜索固定排名等都可以理解为网络广告的表现形式。

1. 网络广告的主要优势。与传统四大传播媒体（报纸、杂志、电视、广播）广告及备受垂青的户外广告相比，互联网广告有着得天独厚的优势：（1）覆盖面广，受众规模大，传播范围广；（2）不受时间限制，广告效果持久；（3）方式灵活，互动性强；（4）便于分类检索，促销针对性强；（5）制作简捷，广告费用低；（6）可以精准掌握受众人数。

2. 网络广告的强力互动传播。通过设计和推出网络广告，借助鼠标的层层点击，可将顾客吸引到服务企业发布的网络信息源。通过网上观看，顾客的主动性得以提高，因此，只要网络广告能针对顾客的兴趣和需求，就会实现顾客与服务企业之间“一对一”的沟通，顾客可以更广泛、更深入地了解服务企业及其服务，服务企业也可以更及时地传达最新信息，交互作用发挥得淋漓尽致。同时，由于互联网提供的信息十分丰富，几乎不受时间限制，顾客可以自由查询，遇到基本符合自身需求的内容就可以进一步地了解相关信息，并向企业有关部门提出要求，以获取更多所需要的信息。网络广告是一种即时互动式的广告，即“活”的广告，查询起来也非常方便。

3. 网络广告与其他促销手段的配合。网络广告经常与其他促销手段相互配合。一些服务企业，如肯德基，为网上顾客提供能够下载或打印的优惠券。还有些服务企业用电子邮件来配合网络广告，以形成强有力的促销组合。比如有些航空公司通过电子邮件向已经注册的旅客发送特价机票信息，旅客如果被机票价格激起兴趣，就可以与航空公司联系并购买机票。

（二）口碑传播

在数字经济时代，口碑传播方式已由“口口相传”演变为“网网相传”，顾客可以借助互联网便捷发布其对产品或服务的评论，从而凸显了人员因素在服务促销中的重要性。口碑传播就是关于某个企业的信用度、可信度、经营理念和服务质量等的信息，从一个人传达到另一个人的过程。口碑传播自古就有，有意识地将其用于促销是服务促销的一种新工具、新手段。随着越来越多的顾客热衷于发表在线评论，口碑逐渐移转到在线渠道，成为电子口碑（eWOM）。电子口碑是指数字经济环境下潜在顾客、现实顾客或前顾

① 习近平. 加快推动媒体融合发展　构建全媒体传播格局. 求是，2019（6）：6-7.

客对产品或服务任何正面或负面声明、评价的交流、沟通和传播。服务企业要从长计议，“追求人民群众的好口碑、历史沉淀之后真正的评价”①。

1. 口碑传播对促销的影响。口碑传播对促销的影响是巨大的，如果在口碑信息和促销信息之间存在矛盾，那么促销信息通常会失去影响力。口碑越不好，广告、推销等促销工具的效率就越低下。

此外，积极的口碑会减少利用广告和推销等促销工具的庞大预算。因此，良好的口碑是服务企业与顾客之间最有效的沟通载体，能使顾客以更积极的态度来配合服务企业的外部沟通传播。

2. 口碑传播的蝴蝶效应。蝴蝶效应是指初始条件十分微小的变化经过不断放大，对其未来状态会造成极其巨大的差别的现象。口碑传播的蝴蝶效应就是指口碑传播的乘数效应，这种效应在不同行业和不同情况之间差别很大。一般来说，负面体验通过口碑放大的速度要远远大于正面体验通过口碑放大的速度，乘数值一般为3～30。也就是说，当一位顾客有不良服务体验时，他不仅会停止购买，而且可能告诉周围的3～30个人，使得他们也取消购买；同时，顾客通常也会把一些好的服务体验告诉其他人，但人数会有所减少。

3. 利用口碑传播开展业务。专业的服务营销人员应经常鼓励顾客把服务介绍给周围的其他人。比如牙医要求满意的病人为他介绍朋友和熟人等。习近平总书记指出，要着力加强国际传播能力建设。② 这就为服务企业面向国际市场的传播、促销和沟通提供了科学指引。

（三）电商直播

电商直播是指借助天猫、淘宝、抖音、快手、腾讯等平台宣传、推广产品或服务的过程。这在法律上属于促销广告活动，主播根据具体行为还要承担广告代言人、广告发布者或广告主的责任。在服务促销中，电商直播增强了主播与观众的互动，在线观看人数和购买产品或服务的信息会有力地刺激观众的购买行为。电商直播的成功促销需具备三要素：(1) 主播，选择人设适宜、风格匹配的主播至关重要；(2) 顾客，主播要具备影响顾客的能力，具有私域流量和忠实“粉丝”；(3) 供给物，即能满足顾客需求的产品或服务。

第3节　服务促销设计

一、影响促销设计的因素

（一）促销目标

如果企业促销是为了达到防御性的目标，企业就要对那些面临竞争压力的服务进行

---

① 语重心长！习近平两会告诫领导干部十句话.（2018－03－20）. 中国新闻网.

② 坚定文化自信秉持开放包容坚持守正创新　为全面建设社会主义现代化国家　全面推进中华民族伟大复兴提供坚强思想保证强大精神力量有利文化条件. 人民日报，2023－10－09.

差异性促销。如果促销目标是吸引顾客，企业就要对那些低风险、低价格的服务进行重点促销，以吸引顾客，否则他们就会成为竞争对手交叉销售的对象。如果促销目标是在竞争中主动进攻，企业就要对这种服务（如6个月的储蓄存单）进行持续性促销，以支持营销人员与顾客之间建立一种更长期、可持续的关系。

（二）服务组合

服务线越宽，服务促销选择决策的挑战就越多。一个连续上演同一出剧目的剧院除了可以对座位进行促销，几乎没有其他可以促销的服务，除非联合餐厅和零售商一起对一整套娱乐组合进行促销；而一个连锁酒店集团可以对不同地点的酒店、餐厅的菜肴、度假者等提供不同服务促销方式。

（三）市场范围

市场范围是指促销活动是在整个市场上进行还是在有选择的某些子市场上进行。由于差别定价策略常用于服务企业，所以，服务促销比产品促销拥有更大的弹性空间。尽管一个连锁酒店集团可以通过开展定期的全国性促销活动来建立统一的企业形象，但是也应看到，在单个子市场上也存在开展不同水平的价格促销的需要。此外，服务营销人员可以把一次促销活动限制在某一特定的消费人群范围内。

（四）促销价值

这是指服务企业在设计促销计划时必须考虑提供给顾客的价值及其表现形式。数量折扣或价格促销通常提供给顾客的是一定的现金价值，即以较低的价格提供同样的服务。还有一些促销活动提供给顾客的是一种延时价值，通常与所促销的服务的价格没有联系，即以同样的价格在未来为顾客提供更多的服务。

服务企业在决定提供给顾客的价值形式和水平时，必须考虑顾客的偏好、成本和促销目标。当顾客对服务的使用差异很大时，可以提供不同价值的奖励。例如，以飞行的里程数、入住酒店的天数、信用卡应付款项的金额作为依据开展促销活动。

任何促销活动都包含一定的价格折扣。服务营销人员应当认识到顾客对此的反应可能随促销种类的不同而不同，且未必是线性的。例如，10%的价格折扣所带来的销售量增加不一定是5%的价格折扣所带来的销售量增加的2倍。

（五）促销时间

设计促销活动还应该明确的一个问题就是时间。什么时候？多长时间？频率是多少？这是关于促销时间的三个重要问题。任何促销的时间都应该考虑目标顾客的购买周期、企业提供的促销价值以及竞争对手的压力。以平衡需求为目的的服务促销的时间设定，应当削弱而不是加剧销售的周期性变化。此外，“出其不意”的促销活动也经常会收到良好的效果，因为这样开展促销，精明的顾客就不会因为等待未来的促销活动而推迟购买。

（六）受益对象

由于促销是用来影响或强化顾客行为的，因此，选择正确的细分市场就非常重要。

有时，不一定是服务使用者本人付钱，商务旅行人士使用的酒店和交通服务就是如此。向那些每天享有固定津贴的人提供价格折扣产生的吸引力可能有限，因为节省的钱并不属于个人。航空公司和酒店已经通过常客计划对这种情况做了巧妙的应对，因为常客计划奖励的是旅行者个人而不是公司，但有的公司坚持认为所有的空中常客奖励都应属于公司，应该用于将来的商务旅行。

（七）规避竞争

企业要设计一种能够提供独特竞争优势的促销活动。在营销实践中，许多服务企业在设计促销活动时发现很容易被对手模仿。因此，需要设计一种防止被模仿的促销活动，例如活动非常复杂以至于无法被迅速模仿，或者与一个或多个著名企业进行排他性联合促销，这样其他企业就不可能直接复制这种活动。所谓联合促销，是指两个以上的企业或品牌合作开展促销活动。这种做法的最大好处是可以使联合体内的各成员以较少费用获得较大的促销效果，联合促销有时能达到单独促销无法达到的目的。联合促销的优点在于门槛低、效果显著，企业只需要花费很少的促销费用就可以实现比单独促销更好的效果。

二、促销管理的要点

随着市场竞争的加剧，服务企业对促销的重视程度正在迅速提升。为了使促销收到理想的效果，避免人力、物力、财力的浪费，企业必须关注以下促销管理的要点。

（一）规划促销策略

服务企业需要对服务促销活动进行详细规划，表明对哪些服务，在什么时间、什么地点、什么市场上促销，以及使用的促销技巧是什么，从而确保促销活动的统一协调和多样性，而不是仅仅通过无差异的促销来回应竞争者。

（二）明确促销目标

服务企业应该正确看待促销的效果，不应该过分夸大一次促销活动可能实现的目标。任何一次既定的促销活动都应当有选择性地集中于一两个目标，以使其产生最佳效果。

（三）限制促销时间

服务企业希望每一次促销活动都能引发特定顾客的即刻购买行为，这就要明确限制促销活动的截止日期。无限期的促销会被竞争者模仿，从而可能成为服务供给的一个组成部分，导致促销成为一个永久性的成本项目而不是收益来源。

（四）开展联合促销

服务企业通过同时对几种自有的服务进行组合促销或引入其他企业的力量，常常能够有效地利用它们的促销资源并设计出影响更大的促销活动。如商场消费和游乐园消费的联合，常常会给顾客带来惊喜，并且双方都可以从中获益。

（五）完善激励机制

最有效的促销能够通过激励顾客、销售人员、中介等来同时创造“推”和“拉”的效应。例如，服务企业可能针对顾客采取抽奖活动，同时对于销售人员和中介提供具有相似主题和奖品结构的销售竞赛活动。

（六）讲求促销效果

服务企业必须衡量每次促销活动产生的效果，比较促销前后销售量的差异，评估是否达到了促销的目标，考虑产生差异的原因，为未来的促销活动积累经验，为进一步提升促销管理水平奠定坚实基础。

学术前沿 | 关于社会化媒体促销的最新研究

刘英为等基于华为和海南航空的案例研究，提出了基于国家文化原型的品牌国际化传播策略模型。该模型将文化类属分为单文化元素和多文化元素，其中单文化元素运用指的就是企业在品牌、产品或营销当中只使用一种文化的象征或符号，而多文化元素运用指的就是文化共现或文化混搭，即企业在品牌、产品或营销当中同时使用两种或两种以上文化的象征或符号。同时，研究将文化属性分为物质领域和象征领域，其中物质领域主要包括日常生活中的物质元素，如中国美食、中国城市的自然景致等；而象征领域一般为同一文化群体成员所共享的某类文化象征符号，其含义远远超越了其原本的实用性功能。

基于以上两个维度的分类，模型归纳出四种品牌国际化应用策略：工具性审美策略、差异化表现策略、目标消费者认同策略、全球性共识意义获取策略（如图8－3所示）。

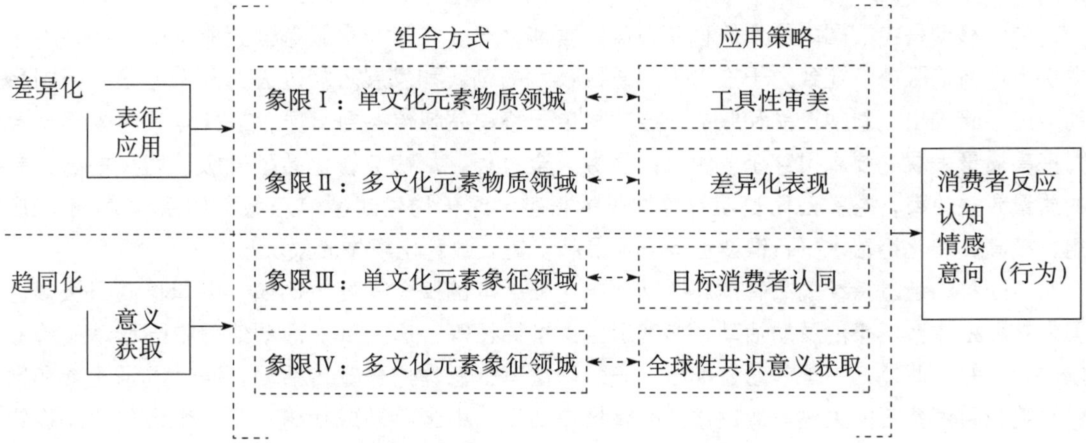

图8－3 跨国品牌文化原型应用策略结构图

资料来源：刘英为，汪涛，聂春艳，等．如何应用国家文化原型实现品牌的国际化传播：基于中国品牌海外社交媒体广告的多案例研究．管理世界，2020，36（1）：88－104，236.

工具性审美策略。这一策略主要应用单文化元素物质领域（象限Ⅰ）的工具性审美特性丰富产品的实体线索，即将中国文化的“形”应用于产品表征，这部分主要包括对中国城市、中国美食、中国现代地标建筑的推介和应用，使得产品具有鲜明的来源国文化特征，引起国际消费者的注意，并针对产品形成初步的认知。这种策略既可以应用于产品视觉的图案呈现，又可以应用于产品视觉的文字呈现。

差异化表现策略。这一策略主要应用多文化元素物质领域（象限Ⅱ），这部分主要指结合来源国和东道国两种或两种以上文化元素进行混搭的组合方式，目的是给目标消费群体一个参照体系，以便其对中国文化元素进行认知和理解，并且获得差异化的体验。与工具性审美策略相比，差异化表现策略更进一步地满足了消费者的认知需求，因为通过对比产生的感知，往往是更为深刻的。

目标消费者认同策略。这一策略主要应用单文化元素象征领域（象限Ⅲ），将单文化元素附着于品牌之上与消费者互动，产生情感共鸣和偏爱，满足目标消费群体对品牌意义的需求和获取。象征领域既包括中国传统文化价值观的传承，又包括具有代表性的原型人物。在这类人物原型的应用上，华为、海南航空各有千秋。华为应用智者原型，突出其企业科技创新的能力和实力；海南航空则应用佳人原型，展示东方之美典雅、细腻、精致的独特韵味，与服务理念相契合。

全球性共识意义获取策略。这一策略主要应用多文化元素象征领域（象限Ⅳ），通过获取全球性共识的意义，进行品牌文化与品牌价值观的推介。体验价值就是挖掘、植入、嫁接某种文化元素，这种文化元素是能与人们情感、观念、价值观相吻合的或者是人们所向往的。这一策略的营销目标主要是使品牌价值观和全球共识的意义相契合，而多文化的汇聚融合更有利于共识意义的获取。这一部分的组合方式是最为复杂的，也是企业在国际化发展成熟阶段最希望使用的。

素养园地

中国移动传播中国好品牌的成功案例

中国移动是中国国内最大的移动通信运营商之一。作为一家服务型企业，中国移动不仅提供电话通信服务，还致力于推动中国通信技术的创新和发展。在过去的几十年里，中国移动通过不断推出创新的产品和服务，成功将中国移动品牌传播到全球。2024 年，中国移动致力把高质量发展的要求贯穿企业做强做优做大全过程，加快数智化转型升级，切实提高发展的质量效益效率，夯实公司长期价值增长的根基。深化构建新型信息服务体系和 AI 赋能应用，提高数智化经营水平，锻造世界一流品牌，树立数智化领先形象。

中国移动通过持续的品牌推广活动建立了强大的品牌认知度。例如，中国移动积极参与国内外大型体育赛事的赞助活动，如奥运会、世界杯等，这些赞助活动使得中国移动品牌形象广为人知。此外，中国移动还推出了一系列富有创意的广告宣传活动，通过娱乐元素和情感共鸣吸引消费者的关注。通过这些品牌推广活动，中国移动成功树立了一个现代化、稳定可靠的形象，赢得了广大消费者的认可。

在生态构建方面，中国移动国际公司发起“牵手计划”，通过产业链的国际商务和技术合作，倡导打造低成本、高质量、快交付、广覆盖的全球网络，向消费者提供高速无缝、无忧、无国界的数字体验。2023 年，“牵手计划”引入了“5G 倡议”，以共赢 5G 为愿景，围绕“5G+生态系统”、“5G+漫游”和“5G+物联网”三大主题开展合作，已吸引 16 家合作伙伴加入。目前，“牵手计划”已覆盖全球超过 29 亿移动用户。

中国移动积极参与社会公益活动，提升品牌的社会形象。例如，在2020年抗击疫情的关键时刻，中国移动香港公司于2月初就迅速推出“停课不停学、直播公益课”计划，联合多家专业教育机构，按照教学大纲开展在线公益课，通过App、电视盒子、网页等多种形式，面向全香港中小学生，提供免费在线教育服务。学生、家长和老师可通过“UTV”或“电视盒子”观看视频，再配合“同步课堂”的练习系统，跟进巩固学习效果。该活动社会反响热烈，30多家学校50多位老师积极参与义教，仅1个月就摄制课程150多节，网上直播课程吸引超过10万人次观看，“UTV”用户近40万，“同步课堂”用户数超过3万。中国移动香港公司紧贴香港市民最迫切的“刚需”，解学校和家长“燃眉之急”，赢得了更多消费者的信任，有力彰显了央企社会责任。此外，中国移动还通过举办公益演出、开展环保活动等方式，传递企业的社会责任感，树立了良好的社会形象。这些公益活动不仅提升了中国移动品牌的知名度，还赢得了消费者的赞誉和支持。

共建“一带一路”倡议以政策沟通、设施联通、贸易畅通、资金融通和民心相通为主要内容扎实推进，得到了越来越多国家和国际组织的积极响应。中国移动立足央企定位与自身业务特长，深入参与“一带一路”建设，并于2019年成立国际业务部，制定实施国际化发展规划及共建“一带一路”实施规划，以新技术、新应用、新生态，助力“一带一路”沿线地区经济社会高质量发展。中国移动通过持续的品牌推广活动、创新的产品和服务以及积极参与社会公益活动，成功传播了中国好品牌。中国移动的成功案例证明，服务企业在传播品牌方面具有重要的作用，通过提供优质的产品和服务，参与社会发展，在消费者心中建立起良好的形象和信誉。

资料来源：三大运营商公布2024年工作重点 关键词“高质量发展”.（2024－01－05）. 同花顺财经；http://www.sasac.gov.cn/n4470048/n13461446/n14398052/n16460319/n16460417/c16487799/content.html.

小结

服务促销是指服务企业向消费者传递有关本企业及服务产品的各种信息，说服或吸引消费者尽快、大量、重复购买其服务，扩大服务销售量的活动。服务促销手段有广告、推销、直复营销、销售促进和公共关系等。服务促销组合是指服务企业根据促销的需要，对广告、推销、直复营销、销售促进和公共关系等各种促销方式进行适当选择和综合编配。服务企业的促销目标主要有提供信息、引导购买、提醒使用等。促销目标确定后，服务企业就可制定促销预算，即确定在促销活动上应花费多少资金。企业确定促销预算的方法主要有量力而行法、销售百分比法、竞争对等法和目标任务法四种。服务促销的重要意义主要体现在宣传服务、说服尝试、明确定位、展示差别、纠正偏差、培养忠诚、强化记忆等方面。服务促销与产品促销由于企业素质特征、顾客决策过程和促销组合运用的差异而有所不同。企业素质特征涉及营销理念、职业道德、企业规模、市场竞争、促销知识几个方面。顾客决策过程涉及顾客态度、购买动机、购买过程。服务企业的广告应遵循的原则有传播精准信息、强调服务利益、确保践行承诺、重视激励员工、维持顾客合作、刺激口碑传播、提供有形线索、发挥持续效用、消除购后疑虑等。服务推销应遵循的原则包括深化人际关系、注重职业素养、借力间接销售、维持有利形象、销售多种服务、便利顾客购买等。推销管理的要点是管理购买机会、评估推销质量、善用参照群体。公共关系的特点是可信度高、解除防备、戏剧化呈现。公共关系的任务有启动项目、维持形象、处理危机、强化定位等。公共关系常用的工具有宣传报道、会议推广、事件营销、公益赞助、互联网传播等。销售促进给服务企业带来的好处有协调供求、强力防御、彰显特色等。互联网广告、口碑传播和电商直播已成为服务促销新工具。影响促销设计的因素有促销目标、服务组合、市场范围、促销价值、促销时间、受益对象、规避竞争等。促销管理的要点是规划促销策略、明确促销目标、限制促销时间、开展联合促销、完善激励机制、讲求促销效果等。

重要概念

服务促销	服务促销组合	量力而行法	销售百分比法
竞争对等法	目标任务法	服务差异化	程序化广告
整合营销传播	服务广告	意见领袖	企业形象
服务推销	人际关系	职业素养	情感压力
参照群体	公共关系	危机公关	宣传报道
会议推广	事件营销	公益赞助	网络公关
公关搜索引擎优化	销售促进	网络广告	口碑传播
电子口碑	蝴蝶效应	电商直播	市场范围
促销价值	联合促销		

复习题

1. 服务企业的促销目标和确定促销预算的方法有哪些？
2. 服务促销有哪些重要意义？
3. 服务广告应遵循哪些原则？
4. 服务推销应遵循哪些原则？服务推销管理的要点是什么？
5. 公共关系的任务和常用工具有哪些？
6. 影响促销设计的因素和促销管理的要点有哪些？

第 9 章

服务人员与内部营销

思维导图

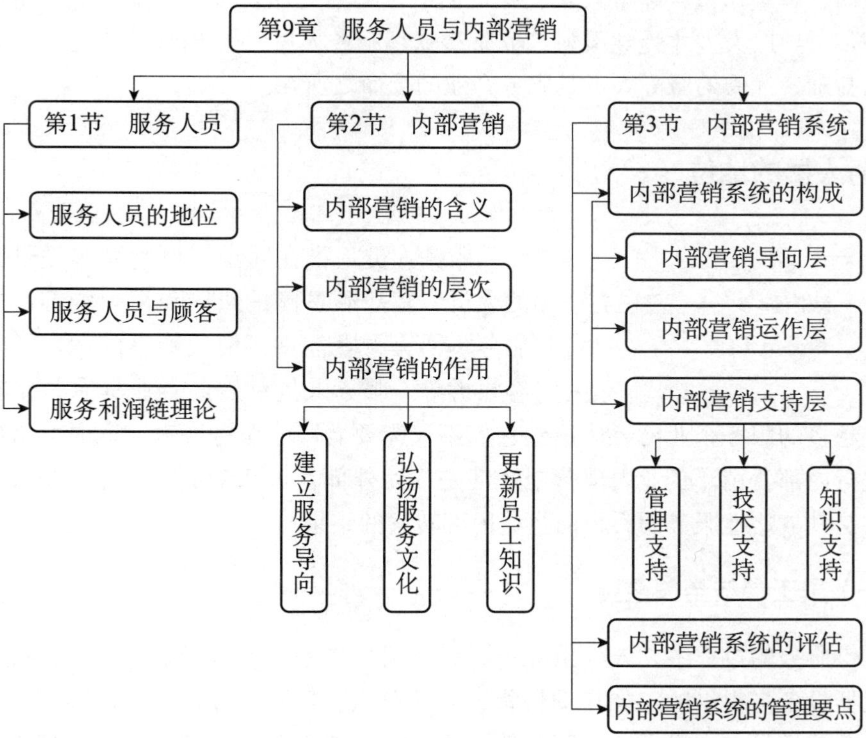

本章要点

- 服务利润链理论及其启示。
- 内部营销的含义、层次及管理过程。
- 内部营销系统的构成。

第 1 节　服务人员

服务人员是服务营销组合 7P 要素之一，对服务企业生存发展具有举足轻重的作用。服务企业不仅要注重开发新服务，提升服务竞争力，更要着眼于员工，开展有效的内部营销。成功的服务企业深知，要想服务好外部顾客，必须先服务好自己的员工。要“坚持尊重劳动、尊重知识、尊重人才、尊重创造，实施更加积极、更加开放、更加有效的人才政策，引导广大人才爱党报国、敬业奉献、服务人民”[①]。内部营销是外部营销成功的前提和基础，优秀的服务人员是服务企业的生命之所在。

一、服务人员的地位

新启迪 9－1　星巴克善待员工

服务人员是指在固定场所为顾客提供必要服务的人员。其基本职责是迎接和招呼顾客，提供相应服务，回答顾客问询，解决顾客问题，及时处理顾客投诉等。服务人员对服务企业具有举足轻重的作用，越来越多的服务企业已经认识到它们不仅需要着眼于服务顾客，同时要着眼于服务员工，进行内部营销。企业内部营销活动是一切外部营销活动成功的先决条件，服务企业的成功是其战略性服务洞察力向企业内部转移的结果。

（一）员工参与至关重要

在提供服务的过程中，人（服务企业的员工）是一个不可或缺的因素，尽管有些服务是由机器设备来提供的，如自动售货、自动取款、自取邮件包裹等，但零售企业、银行、快递公司的员工在提供这些服务的过程中仍起着十分重要的作用。习近平指出，我国转变发展方式的过程“是企业家、科技人员、技术工人队伍发挥更大作用的过程，是教师、医生、律师、金融从业人员、信息服务人员、社会组织管理者等队伍扩大的过程”[②]。对于那些要依靠员工直接提供的服务，如餐饮服务、医疗服务、培训服务、教育服务以及咨询服务、信息服务、养老服务等，员工因素更加重要。员工参与是指员工以

---

① 习近平．高举中国特色社会主义伟大旗帜　为全面建设社会主义现代化国家而团结奋斗：在中国共产党第二十次全国代表大会上的报告．人民日报，2022－10－26．

② 习近平：推进供给侧结构性改革是一场硬仗．(2017－06－21)．人民网．

某种形式在不同程度上参与企业经营管理活动，是员工自我价值实现的重要途径，也是员工激励的主要方法。一方面，高素质、符合有关要求的员工参与是提供服务必不可少的条件；另一方面，员工的服务态度和水平是决定顾客对服务满意程度的关键因素之一。

（二）互动影响服务质量

由于服务的相连性，服务的生产与消费过程往往是紧密交织在一起的，服务人员与顾客在服务生产和递送过程中的互动效果，直接影响顾客对服务过程质量的感知。因此，服务企业的人员管理应是服务营销的一个重要方面。

服务企业人员管理的关键是不断改善内部服务，提高企业内部服务质量。企业内部服务即企业对内部员工的服务，其服务质量包括两大方面：一是外在服务质量，即有形的服务质量，如工资、奖金、津贴、补贴、补助、福利、加班费、股权、提成等；二是内在服务质量，即无形的服务质量，如管理者素质和人格魅力，关怀尊重、容易沟通、相互激励、关系融洽的和谐环境，尊重人、宽容人、关心人、成就人、凝聚人的企业风气。企业要“真心爱才、悉心育才、倾心引才、精心用才，求贤若渴，不拘一格”[①]，把各方面优秀人才集聚到企业中来。

员工对企业的满意度主要来自员工对企业内在服务质量的满意度，它不仅包括员工对工作本身的态度，还包括他们对同事关系的感受。考虑到人的因素在服务营销中的重要性，服务企业的营销实际上由三个部分组成：（1）外部营销，即企业为顾客创造价值并且建立牢固的顾客关系，进而从顾客那里获得价值回报的过程，包括企业的服务准备、服务定价、促销、分销等内容；（2）内部营销，即企业培训员工及为促使员工更好地向顾客提供服务所进行的其他各项工作；（3）互动营销，是指企业在营销过程中高度重视并充分利用顾客意见和建议，以完善产品或服务的规划、设计和定位，为实现企业营销战略服务。

互动营销主要是借助互联网技术手段（如网络广告、微信、博客、即时聊天工具、电子邮件、网络平台等）强化营销人员和目标顾客之间的互动，通过营销测试系统及大数据对顾客的消费行为进行精准衡量和分析，实施精准定位。其目的是更好地满足顾客个性化需求，在为顾客提供个性化服务的同时，建立并维护产品或服务在顾客心目中的良好形象，强化顾客品牌意识，培育稳定的忠诚顾客群体，促进企业可持续发展。

（三）员工培育顾客忠诚

顾客忠诚是指顾客对企业或品牌形成的信任、承诺、情感维系和情感依赖。忠诚的顾客会更多、更频繁地购买企业的产品，会愿意试用新产品或购买更高档的产品，会更愿意接受与品牌相关的交叉销售，会乐于向新顾客推荐并传播有利于企业与品牌的信息，且对价格的敏感度较低，愿意为高质量付出高价格。因此，企业对忠诚顾客付出的交易

---

① 习近平．高举中国特色社会主义伟大旗帜　为全面建设社会主义现代化国家而团结奋斗：在中国共产党第二十次全国代表大会上的报告．人民日报，2022－10－26．

成本、服务成本更低。

在服务营销组合中，要处理好人的因素，企业必须根据服务的特点和服务过程的需要，合理进行企业内部人力资源的组合，调配好一线员工和后勤工作人员。以一线员工为“顾客”，以向其提供一流的服务为目的，开展好企业内部营销工作。前已述及，影响顾客对企业服务质量评价的一个重要因素是一线员工的服务质量和能力，而要形成并维持一支素质过硬、服务质量优异的一线员工队伍，企业管理部门就必须做好员工的筛选和培训工作，同时要使企业内部的二线、三线员工都围绕为一线员工的优质服务提供更好的条件这一中心展开工作。只有为一线员工创造了良好的服务环境，建立了员工对企业的忠诚，才能通过高质量服务赢得顾客对企业的忠诚。

服务企业要对员工进行内部营销，对顾客进行外部营销，而员工之间则要进行互动营销，共同为顾客提供服务。因此，服务企业的营销不仅要针对顾客，而且要针对内部员工。这不同于有形产品的营销。

二、服务人员与顾客

服务人员与顾客是服务营销组合中人员要素的两个方面。

（一）服务人员

服务业的具体服务人员包括出租车司机、电梯服务员、图书管理员、银行柜台服务员、餐馆厨师和服务员、旅馆接待员、保安警卫人员、电话总机接线员、修理人员等。这些人员可能有生产性或操作性的任务，但在服务企业中他们也可能是与顾客直接接触的角色，他们的态度对服务质量的影响程度和营销人员的态度对服务质量的影响程度可以说是一样的。因此，必须采取措施增强其“自我管理、自我服务、自我教育、自我监督的实效”①。

（二）顾客

对服务企业的营销活动产生影响的另一个因素是顾客之间的互动关系。一位顾客对某项服务质量的感受很可能会受其他顾客意见的影响，正如其会受服务企业员工的影响。顾客总会与其他顾客谈到服务企业，或者当一群顾客同时接受一项服务时，一位顾客对服务的满足感往往是由其他顾客的行为间接决定的。

在服务营销过程中，人员扮演着相当独特的角色，是服务营销组合中一个不可或缺的要素。服务企业与制造企业的一大区别是，顾客所接触的服务人员的主要任务是实现服务，而不是营销服务。

一般而言，服务企业的人员可分为两类：必须与顾客接触的员工和无须与顾客接触的员工。在研究服务企业员工与顾客接触的问题时，应区分员工与顾客接触的程度。高

---

① 习近平．高举中国特色社会主义伟大旗帜　为全面建设社会主义现代化国家而团结奋斗：在中国共产党第二十次全国代表大会上的报告．人民日报，2022－10－26．

接触度与低接触度的界定可依据顾客处于服务体系中的所有时间里接受服务时间所占的百分比。据此，高接触度服务企业包括酒店、餐厅等；低接触度服务企业有快递公司、外卖公司等。各种不同的服务体系对于营销管理有不同的含义，这会影响服务递送过程。[①]

三、服务利润链理论

服务利润链是指用来表明盈利、顾客、员工、企业四者之间的关系并由若干循环组成的链，源自1994年由詹姆斯·赫斯克特（James L. Heskett）等五位哈佛商学院教授[②]提出的“服务价值链”模型。该模型试图揭示服务企业利润的决定因素。服务利润链体现为一条将企业盈利能力、顾客满意度和忠诚度、员工满意度和忠诚度与员工效率联系起来的纽带，是一条由四个循环构成的闭合链，其中每一个环节的实施质量都将直接影响其后的环节，最终目标是企业获利（如图9-1所示）。

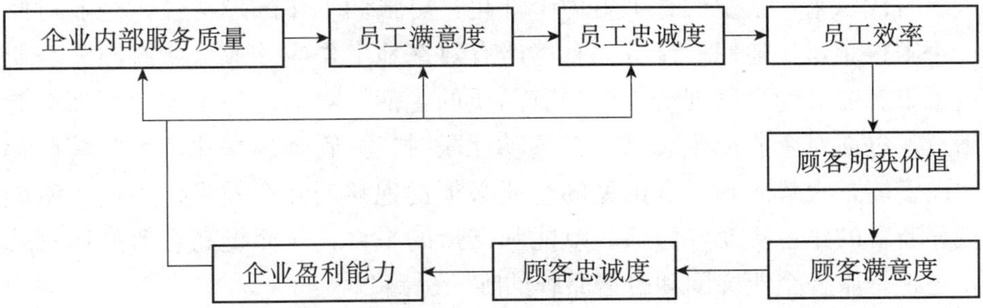

图9-1　服务利润链

（一）服务如何创造价值

服务究竟如何创造价值？服务利润链理论认为：企业盈利能力，顾客忠诚度、满意度、所获价值，员工效率、满意度、忠诚度之间存在直接的关系。企业盈利能力是由顾客忠诚度决定的，忠诚顾客（也就是老顾客）给企业带来超常的利润空间；顾客忠诚度是靠顾客满意度取得的，企业提供的服务价值（服务内容＋服务过程）即顾客所获价值决定了顾客满意度；顾客所获价值是由员工效率决定的，员工效率源自员工忠诚度，员工忠诚度来自员工满意度，员工满意度来源于企业内部服务质量；企业盈利能力会影响企业内部服务质量、员工满意度和员工忠诚度。

由图9-1可以看出，服务利润链由以下四个循环构成：员工效率循环、员工满意度循环、顾客忠诚度循环、企业盈利循环。以企业盈利循环为主线，四个循环之间相互作用，可以找到以下逻辑：内部高质量的服务，可以产生满意、忠诚的员工，进而提升员工效率，员工通过对外提供高质量的服务，为顾客提供了较大的服务价值，接受服务的

---

① 郭国庆．服务营销学．2版．北京：高等教育出版社，2019：205．

② 除了詹姆斯·赫斯克特（James L. Heskett）之外，还有厄尔·萨瑟（W. Earl Sasser Jr.）、伦纳德·施莱辛格（Leonard Schlesinger）、克里斯托弗·哈特（Christopher W. L. Hart）和约翰·科特（John P. Kotter）四位哈佛商学院教授为“服务利润链”（the service profit chain）理论作出了贡献。

顾客由于满意而保持忠诚，忠诚的顾客给企业带来了持续稳定的利润。

（二）服务利润链理论的启示

1. 企业内部服务质量驱动员工满意度。企业要想更好地为外部顾客服务，提高对外营销的绩效，就必须将员工看作内部顾客，尽可能地满足内部顾客的需求，提供优质内部服务。内部服务质量取决于员工对工作本身满意与否以及员工之间的关系两个方面。对工作本身满意与否取决于其完成预定目标的能力以及在这一过程中所拥有的权利。当员工具备上述两个条件时，自然会因为达到预期目标而对工作满意、对企业满意，并最终对企业忠诚。而员工之间的关系，也在很大程度上决定了企业内部服务质量的高低。一方面是员工之间的人际关系，如果同事之间能维持一种和谐、平等、互相尊敬的关系，那么在这样的工作环境中，员工满意度和工作效率就会提高；另一方面是员工之间的相互合作和服务方式，尤其应提倡团队精神与合作态度，这能提高员工满意度。

进入新时代以来，新生代员工更为个性化，更强调工作的趣味性，企业对此必须认真对待，否则很难留住他们。让员工有尊严有效率地工作应该成为所有服务企业的核心战略。员工只有能够为自己创造有尊严有品质的生活，对自己的工作感到新鲜有趣，他们才会满意，进而对企业产生忠诚。在移动互联时代，管理扁平化、部门精简化、一人多能、一岗多能是大势所趋。有远见的企业必须拥抱移动互联技术，为员工赋能，将企业从管控和监督的角色转变成激活、赋能和支持的平台，从而提高企业的运营效率和盈利水平，这将是服务企业突围和打造品牌的唯一出路。

2. 以员工满意度提升员工忠诚度。员工满意度体现在员工对报酬、学习、晋升、环境、地位、企业承诺等各方面的感受和认知。服务企业可以通过员工满意度调查、员工面谈、员工服务热线等方式及时掌握和了解员工满意度。一般来讲，员工满意度是由岗位设计、工作环境、选拔培养、激励机制、服务工具和技术支持等多方面决定的。此外，员工对自身服务能力的评价会影响其自身的满意度。员工满意通常反映出员工对企业未来发展有信心，为能成为企业中的一员而感到骄傲；也表明员工愿意担当工作责任，为企业努力地工作。员工满意有助于提高员工效率，降低员工流失率。在服务企业，因员工不满意而流失所造成的损失，不只是重新招聘、雇用和培训而产生的费用，还应包括工作效率下降和顾客满意度降低导致的顾客流失的损失。

3. 员工忠诚度是员工效率和服务价值的基础保障。高服务价值来源于企业员工高保留率和高效率，也就是来源于员工对企业的忠诚。员工通过日常的本职工作创造服务价值，员工效率直接影响着所创造的服务价值，只有高忠诚度员工才能创造出高服务价值。服务企业要不断提升员工忠诚度，最重要的是要让员工有归属感、事业成就感，要给予员工更多的成长、进步、发展机会，鼓励员工自我管理，让员工享有一定的股权，给员工更多关怀。要让每位员工的潜能、优势得到充分发挥，让员工在事业中获得成就感，增强自信心和荣誉感，让职业忠诚同企业忠诚完美结合。习近平总书记指出，要“加强社会舆论引导，形成劳动创造财富、实干创造业绩、奋斗创造幸福的正确导向，防止轻视劳动、不劳而获、一夜暴富、坐享其成、消极躺平等不良思想滋长蔓延，充分激发全社会创造活力”①。

4. 高服务价值带来高顾客满意度。顾客满意度取决于员工的服务质量和提供的服务价值高低，对于顾客来说，服务价值可以通过比较获得服务所付出的总成本与得到的总价值来衡量。顾客所获得的总价值是指顾客购买服务所获得的全部利益，它包括服务价值、人员价值和形象价值等。顾客总成本是顾客为购买服务所耗费的时间、精力、体力以及所交付的资金等。顾客购买服务时，总希望把资金、时间等成本降至最低，而同时又希望从中获取更多的利益，因此，顾客所获价值越大，其满意度越高。企业提高顾客满意度可以从两个方面入手：一是改进服务，提升形象，增加服务总价值；二是减少顾客购买服务的资金、时间、精力与体力等成本。

新启迪 9-2　著名企业的员工忠诚

5. 顾客满意度带来顾客忠诚度。顾客忠诚度是由顾客满意度决定的，顾客满意是一种心理活动，是顾客的需求被满足后的愉悦感。顾客只有满意才会持续产生购买行为，最终才会成为忠诚顾客，企业才能实现可持续发展。企业的一切活动必须以满足顾客需求为出发点，通过比竞争对手做得更好来实现顾客满意，培育顾客忠诚，造就稳定的顾客，确保企业持久、永续地发展。顾客忠诚代表顾客对企业及其服务的偏好，如果顾客对于企业所提供的服务满意，顾客忠诚度就会随之提高。满意的顾客会传播企业及其服务的正面口碑，引导其他顾客采取购买行动。

6. 顾客忠诚度影响企业盈利。服务企业的利润来源于顾客忠诚，顾客忠诚度的提高也可增强企业的盈利能力。研究表明，来源于忠诚顾客的销售额和利润一般会在企业总销售额和总利润中占有很高比例。对服务企业来说，顾客忠诚度的小幅度提高就能使企业盈利能力大幅度上升。忠诚顾客的占比在很大程度上决定了企业的市场份额，这比用顾客总数来代表市场份额更具有实际意义。

第2节　内部营销

一、内部营销的含义

内部营销（internal marketing）是与外部营销（external marketing）相对应的概念。随着服务产业的发展和人们对服务营销的研究兴趣的兴起，内部营销作为激励员工持续提供高质量服务的一种手段，成为服务营销的研究主题之一，开始受到广泛的重视。伴随着内部营销理论的不断发展，学术界在内部营销的以下三个内涵上达成了统一。

1. 内部营销是一种观念和哲学。当把企业视为一个市场，把企业内发生的所有交换活动都视为营销行为时，企业内的每一个人都既是内部供应者，又是内部顾客。这时，内部营销可以被认为是一种从不同于传统的角度看待企业的观念、理念甚至是哲学。习近平指

① 习近平．推进中国式现代化需要处理好若干重大关系．求是，2023（19）．

出："理念是行动的先导，一定的发展实践都是由一定的发展理念来引领的。"① 理念是否正确，从根本上决定着发展成效乃至成败。内部营销的观念要求企业中人人都应具有顾客意识、市场意识、竞争意识，同时主张把通常用于外部营销的概念和技术用于企业内部。

2. 内部营销是一种人力资源管理的思维和实践。内部营销是根据员工的需要设计更好的职责产品（job products）供员工选择，以使员工为从事自己擅长或喜欢的职位工种而感到满意自豪并受到激励，从而更好地满足顾客需要的过程。在这里，内部顾客是员工，内部供应者是管理者（包括企业高层管理者、人力资源经理或部门经理等），而内部营销实际上是对传统人力资源管理理论的发展，其目的是使企业更好地吸引、开发、保留所需的人力资源。

3. 内部营销是一种企业内部互动运作的机制。在这里，内部营销可以理解为企业为了向内部传递外部市场压力，在企业内各部分、各环节之间建立"模拟市场"的关系，以及为了使这种关系得到落实和延续而采取一系列措施。所谓模拟市场，是指参照既有市场状态下的可比同类情形，实施对照性管理的一种理念。模拟市场可以看作对市场的一种必要补充、对不成熟市场的一种有效修复。

在互动营销过程以及顾客关系管理中，员工的作用非常重要。营销部门的专家并非营销工作中唯一的人力资源，有时甚至不是最重要的。员工的顾客导向、服务意识在顾客理解企业、信任企业、偏爱企业等方面起着关键作用。因此，服务企业每个部门都必须具备顾客导向和服务顾客的意愿。在服务意识驱动下，通过积极向上的方式在企业内部采取协同配合的营销活动，就是内部营销。所谓协同配合是指整合各种分散的资源，使之进行充分的配合，以实现共同的目标。在这个过程中，处于不同部门和环节的员工的内部关系得以巩固，他们共同以高度的服务导向为外部顾客和利益相关者提供最优异的服务。习近平总书记强调，要"顾全大局，在履行自身职责、抓好分管工作的同时，注意兼顾上下左右，加强协同配合"②。

新启迪 9-3

顾客导向还是运营导向

顾客导向与运营导向具有不同的内在特质，即是将顾客放在第一位，还是只考虑服务企业体系本身。企业员工要在到底是为自己着想还是一切为顾客着想之间作出抉择。

运营导向的企业会找出对企业及员工最有利的方法，因此会为保障本身的运营而创造出一些制度、程序、系统及控制手段，例如，缩短营业时间、要求顾客在申请退款时先填写复杂的表格，故意模糊价格。这时，顾客会感受到企业其实并不在乎他们。员工可能会有这样的想法："如果不是为了这些顾客，我们早就下班休息了！"

顾客导向的企业则倾向于制定对顾客友善而便利的政策、规定和程序。这类企业包括：周六周日也营业的银行，货品退换规定宽松的百货店，主动打电话询问顾客新

① 习近平．习近平谈治国理政：第二卷．北京：外文出版社，2017：197.
② 习近平．在二十届中央政治局第一次集体学习时的讲话（2022年10月25日）．求是，2023（2）.

车状况如何的汽车经销商等。顾客不会感觉到自己是给别人制造负担和麻烦。与顾客导向的企业打交道，会让顾客觉得自己很重要。这种类型的企业会自问："我们要怎么协助顾客?""我们要怎么样让顾客感到很轻松、很满意?"员工的理念则常常是感谢顾客的惠顾。

运营导向的企业可能把顾客看成是工作中的阻碍，顾客导向的企业则把顾客视为企业重要的资源和服务对象。前者将重心放在底线利润上，后者注重的则是顾客。当出现经济下行时，运营导向的企业会想方设法来削减成本，而顾客导向的企业则会千方百计地吸引更多的顾客，努力扭转消沉低迷的销售状况。

内部营销的重要性在于它能使企业中的管理工作以更加系统和战略性的方式接近所有活动。内部营销在企业中存在的意义并非基于它所采用的手段，而是基于其将内部人员导向调整为外部顾客导向或内部顾客导向的流程创新。流程创新是指在企业生产流程和服务运作中引入新的流程和要素。它只是改变产品或服务的生产过程，而不是结果。

内部营销理论的精髓可以归纳如下：

1. 内部营销是一种经营观念。内部营销从一个全新的角度看待员工和企业，即把员工当作顾客，把企业视为市场。同时，内部营销是企业发展战略和经营战略的重要组成部分，它要求企业强化服务内部顾客的意识，在令内部顾客满意的基础上，使企业中的每一个人都具备顾客意识和市场导向意识。市场导向是指营销观念在组织运作中的执行，是旨在提高运营效率、提高顾客满意度和获得优势竞争地位的一种手段，是以提供优越顾客让渡价值、实现顾客满意为目的的价值观及建立于其上的一系列组织内相互协调的行为，是价值观与执行力的统一。

2. 内部营销是一项系统工程，其开展必须建立在系统思考的基础上。系统工程是指运用各种管理技术，使系统的整体与局部之间协调和相互配合，使系统适应外部环境的变化，实现总体的最优运行。内部营销系统，是指为便于在企业内部有效开展一系列积极的营销协同活动，而构建的包括内部营销导向层、内部营销运作层和内部营销支持层在内的企业内部多种因素的有机统一体。管理者必须"不断提高战略思维、历史思维、辩证思维、系统思维、创新思维、法治思维、底线思维能力"①。

根据营销资源的不同，可以把营销协同分为有形营销资源协同、无形营销资源协同和能力营销资源协同。（1）有形营销资源协同包括设置统一办公地点与售后服务部门、交叉销售和共享物流配送体系等，其实施要注意产品相关性及顾客分布，效益评价主要从顾客、运营及成本等维度展开。（2）无形营销资源协同主要是基于品牌资源开展协同促销和广告活动，其实施要注意诉求对象和品牌定位的一致性，效益评价主要从费用、效果、效益和市场竞争力四方面展开。（3）能力营销资源协同通过营销人员的共享与流动、项目合作等方式来促进营销能力的转移与提高，建立信任和激励机制与成立内部人才市场是解决能力营销资源协同问题的有效途径。其效益评价包括人员共享行为评价、项目团队绩效评价及最终营销管理技能转移评价。

---

① 习近平. 高举中国特色社会主义伟大旗帜 为全面建设社会主义现代化国家而团结奋斗：在中国共产党第二十次全国代表大会上的报告. 人民日报，2022-10-26.

3. 内部营销是一种管理工具。它主张在研究企业内部市场时，运用外部营销的技术和方法来开展内部营销活动，并进行相应的内部营销管理。

4. 内部营销是一种管理过程。要在企业内部顺利推行内部营销，就必须在分析内部市场环境的基础上，制订出周密的营销计划，然后采取一系列手段执行营销计划，包括员工招聘、员工培训、员工激励、员工授权、员工沟通以及员工内部服务补救等一系列管理活动。

二、内部营销的层次

从管理哲学的角度来分析，内部营销整体目标是培育更多积极主动为顾客服务的优秀员工。内部营销可划分为两个层次：战略内部营销与战术内部营销。习近平曾就经济发展战略战术问题做过精辟论述，指出："战略上要坚持稳中求进，搞好顶层设计，把握好节奏和力度，久久为功。战术上要抓落实干实事，注重实效，步步为营，一仗接着一仗打。"① 这对服务企业处理好战略内部营销和战术内部营销的关系具有重要的指导意义。从战略层次上看，内部营销目标是创造有利的内部环境，增强员工顾客意识，增进职业愉悦感、自豪感、安全感和获得感。措施包括科学的管理制度和方法，凝聚人、成就人、提高人、升降有序的人力资源政策，开放、尊重、宽容、友爱、和谐的企业文化，清晰、明确的职业生涯规划。从战术层次上看，内部营销目标是向员工推介服务，支持员工服务，动员并激励营销活动（见表 9－1）。

表 9－1　内部营销的目标

内部营销整体目标	培育更多积极主动为顾客服务的优秀员工
战略层次目标	创造有利的内部环境，增强员工顾客意识和职业愉悦感、自豪感、安全感和获得感 • 科学的管理制度和方法 • 凝聚人、成就人、提高人、升降有序的人力资源政策 • 开放、尊重、宽容、友爱、和谐的企业文化 • 清晰、明确的职业生涯规划
战术层次目标	向员工推介服务，支持员工服务，动员并激励营销活动 • 将服务人员视为服务企业的一级市场（first market），若想让顾客满意，则要先让企业员工满意 • 员工首先要认同企业的服务及相关活动，这样才能积极向外部顾客推广介绍企业的服务 • 服务推出之前，必须做好充分准备并让企业内部人员欣然接受 • 畅通内部沟通咨询渠道

资料来源：Gronroos C. Internal marketing：an integral part of marketing theory//Donnelly J H，George W R. Marketing of services. Chicago：American Marketing Association，1981：237.

当员工不太愿意推广销售那些他们不认同的服务时，内部营销便显得更加重要。

---

① 习近平：推进供给侧结构性改革是一场硬仗．（2017－06－21）．人民网．

三、内部营销的作用

（一）建立服务导向

当服务导向成为企业最重要的一则规范时，服务文化就在企业生根发芽了。而内部营销的目标便聚焦于服务导向。一般而言，服务导向的内部营销的具体目标表现为：（1）让员工（包括管理人员、营销人员和服务人员）能够理解和认可企业的使命、战略、战术以及服务、服务过程和营销活动。（2）在服务管理中建立、维持和发展服务导向的管理风格和领导风格。（3）向员工传授服务导向的沟通与互动技巧。在这方面，企业加强沟通管理是十分必要的。所谓沟通管理，是指管理者、一线员工和后勤人员了解顾客需求，整合各种资源，传递信息和交流思想，以更好满足顾客需求的过程，其目的是使员工以高度责任感来完成职位所承担的工作，为内部顾客和外部顾客服务。需要传递的信息可能包括工作计划、产品和服务特征、顾客承诺（例如广告或推销员所作出的承诺）、改进工作的意见以及最新发现的顾客需求等。沟通管理是创造和提升企业精神和服务文化，实现企业战略目标的重要手段。

（二）弘扬服务文化

服务文化一旦形成，就必须积极地保持和弘扬下去。否则，员工的态度和企业规范就可能会恢复到原先的技术主导状态。有助于弘扬服务文化的内部营销目标包括：（1）确保管理方法能够鼓舞士气，强化员工的服务理念和服务导向。（2）确保员工可以及时得到准确的信息和反馈。（3）在向外部市场推出新服务和进行营销活动前，先对员工进行培训。在此过程中，特别需要加强态度管理。态度管理是指企业有效协调、控制员工的态度，提高员工服务顾客的意识，并对自觉服务的行为给予激励的管理过程。就致力于赢得竞争优势的服务企业而言，态度管理是内部营销的关键组成部分。服务企业需要具备超前的管理意识，要创造未来而不是适应未来。

新启迪9-4

星巴克的服务文化

星巴克作为全球知名的连锁企业，对自身的定位不是单纯的咖啡零售店，而是体验供应商：为顾客创造一个除了家和企业之外能带来归属感的休息场所。

顾客步入任意一家星巴克咖啡店，都能感受到相同的温馨和舒适，而这种感觉不单纯来自店内的装饰，还来自人和人之间形成的一种轻松氛围，这并非星巴克通过规章制度要求店内员工刻意为之。星巴克之所以有独特的企业文化，源于企业在人力资源方面的建树：星巴克的员工必须有足够的情商，懂得如何让服务满足更多顾客的要求，也明白只有跟同事密切协作才能圆满地实现目标，而星巴克所做的正是培养员工的这种情商。

多年来，星巴克内部形成了一种“关系驱动”“员工第一”的文化，鼓励员工之间加深情感联系。在星巴克，员工被称为“伙伴”。这种文化不仅体现在日常称谓的宣传上，而且通过点点滴滴的行动将公司诚意注入了每一位伙伴的心中。即使是兼职店员（美国区域）也能拿到公司期权和医保。在金融危机时期，许多公司想方设法降低招聘费用，星巴克却在员工培训上加大投入，不仅为员工安排咖啡制作课程，还鼓励员工提升自身的学历。

星巴克前董事兼国际部创始总裁霍华德·毕哈（Howard Behar）写过一本书《星巴克：一切与咖啡无关》。他表示，员工只有感受到了来自企业的关怀，才能真正关怀顾客。一位星巴克前员工也透露，店内员工之间从来不命令彼此工作，真正需要帮助时，他们通常说：“嗨，有时间帮我个忙吗？”此外，在招聘环节，当某些企业在员工甄选上还比较保守时，星巴克大胆选择了包容多样的招聘方式。顾客是来自不同背景、不同环境的人，那么服务顾客的店员也应该是来自不同背景、不同环境的人，正是这一点促成了星巴克轻松、温馨的店内氛围，助力星巴克实现其战略目标。

资料来源：星巴克的员工为何挖不走？深度剖析星巴克的“伙伴文化”.（2020-01-01）. 腾讯网.

（三）更新员工知识

企业需要经常向员工推广介绍企业的新服务和新的营销进展，不断更新员工知识，拓宽员工视野。为了弘扬服务文化并使之不断创新、发展，保持活力，企业应将内部营销的具体目标设定为：（1）让员工了解企业营销新进展和接受、认同并支持企业推出的新服务。（2）让员工知晓并体验为推广和营销新服务而采用的传统营销手段和长期以来行之有效的企业“绝活儿”。温故知新，让员工重温熟悉的营销活动，回味服务顾客、提升业绩的满足感、自豪感，也是不断强化顾客意识的过程。（3）让员工认识和接受为营销新服务而采取的新措施，并引领员工理解其中的顾客导向内涵，从而改进与顾客的互动。[①]

第3节　内部营销系统

一、内部营销系统的构成

企业的内部营销系统按其内在逻辑，可以划分为三个层次，即内部营销导向层、内部营销运作层和内部营销支持层。三个层次及其内部子系统构成了一个完整的内部营销系统。系统论认为，整体性、关联性、等级结构性、动态平衡性、时序性等是所有系统共同的基本特征。系统论的核心思想是系统的整体观念，任何系统都是一个有机的整体，它不是各个部分的机械组合或简单相加，系统的整体功能是各要素在孤立状态下所没有的新特质。内部营销系统构建是指以系统论为依据，以内部营销导向层、内部营销运作

---

① Kotler P，Armstrong G. Principles of marketing. 18th ed. Harlow：Pearson Education Limited，2021：89.

层和内部营销支持层构成系统的结构，并保持内部营销系统各个子系统之间的相互支持和功能关联，以实现内部营销系统整体功能的最大化和系统的持续稳定性。

内部营销系统将企业的多种职能集成为两种主要整体功能：第一，它确保企业所有层级的员工都能准确理解并做好本职工作，顾客导向在企业内蔚成风气，体现在与顾客接触的各种活动和过程中。第二，确保员工积极主动地将服务导向落实在日常工作的方方面面。内部营销旨在确保企业和员工之间的内部关系通达顺畅，各项活动均在顾客导向和服务导向之下进行。

（一）内部营销导向层

此层面强调在企业内部培育或保持顾客导向和服务导向观念，从而形成持续的企业服务文化。内部营销是一门将员工视为顾客的哲学。服务营销理论倡导顾客是服务质量感知的主体，突出了外部顾客的重要性，强调满足顾客期望以使顾客满意甚至忠诚。与之相应，内部营销理念主张将顾客导向观念向企业组织内部延伸，优化服务利润链边界由外部市场向内部市场拓展，视企业员工为服务营销的起点。

内部营销导向层的系统设计旨在在企业内部形成一种顾客导向和服务导向的企业文化，并确保企业员工积极执行和维护这种文化。因此，该层面的系统设计包括以下两个方面的内容。

1. 培育服务文化。当服务导向和对顾客的关注成为企业最重要的行为规范时，也就意味着服务文化在企业蔚然成风了。由此可见，服务导向观念和顾客导向观念是服务企业最为核心的要素。服务文化的培育是一项持续而细致的工作，是服务企业内部营销过程的坚实基础和有力支撑。对于服务企业而言，建立服务导向和顾客导向的企业文化，需要处理如下工作：（1）引导和协助所有员工理解、接受并赞同企业目标、战略和战术、外部营销活动、流程等；（2）倡导并创造员工之间关爱、学习、鼓励、谅解、上进、友善、坦诚、和谐的良好氛围和风气；（3）帮助并支持管理者树立服务导向的管理风格；（4）向所有员工传授服务导向的沟通和互助技巧。

2. 保持服务文化。服务文化一旦建立，就必须以积极的方式去维护，否则，随着时间的流逝和环境的变化，员工的态度很容易发生转变。保持服务文化，需要做好如下工作：（1）确保管理手段能够鼓励和强化员工的服务导向和顾客导向；（2）确保良好的内部关系能够得到维持；（3）确保内部对话机制能够使员工接收到持续的信息与反馈；（4）在推出新产品、新服务之前，先将其推销给员工。因为管理者无法直接控制服务过程和服务接触中的关键时刻，所以企业对服务过程进行有效控制，只能通过服务文化间接引导员工以顾客导向来为顾客服务。

（二）内部营销运作层

该层面强调将顾客导向（含外部顾客导向和内部顾客导向）贯彻于企业的各个内部职能活动中，在服务生产、递送与消费的过程中，既关注外部顾客的服务预期，又关注内部员工的工作状况与需求。内部营销的起点是员工，是企业的内部市场及其顾客。如果服务产品、营销传播、新技术和运营系统无法让内部顾客接受，那么企业就很难做到让外部顾客满意。因而，对内部员工进行有效的人力资源管理，是内部营销运作层的首要任务。另外，进行和谐团队建设、促进内部沟通对话、向员工提供合理授权及针对内部顾客的内部服务补救也是运作层的重任。

1. 人力资源管理。成功的内部营销是从招聘开始的，内部营销系统的构建需要融入企业人力资源管理的相关管理活动。由于招聘的工作量大、流转速度快、招聘过程复杂，很难保证不错过合适人选。随着聊天机器人这类高度精密的人工智能工具的出现，越来越多的企业开始使用人工智能程序来快速、有效地向候选人提供应聘进展信息，帮助求职网站安排面试并提供建议。这极大地改变了候选人的应聘体验，增强了参与度，提高了整体满意度。同时，聊天机器人还开始为希望申请新岗位的内部员工提供服务。员工可以直接与聊天机器人互动，获得空缺岗位的相关细节、技能评估和就业指导。此外，一些企业还提供“岗位中的一天”虚拟场景。候选人能够通过虚拟场景了解某岗位的求职要求，这既可以增加趣味性，也可以帮助候选人根据流程自主完成选择。聊天机器人还可以根据候选人的模拟行为，帮助雇主确定候选人能否胜任某岗位。

企业可以用职位描述、招聘程序、员工培训、员工职业生涯规划管理、工资与福利系统、考核激励以及其他人力资源管理工具实现内部营销的目标。其中，员工培训、员工职业生涯规划管理与考核激励尤为重要。

员工培训是保证员工基本服务技能的基础，其培训内容包括服务导向和顾客导向观念的培育，服务接待、传递或支持服务工作的营销技巧与态度，员工处理突发事件的行为准则，以及员工自我学习成长的能力等。同时，员工培训还应该是一项持续的工作，要求培训与企业发展、员工成长同步，并与营销环境的发展变化相适应。习近平对企业家提出期望，“重视培养企业声誉，更加注重员工培训”，为长远发展创造良好条件。①

一项完整而成功的人力资源管理方案，必然需要包括员工职业规划管理的内容。事实上，员工不仅关注其眼前的收益，也更关注在企业中的预期收益。员工职业规划管理，要求结合员工需求与预期，为员工规划其在企业内的发展路径，并积极地让员工明晰自身的发展状况与晋升渠道。这一系列管理活动的开展有利于培育员工的企业归属感、向心力和忠诚度。事实上，只有做好员工职业规划管理，打通员工职业发展之路，才能促使员工将“要我成长”变成“我要成长”，将“要我服务”变成“我要服务”。员工只有自觉自愿、发自内心地为顾客服务，才能够提高服务效率，提高服务能力，提升顾客满意度，改进服务质量。人力资源管理部门要完善员工职业技能成长机制，从服务意识、业务内容、学习能力、服务技能、收入级别等方面划分员工技能成长等级，从而激发员工自觉自愿地做好服务工作（为自己的未来而服务），充分发挥员工的潜在能力（为自己的目标而成长），放手让员工创造性地解决问题（为自己的能力提升而解决问题）。这样，就会形成一种良性循环：优秀的员工提供优质的服务，开心的员工提供满意的服务，自觉自愿的员工提供卓越的服务。

对员工的服务业绩进行考核，并依据考核结果进行必要的奖惩，以激励员工提高服

---

① 习近平出席中非领导人与工商界代表高层对话会暨第六届中非企业家大会开幕式并发表主旨演讲. 人民日报，2018-09-04.

务业绩，是人力资源管理的重要内容。员工绩效考核是指以科学的绩效标准为基础，以激励员工改善服务水平为目的，并以考核结果作为员工培训、员工技能改进和员工薪酬发放的根据。而员工激励旨在提升员工工作热情和服务状态，必须以公平、科学、可信的原则为指导，否则将适得其反。员工考核激励必须从企业目标和员工需求分析出发，将企业目标分解并与员工需求进行挂钩，同时建立员工达成目标的工作平台，通过调动员工的主观能动性确保达成企业目标。员工激励包括组织设计、绩效管理、薪酬福利等模块的内容，也就是对员工在企业里的责、权、利进行设计，形成促进员工致力于达成企业目标的机制。目标分解体系是自上而下将企业目标分解到各业务单元。这里的目标分解与KPI分解有两个差别：一是分解的是目标，而不是指标。目标来源于对业务单元的功能定位，用于衡量工作结果，其中可量化的可被设置为指标。二是目标分解并不是完全依托于现有的岗位设置，而是根据目标分解模式，调整岗位的功能定位及设置，使每个分解目标有对应的岗位完全承接。也就是说，是目标决定岗位设置，而不是岗位设置决定目标。员工提供服务质量的好坏，取决于员工的工作能力，但受制于员工本人的责任心和员工的工作状态。如果一个员工各方面的工作能力很强，也有足够的责任心，但某时刻的状态不佳，开心系数不高，那么他很难给顾客提供令人满足的服务；如果一个员工各方面的工作能力很强，某时刻的状态很好，开心系数很高，但员工本人的责任心欠缺，那么他同样也难以提供令人满意的服务；如果一个员工的责任心够强，时刻处于开心状态，但工作能力差，频繁出现服务失败，那么他也很难实现顾客满意。

2. 和谐团队建设。和谐团队建设就是企业管理者带领全体员工，努力围绕着企业整体发展目标，精诚团结，互相信任，互相协作，形成一种积极向上、团结有力的工作环境。

习近平总书记指出，“靠单打独斗很难有大的作为，必须紧紧依靠团队力量集智攻关”①。和谐团队的基本特征体现在以下几个方面：（1）共同价值取向。员工要与企业整体的价值观和利益要求一致，特别是对企业重大事件与原则性问题，要有共同的认识与评价，这种共识构成了企业团队精神。只有这样，才能促使员工把企业的工作当作自己的事，积极奉献，忠于职守。员工的认同感是企业团队存在和发展的基础，也是员工在团队内产生共同感受、态度趋同和行为一致的前提。（2）团队归属感。员工需要在情感上得到企业的认同、悦纳和员工之间的相互关心、相互帮助。只有让每位员工真切地感受到自己是企业团队的一员，才能使其产生情感上的依靠，才能激励其自动自发地做好顾客服务工作。（3）岗位责任心。和谐团队要求一级对一级负责。员工不仅仅对自己负责、对企业负责，更要对同事负责，对顾客负责。有了这样的负责态度，员工才能在服务工作中用心解决顾客问题，尽可能提供让顾客满意的服务体验。在服务链条上做到“把下一个环节当客户，努力做好上一个环节的质检员”，让服务质量环环相扣，从而保障企业服务无差错。（4）上下一心氛围。管理者对下级是服务支持而不是简单的管理监督，领导力的最佳体现就是对下级和员工的服务力，企业对员工的支持力度在很大程度上决定了顾客对员工所提供服务的满意度。这就需要做到：服务上道环节不对下道环节说“不”，服务二线部门不对服务一线部门说“不”，上级不对员工提出的困难说“不”，

① 《习近平关于科技创新论述摘编》：加快科技体制改革步伐.（2016-02-29）. 新华网.

下级不对上级的命令说“不”，服务被检查者不对服务检查者提出的问题说“不”，全体员工不对顾客的合理要求说“不”。

3. 内部沟通对话。保障企业内部信息的通畅、促进各层级主体积极沟通与对话，“发扬伙伴精神，协商处理分歧，探索解决共同挑战”①，并在此基础上展开协同行动，是内部营销管理的重要内容。在一定程度上，内部沟通对话既是内部营销沟通管理的主要内容，又是整个营销过程的重要工具。外部大规模沟通传播对企业营销的意义已成共识，但管理者没有对内部沟通对话的作用引起足够重视。

智能手机深刻地改变了人们相互沟通的方式，在助力服务企业内部沟通对话方面有很大的用武之地。很多人尤其是年轻一代，除非有紧急的事情，否则不选择打电话，他们更愿意通过短信或微信等信息传递平台相互交流沟通。许多服务企业注重培训和教育员工如何高效率地查询信息，以及如何通过短信、彩信、语音、移动应用、社交媒体等数字工具及时高效地解决服务沟通问题。

在企业内开展大规模内部沟通对话，是保障服务文化观念在企业内部传播与渗透，确保员工积极践行顾客导向与服务导向的有力工具。同时，它也可以有效消除各层级主体对服务标准的认知误差，为顾客提供优质的感知服务。内部沟通对话是一种涉及各个主体的交流、传播、沟通活动，包括管理者与服务员工的沟通、一线员工与支持员工的沟通以及外部营销人员与内部服务人员的沟通等。例如，企业在对外发布广告活动、宣传手册及招贴之前必须先将其介绍给员工，以保障员工能在服务递送过程中兑现承诺。

4. 员工授权管理。员工授权是指给予与顾客接触的员工作出决策并采取行动的权力。在服务营销过程中，顾客最初对服务互动质量的感知，是通过一线员工的服务行为来获得的。虽然企业管理者可以预见部分关键事件而事先对员工行为提出要求，但服务过程中随机性和不确定性因素依然时常存在，这就要求员工在服务递送过程中作出合理决策，及时应对顾客需求。作为内部营销过程的一部分，授权管理得当，会对员工工作满意度产生决定性影响，并通过留住更多顾客和实现交叉销售而给企业带来市场份额、销售、利润的增加。授权要求管理层与员工之间持续地培育信任关系，管理者必须尊重员工分析环境和进行决策的权力，创造和维护授权需要的条件，以使员工感到自己有权力并可以在顾客服务中正确、合理地运用这些权力。

服务企业向服务人员授权具有多种益处，如快速响应顾客需求和进行服务补救，提高员工工作满意度并激发员工创造性地开展工作，提高顾客保持率和顾客忠诚度等。事实上，员工授权管理中还需要考虑成本因素，如授权员工的培训成本、决策失误风险成本以及员工报酬奖励成本等。一个合理的解决方案就是恰当地聘用、谨慎地授权，毕竟不是每一个员工都有必要或有能力获得授权。

5. 内部服务补救。内部服务补救产生自外部服务补救的概念，与外部服务补救不同，它主要针对企业内部顾客（员工）对企业提供的服务条件及提出的服务要求产生理解偏差或不满的情况。内部服务补救是指企业关注员工在面对顾客抱怨和实施补救过程中产生的失落、沮丧等负面情绪，并帮助其进行调整，以提高员工的工作满意度，增加

---

① 习近平：把握时代机遇　共谋亚太繁荣.（2018－11－19）. 人民网.

其工作热情。

从情绪上看，顾客有时会感到不安、受挫甚至愤怒，内部顾客也经常出现这种情况。这时需要对员工的服务状态进行疏导和调节，缓解他们在服务营销中的精神压力，以保证员工具有良好的工作状态，让外部顾客获得优质的服务。内部服务补救可以有效地解决员工的抱怨、失落、缺乏自信等精神状态问题，保障员工情绪的稳定以提供良好的服务。与外部服务补救有所区别，服务企业的内部服务补救主要由管理者来承担，经理和主管在处理内部服务补救问题时具有决定性作用。

（三）内部营销支持层

内部营销支持层旨在为整个内部营销系统的有效运行提供必要的支持，主要包括管理支持、技术支持和知识支持。内部营销系统构建的重点在于在企业各个层级间建立良好的内部关系，在一线员工、支持员工、团队领导及各级经理的头脑中形成服务导向和顾客导向思维，而这种目标的实现需要企业从上至下所有人员的有力支持、信息技术手段的充分利用和知识的更新与传播。

1. 管理支持。管理支持是指服务企业各级经理积极支持、吸收员工参与管理规划和决策过程，促使员工在参与管理的过程中获取新知识、开阔新视野、总结新经验、迎接新挑战，并采取有效措施支持、鼓励员工将服务顾客的新设想付诸实施等。管理者不仅是内部营销系列活动的设计者，也是内部营销过程不可或缺的参与者。一方面，管理层必须能够识别并完全接受内部营销的观念，在企业内部持续地贯彻顾客导向和服务导向观念，为内部服务系列活动设计发展路径。另一方面，为获得成功，内部营销必须从高层管理者开始，然后中层管理者才能承担他们在内部营销中的工作，鼓励员工实施新的想法，并为这些想法的实现创造条件。赞赏和鼓励是管理支持不可缺少的部分。管理支持具有广泛的内容，主要包括：通过每日的管理活动来延续正式的培训项目；让员工参与规划和决策过程；将积极地鼓励员工视为日常管理任务的一部分；建立公开或鼓励性的内部文化等。

2. 技术支持。技术支持是指服务企业通过开发顾客数据库、提供有效的内部服务系统和技术，积极支持与顾客接触的员工提供优质服务，提升服务绩效。如果缺乏此类支持，即使最具顾客导向意识的员工也会感到困惑，并可能逐渐失去成为服务营销者的兴趣。服务企业内的技术支持既包括支持一线员工服务递送过程的技术使用，如自助服务设备，又包括支持组织后台服务生产活动的技术使用，如顾客信息数据库、服务生产辅助设备等。

3. 知识支持。知识是指人类实践中认识客观世界（包括人类自身）的成果，包括事实、信息的描述或在教育和实践中获得的技能。知识可分为显性知识与隐性知识两种。显性知识是能够被人类以一定符码系统（如语言、文字、数学公式、图表、盲文、手语、旗语等符号形式）加以完整表述的知识。隐性知识和显性知识相对，是指存在于个人头脑中而不能通过语言、文字、图表或符号明确表述的知识。显性知识是人通过逻辑推理过程获得的，因此人们可以利用它理性地反思。而隐性知识是人通过感官或者直觉、领悟获得的，而不是经过逻辑推理获得。隐性知识总是与特定的情境紧密相连，它总是依托特定情境存在，是对特定的任务和情境的整体把握。隐性知识具有比显性知识更强烈的文化特征。处于不同文化传统中的人往往分享不同的隐性知识体系，包括自然知识体系、社会知识体系和人文知识体系。

显性知识容易表达和转移，极易被竞争对手模仿学习，不能形成企业持久的竞争优势。而隐性知识由于具有不易用语言表达、不易衡量其价值和不易被他人所理解等特点，已成为企业竞争优势的重要源泉。面对日趋明显的隐性知识显性化，如果企业不及时采取保密措施，竞争对手就会设法获取这些隐性知识，并将其转化为自己的竞争优势。

知识支持是指企业为员工在服务递送过程中提供必要的经验、技能、知识及其他相关支持。与顾客接触的员工不断积累关于顾客行为、需求偏好的知识，以及如何以最佳方式为顾客服务，进而创造良好服务质量感知的方法。但这些知识都以隐性知识的形式存在，并没有以正式的文件形成记录材料，不能成为服务企业可以利用的资源。如果这些隐性知识有利于企业发展，那么可以将其编码，进而使其成为能在企业中传播的显性知识，以便每一名员工都可以利用它们更好地为内外部顾客服务。知识更新过程包括四个阶段：催化阶段（探索隐性知识）、解码阶段（将隐性知识转化为显性知识）、运用阶段（将新的显性知识应用于服务过程）、扩散阶段（在企业中传播新的显性知识）。因而，企业有必要构建一个知识更新系统，将员工在服务提供过程中的技巧、经验等隐性知识转化为编码化的显性知识，并在企业内部广泛传播，与企业文化相融合，从而为内部营销过程提供知识支持。

服务企业的营销过程是内部营销和外部营销有机整合的过程。相对于外部营销而言，内部营销以企业内部顾客为营销对象，力求实现员工满意和内部关系的和谐，并逐步形成企业服务文化。它是服务营销过程的基础，是保证服务企业形成持续竞争力的重要因素。只有员工满意，才能递送出让顾客满意的服务，最终实现企业利润增长和持续发展。

二、内部营销系统的评估

评价企业内部营销系统及其运行效果，需要聚焦以下七个方面的内容。

1. 企业为争取优秀员工而开展的竞争是否像争取最终顾客的竞争那样激烈？是否运用了互联网、自媒体、多媒体等各种数字技术手段？企业负责招聘和面试应聘者的管理人员是否精明强干、经验丰富而且尽职尽责？

2. 企业是否为员工提供了理想的工作环境？在提升企业形象、完善企业文化等方面付出了哪些努力，成效如何？

3. 企业是否把持续地开发技术知识看作投资而不是费用？树立信念、鼓舞士气、提升技能的培训教育工作做得如何？

4. 企业组织结构是否有利于培养协作精神？绩效评估和奖励制度是否得到不断的完善，实施效果如何？员工是否真正理解自己在集体协作中的重要地位？

5. 企业是否赋予了员工满足顾客要求的自由权限？制定规章制度是为了满足最优秀员工的要求还是为了惩罚业绩表现最差的员工？

6. 企业是否对为提升企业形象作出贡献的员工进行了绩效评估和奖励？绩效评估和

奖励是否科学、合理、公平、公正、公开？每一名员工是否都有因工作出色而得到认可的机会？

7. 企业是否经常调查了解员工的态度意见及其需要？是否据此采取了切实有效的行动？

三、内部营销系统的管理要点

内部营销源于市场，融于企业，具有与生俱来的灵活性、主动性和能以较低成本实现有效管理的优点。服务企业在实施内部营销系统管理时，应重点做好如下工作。

1. 企业应努力营造一种内部营销的大环境。内部营销实质上是以营销手段进行的员工管理，管理层是内部营销的轴心，因而管理人员应当成为理解和实施内部营销的倡议者和推动者。此外，各级管理人员应身体力行，给企业普通员工做示范，为实施内部营销做出表率。为了吸引、发展、激励和留住高水平的员工，企业还需要不断调整优化人力资源管理政策。在招聘时，企业应制定高目标，从多渠道以多种方式吸引优秀人才。聘用后，企业应允许内部员工参与计划制订，以利于员工准确理解企业规划，及时调整自我并不断改进工作方法。诚如习近平总书记所指出的，"要营造良好创新环境，加快形成有利于人才成长的培养机制、有利于人尽其才的使用机制、有利于竞相成长各展其能的激励机制、有利于各类人才脱颖而出的竞争机制，培植好人才成长的沃土，让人才根系更加发达，一茬接一茬茁壮成长。要尊重人才成长规律，解决人才队伍结构性矛盾，构建完备的人才梯次结构"①。

2. 企业应根据市场的变化和自身需要，明确内部营销的重点。企业所处的宏观环境和微观环境都是不断变化的，企业目标也会随之改变。内部营销的重点也要及时适应市场变化和企业目标变化。管理人员应主动收集信息，把握动向，有意识地进行态度管理，明确内部营销的重点，引导员工调整行为。

3. 企业要加强对员工需求的调查分析。员工既是内部营销的实施者，又是内部营销的对象，因此他们的需求应被充分认知并高度关注，但在实践中，企业管理层对员工的期望、态度并不是十分清楚，应当借助系统科学的营销调研技术及时、准确、全面地掌握员工在薪酬待遇、岗位胜任、工作条件、环境氛围、民主参与、成长空间等各方面的需求，尊重并满足员工的合理要求。

学术前沿 | **学术界关于服务价值链的最新研究**

张旭梅等以振华重工为案例研究对象，基于动态匹配视角，对产品服务价值链构建过程中制造价值链与服务价值链的变化以及相互作用进行了研究（见图9-2）。研究发现制造价值链与服务价值链以连接、嵌入、整合的方式进行组合，从而形成流程、结构、战略层次的动态匹配。在不同匹配层次，制造价值链以延伸、重组、聚合的方式重构，形成技术集成创新、技术协同创新、技术多维创新能力；服务价值链则实现向上游、下游、上下游的延伸，形成

① 习近平．努力成为世界主要科学中心和创新高地．求是，2021（6）．

服务替代、服务转换、服务聚合能力。随匹配层次的上升，企业构建的技术创新能力与服务能力同步升级，企业产品服务价值链逐渐延伸至全球价值链。

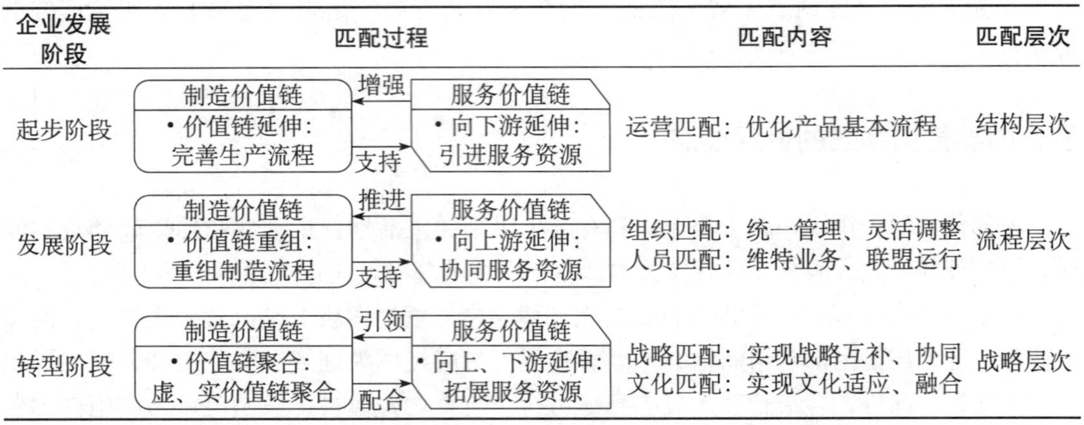

图 9-2 制造价值链、服务价值链动态匹配演化过程

资料来源：张旭梅，吴黛诗，江小玲，等. 动态匹配视角下装备制造企业产品服务价值链构建路径：基于振华重工 1992—2019 年的纵向案例研究. 软科学，2021，35（4）：76-82.

素养园地

3M 中国员工参与价值共创

3M 中国有限公司建立于 1984 年，是在深圳经济特区外成立的中国第一家外商独资企业。自进入中国以来，3M 以自己独特的创新科技，正直、诚实的商业道德操守，在发展业务的同时积极服务回报中国社会，为中国的环境保护作出积极贡献。2024 年，3M 中国持续推进工厂数字化、自动化升级，加快匹配数字解决方案的材料和组件的设计与研发，密切关注客户从材料到产品、从研发到应用的全方位需求，通过数据采集、分析、人机互动等科技手段，加快响应中国市场与产业的需求。

在 3M，每个技术工程师都有 15% 的工作时间可以用在自己感兴趣的技术项目或创新计划上，哪怕这个创新和研发与自己的专业风马牛不相及，甚至可以申请基金作为研发费用，不论这个项目能否马上带来直接效益。即使员工创新理念和公司目前发展的重点并不很匹配，员工也可以申请“开拓基金”或“起源基金”。

为激发工程师的灵感，3M 有内容丰富的头脑风暴活动。技术论坛是 3M 的传统活动，每年邀请近万名研发人员参加年度座谈会，让每个研究人员都能了解其他人的研究项目。3M 在公司内部建立大型的数据库系统及专题共享网络，公司内部成员可以随时调用对创新有用的信息。3M 鼓励员工跨越领域或部门界线，积极沟通合作。而且 3M 的任何一项技术平台都可以在全公司范围内，在所有的国家、所有的子公司、所有的事业部共享，使同一技术可以用到更多领域。

在 3M，除了进入管理层，员工还可以选择走技术发展路线，有机会获得与管理路线同等的名誉、职位、福利和竞争力。技术路线的最高职位是公司科学家（corporate scientist），与公司总监同级。同时，3M 对在研发中有杰出表现的技术人员和团队设置了很多奖励，对优秀的技术人员除了给予物质激励外，更注重对创新者的精神激励，比如荣获“全球技术卓越和创新奖”的人可以获得和家人一起乘坐 3M 专机到度假胜地度假的机会。针对中国的研发团队年轻化、市场发展迅速等特点，3M 在原有全球性创新奖的基础上增加了更多的本地奖，并及时地奖励员工的创新和业绩，比如，将年度奖励改为每季度都有优胜奖。

3M 中国开发了独具特色的创新管理模式——“28 小时创新比赛”，对有潜质的资深工程师进行提升性培训。在 2008 年的比赛中，8 个团队中的 5 项作品最终形成发明技术，2 项被授予申请专利。这一模式被 3M 全球多个公司效仿。

3M 为员工提供自由开放的创新环境，实现了突破性创新的层出不穷，带动了公司的持续成长，使 3M 能够不断进入高利润的新市场，在收获高利润的同时规避了产品生命周期的衰竭。3M 中国接近 40% 的销售额来自过去 4 年开发出的新产品。

不断的突破也让员工价值在为贡献社会发展中得到更大程度的发挥。以 3M 中国研发中心员工研发的液晶显示器增亮膜为例，其将传统液晶显示器背光源的 4 根灯管减少到 2 根，显示效果不受影响，能耗节省一半，已被用到全球一半以上的显示器中。研发人员由此赢得了 3M 全球技术卓越和创新奖。中国研发中心有 10 个团队荣获 3M“全球技术卓越和创新奖”（被誉为“3M 公司的技术奥斯卡奖”），有 25 个团队获得“金靴奖”（新产品销售额超过 1 000 万美元）。

3M 的文化也得到了员工的极大认同。员工的流失率仅为 6%，有效保障了公司创新文化的传承，保持了公司竞争力。

资料来源：https://csr-china.net/a/zixun/shijian/zrjzlal/2014/0919/2121.html.

小结

服务人员是指在固定场所为顾客提供必要服务的人员。服务企业在服务顾客的同时，必须着眼于企业员工，开展内部营销。在服务顾客的过程中，员工参与至关重要，互动影响服务质量，员工培育顾客忠诚。服务营销组合中的人员既包括服务人员，也包括顾客。服务利润链是指用来表明盈利、顾客、员工、企业四者之间的关系并由若干循环组成的链。服务利润链理论认为，企业盈利能力是由顾客忠诚度决定的，忠诚顾客（也就是老顾客）给企业带来超常的利润空间；顾客忠诚度是靠顾客满意度取得的，企业提供的服务价值（服务内容＋服务过程）即顾客所获价值决定了顾客满意度；顾客所获价值是由员工效率决定的，员工效率源自员工忠诚度，员工忠诚度来自员工满意度，员工满意度来源于企业内部服务质量；企业盈利能力又会影响企业内部服务质量、员工满意度和员工忠诚度。内部营销是一种观念和哲学，是一种人力资源管理的思维和实践，是一种企业内部互动运作的机制。内部营销目标包括战略和战术两个层次。内部营销管理涉及态度管理和沟通管理两种类型。内部营销具有建立服务导向、弘扬服务文化、更新员工知识等作用。内部营销系统由内部营销导向层、内部营销运作层、内部营销支持层三个层次构成。内部营销导向层强调在企业内部培育或保持顾客导向和服务导向观念，从而形成持续的企业服务文化。内部营销运作层承担着人力资源管理、和谐团队建设、内部沟通对话、员工授权管理、内部服务补救等任务。内部营销支持层主要提供管理支持、技术支持、知识支持等。

重要概念

服务人员	员工参与	外部营销	内部营销
互动营销	顾客忠诚度	服务利润链	顾客满意度
模拟市场	协同配合	流程创新	市场导向
系统工程	内部营销系统	企业文化	态度管理
沟通管理	员工培训	内部营销理念	员工绩效考核
和谐团队建设	内部沟通对话	员工授权	内部服务补救
管理支持	技术支持	知识支持	显性知识
隐性知识			

复习题

1. 如何理解服务人员的地位？
2. 服务利润链理论带来了哪些启示？
3. 内部营销包括哪几个层次？
4. 内部营销的作用有哪些？
5. 内部营销运作层承担哪些任务？

第10章

服务有形展示

思维导图

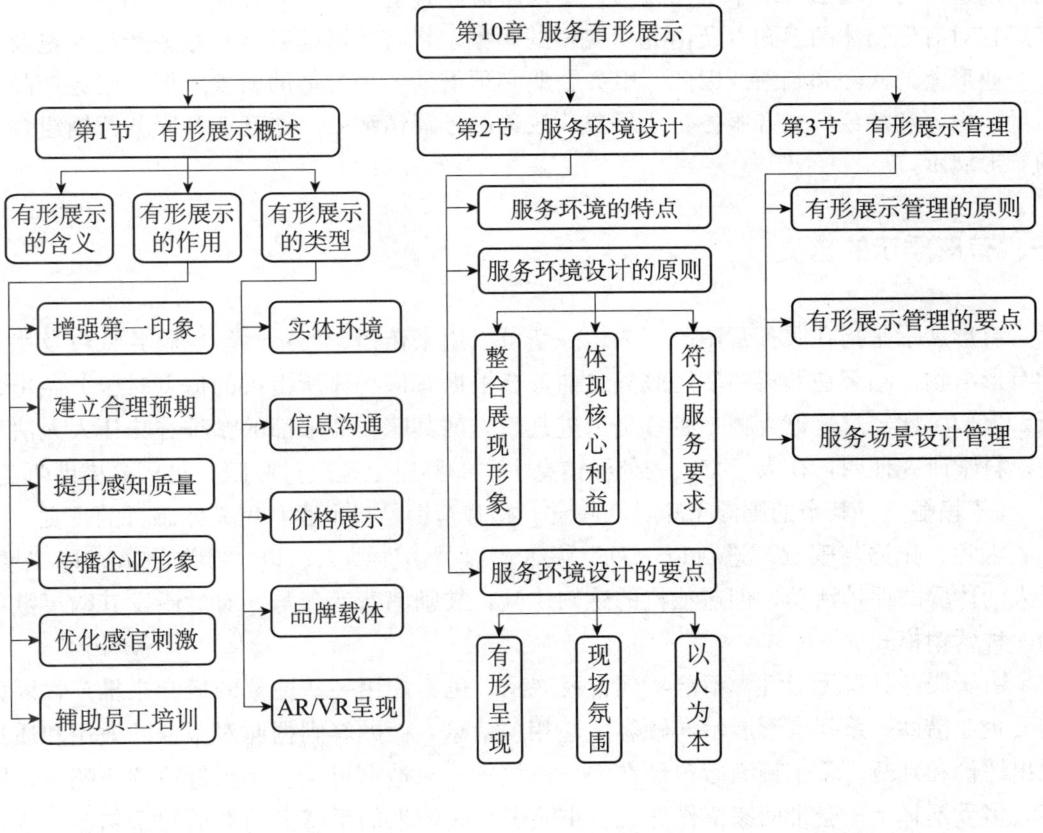

本章要点

- 有形展示的作用与类型。
- 选择AR或VR呈现的考虑因素。
- 实体环境的构成要素以及服务环境设计的要点。
- 服务有形展示管理的原则。

第1节 有形展示概述

党的二十大报告指出，“坚持中国特色社会主义文化发展道路，增强文化自信，围绕举旗帜、聚民心、育新人、兴文化、展形象建设社会主义文化强国”，“激发全民族文化创新创造活力，增强实现中华民族伟大复兴的精神力量”。[①] 在企业服务营销实践中，顾客感官对有形物体的感知以及由此所获得的印象，将直接影响顾客对服务产品质量及服务企业形象的认知和判断。因此，服务企业必须借助各种有形的要素来展示服务产品的质量、内容和特色，提升服务企业形象，改善服务营销绩效。这就涉及服务营销组合中的有形展示。

一、有形展示的含义

有形展示是指在服务营销范畴内，一切可以用来传播、展示、呈现服务特色及优点的有形事物。顾客在购买和享用服务之前，会根据有形物体所提供的信息对服务做出判断。人们每次经过星巴克咖啡店总是未进其门先闻其味，那浓郁的咖啡香味让人无法抗拒。科学研究证明，在人们接收的外界信息中，83%以上是通过眼睛，11%要借助听觉，3.5%依赖触觉，其余的则源于味觉和嗅觉。感官营销是指企业利用人体感官的视觉、听觉、触觉、味觉与嗅觉，进行以“色”悦人、以“声”动人、以“味”诱人、以“情”感人的体验式促销活动，创造独特的感知体验，鼓励消费者参与并有效激发其购买欲望的一种营销模式。

由于服务具有无形性，不能实现自我展示，也不能用一些抽象的概念来推广，因此需要企业借助一系列有形展示向顾客传递相关信息，而顾客则据此对服务的效用和质量做出评价和判断。希尔顿酒店曾经在浴室内放置一只造型可爱、手感舒适的小鸭子，顾客大多爱不释手，会带回家留作纪念。小鸭子给人带来的手感上的舒适和希尔顿酒店给顾客带来的住宿舒适正好呼应。于是，这个在市面买不到的赠品为希尔顿赢得了口碑，成为顾客偏好希尔顿酒店的原因之一。当然，希尔顿酒店的设施、餐食、环境、服务等也是一流的，这就是借助视觉和触觉开展感官营销。人们去超市购物，经常会在食品区

① 习近平．高举中国特色社会主义伟大旗帜　为全面建设社会主义现代化国家而团结奋斗：在中国共产党第二十次全国代表大会上的报告．人民日报，2022-10-26.

闻到烘焙面包的香味，这也是一种借助嗅觉的感官营销。新加坡航空公司热毛巾上的香水味，成为该航空公司的专属香味。喜达屋酒店集团旗下每个品牌都有自己独特的香味，为顾客创造怡人放松的体验。嗅觉营销是指以特定气味吸引顾客关注、记忆、认同以及最终形成对企业或品牌忠诚的营销方式。在人类全部感官中，嗅觉是最敏感的，也是同记忆和情感联系最密切的感官。科学证明，人的鼻子可以记住 1 万种味道，而嗅觉记忆的准确度要比视觉高 1 倍。

二、有形展示的作用

有形展示是服务营销组合策略的七大要素之一。因此，了解服务有形展示的类型和作用，加强有形展示的管理，创造良好的服务环境具有重要的战略意义。首先，有形展示是顾客根据线索形成服务预期的依据，这些预期则是顾客进行服务评价的参照标准。产品营销首先强调创造抽象的联系，而服务营销则将注意力集中于通过多种有形的线索来强调和区分事实。服务企业通过有效地管理利用服务工具、设备、员工、信息资料、其他顾客、价目表等有形物品，增强顾客对服务的理解和认识，为顾客作出购买决定传递有利的服务线索和信息。

有形展示的首要作用是支持企业营销策略（见图 10－1）。企业在进行营销决策时，应该特别考虑对有形因素的操作，有形展示是实现其服务有形化、具体化的一种重要手段。其作用主要包括以下几个方面。

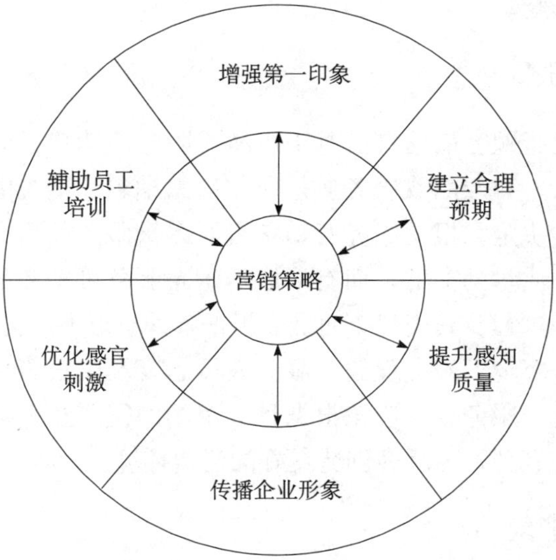

图 10－1　有形展示对营销策略的支持

（一）增强第一印象

所谓第一印象，是指知觉主体与新事物或陌生人第一次接触或交往后所留下的印象，对于人们形成对事物或人的整体印象具有重要影响。有形展示有助于顾客对服务形成良好的第一印象，进而持续增强这种美好印象。对于新顾客而言，在购买和享用服务前，他们往往会根据第一印象对服务做出判断。因为服务是抽象的、不可感知的，所以有形展示作为部分服务内涵的载体无疑是顾客获得第一印象的基础，而有形展示的效果将直接影响顾客对服务企业的第一印象。例如，参加“豪华旅行团”去旅游的顾客在抵达目的地时，若接他们去酒店的专车残破不堪，他们便马上会产生上当受骗、忐忑不安的感觉。反之，若接送的专车与导游的服务让人喜出望外，顾客则会觉得之后随团旅游的日子里将会舒适愉快，进而增强对旅游公司服务质量的信心。2023 年出台的《关于恢复和扩大消费的措施》指出，要完善扩大居民消费的长效机制，切实保护消费者权益，营造便利消费、放心消费环境，不断提升消费便利度、舒适度、满意度。

（二）建立合理预期

所谓合理预期，是指顾客在有效地利用一切信息的前提下，对所需购买的产品或服务作出的在长时期中平均来说最为准确的而又与所使用的决策理论、模型相一致的预期。习近平指出，“要在尊重市场规律的基础上，用改革激发市场活力，用政策引导市场预期。”① 有形展示有助于引导顾客对服务产生合理的预期。顾客对服务是否满意，取决于服务带来的利益是否符合顾客的预期。可是，服务的无形性使顾客在使用服务前，很难对该服务作出正确的理解或描述，他们对该服务的功能及利益的预期也是非常模糊的，甚至是过高的。不切实际的预期又往往使他们错误地评价服务，即作出负面评价。而运用有形展示则可以让顾客在使用服务前具体地把握服务的特征与功能，进而对服务产生合理的预期，起到“固根本、稳预期、利长远的保障作用”②，避免因顾客预期过高、难以被满足而造成负面影响。

（三）提升感知质量

所谓感知质量，是指顾客依据自己对于产品或服务的消费目的和需求状况，综合分析获悉的各种信息之后，对产品或服务质量所作出的抽象、主观的总体评价。服务质量的高低并非由单一因素决定。根据服务营销学者对多重服务的研究，大部分顾客根据十种服务特质来判断服务质量的高低，而有形展示正是服务可感知的组成部分。顾客不仅会根据服务人员的服务过程及其表现，而且会根据各种有形展示的因素来评估服务质量。与服务过程相关的服务环境、服务设施、服务人员态度及仪表等有形展示都会影响顾客感知的服务质量。因此，服务企业应该根据目标市场的需要和整体营销策略的要求，强化对有形展示的监督与管理，为顾客创造良好的消费环境。

（四）传播企业形象

所谓企业形象是指人们通过各种感官在大脑中形成的关于某家企业的整体印象。有形展示有助于塑造、改善和传播服务企业的市场形象。有形展示是服务的组成部分，也是最能有形地、具体地传达企业形象的工具，企业形象或服务的形象也属于服务的组成

---

① 习近平谈市场经济：不能忘了“社会主义”这个定语.（2019-01-28）. 人民网.

② 习近平. 高举中国特色社会主义伟大旗帜 为全面建设社会主义现代化国家而团结奋斗：在中国共产党第二十次全国代表大会上的报告. 人民日报，2022-10-26.

部分。形象的改变不仅要在原来形象的基础上加入一些新东西，而且要打破现有的观念，所以极具挑战性。服务的无形性增加了这一挑战的难度。如果没有产品作为新设计的形象的中心载体，服务营销人员就必须寻找其他有形因素作为媒介。而看得见、摸得着的有形展示塑造的是活生生的企业形象，通过有形展示将质量表现在顾客可感知的载体上，提高了企业提供优质服务形象的可信度。

（五）优化感官刺激

感官刺激是指外在信息传入眼、耳、鼻、舌等感觉器官神经所产生的刺激。而有形展示有助于通过优化感官刺激，让顾客感受到服务给自己带来的好处。顾客购买行为理论强调，产品的外观能否满足顾客的感官需要将直接影响顾客是否真正采取行动购买该产品。同样，顾客在购买服务时，也希望能从感官刺激中寻求到有价值的东西。有形展示的一个潜在作用是给营销带来乐趣优势，进而引导购买。优秀的服务营销人员能以非同寻常的方式来展示推介服务，从而缓解顾客的厌倦情绪。他们把服务环境当作舞台，把服务递送提供的整个场景视为剧场。例如，顾客期望五星级酒店的建筑设计独具特色，期望高格调的餐厅能提供愉悦的气氛。因此，企业采用有形展示的实质是通过有形展示对顾客感官方面的刺激，让顾客感受到无形的服务所能给自己带来的好处或利益，进而影响其对服务的购买需求。

（六）辅助员工培训

党的二十大报告指出，“健全终身职业技能培训制度，推动解决结构性就业矛盾”[①]。员工培训是指企业为了开展业务、提升业绩、适应变革及培育人才的需要，而采用公开课、内部培训、讲座等各种方式对员工进行有目的、有计划的培养和训练的管理活动。员工培训常用的方法有讲授法、视听技术法、讨论法、案例研讨法、角色模拟法、自学法、互动小组法、网络培训法、场景还原法等。服务营销理论区别于传统营销理论的一个重要方面就是承认员工也是企业顾客的事实。鉴于外部顾客难以了解服务的特征与优点，我们有理由假设员工作为企业的内部顾客也会遇到同样的难题。倘若员工尚未能完全了解企业所提供的服务，管理者又怎能保证他们提供的服务符合规定的标准呢？所以，营销人员可以利用有形展示突出服务的特征及优点，也可将有形展示作为培训员工的辅助手段。

三、有形展示的类型

在产品营销中，有形展示基本上就是产品本身，而在服务营销中，有形展示的范围相对比较广泛。事实上，服务营销学者不仅将环境视为支持及反映服务质量的有力实证，而且将有形展示的内容由环境扩展至所有用以帮助生产服务和包装服务的实体产品和设施。所以，在服务营销实践中一切可传达服务特色及优点的有形组成部分都被称作有形展示。

---

① 习近平．高举中国特色社会主义伟大旗帜　为全面建设社会主义现代化国家而团结奋斗：在中国共产党第二十次全国代表大会上的报告．人民日报，2022-10-26．

从不同的角度可以对有形展示做不同的分类。不同类型的有形展示对顾客的心理及其判断服务质量的过程会有不同程度的影响。有形展示根据能否被顾客拥有，可分成边缘展示和核心展示两类。边缘展示是指顾客在购买过程中能够实际拥有的展示，这类展示很少或根本没有价值，比如电影院的入场券，它只是一种使观众接受服务的凭证；核心展示与边缘展示不同，在购买和享用服务的过程中不能为顾客所拥有。但核心展示比边缘展示更重要，因为在大多数情况下，只有这些核心展示符合顾客要求时，顾客才会作出购买决定。例如，酒店的星级、银行的形象标识、出租汽车的型号等，都是顾客在购买这些服务时首先会考虑的核心展示。

应该指出，这种划分方法比较粗糙，不仅没有清晰地界定出不同有形展示的范围与角色，而且遗漏了很多因素，如人的因素等。习近平指出，“人的因素最为重要。法治意识、忧患意识、自律意识、协作意识……要贯穿到每位从业人员的思想和行动中，使他们知其责、尽其职”①。鉴于此，本书认为有形展示主要表现为五种类型（见图10－2）。

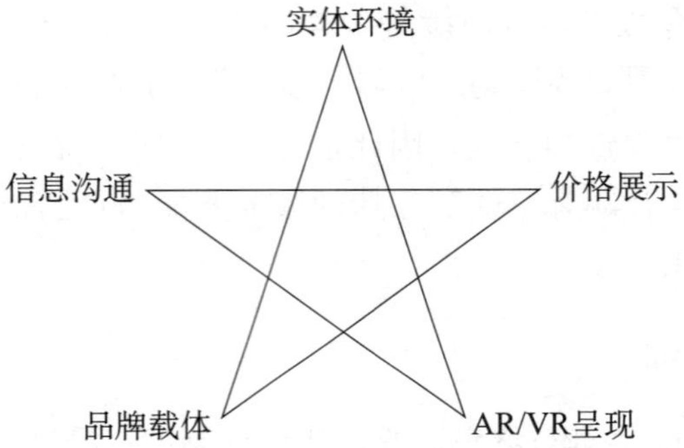

图10－2　有形展示的类型

（一）实体环境

实体环境是指顾客在服务现场实际感受到的所有实体事物，包括提供服务的空间、外围环境、景观、有形包装、点餐工具、现场音乐、气氛、灯光、温度、味道、服务设备，以及服务人员服装、表情、态度及行为举止等。实体环境可分为三大类：周围因素、设计因素和社会因素（见表10－1）。

表10－1　实体环境的类型

类型	描述	示例
周围因素	不易引起顾客立即注意的背景条件	空气质量 • 温度 • 湿度 • 通风 噪声 气氛 整洁度

① 习近平：加强国际核安全体系　推进全球核安全治理.（2016－04－03）. 人民网.

续表

类型	描述	示例
设计因素	顾客最易察觉的刺激	美学因素 • 建筑物 • 颜色 • 材料 • 结构 • 形状 • 风格 • 附件 功能因素 • 陈设 • 舒适 • 标识
社会因素	环境中的人	其他顾客 • 数量 • 外表 • 行为 服务人员 • 数量 • 外表 • 行为

1. 周围因素。周围因素是指空气质量、噪声、气氛等客观存在的原始性因素。这类因素通常不会立即引起顾客的注意，也不会使顾客感到格外兴奋和惊喜，但如果服务企业忽视这些因素，如周围环境达不到顾客的期望和要求，则会引起顾客的失望，降低顾客对服务质量的感知和评价。

2. 设计因素。设计因素是指在初始因素的基础上为了改善服务感知、突出服务功能、提升服务形象而人为地加工改进的周围因素，例如，服务场所的设计、企业形象标识等。这类因素是顾客最易察觉的刺激因素，包括美学因素（建筑物、风格、颜色等）和功能因素（陈设、舒适、标识等）。设计因素是主动刺激，它比周围因素更易引起顾客的注意。因此，设计因素有助于培养顾客的积极感觉，并鼓励其采取接近行为，使服务有较大的竞争潜力。设计因素既可应用于外向服务的设备，又可应用于内向服务的设备。

3. 社会因素。社会因素是指参与服务过程的所有人员的社会交往、社会地位、个人素质及人文特征等构成的要素，包括服务人员和顾客，他们的态度和行为都会影响顾客对服务质量的预期和评价。

实体环境作为必不可少的服务场景，在形成顾客预期、影响顾客体验和实现企业差异化等各方面都发挥着十分重要的作用。周围因素、设计因素和社会因素构成了实体环境有机整体。以商场为例，商场所在地理位置、周围交通条件等属于周围因素；商场的楼宇样式，销售现场布局、灯光、背景音乐等属于设计因素；前来购物消费的顾客以及销售人员等则构成社会因素。

周围因素、设计因素、社会因素三类有形展示因素的组合运用，将有助于服务企业实现服务产品的有形化、具体化，从而帮助顾客感知服务产品的利益，增强顾客从服务中得到的满足感。在全球服务营销中，企业可能需要根据目标群体的特殊文化，如审美、习俗、偏好的差异，对所有这些要素做出适当的调整。

（二）信息沟通

信息沟通是指可解释的信息由发送人传递到接收人的过程，是人与人之间思想、情感、观念、态度的交流过程。在服务营销中，信息沟通是服务展示的重要形式，而沟通信息则来自企业本身以及其他引人注目的地方；它们通过多种媒体传播，对服务及相关信息进行有形化的展示。成功的服务企业总是善于强调现有的服务展示，以此为基础，不断创造新的服务展示，并有效地实施信息沟通管理。图10-3总结了服务企业通过信息沟通进行服务展示的管理过程及各种方法。在营销实践中，企业应“加强信息沟通、政策协调、行动配合”[①]，将服务有形展示发挥到极致。

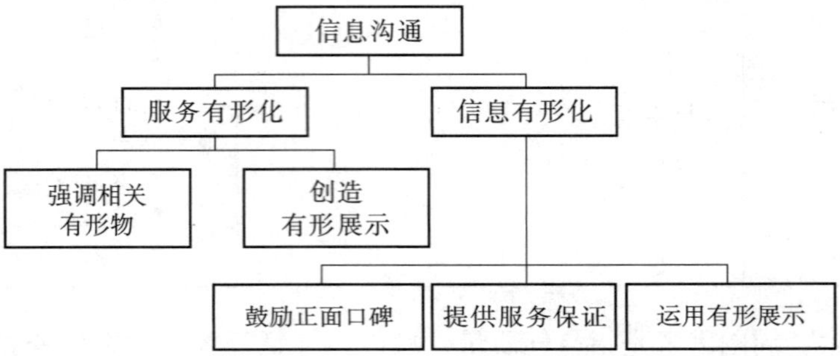

图10-3 信息沟通与服务展示

（三）价格展示

价格展示是指服务企业利用服务价格的高低来展示服务功能、质量、价值，建立顾客信任、调整顾客预期的行为过程。在购买无形服务时，顾客通常把价格看作展示服务功能、质量、价值的一个线索。价格展示能培养顾客对服务的信任，同样也能降低这种信任。价格展示可以提高人们的预期（它如此昂贵，一定是好货），也能降低这些预期（付出这么多钱并不值得）。服务的无形性使有形性因素对于顾客作出购买决策起着重要的作用，价格展示就是一种对服务水平和质量的有形展示。

（四）品牌载体

1. 品牌载体。品牌载体是指能承载品牌精神、品牌内涵，反映品牌个性，密切品牌与消费者联系的品牌要素。品牌载体是品牌要素系统中的一部分，例如，“人”，包括代言人、网络粉丝、创始人、公司领导、优秀员工等；“物”，包括产品、特色服务、企业官网、微信企业号等；“事”，包括品牌故事、品牌事件等。

2. 品牌载体展示。品牌是产品或服务的脸谱。品牌不同于名称，名称只具有使人将

---

① 习近平在二十国集团领导人特别峰会上的重要讲话（全文）.（2020-03-26）. 新华网.

事物区别开来的功能，不能体现事物的个性；而品牌则附有商品（服务）的个性及顾客的认同感，并象征着产品（服务）提供的信誉。一个品牌下的不同服务如同一朵花的花瓣，瓣瓣不同，却瓣瓣同心。品牌具有专用性，能为拥有者带来经济效益。对服务企业而言，品牌形象至关重要。例如，旅行者听到丽思卡尔顿、希尔顿、万豪、香格里拉等名字时，总会产生服务质量可靠的感觉。但是品牌自身也是无形的，不是物质实体，它必须通过直接的或间接的物质载体来表现自己，从而让顾客获得感知。

品牌能够为一个服务企业带来有形价值，借助能够与竞争者相区别的要素，在进行形象管理的基础上为服务企业带来与有形展示有关的利益。品牌管理团队的构成包括营销管理人员与专业设计人员两部分。其中，营销管理人员包括深谙企业历史与定位的副总经理或营销总监、品牌运作经理、公共关系经理和广告经理等，专业设计人员则可能包括建筑师、室内设计师、企业识别系统设计师、企业识别系统咨询人员、网站工程师甚至历史学家等。

营销人员的语言要“翻译”给专业设计人员，专业设计人员的设计必须转化为企业想要传达给顾客的感觉和想法。因此，在统一定位的前提下，营销管理人员与专业设计人员必须密切合作，共同促进对品牌载体视觉系统的使用和接受。

3. 品牌载体展示的任务。品牌载体展示的任务包括：（1）彰显品牌特性，即明确呈现展示品牌个性化特性的各个方面。它要求结合营销战略的分析方法（如 SWOT 模型）来明确组织的宗旨、愿景、个性和核心能力，并且明晰品牌的独特、超值品质以及这些品质在顾客心中的地位。（2）突出品牌定位，即对品牌进行简洁的美学定位陈述。例如，麦当劳拥有遍布全球的 3 万多家分店，金色“M”在世界各大城市闪烁着诱人的光芒。（3）呈现品牌内涵，即将前两个任务有机结合并且通过品牌载体进行有效呈现。

（五） AR/VR 呈现

习近平总书记指出，“以互联网为核心的新一轮科技和产业革命蓄势待发，人工智能、虚拟现实等新技术日新月异，虚拟经济与实体经济的结合，将给人们的生产方式和生活方式带来革命性变化。”[①] 近年来，增强现实（AR）和虚拟现实（VR）已经成为服务企业有形展示的重要手段。

1. 增强现实和虚拟现实的应用。增强现实（augmented reality，AR）也称为扩增现实。增强现实技术是将真实世界信息和虚拟世界信息融合在一起的创新技术，它通过运用多种技术手段，对原本在现实空间比较难以进行体验的实体信息实施模拟仿真叠加，将虚拟信息内容在真实世界中加以有效应用，并且使其在这一过程中能够被人类感官所感知，从而实现超越现实的感官体验。真实环境和虚拟物体重叠之后，能够在同一个画面以及空间中同时存在。

虚拟现实（virtual reality，VR）技术就是利用现实生活中的数据，通过计算机技术产生电子信号，将其与各种输出设备结合以转化为能够让人们感受到的现象，这些现象

---

① 习近平．中国发展新起点　全球增长新蓝图：在二十国集团工商峰会开幕式上的主旨演讲．人民日报，2016-09-05.

可以是现实中真真切切的物体，也可以是肉眼所看不到的物质，它们通过三维模型表现出来。因为这些现象不能直接被看到，而是通过计算机技术模拟出来的现实世界，故称为虚拟现实。

AR 在真实世界中叠加数字图像，这种体验通常通过智能手机获得。VR 则描绘了一个虚拟的可置身其中的 3D 世界，通常通过专用的 VR 头戴式显示设备（简称“头显”）体验。

2. AR/VR 与服务有形展示。随着数字化营销的发展，服务企业就像过去陆续将网站、App 纳入营销方案一样，开始放眼于 AR 和 VR。例如，美国某企业将 Oculus VR 头显放入橄榄球头盔，允许 4 个球迷同时进行 70 秒的 VR 体验，使他们仿佛置身于华盛顿红皮队的比赛场上，以球员的视角感受一场比赛。在另一个服务营销项目中，营销团队在美国的亚特兰大市设置了 17 个 AR 虚拟标记，球迷通过手机摄像头扫描标记，每个标记包含亚特兰大的相关信息和下一个标记的位置提示，前 17 名集齐标记的球迷可以赢得球队的球衣。

3. 服务有形展示中的 AR/VR 选择。AR 和 VR 技术在服务营销中起到了什么作用？为什么有的项目使用 AR，而有的项目使用 VR 呢？

（1）营销目标。当服务企业想要呈现一种与现实完全不同的体验时，应该选择 VR。这是为了获得现实中难以获得的经验，比如让球迷体会成为职业球员的感觉，哪怕只是 70 秒。如果服务企业想将现实世界的信息进行扩展，那么 AR 则是明智之选。例如，亚特兰大项目包含了该地区许多街道的历史信息，参与者可以在活动过程中得到很多扩展信息。VR 创造一个完全独立的虚拟世界，同时需要稳定的运行环境，而 AR 的使用门槛相对低一些，它似乎可以将整个真实世界作为自己的舞台，在这个舞台上表演。

（2）参与者规模。在选择使用 AR 还是 VR 时，参与者规模是一个重要的考虑因素。目前，VR 体验需要佩戴 VR 头显，一个头显在同一时间只能供一名参与者使用，如果想多人同时体验则需要准备多套设备。而 AR 对于设备的要求则低了很多。现在智能手机的普及率很高，目前有越来越多的智能手机可以实现 AR 功能。因此，当服务企业需要将有形展示传播给更大范围的受众时，AR 无疑是更佳的选择。

（3）成本耗费。VR 移动性低，具有完全的沉浸性，比同等移动 AR 和智能眼镜的成本耗费要低得多。

（4）内容价值。服务企业在选择更适合的有形展示方式时，还需要明确所展示的服务是否具备消费者感兴趣的体验内容。在许多情况下，消费者喜欢“亲自动手、亲身体验、自我感悟”[1]。例如，在赛事推广中，大多数人会想感受职业运动员的赛场体验，那么打造一段相关的体验会很受欢迎。

新启迪 10－1 VR、AR 与有形展示

（5）展示效果。在 AR 和 VR 之间做出选择，还需要考虑目前的技术所能带来的体验的逼真程度，这关系到所创造的体验能否提升用户对服务的好感度。例如，要考虑一家跨国酒店集团新开业的星级酒店的 VR 体验能否让消费者有亲自入住之感，从而激起消费者的购买欲望等。

① 争当德智体美劳全面发展的新时代好儿童. 人民日报，2023－06－01.

第 2 节 服务环境设计

所谓服务环境，是指企业向顾客提供服务的场所，它不仅包括参与服务过程的各种设施，还包括影响服务绩效和沟通传播的各种有形无形的因素。习近平强调，要努力创造“优质的服务环境，增强人民群众获得感、幸福感、安全感”[①]。

一、服务环境的特点

对于大多数服务企业而言，对环境进行设计和创造并不是件容易的工作。虽然对于在顾客处所或家庭中提供服务的服务企业，这个问题并不是很重要，但它们也应该注意器械装备的设计、制服、车辆、文具以及可能在顾客心目中形成对服务企业印象的类似事项。

服务环境具有如下特点：（1）环境是指围绕某一主体事物并对该事物产生某种影响的所有外围事物、外部空间和外部条件等。一个人不能成为环境的主体，只能是环境的一个参与者。（2）环境往往是多重模式（multi-model）的，也就是说，环境对于各种感觉形成的影响并不是只有一种方式。（3）边缘信息和核心信息总是同时展现，它们都是环境的一部分，即使没有被集中注意的部分，也能被人们感知并察觉到。（4）环境的延伸所透露的信息总是比服务过程更多，其中有若干信息可能相互冲突。（5）环境隐含目的和行动（以及种种不同角色）。（6）环境包含许多含义和动机性信息。（7）环境具有各种美学的、社会性的和系统性的特征。

因此，企业服务环境设计的任务关系着各个局部和整体所传达出的整体印象。

二、服务环境设计的原则

设计出理想的服务环境并非易事。除了需要大量的资金，一些不可控因素也会使环境设计困难重重。一方面，现有的对于环境因素及其影响的知识和理解还很不够；另一方面，每个人都有不同的爱好与需求，对同一环境条件的认识和反应也各不相同。尽管如此，服务企业如果能够深入了解顾客的需求，根据目标顾客的实际需要设计环境，仍然可以达到理想的营销效果。比如，虽然顾客之间需求各异，但某些顾客群体具有需求共性，如同一年龄段的顾客、处于同一阶层的顾客或者其他群体。企业根据他们的需求共性来设计服务环境，有助于拥有更多的顾客。

在服务环境设计的过程中需要遵循以下原则：

（一）整合展现形象

设计理念集中于统一的具体形象，各设施要素必须相互协作，共同营造一种形式统一且重点突出的服务企业形象，任何不和谐因素都可能破坏整体形象。

---

① 习近平谈政法工作：让遵法守纪者扬眉吐气，让违法失德者寸步难行.（2019－01－18）. 人民网.

（二）体现核心利益

服务的核心利益应该决定其设计参数，外部设计要为服务的内在性质提供暗示，如学校的建筑表面装饰彩色瓷砖并且附近设有运动场所。

（三）符合服务要求

设计必须适当，如加油站可以采用色彩亮丽的材料，还要考虑为未来的需求设计留有余地。如果忽略此点，则顾客有可能要拖着沉重的旅行箱走过长长的通道才能到达登机口。此外，还要考虑美学要求与服务流程。

以对麦当劳快餐店的调查为例。许多顾客认为麦当劳在服务设计方面做得不错。快餐店门口巨大的“M”惹人注目，麦当劳叔叔的形象和蔼可亲，而且餐厅内色调柔和、音乐优美，给人一种轻松愉快的感觉，顾客在店内能放松地享用美食。

三、服务环境设计的要点

服务企业服务环境设计和形象塑造受很多因素的影响。营销组合要素如价格、服务本身、广告、促销和公共关系活动等都会影响顾客观感的形成，从而构成服务的有形呈现。

服务环境设计要注意以下三个要点。

（一）有形呈现

服务企业的建筑设计风格会对企业形象产生影响。表 10－2 显示了影响零售商店形象的因素。其中任何一项因素的有无都会影响到其他各项因素的表现，都会影响到企业整体形象的塑造与维持。

表 10－2　影响零售商店形象的主要因素

1. 外部 建筑物实际规模的大小 建筑物造型 建筑物门面 外部照明 使用的建筑材料 标识 载货车辆和停车场
2. 内部 陈设布局 色彩搭配 设施装备 材料和附属物品 照明 货架 暖气与通风装置

建筑物的具体结构，包括其规模、造型、使用的材料、所在位置以及与邻近建筑物的比较，都是塑造顾客观感的因素。至于其相关因素，诸如停车的便利性和可及性、门面、门窗设计以及招牌标识等也很重要，因为外在设计往往能让顾客产生牢靠、保守、进步等印象，而内部陈设布局、装饰、桌子、记事簿、文具、说明小册子、展示空间、货架、家具、座椅、照明、色调搭配、材料使用以及视觉呈现等综合在一起，往往就会打造出服务企业的“形象”。

（二）现场氛围

服务现场氛围（atmosphere）也会影响企业服务的质量品位、形象。现场氛围是指一种有意的空间设计，是弥漫在现场空间的能够影响人们行为过程的心理因素总和。此外，氛围对于员工以及前来公司接洽的其他人员，也有重要的影响。就零售店而言，每家店都有各自的有形产品布局、陈设方式，有些显得局促，有些显得宽敞。每家店都会给人留下不同的感觉，有的很有魅力，有的豪华壮丽，有的朴素大方。商店应有一种精心设计、规划有序的氛围，迎合目标顾客的心理感受，并能引导顾客购买。现场氛围应由具有创造性的人来设计，他们知道如何将视觉、听觉、嗅觉与触觉上的刺激综合运用，从而达到所追求的效果。

许多服务企业开始认识到现场氛围的重要性。餐厅的现场氛围和食物品质同样重要，酒店、旅馆应该着重体现温暖与亲切，零售店也应注意费心做氛围上的设计。此外，银行、律师事务所和牙医诊所的等候室，往往由于氛围的缘故而有让人宾至如归或望而却步的差别。影响现场氛围的因素包括：

1. 视觉。视觉营销（visual merchandising）是指企业通过视觉冲击和审美观感提高顾客对服务或产品购买兴趣的可视化体验，以实现展示服务或产品价值，彰显品牌差异，提高销售利润的营销目标。随着平台经济、体验经济和网红经济的发展，视觉营销也逐渐应用于网店运营实践。网民的网店鉴赏力越来越高，对于网站的设计也越来越在意。网站不再仅仅是信息的简单罗列，而成为体现网店产品灵魂、店主特色、顾客品位的综合平台。淘宝网店页面往往能给顾客留下“第一印象”，专业、美观的店铺页面，能为商家的商品加分，还能增加网购信任，更能让顾客一进店就有购买的冲动。视觉营销有助于形象的建立和销售目标的实现。零售业的视觉营销，旨在确保无论顾客是在搭乘电梯还是等待付账，服务的销售和形象的建立都在持续进行。照明、陈设布局、颜色、服务人员的外形和着装，显然都是视觉营销的一部分。总之，视觉营销是顾客购买服务的一个重要原因。

2. 气味。气味信息一般是由鼻腔内的感应系统通过嗅觉细胞传递给大脑，在脑内有扁桃体负责分辨气味的“好恶”，还有负责存储信息的“记忆”细胞。在我们逛街的时候，如果闻到了糖果及焦糖爆米花的气味，很容易就勾起儿时的快乐回忆，令人心情愉快、豁然开朗，这表明气味能勾起回忆并带动情感，也表明气味能带动心情体验。很多人有用香水的习惯，选择香味的首要要求是能带来愉快的心情，继而建立个人的香味品位，凸显个性。许多名品店都有它们独有的香味，香味能带给顾客愉快的心情，使他们在无压力又轻松的氛围中消费，而独有的香味更能增强顾客对品牌的情感记忆。气味会影响形象。零售服务企业如咖啡店、面包店、花店和香水店等，都可以利用香味来推销其产品。面包店可巧妙地利用刚出炉的面包的香味吸引路人；餐厅或烤鱼店也可以利用香味达到良好的推销效果；至于那些服务企业办公室中皮件的气味和木制地板打蜡后的气味，往往可以体现一种特殊的豪华气派。

3. 声音。无论在产品设计抑或是营销层面，视觉往往作为信息的第一接触点被品牌重视。随着互联网技术的迅猛发展，以及抖音、微博等社交媒体的出现，碎片化信息已趋向饱和。在视觉审美越发疲劳之际，声音开始受到品牌关注，成为调动顾客感官记忆的一种创新手段。声音往往是气氛营造的背景。青少年流行服装店里的流行音乐所营造出的氛围当然与大型百货店里的莫扎特乐曲所营造出的氛围大不相同，也与飞机在起飞之前播放的令人舒畅的旋律所营造出的氛围迥异。若想营造一种安静的氛围，可以使用隔间、低天花板、厚地毯以及销售人员轻声细语等方式。这种氛围在图书馆、画廊或皮货专卖店往往是必要的。对于零售店播放音乐的一项研究指出，店里的人流量会因播放的音乐而有所改变。播放节奏舒缓的音乐时，营业额往往会比较高。

4. 触觉。在触觉营销方面，美国著名巧克力公司好时（Hershey）的实践案例颇具代表性。好时很早就发现，人们在剥开“好时之吻”巧克力的锡箔包装纸的过程中，会获得乐趣，这种乐趣让享用“好时之吻”成为一种特殊体验。英国 ASDA 大型连锁超市将数种卫生纸去掉包装，方便顾客触摸和比较各种纸质，其结果是，店内自有品牌的销量急剧上升，货架上该产品的空间扩大了 50%。触觉刺激还会延伸至电子触屏，诸多调查发现，人们在以触屏方式购物时，比用电脑购物时更能感觉到商品的吸引力，从而增加购买行为。地毯的厚度、壁纸的质料、咖啡店桌子的材质和大理石地板的冰凉，都会给顾客带来不同的感觉，并营造出独特的氛围。某些零售店以样品展示的方式激发顾客的感觉，但在有些商店，如精切玻璃店、精制陶瓷店、古董店、画廊或博物馆，触觉营销无用武之地。不论何种情况，产品使用的材料和陈设展示的技巧都是重要的因素。

现场氛围可以变成一种适当的竞争手段，尤其在竞争者越来越多、产品与价格的差别较小及产品针对特殊服务阶层或生活方式的顾客时。因此，制造氛围是许多服务企业刻意的做法。第一次设计一种服务之前，服务企业就面临四项主要设计决策：（1）建筑物从外表看应该是什么样子；（2）建筑物的功能和布局特色应该是什么；（3）建筑物从内部看应该如何；（4）什么材料最能表达建筑物所要呈现出来的感觉。

（三）以人为本

党中央历来“强调坚持以人为本、全面协调可持续发展”[①]。服务环境在多大程度上能影响顾客的心理活动，取决于服务环境因素本身作用于顾客的强烈程度与顾客的主观心理因素，受顾客的个性倾向（如注意、兴趣、需要、价值观等）和认知结构两个方面影响。只有服务环境因素对顾客的心理产生影响时，这些环境因素才对顾客的购买意向、

① 中共中央关于党的百年奋斗重大成就和历史经验的决议. 人民日报，2021-11-17.

购买行为、购买决策产生实际的影响。因此，服务环境设计一定要坚持以人为本，努力实现人与环境之间的相互适应和平衡。

1. 重视人的感受。服务环境设计要从顾客需要出发，树立人在空间中的主导地位，环境设计中的一景一物，都要充分考虑顾客的心理、生理感受。用一句话来表达，就是“必须把人民放在心中最高位置，始终以百姓心为心”[①]。

2. 鼓励员工参与。服务环境设计能否准确、全面、真实地展示企业服务的质量、品位、形象，内部顾客即员工的感受和建议至关重要。企业员工熟悉本企业服务的特色、优势，借助他们的视野、经验和智慧设计服务环境，能收到最好的效果。

3. 培养员工技能。服务企业在注重环境设计的同时，还要充分发挥员工的主观能动作用，重视员工环境设计技能、知识的培养。与其聘请外部机构设计服务环境，不如挖掘内部潜力，培养自己的服务环境设计人才。诚如党的二十大报告指出的，“人才是第一资源”[②]。

第 3 节　有形展示管理

一、有形展示管理的原则

既然有形展示在服务营销中的地位如此重要，服务企业就应懂得利用组成服务的有形元素，突出服务的特色，使无形无质的服务变得相对具体化，让顾客在购买服务前能较有把握地判断服务的特征，在购买服务后，能较客观地评估所获得的利益。因此，加强对有形展示的管理，努力借助这些元素来改善服务质量，树立独特的服务企业形象，对服务企业开展营销活动具有重要的意义。

在营销实践中，有形展示的管理应该遵循以下三条原则：

（一）顾客导向

为服务展示设计的有形载体必须是顾客感官的主要出发点，最好是顾客在购买服务过程中致力于寻找和发现的事物。如果管理人员将希望传达的感受和信息放在顾客不感兴趣的事物上，则往往事倍功半。比如，干净的床单、明亮的窗户是病人感受住院治疗服务质量的主要着眼点，而地板的材质、窗帘的图案等也许让设计者耗费心思，但病人很少关注。

（二）践行承诺

必须保证有形展示所暗示的服务承诺在真实的服务过程中能够兑现。当然，有些服务广告明显是通过夸张手法来表达创意的，顾客能轻而易举地辨识出来。例如，广告语

---

① 习近平在中央党校（国家行政学院）中青年干部培训班开班式上发表重要讲话．（2021-03-01）．新华网．

② 习近平．高举中国特色社会主义伟大旗帜　为全面建设社会主义现代化国家而团结奋斗：在中国共产党第二十次全国代表大会上的报告．人民日报，2022-10-26．

“今年二十，明年十八”旨在强调美容服务的效果，但并没有人把这作为一种切实的服务承诺。但对过去的服务成果、服务质量认证、顾客服务感受反馈等有形展示必须遵守“展示平均质量，保留最高质量”的原则，否则，高期望下的低满意会使有形展示的营销效果适得其反。

（三）固化关系

要把有形展示管理的重点放在发展和维护企业与顾客的长期关系上。具体而言，服务的有形展示并不仅仅是为了让顾客对服务产生明确的认同，对服务相关信息有所了解，更是为了在顾客与服务企业之间建立持久的联系。例如，顾客对某服务人员专业技能的欣赏，对恬静舒适的服务气氛的认同，对服务设备精密准确的首肯等。这条有形线索的存在是培养品牌忠诚、发展长期顾客关系的基础，而实现越来越多的顾客与体现企业服务特色的典型有形载体的共同联系，便是有形展示策略乃至服务营销的最高境界。

二、有形展示管理的要点

有形展示管理不仅仅是营销部门的工作，企业的每个人都有责任传送有关服务的适当线索。下面列出的是一份行动问题清单，管理人员应定期针对这些问题加以自省。

1. 企业有形展示管理的方法是否高效？是否对顾客可能感知服务的每一件事都高度重视？

2. 企业是否深入全面地分析了如何用有形因素来强化服务概念和服务信息？

3. 企业的细节管理如何？服务环境是否一尘不染？如果 Wi-Fi 忽然没有信号了，是立即处理还是稍后处理？管理人员是否向员工说明务必注意任何细节？

4. 有形展示管理和营销计划是否实现了有机结合？管理人员是否熟知有形展示在营销计划中的作用，进而对计划做了有益的补充完善？

5. 企业是否基于营销调研来开展高效的有形展示管理？是否雇用“职业顾客”按照清洁度、整齐度、营销工具的适用性等标准对服务环境做出评价？管理人员在提高企业整体形象的过程中，是如何运用环境设备和其他有形展示手段的？

6. 企业是否向员工解释了有形展示管理的特点和重要性？是否向每位员工说明了他们在有形展示管理中的责任？

7. 企业的有形展示管理是否富有创新精神，有别于竞争对手？

8. 企业的第一印象管理如何？企业的广告、内部和外部的环境设备、标识物以及员工服务态度对新顾客或目标顾客是否具有吸引力？

9. 企业是否为员工分发服装并制定符合其工作角色的着装标准？对于负责联系顾客的员工，是否为其提供了服装津贴？

10. 企业是否借助有形因素来指导员工履行其服务职责？工作环境中的有形因素是否体现了管理层对员工的关心？

三、服务场景设计管理

服务场景是指服务展示、提供、体验、支付等所处的直接有形环境和社交环境，它辅助支持顾客的服务体验，影响顾客的服务满意度和忠诚度。服务场景是企业提供服务的舞台，也是服务有形展示的综合物理环境与社会环境的集合。

（一）服务类型决定服务场景设计

服务企业提供的服务类型不同，服务场景设计也大相径庭。

1. 自助服务。自助服务场景下，顾客自己完成服务，或只有很少员工参与。服务场景的设计应专注于目标营销，聚焦于特定顾客群，确保顾客能够便利、高效地使用服务设施等。

2. 远程服务。对于通信服务、公共服务、金融咨询、邮购服务等，顾客不需要接触服务设施就可享用服务。服务场景设计应致力于迎合员工的需要和偏好，有利于激励员工、提高生产率、加强团队合作等。

3. 互动服务。酒店、餐厅、医院、教育机构及银行提供服务时，顾客和员工都需要置身于服务场景。服务场景的设计必须能够同时吸引、满足顾客并便于其和员工互动。

一般来讲，与顾客接触、互动较少的服务，其场景设计可以采用简单的空间功能设计和服务设施。自动售货亭就是以简单结构提供服务的例子。高接触服务的服务场景要涉及很多因素，需要采取多种形式。例如，医院的服务场景就要求有很多楼层、房间、医疗设备等。

（二）服务场景设计的主要内容

服务场景设计主要针对外部服务设施和内部空间功能进行布局设计。外部服务设施包括建筑物的设计、标志景观、停车场、道路铺设、绿化美化、艺术照明、周围景色以及企业所在地的周边环境等。内部空间布局与功能设计包括大小、形状、颜色、风格、附件、设备、空气质量、照明、噪声、音乐、气味、气氛、陈设、舒适与标识等。

（三）服务场景设计的主要原则

1. 符合形象定位。党的二十大报告指出，“坚守中华文化立场，提炼展示中华文明的精神标识和文化精髓，加快构建中国话语和中国叙事体系，讲好中国故事、传播好中国声音，展现可信、可爱、可敬的中国形象”[①]。企业形象指顾客对企业的整体印象、总体评价和情感认知的有机统一，是企业服务水平、经营风格、员工素质、环境优劣、文化精神、标识特征等形象构成要素的整体呈现。形象定位是服务企业根据市场的竞争情况和本企业的条件，确定本企业在目标市场中的竞争地位，通过各种营销手段，吸引顾

---

① 习近平. 高举中国特色社会主义伟大旗帜 为全面建设社会主义现代化国家而团结奋斗：在中国共产党第二十次全国代表大会上的报告. 人民日报，2022-10-26.

客注意，以提高顾客产生购买企业服务的倾向性。服务场景设计是企业服务有形化、差异化的一种强有力的手段，所以，服务场景设计要符合企业形象定位。

2. 优化服务流程。服务场景设计应该充分考虑服务的类型、特点与服务流程的需要，要便于优化服务流程，方便服务运作，提高服务效率。还要考虑到服务流程的发展变化，即柔性服务场景设计的问题，重在“为未来而设计”，为未来服务流程的进一步优化做准备。

新启迪 10 - 2 《一闪一闪亮星星》的场景营销

3. 彰显文化美化。习近平总书记指出，“文化是民族的精神命脉”，能够发挥“聚人心、暖民心、强信心的作用”，“以文化人，更能凝结心灵”，强调“以文弘业、以文培元，以文立心、以文铸魂”。[①] 服务场景设计应注重文化氛围的渲染和营造，从设计、建设、装修到服务提供全过程都注入独特的文化内涵，凸显文化品位、文化形象和鲜明个性，提升服务附加值。服务场景设计还要符合美学原则，考虑顾客的审美心理、审美习惯，使顾客获得美的享受，身心舒适，陶冶情操。服务场景中的器具布置、灯光、颜色、设备、员工服装和原料等，都要尽量做到和谐，体现出美的意境与氛围。服务场景设计还要力求主题化，通过建筑物造型、外部环境、外部装修、室内装修设计等创造性设计，从外形和内涵上形成一个或多个主题，彰显企业服务的独有特色，使服务、环境、造型以及活动等都为某种特定主题服务，使主题成为顾客容易识别、便于消费的服务特征。

学术前沿 数字孪生促进服务购买

数字孪生（digital twin）是一种将物理对象精确反映在虚拟模型中的技术，通过配备与物体重要功能相关的传感器获取与物体性能相关的数据，如能量输出、温度和天气条件等。这些数据被发送到处理系统，并用于创建虚拟模型。一旦获得这些数据，虚拟模型就可以用于运行模拟、研究性能问题以及生成改进方案。这样做的目的是获得有价值的洞察，并将这些洞察应用于原始物体，促进服务购买。

虽然模拟和数字孪生都利用数字模型来复制系统的各种流程，但数字孪生更像一个虚拟环境，内容更加丰富。与模拟相比，数字孪生具有更大的规模。模拟通常研究一个特定流程，而数字孪生可以运行多个实用模拟项目来研究多个流程。数字孪生拥有更优质且更新的数据，并覆盖更广泛的领域。此外，虚拟环境具有更强大的计算能力。因此，与标准模拟相比，数字孪生可以从更有利的角度研究更多问题，具有更大的潜力来改进服务质量和服务流程。

与其他产业相比，商业服务及流通领域具备整体数据化程度较高、提升服务效率直接影响产出的特征。加大 AI 孪生技术应用将最大限度体现降本增效，创造新的应用场景和新消费需求，创造新动力，拓展新空间，并实现互通互融，可快速完成物品及服务的建模、行为、交互，从而实现数字零售、智能家居、智慧传媒、教育培训等商业服务应用。

商品零售业早已从集中式商贸流通演变成分散式个体流通，零售流通呈现出较高数字化水平，但尽管如此，包括在线零售平台、商品生产企业的数字模型聚焦于销售、交易环节，

① 习近平. 在中国文联十一大、中国作协十大开幕式上的讲话. 人民日报，2021 - 12 - 15.

并不涉及商品 3D 生成建模，以及消费者使用数据反馈至生产环节，很少延伸到在产品生命周期中占比较大的商品规划和运维阶段。随着 5G 技术的成熟及商品物联渗透率的提高，以商品为纽带的商业运维、消费者数据指引新商品规划将成为生产企业、电商平台的新趋势，让原本依赖于传统信息反馈的现场任务（如售后客服、QA/QC、商品设计及生产规划等）直接数字化，大幅提高效率和准确性，以对下一步生产和服务作出指引。

资料来源：https://www.ibm.com/cn-zh/topics/what-is-a-digital-twin.

素养园地

全聚德餐厅运用有形展示提升营销绩效

2023 年 7 月 23 日，是全聚德创建 159 周年的日子，全聚德举办了“传承之火向新而生——庆祝全聚德创建 159 周年”庆典活动。为迎接全聚德品牌 159 周年庆，“中国范 国际范儿”全聚德 2023 新版宣传片震撼首发。过去的三年，全聚德锤炼内功、常态化开展技术练兵；重新对用户进行画像，定位做本地人的餐厅；克服重重困难，倾力打造了三个主力门店的全新升级。在这个市场强劲复苏的盛夏时节，全聚德把新场景、新菜品、新服务、新形象、新食品全面呈现给消费者。中华一绝·空中四合院、中轴食礼、光影餐厅、宫囍·龙凤呈祥主题餐厅、环球城市大道店，多元化增强消费体验；逐年迭代的新版菜单，更好地满足年轻人的饮食需求；以顾客的舒适体验为核心，改善服务方式，提升服务温度；持续丰富“萌宝鸭”IP 的衍生品和传播矩阵，触达年轻化、数字化的消费群体；手工片制烤鸭 3.0 版和各品牌预制菜产品全新亮相，为百姓餐桌提供更多选择。

新版烤鸭纪念卡也在全聚德 159 岁生日这天与广大消费者见面，金红色调和金线描绘的前门起源店牌楼和金色鸭杆挑着的金色烤鸭等全聚德品牌元素，充分展现了全聚德品牌悠久的历史传承与厚重的文化积淀。卡片右下方的 AR 视频技术，在线实时介绍全聚德的品牌和饮食理念，零距离感受数字化创新成效。每张纪念卡上唯一的烤鸭编号是消费者永久而独特的纪念，以美食为媒，加强了全聚德和消费者更深层次的情感交流和文化交流，数字化助力品牌文化“活”起来。

值得一提的是，全聚德 2023 年三季报告显示，公司预计归属于上市公司股东的净利润为 4 382.97 万元，同比上升 292.98%。在国内餐饮市场强势复苏的背景下和公司的多重举措下，老字号全聚德经营业绩的大幅攀升，交出了一份亮眼成绩单。

随着数字经济的蓬勃发展，布局品牌年轻化成为全聚德集团的必然选择。庆典活动上，“全聚德”与“我是不白吃”，暨全聚德集团与北京重力聿画影视文化有限公司的战略合作正式启动，成为一大亮点。百年老字号“全聚德”将与“我是不白吃”主创团队围绕“全聚德百年传承”“中华美食”主题开展漫画创作，结合全聚德“萌宝鸭”IP 形象，吸引小朋友兴趣，了解“全聚德”，了解北京烤鸭，新老融合，相互赋能。持续丰富“萌宝鸭”IP 的衍生品和传播矩阵，触达年轻化、数字化的消费群体，为老字号焕出新活力。如今的全聚德，正在通过跨界新玩法，触达链接更多年轻人，面向年轻群体讲好品牌故事，用实际行动发出年轻的呼唤。

资料来源：股票行情快报：全聚德（002186）1 月 2 日主力资金净卖出 49.78 万元.（2024-01-02）. 证券之星网；159 岁的全聚德：创新发展离不开技艺传承.（2023-07-25）. 中国新闻网.

小结

有形展示是指在服务营销范畴内，一切可以用来传播、展示、呈现服务特色及优点的有形事物。感官营销是指企业利用人体感官的视觉、听觉、触觉、味觉与嗅觉，进行以“色”悦人、以“声”动人、以“味”诱人、以“情”感人的体验式促销活动，创造独特的感知体验，鼓励顾客参与并有效激发其购买欲望的一种营销模式。有形展示主要有增强第一印象、建立合理预期、提升感知质量、传播企业形象、优化感官刺激、辅助员工培训等作用。有形展示主要有实体环境、信息沟通、价格展示、品牌载体、AR/VR呈现五种类型。服务有形展示中的 AR/VR 选择，要考虑营销目标、参与者规模、成本耗费、内容价值、展示效果等因素。服务环境是指企业向顾客提供服务的场所，它不仅包括参与服务过程的各种设施，还包括影响服务绩效和沟通传播的各种有形无形的因素。服务环境设计须遵循整合展示形象、体现核心利益、符合服务要求等原则。服务环境设计的要点包括有形呈现、现场氛围和以人为本。有形展示管理须遵循顾客导向、践行承诺、固化关系等原则。服务场景是指服务展示、提供、体验、支付等所处的直接有形环境和社交环境。它是企业提供服务的舞台，也是有形展示的综合物理环境与社会环境的集合。服务场景设计的主要原则有符合形象定位、优化服务流程、彰显文化美化等。

重要概念

有形展示	感官营销	嗅觉营销	第一印象
合理预期	感知质量	企业形象	感官刺激
员工培训	边缘展示	核心展示	实体环境
周围因素	设计因素	社会因素	信息沟通
价格展示	品牌载体	增强现实	虚拟现实
服务环境	现场氛围	视觉营销	气味信息
服务场景	形象定位		

复习题

1. 什么是有形展示和感官营销？
2. 有形展示有哪些作用和类型？
3. 在有形展示中选择 AR 或 VR 时应考虑哪些因素？
4. 服务环境设计需遵循哪些原则？
5. 服务有形展示管理应遵循哪些原则？

第11章
服务过程

思维导图

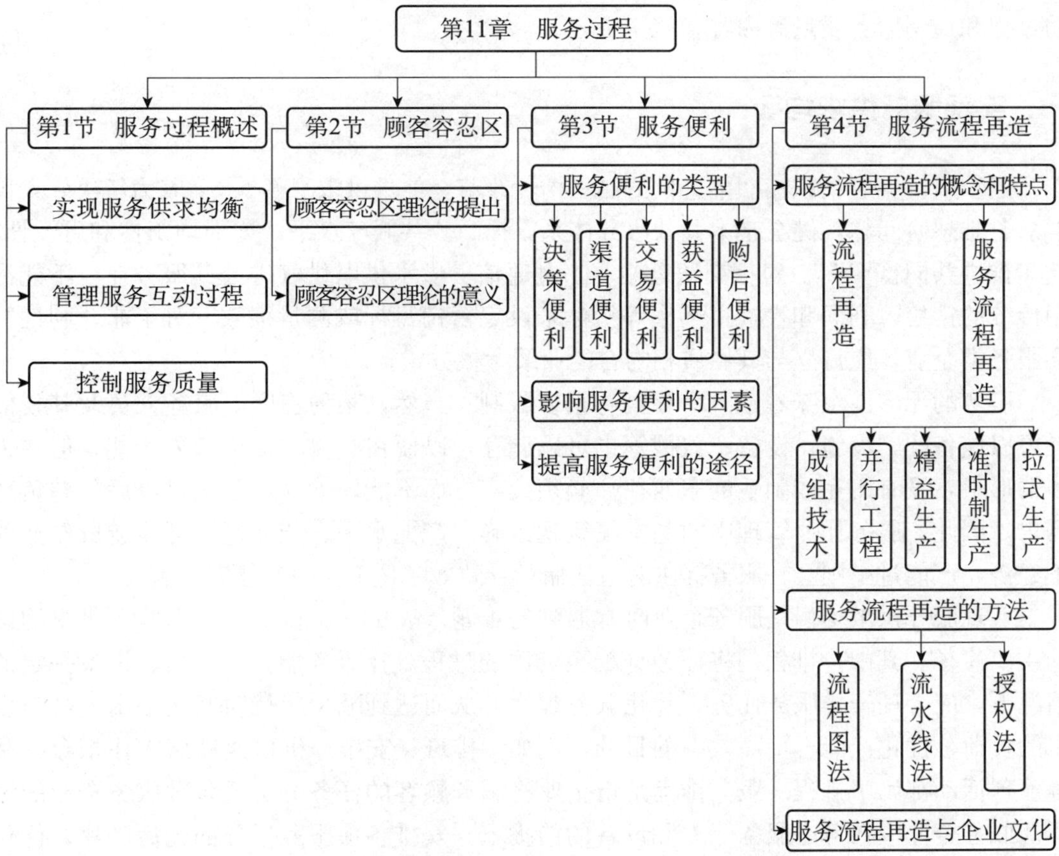

本章要点

- 服务互动过程的类型。
- 顾客容忍区的定义及其理论意义。
- 服务便利的类型与影响因素。
- 服务流程再造的方法。

第1节 服务过程概述

服务过程是指将一个产品或服务交付给顾客的程序、任务、日程、结构、活动和日常工作的组合。由于顾客通常把服务交付系统感知为服务本身的一个组成部分，因而服务过程是服务营销组合的一个主要因素。服务过程包括实现服务供求均衡、管理服务互动过程和控制服务质量等内容。

一、实现服务供求均衡

近年来，党中央积极“推进供给侧结构性改革，促进供求平衡”[①]，“着力解决好人民群众急难愁盼问题，健全基本公共服务体系，提高公共服务水平，增强均衡性和可及性，扎实推进共同富裕”[②]。对于交通运输、邮电通信、供水供电供气等公共服务业，不能沿用传统的销售、利润和投资报酬率等指标来设定营销目标或测量绩效。对于非营利性社会服务类企业，应订立与其性质相吻合的业绩考核方式。

服务的无形性意味着建立库存具有很多限制。当然，某种程度上服务人员及其技能是可以储备的，设施、设备、器械等也可以储存，以便在必要时提供额外产能。但在很多情形下，没有用完或闲置的东西往往必须废弃，而不能留下来用于满足以后的超负荷需求。因此，服务作业管理中的基本决策就是确定产能水平。产能过多可能造成作业的不经济，产能过少则会在服务提供时造成瓶颈导致效率低下，引起顾客不满。

实现服务供求均衡是服务企业时常遇到的难题。表11-1显示了实现服务供求均衡的主要途径。其中，排程是将任务分配至资源的过程。在服务能力、人员、设备一定的情况下，应合理安排服务任务，优化服务程序，从而达到减少等待时间、平衡人员与设备的负荷、优化产能、提高效率的目的，例如，排班、安排登机口或酒店入住柜台排队等管理活动都属于排程。服务排程是指企业将服务顾客的任务分配至各种服务资源的过程。服务企业应在考虑服务能力和设备的前提下，安排各项服务任务的先后顺序，优化服务时间、服务顺序和服务设备，减少顾客等待时间，从而充分利用产能，提高服务顾客的效率。

---

① 中央经济工作会议在北京举行.（2017-12-20）. 新华社.

② 习近平. 高举中国特色社会主义伟大旗帜 为全面建设社会主义现代化国家而团结奋斗：在中国共产党第二十次全国代表大会上的报告. 人民日报，2022-10-26.

表 11-1 服务供求均衡实现的主要途径

供给	需求
1. 尽可能保有库存（如预备产能和人员等） 2. 根据需求排程配置人员（如轮班工作或雇用兼职人员） 3. 转包给其他服务企业 4. 建立高峰时段的效率性例行服务（如只做基本工作事项） 5. 生产过程中增加顾客参与（如自助服务等） 6. 与其他服务企业共同服务或共用设施 7. 改良服务系统（如尽可能用科技取代人力）	1. 让顾客在有利的环境中等候服务 2. 顾客排程（如设立预约制度） 3. 提供替代性产品或服务（如使用手机 App、网上银行、自动柜员机） 4. 使需求多元化（如进入专户季节性市场） 5. 在高峰需求时段尽量疏散顾客（如使用差别定价） 6. 用营销转移需求（如广告宣传活动） 7. 改变顾客对服务的预期（如通过服务的使用）

二、管理服务互动过程

服务互动是指顾客与服务提供者之间、顾客与服务组织之间、服务系统与设施之间彼此联系、相互作用的一系列活动。服务互动过程大致可分成四类：顾客与服务提供者的互动、顾客与顾客的互动、顾客与服务环境的互动以及顾客与服务过程的互动。这些互动组合在一起，就构成了顾客的整个服务体验。

（一）顾客与服务提供者的互动

顾客与服务提供者通过最直接的互动共同生产服务。顾客与员工的互动可能是面对面的，也可能借助微信、短信、电话、电子邮件或信函进行。在服务提供过程中，与顾客接触的员工非常关键，系统、技术和有形资源都要依靠他们才能发挥作用；在关键时刻，他们还需要及时观察顾客、对顾客行为做出反应，从而识别顾客的需求；然后，进一步追踪服务质量，在发现问题时及时采取应对措施。因此，服务企业必须通过对服务员工的培训，使员工具有良好的服务沟通技巧，从而能够有效地驾驭整个互动过程。所谓服务递送系统是指由员工能力、员工表现、员工态度等相互影响、相互作用的各个要素构成的有机整体。

（二）顾客与顾客的互动

在中高接触度服务中，顾客之间也存在互动关系。例如，在演唱会现场、足球比赛场等场所，观众会热情洋溢地跟唱、互动、呼喊、赞叹、评价、议论等。有些服务的自身特性就要求顾客之间必须有互动，例如，使用飞机等交通工具的所有乘客之间会有互动，排队买票的每个顾客也存在互动关系等。这种互动有时会对服务递送产生不良影响，从而影响服务递送过程。在多数情况下，顾客之间的互动是难以预料和控制的，因此服务人员必须对此做好充分准备，一旦出现问题，立即做出有效的反应。

（三）顾客与服务环境的互动

服务环境又称服务场景，是指企业向顾客提供服务的场所，包括影响服务过程的各种设施和影响服务体验的各种要素。顾客与服务环境互动过程会对服务体验产生直接影响，有时甚至决定了服务的成败。从全球范围看，服务企业越来越重视服务环境的设计，以引导服务环境对顾客服务质量感知产生正面的影响。有些企业将服务环境设计作为与竞争对手服务差异化的工具。例如，律师事务所用木格板装饰办公室，书架上摆放的法律专业书籍可以显示提供服务的可靠性和深厚的职业素养；医院明亮的灯光和庄重的白色可以显示医院的卫生状况和医疗行业的环境特性。

（四）顾客与服务过程的互动

服务过程将服务递送过程中人员、产品、环境和科技协调整合在一起。服务过程不仅包括顾客到现场接受服务的过程，还包括服务的预订过程。把服务预订过程纳入管理范畴，可以促使企业有效把握顾客的服务需求，对服务需求做出科学的预测。例如，酒店可以通过预订服务，对服务资源做出合理的调整和配置。

顾客与服务系统、服务人员与顾客之间的互动结果会对顾客满意度和员工满意度产生同样的影响。在良好的服务系统中，顾客感觉不到服务的运营，而且互动过程非常简单、方便。如果顾客难以与服务系统产生互动，服务人员的工作量就会加大。

图11－1显示了服务企业不同类型的互动。在互动过程中，顾客可以通过与服务提供者之间的相互欣赏支持和亲密关系获取利益，如定制化的服务产品、优先照顾、折扣、低搜寻成本和更有针对性的沟通。同时，服务企业可以得到顾客忠诚、正面口碑、高退出成本、低营销成本和更多的交叉销售机会。

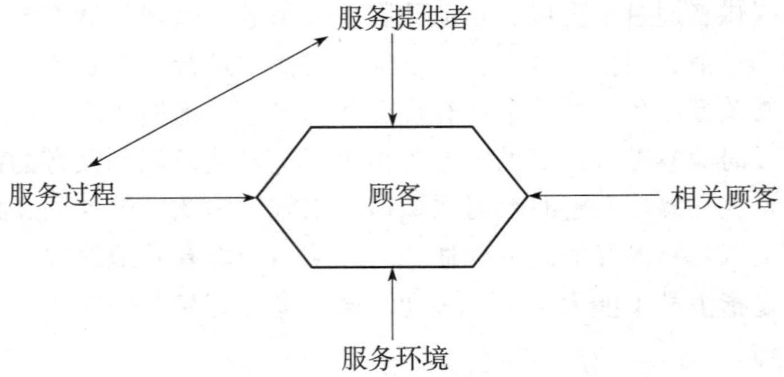

图11－1　服务互动的类型

三、控制服务质量

控制服务质量是指为了使服务达到质量要求而采取一些技术手段和管理活动。它构成了服务过程管理和控制的又一个重点。许多适用于制造业的质量控制原则，也适用于服务业，这些原则包括以下三项：（1）服务质量控制既关系到服务作业中的每一个人，也涉及看得见或看不见的各种任务。（2）各种质量控制制度应能确保质量水平并促进质量提升。（3）以机械设备（如智能机器人、无人机等）替代人力，尤其是替代人力做那些例行性的服务工作，有助于质量控制。

例如，一家航空公司通过研究以下事项来执行服务过程质量标准：每位顾客在取得飞机票时必须花费多少时间；将行李从飞机上卸下来需要多少时间；有电话进来未接听之前只应容许它响多长时间等。

服务企业也可以通过在服务递送过程中建立质量控制标准来进行质量控制。另外，服务作业中许多可以改善生产率的原则也可以用来改善质量，例如，标准化、分工专门化、装配线作业原则的利用、加强员工培训、演练以及注重工作安排等，都可以用来改善服务质量。

第 2 节　顾客容忍区

服务的生产和递送过程是一个顾客和企业的互动过程，这个过程不可能完全受控于服务双方的任何一方。因此，服务效果（effectiveness）——主要是顾客感知服务质量的高低，受诸多方面因素的影响。一个服务营销的特殊概念——顾客容忍区（zone of tolerance，ZOT）由此而生。

顾客容忍区是指顾客的一种心理接受跨度，在这个接受跨度内顾客认为所提供的服务是可以接受的，而且顾客在容忍区内对服务质量变化的感知敏感性不如在容忍区外时高。帕拉苏拉曼、泽瑟摩尔和贝里（以下简称 PZB）指出，顾客对于服务持有两种不同层次的预期。第一种叫作理想服务（desired service），指顾客渴望得到的服务水平。第二种叫作适度服务（adequate service），指顾客可以接受的服务水平。PZB 的研究结果将顾客的预期由一个点扩展成为一个区域，两种预期水平分别构成了顾客对服务整体预期的上下限，在两种预期水平之间的区域称为顾客容忍区。

一、顾客容忍区理论的提出

（一） PZB 的研究

PZB 对于服务质量、顾客对服务绩效的感知水平等问题的研究贡献巨大，对于容忍区的研究则侧重于容忍区上下限的形成因素（即顾客预期形成的决定因素），其主要观点如下。

首先，顾客预期在顾客对服务的判断中起着关键作用。顾客会将其所得到的和所预期的与其正在得到的进行比较，以此对服务质量进行评估。预期与感知之间的不一致是顾客进行服务质量评估的决定性因素。然而，预期这个词本身就有上下两个限制，一是期望或预测，即顾客判断将在服务过程中得到什么；二是愿望或渴望，即顾客希望在服务过程中得到什么。理想服务水平是顾客希望得到的服务水平，即他们认为在现有的付费水平和服务设施条件下的服务应该是什么样的。它反映了顾客为了享受服务带来的满足或效用，在付出一定成本后内心期待的最好的服务水平。在这里，理想服务水平传递的是最大顾客价值的情况。根据 PZB 的研究，理想服务水平是由持久的服务加强物（enduring service intensifiers）和个人需要（personal need）决定的。适度服务水平是顾客认为可以接受的服务状况，这是顾客对服务将是何种状况的一种评价，即顾客所预期的服务水平。它反映了顾客为了享受服务带来的满足或效用，在付出一定成本后内心认为应该得到回报的服务水平的底线。这个底线与顾客成本和顾客预期中的超值服务（即经济学中的消费者剩余）的大小密切相关。适度服务是由暂时的服务加强物（transitory service intensifiers）、感觉到的可替代服务（perceived service alternatives）、自我意识到的服务角色（self-perceived service role）和环境因素（situational factors）决定的（如图11-2所示）。

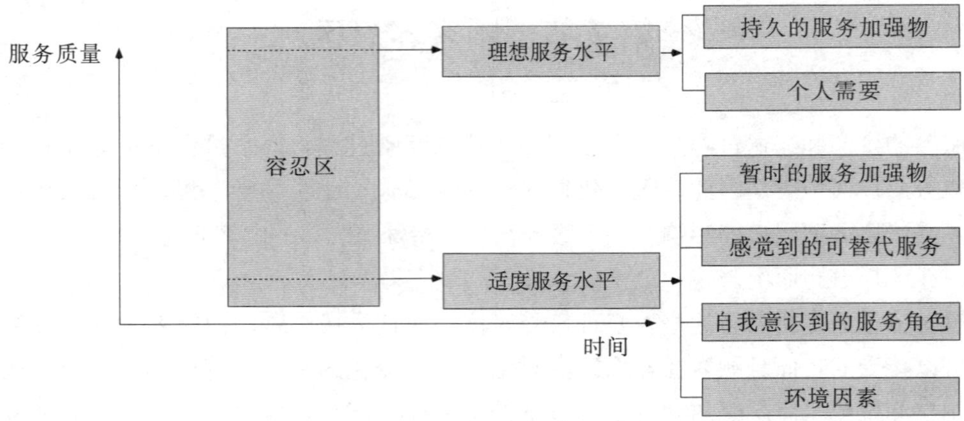

图11-2 顾客服务预期的类型与决定因素模型

适度服务水平与理想服务水平分别是容忍区的下限和上限。容忍区是顾客认为满意的服务执行区域。低于容忍区的执行水平将会使顾客产生沮丧的心理并降低顾客的忠诚度。高于容忍区的执行水平将会使顾客感到惊喜并提高他们的忠诚度。

PZB通过研究发现，容忍区的位置不是一成不变的，其上限（理想服务水平）和下限（适度服务水平）具有不同的变化弹性。一般情况下，容忍区的上限比下限更不易发生变化：理想服务水平变动幅度比较小，发生变化的趋势通常是向上变化；而适度服务水平发生变化的灵活性大，且可上可下，方向不定。

（二）罗伯特·约翰斯顿对顾客容忍区的研究

罗伯特·约翰斯顿（Robert Johnston）提出了关于顾客容忍区的九种假设。他认为，顾客容忍区有三种输出状态，即依服务所传递的绩效被顾客感知的水平自下而上分别位于顾客容忍区的不同位置而产生“不满意”“满意”“愉悦”三种状态。约翰斯顿将顾客容忍区定义为“预期和结果之间的中间表现的范围”，即顾客进入一个服务过程时会有意或无意地事先持有“可以接受”或“不可接受”的服务水平的概念，并将在服务递送中经历的各种遭遇与事先持有的预期进行比较和判断，进而产生相应的输出结果（如图11-3所示）。

顾客参与服务的程度与容忍区的宽度成反比。一方面，顾客参与服务的程度即感情投入的程度越高，或者顾客预见到的风险越高，顾客对服务满意或不满意的敏感性就越

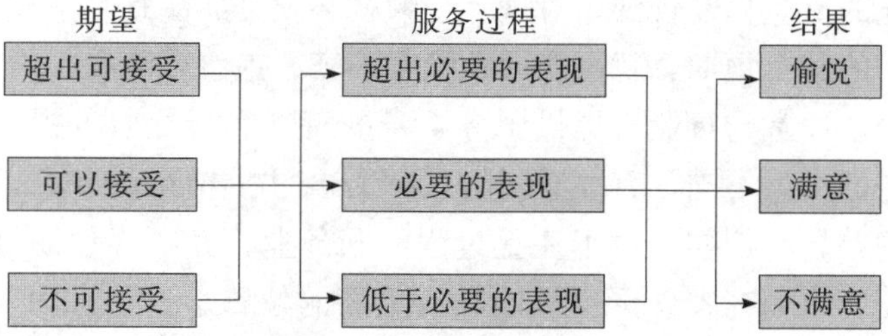

图 11-3 顾客容忍区的三种状态

高；另一方面，顾客的参与程度越高，在服务接触中获得的信息和知识越多，对事先持有的服务预期进行修正的余地就越大。因而顾客参与程度越高，服务评价的结果超出容忍区的可能性越大；顾客参与程度越低，服务评价的结果位于容忍区内的可能性越大。

由于某些原因，事先确定的预期中有一部分没有得到扩展，仍然保持在原先持有的水平。这些预期通常属于服务过程中始料未及的方面。而随着顾客服务体验的继续，另一些预期会因为互动服务中的个人因素而得到修正。最终满意或者不满意的结果是一个综合过程，这个过程使顾客做出总的判断并根据服务中的个体因素调整判断结果。而且，在服务递送的动态方面，某些令人满意的服务（或服务片段）和令人不满意的服务（或服务片段）可以彼此功过相抵。所以，如果某些服务改进的困难较大、成本过高，为了保证顾客对于服务的总体感知不至于下降到容忍区以下，可以采取这种优势与劣势互相补偿的方式。但是并非所有的服务或者服务的所有方面在顾客心目中都具有完全相等的评价权重，所以进行服务补偿也存在“加权的补偿”问题，如服务的核心方面与非核心方面具有的权重就不一样。为了使顾客对服务的整体评价保持在满意水平，对于一次核心服务方面的严重失误所导致的低于容忍区评价的事实，需要用多次优异的服务进行弥补。这个问题与服务质量的五个方面维度的重要性排序和五个维度各自的容忍范围密切相关。

二、顾客容忍区理论的意义

（一）容忍区的顾客细分特征与行业细分特征

市场细分可以分为利益细分（即根据因果关系因素来确认可能的细分市场）、顾客细分（即依据人群特征、品牌态度、消费观念等指标进行细分）和行为细分（即根据消费者购买决策的步骤和特点、购后行为的特点、购买周期的长短、购买频率的高低等指标进行细分）等。将描述行业或市场的变量用于市场细分，有助于更为准确地界定目标市场，提高服务效率，更好地把握顾客心理，减少服务失误，并有针对性地进行必要、及时的服务补救。

在以顾客容忍区的上下限及变化弹性为标准进行顾客细分时，可做探索性区分。对服务价格敏感的顾客和有类似服务体验的顾客，其容忍区的上下限都处于比较高的水平，而且容忍区的变化弹性也相对比较小。因此，他们在接受服务的过程中可能会有排斥其内心预期被改变的心理。例如，对服务提供者带有诱导和劝说性质的信息视而不见，对待改善的服务状况的反应程度较低。对这一类顾客必须更加注意其事先具有的预期水平，如果不能满足他们的基本预期，就可能导致顾客不满、抱怨或流失。

服务市场细分，通常与行业所提供服务本身的特性和行业服务提供者的竞争状况有关。一方面，服务的类型不同，有注重过程的服务与注重结果的服务，其顾客容忍区的形状也具有相应的差异。例如，对于注重过程的服务业，其顾客预期可能比注重结果的服务业更为苛刻，所以顾客容忍区也可能具有更高的位置。另一方面，在竞争程度较高的服务市场中，各个服务提供者所提供的服务具有较高的标准化水平和可替代性，服务价格与服务质量的交叉弹性较高，顾客对于服务质量的预期水平也比较高，因此顾客对容忍区的适度服务水平预期也“水涨船高”，而且顾客预期的服务水平趋向更高。

（二）高接触度服务中顾客容忍区的变化

由于顾客对适度服务水平的预期要比对理想服务水平的预期更可能在短期内发生变化，因此在高接触度服务中，顾客通常会因为服务环境和其他信息的介入而对适度服务水平的预期做出调整（如图 11－4 所示）。

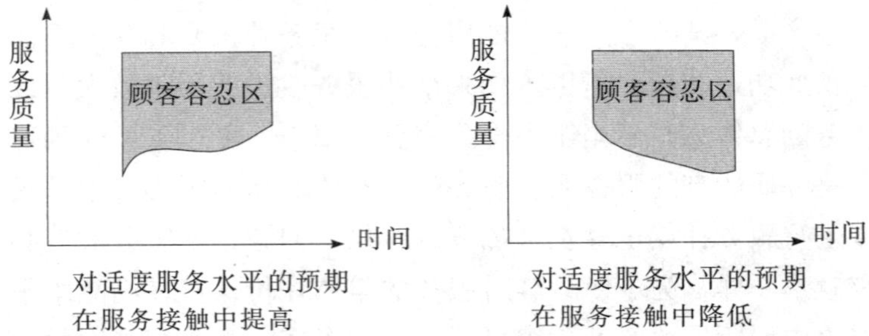

图 11－4　顾客容忍区的变化

假设对理想服务水平的预期几乎没有改变，即顾客容忍区上限保持水平，若以横轴代表时间，纵轴代表服务质量，随着服务的进行，以顾客容忍区的形状变化来表示顾客预期（适度服务水平的预期）的调整，我们就可以得出高接触度服务中顾客预期的变化趋势。大多数服务的基本特征是服务提供者和顾客之间发生接触。这种短暂的接触使顾客同时形成了对服务质量好坏的评价。对于顾客来说，其与企业的每一次服务接触都是具体的，每一次容忍区的变化既影响本次的感知服务质量，也影响下一次服务接触中顾客对服务的预期，从而影响下一次服务接触的感知服务质量。因此，研究在一次具体的服务接触中顾客容忍区的变化，对改善服务接触管理、服务补救工作是很有裨益的。

（三）服务企业营销策略选择与服务成本控制

在容忍区内顾客对服务绩效的感知，相对于容忍区以外来说是非显著的和非线性的，但是，顾客绝不会对“适度服务水平和质量”的服务就感到满意，从而对企业产生忠诚。在这个基础上，服务企业还需要采取各种可能的方法改进服务质量，强化顾客的正面感知。但是，服务改进必然伴随着服务成本的增加，如果服务改进所带来的服务绩效的提高不能被顾客适时察觉，也没有及时转化为顾客满意，更没有进一步增强顾客忠诚的趋势，那么这种服务改进就意味着成本过高，入不敷出。因此，提高服务质量的战略选择还必须与成本投入分析相结合。[①]

第 3 节　服务便利

服务便利是顾客对购买和使用一项服务所付出的时间和努力的感知。时间和努力是一个普通人成为顾客所必须付出的机会成本，而对企业而言，赢得顾客也就意味着增加财富。习近平总书记指出，“要加快防疫、养老、教育、医疗等方面的公共服务设施建设，提高乡村基础设施完备度、公共服务便利度”[②]。

一、服务便利的类型

对顾客来说，服务便利涉及多种类型。服务企业在营销过程中应该从多角度出发考虑顾客对服务便利的需求，包括：

（一）决策便利

决策便利是指顾客在决定是否购买、何处购买以及花费多高成本购买的过程中付出较少的感知时间和努力。决策便利与否的衡量标准包括：顾客是否花费最少的时间就能获得服务提供者的信息，是否容易作出购买决策，是否容易决定服务提供者。

（二）渠道便利

渠道便利是指顾客在联络、咨询、接触、到达服务企业的过程中花费较少的感知时间和努力。衡量渠道便利与否的标准包括：服务提供者是否易于联络；到达服务提供者那里是否需要很长时间；到达服务地点是否顺利。

（三）交易便利

交易便利是指顾客在为购买服务而支付价款的过程中花费较少的感知时间和努力。衡量交易便利与否的标准包括：为了付费是否需要付出很多努力；付款过程是否易于完成；完成付款是否迅速、及时。

（四）获益便利

获益便利是指顾客在获得服务的核心利益的过程中付出较少的感知时间和努力。衡量获益便利与否的标准包括：是否付出少量的努力就能获得服务的收益；服务过程是否易于完成；获得服务收益的时间长度是否合适。

---

① 郭国庆. 营销思想史论. 北京：高等教育出版社，2019：311－320.
② 习近平. 加快建设农业强国　推进农业农村现代化. 求是，2023（6）.

（五）购后便利

购后便利是指顾客在购买服务并从中获益之后，在由于服务质量问题进行投诉、索赔而不得不与服务企业接触的过程中付出较少的感知时间和努力。衡量购后便利与否的标准包括：服务提供者能否快速解决顾客的问题；是否不需顾客花费多少精力就能安排随后的服务；服务提供者为顾客解决问题对顾客来说是否容易。研究发现，对投诉处理的感知便利有助于增加顾客对企业服务的满意度和忠诚度。美国联邦快递的研究表明，如果通过一次接触就能解决顾客的抱怨，那么有77%的顾客会对补救服务感到满意；如果他们又被转到第二个服务人员那里，就只有61%的顾客会满意。

二、影响服务便利的因素

影响服务便利的因素既有来自企业的因素，也有来自顾客的因素。

（一）影响服务便利的企业因素

1. 服务环境。良好的服务环境能够缓解或消除顾客对等待的反感。例如，音乐既能减少顾客感知的等待时间长度，又能缓解顾客对等待的反感情绪。服务环境中诱人的香味也能产生正面影响并减少顾客感知的时间。

2. 消费信息。告知顾客有关等待时间的信息是十分必要的，否则会增加顾客的心理压力。当顾客获得有关时间和努力的信息时，他们感知的服务便利将更高。

3. 品牌形象。品牌能够增加顾客对服务的信任，减少顾客在选择服务时的风险，使顾客的选择过程简化，从而提高顾客的决策便利。

4. 服务流程。服务流程有助于控制和管理顾客使用服务时的时间和努力成本。好的商店布局可以使顾客在店中活动自由，能够快速地进入和快速地离开，并能让顾客轻松找到所需要的商品。

（二）影响服务便利的顾客因素

1. 时间观念。如果服务企业能够让顾客在同一时间里享受多项服务，那么顾客对服务便利的感知就会提高。例如，一些小型停车场为那些正在购物的顾客提供汽车保养服务等。

2. 突发事件。当出现突发事件时，顾客猝不及防，会觉得压力陡然增大，情绪不稳，由此造成的紧张和压力将影响顾客对服务便利的感知。

3. 换位思考。换位思考是一种受个人规范和内部价值观所驱动，推动一个人去设身处地替对方着想进而向对方提供支援和帮助的情感响应。习近平总书记指出，要“善于换位思考，走进群众，真诚倾听群众呼声、真实反映群众愿望、真情关心群众疾苦，准确了解群众的所忧所盼。注重调研成果转化运用，在调查的基础上深化研究，提高调研成果质量，切实把调研成果转化为解决问题、改进工作的实际举措”[①]。换位思考有助于

---

① 习近平．在学习贯彻习近平新时代中国特色社会主义思想主题教育工作会议上的讲话（2023年4月3日）．求是，2023（9）．

培养人与人之间的友好情感，从而满足人们对友好、和谐、宽松的社会环境的需要。在服务过程中，顾客如果从服务提供者的角度看待服务，换位思考，往往更能理解服务提供者的苦衷，放平心态。通常，顾客在服务过程中越善于换位思考，对服务便利的感知就会越高。

4. 经验积累。顾客的经验积累也会影响其购买决策和对服务的评价。一方面，随着顾客经验的增加，他们与服务提供者的关系越来越稳固，对提供者的选择范围越来越小，顾客作出购买决策的成本随之降低；另一方面，经验丰富的顾客在服务过程中知道该往哪里去和该做什么，这能够大大减少他们所浪费的时间和付出的努力。因此，顾客对服务提供者的熟悉会提高他们对服务便利的感知。

三、提高服务便利的途径

企业在服务营销的过程中必须采取以下有效措施来提高服务便利。

（一）及时沟通信息

因为信息可以减少顾客对不确定性和延误的焦虑，帮助顾客正确使用服务系统、解释延误的原因，所以企业可以通过清楚而易获得的信息、可靠的服务质量和品牌来提高顾客感知的服务便利。

（二）拓宽服务渠道

顾客会参与很多服务，而许多服务要求顾客必须在恰当的时间和地点出现，因此，渠道便利对于顾客来说非常重要。企业可以通过多种方法来提高渠道便利，例如：

1. 为顾客提供多种服务选择，包括运用自我服务技术，如使用自动取款机取钱，用手机银行转账，用 App 订票，通过网络自选培训课程等。

2. 将一些前端事务性的工作与核心获益服务在时间和地点上分开，如应用滴滴出行预定汽车，借助航空公司 App 提前选座、办理电子登机牌等。

3. 将服务带到顾客那里，而不是将顾客带到服务企业这里，如餐饮企业向顾客智能推送优惠信息吸引顾客前去就餐，洗衣店上门取衣送衣，保险公司借助大数据精准推送优惠车险服务信息等。

4. 减少顾客从核心服务（如买汽车）向功能相关服务（如抵押贷款和财产保险）转换的时间和努力。

（三）简化交易流程

交易流程是整个服务流程中顾客受益最小的一个环节。企业应该尽量减少顾客在付款时所付出的时间和努力，如让为汽车加油的顾客在汽车内付费，以减少他们走到收费窗口（很可能还要排队）所花费的时间和努力。麦当劳发现，顾客在付款窗口每节省 6 秒，销售额将增长 1%。

（四）重视后续服务

在服务结束之后，顾客与企业再次接触时需要投入时间和努力等资源。这个阶段顾客所付出的时间和努力都是额外的，因此企业必须让顾客得到额外的利益。服务企业采取有效措施让投诉的顾客感到心情舒畅，对顾客投诉、反映问题、索赔等要求快速做出反应，让顾客充分享有知情权等，都有利于提高顾客对服务便利的感知。

新启迪 11－1 提升服务便利的四型机场

第 4 节 服务流程再造

一、服务流程再造的概念和特点

（一）流程再造

再造是一种由来已久的管理哲学。19 世纪末期，管理理论中就有了“使流程最优”的“再造”思想。20 世纪初，亨利·法约尔（Henri Fayol）把再造定义为“为实现特定目标而使既有资源最优化的活动”。20 世纪中叶，戴明（W. E. Deming）博士在推广全面质量管理时，率先提出以流程为导向，从整体上考察和改善生产作业全部活动的主张。在业务流程再造（business process reengineering，BPR）概念出现之前，美国和日本的制造企业已经开始运用成组技术、并行工程、精益生产、准时制生产、拉式生产等被称作“有着再造的思想烙印”的管理技术。习近平总书记强调，“深入推进新型工业化，强化产业基础再造和重大技术装备攻关”①。

1. 成组技术。成组技术（group technology）是指在相似性原理基础上合理组织生产技术准备和产品生产过程，揭示和利用事物间的相似性，按照一定的准则将事物分类成组，同组事物采用同一方法进行处理，以提高效益的技术。

成组技术的核心是成组工艺，它把结构、材料、工艺相似的零件组成一个零件族（组），按零件族确定工艺进行加工，以扩大批量、减少品种、便于采用高效方法、提高劳动生产率。零件的相似性是广义的，在几何形状、尺寸、功能要素、精度、材料等方面的相似性为基本相似性，以基本相似性为基础，在制造、装配等生产、经营、管理等方面所导出的相似性，称为二次相似性或派生相似性。

2. 并行工程。并行工程（concurrent engineering）是指对产品及其相关过程（包括制造过程和支持过程）进行并行、集成化处理的系统方法和综合技术。它要求产品开发人员在设计之初就考虑产品生命周期的全过程，不仅要考虑产品的各项性能，如质量、成本和用户要求，还应考虑与产品有关的工艺过程的质量及服务质量。它通过提高设计质量来缩短设计周期，通过优化生产过程来提高生产效率，通过降低产品整个生命周期

① 牢牢把握高质量发展这个首要任务. 人民日报，2023－03－06.

的消耗，如产品生产过程中原材料消耗、工时消耗等，降低生产成本。

3. 精益生产。精益生产（lean production）是指通过系统结构、人员组织、运行方式和市场供求等方面的变革，使生产系统能很快适应用户需求不断变化，并能使生产过程中一切无用、多余的东西被精简，最终达到生产、营销、服务等各方面最佳结果的一种生产管理方式。与传统的大生产方式不同，其特色是多品种、小批量。精益生产的优越性不仅体现在生产制造系统上，还体现在产品开发、协作配套、营销网络以及经营管理等各个方面。

4. 准时制生产。准时制（just in time，JIT）生产是指在所需要的时刻，按所需要的数量生产所需要的产品（或零部件）的生产模式，其目的是加速半成品的流转，最大限度减少库存积压，从而提高企业的生产效益。

5. 拉式生产。拉式生产（pull production）是指一切从市场需求出发，根据市场需求来组装产品，借此拉动前面工序的零部件加工。每个生产部门、工序都根据后向部门以及工序的需求来完成生产制造，同时向前向部门和工序发出生产指令。在拉式生产方式中计划部门只制订最终产品计划，其他部门和工序的生产是按照后向部门和工序的生产指令来进行的。根据拉式生产方式组织生产，可以保证生产在适当的时间进行，并且由于只根据后向指令进行，生产的量是适当的量，从而保证企业不会为了满足交货需求而保持高水平库存以致造成浪费。

再造概念最早出现在计算机软件工程领域，与现代信息技术紧密联系在一起，主要是针对竞争环境和顾客需要的变化，提出进行“根本的重新思考”和“彻底的重新设计”，再造新的业务流程，以求在时间、质量、成本、服务（TQCS）等各项当代绩效考核的关键指标上取得显著改善。

流程再造是基于信息技术的、为满足用户需要服务的、系统化的、改进服务企业流程的一种企业哲学。流程再造以流程导向替代原有的职能导向的服务企业组织形式，为服务企业经营管理提出了一个全新的理念。按照再造工程理论的创建者哈默（M. Hammer）的定义，所谓再造工程，是指重新构建服务企业的经营流程，尤其是对关键流程进行彻底的重建，以使服务企业整体功能发生根本的转变。从服务企业价值链理论来看，一个业务流程就是一组以用户为中心的、从开始到结束的连续活动，用户可能是外部的最终用户，也可能是业务流程的内部最终使用者。因此，流程再造本身就是一种确保用户满意的理念。其实质是降低用户成本，培养用户忠诚，实现服务企业价值。这就要求真正以用户为中心，切实把用户和供应商纳入用户满意流程体系。

（二）服务流程再造

习近平指出，要“完善管理方案，优化服务流程，健全应急预案，提高精准化、精细化管理和服务水平”①。借鉴前人对流程再造的定义以及服务的特点，我们可以将服务流程再造定义如下：服务流程再造是指服务企业从顾客需求出发，以服务流程为改造对

---

① 坚定信心再接再厉抓好各项筹备工作 确保北京冬奥会冬残奥会圆满成功. 人民日报，2022-01-06.

象，对服务流程进行根本性的反思和分析，通过对服务流程的构成要素重新组合，实现服务流程的彻底重新设计，从而使服务的各个流程给企业带来绩效的巨大改善。服务流程再造具有如下本质特征。

首先，服务流程再造是一项战略性地进行服务企业重构的系统工程。服务流程再造的根本动力是服务企业长期可持续发展的战略需要。反过来说，只有拥有明确的战略，才能提供服务流程再造的内容和实现它的动机。服务流程再造是根据服务企业未来发展的战略规划，对服务企业各项运作活动及其细节进行重构、设定与阐述的系统工程，因而特别强调整体全局的最优而不是单个环节或作业任务的最优。

其次，服务流程再造的核心是面向用户满意的业务流程。服务流程再造摒弃了职能导向的管理理念，确立了以最大限度满足用户需求的流程为核心的组织形式，从根本上确保服务企业整体服务水平的日趋完善；服务流程再造压缩了科层组织中的管理层级，缩短了高层管理者与员工、用户之间的距离，有助于服务企业准确预测市场动向并及时进行经营决策调整，以提高用户满意度；服务流程再造运用先进的管理理论和技术，消除了中间环节所带来的成本与风险，压缩了运营周期，使多赢具有更坚实的基础。

再次，服务流程再造的根本任务是使人和技术在业务流程的再设计与活动重构之中有效运作，从而推进服务企业的技术层面（如技术、标准、程序、结构、控制等）和社会层面（如服务企业文化、政策、行为规范、作业风格、激励方式等）发生适应服务企业整体绩效提升和长远发展的改变。没有社会层面的再造，只有技术层面的应用，最终将是脱离服务企业实际的“冷冰冰”的自动化；而没有技术层面的应用，只有社会层面的再造，就只能是低水平的资源调整。只有二者同步推进，才能体现出服务流程再造的魅力。因此，服务流程再造的前提条件是，培育一个鼓励学习、善于学习，特别是从失败和不断革新中学习的服务企业环境。只有当员工在积极推动服务流程再造时获得满足感、安全感和成就感，服务企业才能真正拥有成功实现服务流程再造的不竭动力。

新启迪 11－2　保险理赔数字化流程再造

最后，服务流程再造的目标是使服务企业的绩效获得巨大的飞跃。服务流程再造追求的目标不是渐进提高和边际进步，而是绩效的巨大飞跃。企业希望通过服务流程的彻底革命，使企业管理发生质的变化。习近平指出：“当前，由人工智能引领的新一轮科技革命和产业变革方兴未艾。在移动互联网、大数据、超级计算、传感网、脑科学等新理论新技术驱动下，人工智能呈现深度学习、跨界融合、人机协同、群智开放、自主操控等新特征，正在对经济发展、社会进步、全球治理等方面产生重大而深远的影响。”[①] 服务流程再造也应重视人工智能的创新发展，使之在服务优化升级、企业实力跃升、实现高质量发展的过程中充分发挥作用。

① 习近平：推动新一代人工智能健康发展　更好造福世界各国人民.（2019－05－17）. 人民网.

二、服务流程再造的方法

（一）流程图法

任何类型的服务企业的管理层在需要更好地了解创造和传递服务的过程时，都可以采用流程图法，包括蓝图法和服务图法。

1. 蓝图法。林恩·肖斯塔克（Lynn Shostack）提出了服务过程的蓝图概念。服务蓝图是一种准确描述服务体系的工具，借助流程图，通过持续地描述服务提供过程、服务接触、员工和顾客的角色以及有形展示来直观地表达服务（如图 11－5 所示）。

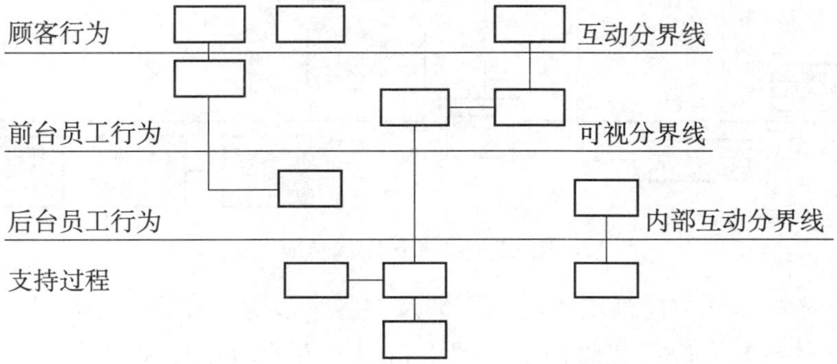

图 11－5　服务蓝图

服务蓝图由四个主要的行为部分和三条分界线构成。四个主要行为部分包括顾客行为、前台员工行为、后台员工行为和支持过程，三条分界线分别为互动分界线、可视分界线和内部互动分界线。服务蓝图有助于企业了解服务过程的性质，以便于科学地控制和评价服务质量，更高效合理地管理顾客体验等。在服务营销实践中，一项服务所需的每项工作及各工作之间的相互关系都要在蓝图中画出。蓝图中还需要标出该服务的所有步骤和变化点，其详细程度应符合特定的目的和要求，特别是共有服务和竞争性服务的区分要在蓝图中有所体现。蓝图中还应该标明可能出现的错误以及影响感知服务质量的失误点，以便在计划过程中采取预防措施。借助服务蓝图，企业可以分析资源的动态变化及其对服务过程及服务结果的影响。

关于蓝图的绘制应该注意以下几个关键步骤：

（1）明确制定流程图的目的：关乎何种类型的服务？会涉及什么样的顾客及在何种条件下使用？需要了解什么？

（2）列出一张包括相关顾客体验的所有活动的清单。其中首先应对这些活动进行汇总，比如，把“登机”分解成“把登机牌交给服务人员，走上登机廊桥，进入机舱，找到座位，把随身携带的行李放好，坐下”。

（3）根据正常情况下接触发生的先后顺序，把顾客体验的每一步画成框图。

（4）把为每一个前台活动提供支持的后台活动画成框图（这项工作对检查服务质量问题和制订针对后台工作人员的内部营销计划特别有价值）。

（5）证实描述——从顾客那里得到支持，确保相关服务人员的参与。每个人对服务过程都有自己的理解，开放式的讨论有助于改善员工之间的相互关系。蓝图绘制没有唯一正确的方法，不同结构的描述都有可能给管理者带来有价值的启示，从而促进服务流程优化。

2. 服务图法。与蓝图法不同，服务图法是一种从顾客的角度来安排企业的活动的方法，目的是确保企业服务能增加顾客享受服务的价值。

服务图既可以简单化，也可以复杂化，这需要视具体情况而定。图 11－6 是一张简单的服务图，列出了某医院的几个流程，如检查、登记、手术等。

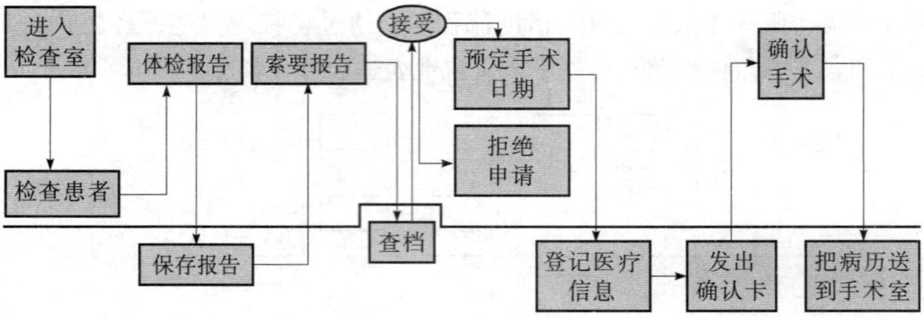

图 11－6 某医院服务图

在图 11－6 的水平方向列出了流程所涉及的各个步骤。在设计服务图时，一般需要企业多位成员的参与，以便集思广益。图中粗线上方的活动代表顾客可以看到的活动，通常也是顾客参与度比较高的活动。设计服务图的最后一步是识别可能出现失误的环节，通常包括：(1) 服务过程中的个别环节不能增加顾客享受的服务价值；(2) 在提供服务前未能有效地调整顾客预期；(3) 顾客参与和合作等对于服务质量至关重要的环节或步骤没有得到顾客的关注和重视；(4) 有些步骤过分依赖员工个人的判断能力；(5) 服务提供系统的某些环节设计不合理或缺乏可靠性。企业应采取有效措施，尽量避免这些不利情形的出现。例如，在患者住院后，医生应及时与其进行沟通；外科手术要严格按照规定进行，以减少个人的主观判断。

复杂的服务图还需要测量整个流程中每一步骤的时间和成本。无论复杂还是简单，准确、实用的服务图都是服务营销成功的基础。

（二）流水线法

流水线法的服务流程再造源于制造业的生产活动。由于操作工人各自在流水线上完成固定程序的操作，因而效率很高，并且不易出错。根据这一思想，服务企业也可采用类似的方法来指导顾客服务。流水线法是一种旨在训练员工按照统一的规范要求为顾客提供标准化、程序化的服务，不断提高服务效率和规范化程度的方法。为此，企业需要制定详细的制度、规范和服务内容，使服务人员做到心中有数，有章可循。

为了达到服务的高效率和规范化，一般采用如下做法：(1) 对工作任务进行简化；(2) 明确劳动分工；(3) 尽量用智能设备、机械等代替服务人员工作；(4) 尽可能减少服务人员决策权；(5) 建立系统的服务制度和工作内容并使之标准化。

流水线法具有高效率、低成本、交易量大的优点。由于经常进行重复性的工作，服务人员在演示、操作时损坏产品的概率就会降低，从而能大大降低工作成本。中共中央、国务院印发的《质量强国建设纲要》指出，要强化职业技能培训、用工指导等公共就业服务。当工作规范时，企业的交易量也会因效率高而增加。此外，流水线法利于培训员工，而且给顾客一种工作比较规范的感觉。

（三）授权法

授权法是一种通过赋予服务人员一定权力，使其发挥主动性和创造性的方法。它强调对服务人员的尊重，重视人性。授权法认为，制度、规章、工作程序等许多细节性规定是对服务人员自尊的一种轻视和贬低。授权法就是要把服务人员从细枝末节的严格规定中解放出来，让他们自己寻找解决问题的方式和方法，并对自己的决定和行动负责，以唤起他们的工作投入感、责任感和对顾客的真切关怀。

1. 授权法的实施。企业成功地在顾客服务中实行授权法是一项复杂的系统工程。企业不仅要在理念上做出转变，而且要在制度、组织结构和行动措施等方面采取实质性创新。

企业只有从以下四个方面采取行动，才能确保成功授权：（1）在企业内进行适当的分权；（2）员工共享企业信息；（3）员工共享企业知识；（4）员工共享企业利润。诚如习近平总书记所指出的，“让每个人都获得发展自我和奉献社会的机会，共同享有人生出彩的机会，共同享有梦想成真的机会”[①]。

授权效果可用以下公式来表示：

授权效果＝分权×信息共享×知识共享×利润共享

需要注意的是，公式中各项之间是乘号，而不是加号，这意味着不管其他因素的努力程度有多大，只要有一个因素是零，授权效果就为零。例如，有的管理者虽然给予员工一定的权力，但没有给他们提供足够的信息，或者在报酬方面不公平，那么授权法从根本上就难以达到预期效果。

企业给予员工自由处理日常工作和某些问题的权力，特别是在一些需要顾客参与的服务中。给予服务人员这种自由和权力，具有以下好处：一是及时进行服务补救，纠正服务失误。如果员工能及时挽回失误，不但会使顾客感到真正的关怀，而且可以减少以后类似失误的发生。二是超越顾客预期，使顾客快乐。如果服务人员不但纠正了服务过程中的失误，还提供了一些顾客需要的补救服务，顾客就会感到非常惊喜。因此，在服务营销实践中，必须做到“加强预期引导，深化创新驱动”[②]。

当然，企业在分权时，绝不能忘记让员工共享信息、知识和报酬。因为员工不但要给顾客提供职位范围内的服务，还要向顾客提供其欲了解的其他方面的信息和知识。因而，企业应当使员工更多地了解顾客预期、顾客反馈等顾客服务方面的信息和知识，以及企业生产、销售的情况。当然，企业也要根据服务人员的服务质量和企业业绩，让员工共享企业收益，如让员工持股共享利润等。

服务企业实施授权法尚需注意以下三个问题：（1）员工有责任对工作中可能发生的

---

① 习近平．为实现党的二十大确定的目标任务而团结奋斗．求是，2023（1）．

② 中共中央政治局召开会议．人民日报，2017-02-22．

事情进行有效控制，对出现的失误有能力更有责任进行纠正并可自由选择适合自己的工作方式和方法。(2) 员工必须非常了解开展工作的环境，了解每一项工作在整个顾客服务体系中与上下游活动之间的关系。(3) 能够对工作结果做出解释，充分理解工作质量、工作数量和报酬之间的关系。

授权法的实施有利于员工满意，由此带来的优质服务又会使顾客满意，整个企业也会受益于顾客忠诚而获得高利润和竞争优势。表11-2呈现了授权法的积极效果。

表11-2 授权法及其积极效果

高度参与的管理实践	为员工创造的授权观念	积极效果
分权： 质量良性循环，团队工作丰富，员工自我管理	对高质量完成工作任务的自我控制	员工满意并有动力去努力工作，提高服务质量
共享信息： 顾客需求信息、员工业绩信息、竞争者信息	对本职工作及其在企业战略中的地位更加了解	顾客满意甚至非常高兴
共享知识： 确保优良业绩的关键环节、提升团队绩效的技巧	对工作结果有更多的理解	企业受益于顾客满意与忠诚，绩效和竞争力得以提升
共享利润： 服务质量、员工个体与团队集体因良性互动而使报酬增加		

2. 授权法的效果评价。除了经验判断，企业还可以通过以下几种方法评价授权效果。

(1) 询问员工。

(2) 调查顾客。

(3) 追踪授权员工的比例变化。企业可调研追踪授权员工比例变化与顾客满意度变化之间的关系，以此作为评价授权效果的参考依据。

(4) 组织结构的变化。一般来说，管理层次的减少和管理幅度的增大是授权成功的一个重要标志。管理层次是企业最高管理者到作业人员之间所设置的管理职位层级数。当企业规模相当有限时，一个管理者可以直接管理每一位作业人员的活动，这时企业就只存在一个管理层次。而当规模扩大导致管理工作量超出一个人所能承担的范围时，为了保证企业的正常运转，管理者就必须委托他人来分担自己的一部分管理工作，这使管理层次增加到两个层次。随着企业规模的进一步扩大，受托者又不得不进而委托其他人来分担自己的工作，依此类推，形成了企业的等级制或层次性管理结构。层次性管理结构的副作用是：层次多意味着费用也多；沟通的难度和复杂性加大；随着层次和管理者人数的增多，控制活动会更加困难，也更为重要。习近平指出："要强化互联网思维，利用互联网扁平化、交互式、快捷性优势，推进政府决策科学化、社会治理精准化、公共服务高效化，用信息化手段更好感知社会态势、畅通沟通渠道、辅助决策施政。"[①]

---

① 习近平：加快推进网络信息技术自主创新 朝着建设网络强国目标不懈努力.（2016-10-10）. 人民网.

管理幅度是一名管理者直接领导的下属人员数。管理者因受自身精力、知识、经济等条件的限制，能够有效地领导的下属人员数是有限度的，超过一定限度，就不能做到具体、有效的领导。一个管理者能直接有效地领导的下属人员数，称为有效管理幅度。决定有效管理幅度的因素主要有：(1) 处理问题的复杂程度和工作量的大小。(2) 管理者及其下属的素质水平。(3) 标准化水平和授权程度。

当企业规模一定时，管理层次与管理幅度之间存在反比例关系。管理幅度越大，管理层次就越少；管理幅度越小，管理层次就越多。

新启迪 11－3　美的讲究分权授权

三、服务流程再造与企业文化

党的二十大报告指出，“我们不断厚植现代化的物质基础，不断夯实人民幸福生活的物质条件，同时大力发展社会主义先进文化，加强理想信念教育，传承中华文明，促进物的全面丰富和人的全面发展”[①]。对于服务企业来说，实施服务流程再造的重要条件是培养出一支眼光出众、观念领先、经验丰富、担当重任且沟通能力强的再造团队或中坚力量，改造那些热衷维持现状者，得到更多员工的深度认同与支持，使优秀员工可以更多、更好、更充分地发挥作用。总之，要努力从服务流程再造中催生优秀的服务企业文化。《质量强国建设纲要》指出，支持群团组织、一线班组开展质量改进、质量创新、劳动技能竞赛等群众性质量活动。发挥行业协会商会、学会及消费者组织等的桥梁纽带作用，开展标准制定、品牌建设、质量管理等技术服务，推进行业质量诚信自律。引导消费者树立绿色健康安全消费理念，主动参与质量促进、社会监督等活动。发挥新闻媒体宣传引导作用，传播先进质量理念和最佳实践，曝光制售假冒伪劣等违法行为。引导社会力量参与质量文化建设，鼓励创作体现质量文化特色的影视和文学作品。

在对各项关键流程本身进行改革的同时，应充分注意流程之间的相互作用。大多数成功企业的经营活动其实并不是只靠各种关键流程的运转效率，而是主要依赖作业流程之间的互动关系和作用方式。流程网络的互动作用构成了服务企业的系统动能。从这个意义上说，服务流程再造也将促成服务企业文化再造，而服务流程再造和服务企业文化再造又将促成服务企业行政再造乃至整个服务企业管理的再造，包括管理主体再造、管理流程再造、管理活动再造、管理制度规范和监督机制再造、行政部门（管理部门）再造、效率效益观念再造等。

学术前沿　服务营销过程的最新研究：协同营销

协同营销，又称联合营销或合作营销，是两个或更多的品牌或企业联合进行的营销活动。协同营销可以在品牌之间建立正面的关联，共享资源和客户群，以此提高整体的市场效果和品牌影响力。

---

① 习近平. 高举中国特色社会主义伟大旗帜　为全面建设社会主义现代化国家而团结奋斗：在中国共产党第二十次全国代表大会上的报告. 人民日报，2022－10－26.

协同营销可以表现在各种营销活动中，如共同举办活动、联合发布产品或服务、跨界合作、共享市场信息等等。这不仅可以节省营销成本，还可以从合作伙伴那里吸引新的客户群，扩大市场份额。例如，快递公司和电商平台合作，共同提供完善的物流服务。

然而，协同营销并不是简简单单的合作。协同营销需要有共享的目标和利益，也需要更深入的沟通和协作，包括对品牌价值、市场定位、客户需求等方面的深入理解。另外，协同营销也需要对合作的效果进行持续的监测和评估，以确保达到预期的效果。

一般来讲，进行协同营销的企业往往有一些共同点，如目标客户群相近、品牌形象和价值观相似、产品或服务互补等。这样的企业更容易建立起有效的合作关系。通过协同营销，这些企业可以互补资源，共享市场信息，共同打造一个更大的市场。例如，在线教育平台可以与知名教育机构合作进行课程开发和推广，共享客户资源，共同提升市场影响力。

总的来说，协同营销是一种高效且有很大潜力的营销策略。它能帮助企业扩大市场、降低营销成本、增加品牌影响力，而且在当今的数字化、网络化的市场环境中，协同营销的重要性将越来越大。

资料来源：https://www.acquia.com/blog/collaborative-marketing-solutions；https://blog.theexpertcafe.com/collaborative-marketing；Maciel A F，Fischer E. Collaborative market driving：how peer firms can develop markets through collective action. Journal of Marketing，2020，84（5），41-59.

素养园地

华为技术推动生产性服务业向高端延伸

华为技术有限公司是全球领先的信息与通信技术（ICT）解决方案供应商。自 1987 年成立以来，华为以适应数字世界的需要为目标，持续进行大量的研发投入，专注于 ICT 领域，建立了端到端的产品优势。

在过去的 30 多年中，华为已从一个以销售电话交换机起家的初创公司，发展成为一个为全球 170 多个国家提供网络设备、IT 产品和解决方案的通信制造公司。华为通过不断创新，从传统的硬件供应商成功转型为提供全面 ICT 解决方案的服务商，开发利用 5G、人工智能、云计算等先进技术，实现了向高端服务业的延伸。

华为当下的业务已经覆盖消费、运营商和企业，而在这三大板块中，从一定程度上看，消费业务相对低端，运营商业务居中，企业业务则相对高端。在高端服务业，华为通过提供一站式 ICT 解决方案，为企业数字化提供了完善的基础设施。华为的 ICT 解决方案包括公有云、私有云、混合云、大数据、移动办公、数字营销等，涵盖了企业数字化转型过程中的各个环节。华为的企业业务已经服务于全球数以千计的企业和政府机构，成为全球超过 700 个城市的战略伙伴。

同时，为了有效提升自身的技术研发能力和服务质量，华为投入大量资源进行研发，并与全球多家学术机构建立了合作关系。这些研发活动不仅提高了华为产品的技术水平，也使华为得以提供个性化和差异化的服务，满足不同客户的需求。华为不仅是生产性服务业的代表，也是高端服务业的先锋。华为的成功揭示了一个共识：那就是不断的创新和升级是企业向高端服务业延伸的关键。

小结

服务过程是指将一个产品或服务交付给顾客的程序、任务、日程、结构、活动和日常工作的组合。服务过程包括实现服务供求均衡、管理服务互动过程和控制服务质量等内容。顾客容忍区是指顾客的一种心理接受跨度，在这个接受跨度内顾客认为所提供的服务是可以接受的，而且顾客在容忍区内对服务质量变化的感知敏感性不如在容忍区外时高。理想服务水平和适度服务水平分别构成了顾客对服务整体预期的上下限，在两种预期水平之间的区域就是顾客容忍区。服务便利是顾客对购买和使用一项服务所付出的时间和努力的感知。服务便利包括决策便利、渠道便利、交易便利、获益便利、购后便利五种类型。影响服务便利的企业因素有服务环境、消费信息、品牌形象、服务流程等。影响服务便利的顾客因素有时间观念、突发事件、换位思考、经验积累等。服务企业提高服务便利的途径有及时沟通信息、拓宽服务渠道、简化交易流程、重视后续服务等。服务流程再造是指服务企业从顾客需求出发，以服务流程为改造对象，对服务流程进行根本性的反思和分析，通过对服务流程的构成要素重新组合，实现服务流程的彻底重新设计，从而使服务的各个流程给企业带来绩效的巨大改善。服务流程再造的方法有流程图法、流水线法、授权法等。

重要概念

服务过程	排程	服务排程	服务互动
服务递送系统	服务环境	控制服务质量	顾客容忍区
理想服务	适度服务	服务便利	决策便利
渠道便利	交易便利	获益便利	购后便利
换位思考	成组技术	并行工程	精益生产
准时制生产	拉式生产	流程再造	再造工程
服务流程再造	流程图法	服务蓝图	服务图法
流水线法	授权法	管理层次	管理幅度

复习题

1. 服务过程包括哪些内容？
2. 什么是顾客容忍区？
3. 服务便利的类型有哪些？
4. 影响服务便利的企业因素和顾客因素有哪些？
5. 服务流程再造的方法有哪些？

PART FOUR

4

| 第4篇 |

服务营销拓展

第12章
服务营销规划与组织

思维导图

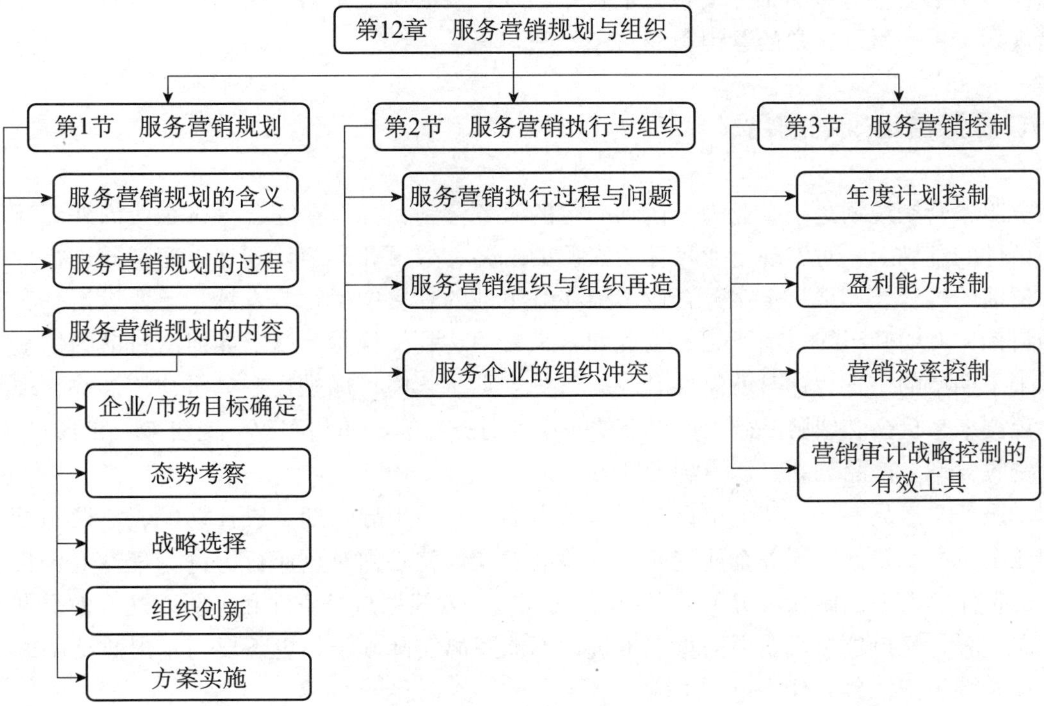

本章要点

- 服务营销规划的过程及内容。
- 服务营销执行的过程和常见问题。
- 市场导向型服务营销组织给服务企业带来的变化。
- 服务营销组织再造的途径及组织间冲突的原因。
- 服务营销控制的主要方法。

第 1 节　服务营销规划

习近平指出，规划科学是最大的效益，“规划失误是最大的浪费，规划折腾是最大的忌讳”。[①] 服务企业要开展卓有成效的营销活动，就必须制定科学、周密、可行的服务营销规划，用来引领日常的营销实践。

一、服务营销规划的含义

服务营销规划是指企业为了达到一定的服务营销目标，在综合分析企业内外部环境和条件的基础上，对实现企业目标所需要的战略、战术和详细计划加以定义并进行控制和反馈的过程。如果一个服务企业希望在竞争性的环境中生存与发展，想要设定一套营销目标，并明确组织目前所处的位置和未来希望达到的位置，以及如何从目前的位置达到未来期望的位置，这时就需要有服务营销规划。营销目标是指在分析营销形势、现状并预测未来机会和威胁基础上所设定的一系列财务指标，如利润额、销售额、市场份额、投资收益率、产品创新、用户满意度等。

服务与产品一样，从上市行销到退出市场也要经历导入期、成长期、成熟期和衰退期几个阶段。要保证服务企业健康、可持续发展，就必须对企业行为进行理性的、长远的、整体的谋划。诚如习近平总书记所指出的，“要根据自身条件和可能，既全面贯彻新发展理念，又抓住短板弱项来重点推进，不能脱离实际硬干，更不要为了出政绩不顾条件什么都想干，最后什么也干不成”[②]。

二、服务营销规划的过程

服务营销规划是服务企业有目的、有计划地配置营销资源以实现营销目标的系统化方法。营销资源是指企业在营销实践中形成的核心技术、管理经验、营销队伍、物流装备、营销信息、产品或服务形象、顾客关系、营销渠道、品牌资产等资源。服务营销规

① 林孔仕. 习近平把脉北京城市建设　规划先行引领中国城市发展.（2017－02－26）. 央视网.
② 习近平. 全党必须完整、准确、全面贯彻新发展理念. 求是，2022（16）.

划的过程可表述如下：(1) 从外部环境及企业内部收集营销信息。营销信息是指与企业营销有关的消息、通信系统传输处理对象，以及用于营销决策的各种有效数据。(2) 确认企业的主要优势和劣势、外部营销机会和环境威胁（SWOT 分析）。(3) 确定成功营销要素的基本假设。(4) 设定企业市场目标。(5) 设计详细计划和方案以实现目标。(6) 测量目标完成进度，必要时检查并修正计划。这里所讲的营销机会，是指市场上出现的对企业营销富有吸引力的动向和趋势。这些机会可以按其吸引力以及每一个机会可能获得成功的概率来加以分类。企业在每一特定机会中成功的概率，取决于其业务实力是否与该行业所需要的成功条件相符合。环境威胁是指环境中出现的对企业营销不利的发展趋势，如果不采取果断的营销行动，这种不利趋势将损害企业的市场地位。① 企业营销经理应善于识别所面临的威胁，并按其严重性和出现的可能性进行分类，之后，为那些严重且出现可能性大的威胁制订应变计划。

图 12-1 显示了服务营销规划过程与产品营销规划过程的比较。

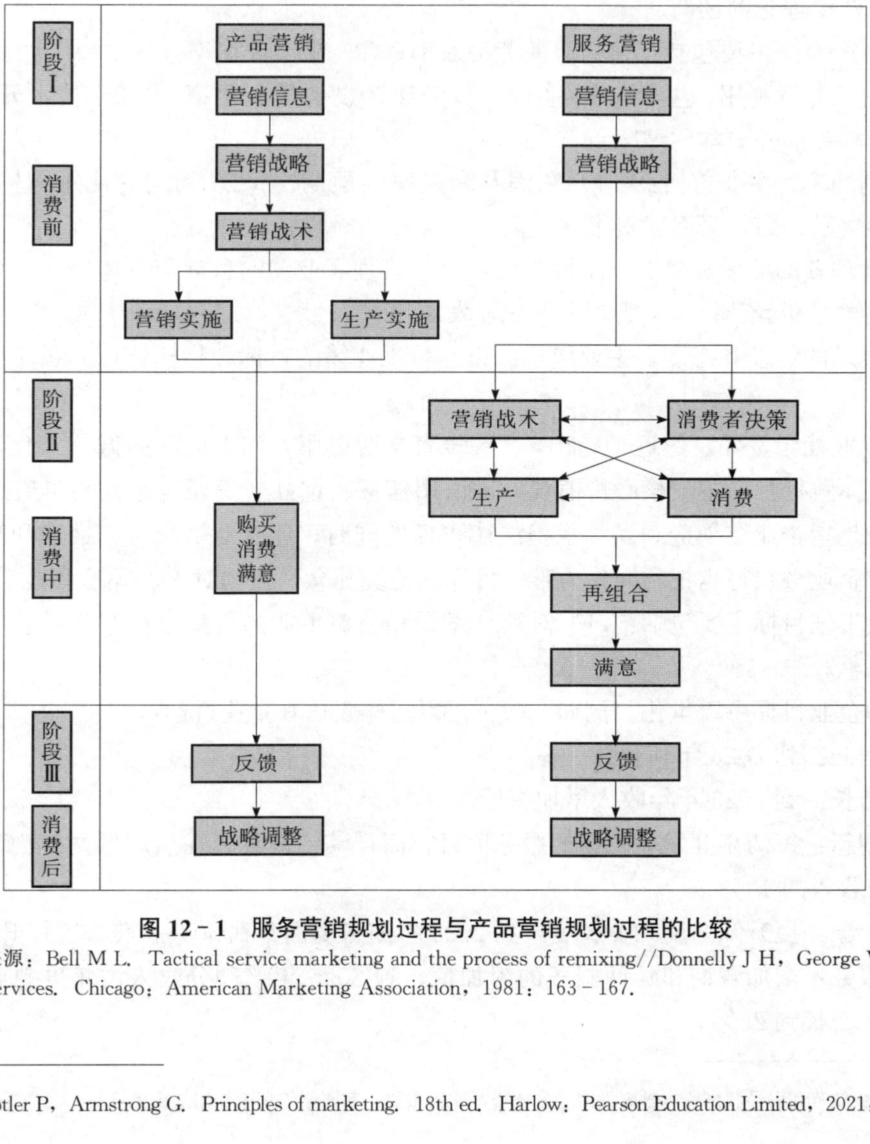

图 12-1　服务营销规划过程与产品营销规划过程的比较

资料来源：Bell M L. Tactical service marketing and the process of remixing//Donnelly J H，George W R. Marketing of services. Chicago：American Marketing Association，1981：163-167.

① Kotler P，Armstrong G. Principles of marketing. 18th ed. Harlow：Pearson Education Limited，2021：109-111.

三、服务营销规划的内容

服务营销规划是服务营销者最重要的管理工作之一，通常包括以下内容。

（一）企业/市场目标确定

确定企业/市场目标是企业制定明确的战略的重要组成部分。企业有了明确的目标，才会有明确的方向，并产生内在的驱动力。企业目标包括以下几个方面。

1. 市场地位。主要包括：(1) 服务的销售额；(2) 市场份额，即企业服务的销售量（或销售额）在市场同类服务销售总量（或销售总额）中所占的比例；(3) 服务质量应达到的水平。

2. 创新目标。主要包括：(1) 服务营销方式的创新；(2) 服务营销手段的创新；(3) 服务营销理念的创新。

3. 生产率。主要包括：(1) 服务劳动效率；(2) 资本产出率。

4. 资源开发利用。主要包括：(1) 建筑物、设备的利用率；(2) 技术开发目标；(3) 原材料和部件成本的缩减。

5. 利润率。主要包括：(1) 利润及利润率的预期；(2) 利润的使用与扩大投入；(3) 风险奖励；(4) 吸引新资本。

6. 管理者的业绩和发展。主要包括：(1) 管理者业绩的目标与具体指标；(2) 管理者培训、学习和晋升；(3) 管理者的职业发展。

7. 员工的业绩和态度。主要包括：(1) 员工业绩的目标和指标；(2) 员工服务态度规范。

8. 企业社会责任。习近平指出，“要培育文明健康、向上向善的诚信文化，教育引导资本主体践行社会主义核心价值观，讲信用信义、重社会责任，走人间正道”①。企业社会责任是指企业在创造利润、承担法律责任的同时，还有对消费者、社区和环境的责任，要求企业必须超越把利润作为唯一目标的传统理念，强调对人、环境和社会的关注。企业社会责任目标主要包括：(1) 对社会发展和公益事业的贡献；(2) 对社会生态环境保护的贡献。

有的企业目标可以量化。例如，银行可以这样表达其企业目标：

1. 利润：到2025年利润翻一番。

2. 增长：到2025年年收入增加一倍。

3. 创新：每两年开发一个新的服务项目，而且其销售收入在启动后两年内不低于全部年销售收入的10%。

4. 形象：提升知名度和美誉度，到2025年知名度提升到50%，美誉度提升到30%。

5. 服务：增加咨询和延伸服务的附加值，到2025年该部分收入占年度总收入的比重由15%增长到25%。

---

① 依法规范和引导我国资本健康发展　发挥资本作为重要生产要素的积极作用．人民日报，2022-05-01.

6. 员工：新增员工 20%，员工综合素质提高 20%。

服务企业设置目标的方法有很多种。英国航空公司一度把自己看作以发展飞机飞行业务为主要目标的航空公司，这一目标导致强调技术效率，而忽略了尽可能以最好的方式去满足乘客需求。利润率的下降促使英国航空公司意识到发展飞机飞行业务的目标应被取代，公司的目标应该是满足乘客的需求，如表 12-1 所示。

表 12-1　英国航空公司的目标

1. 为所有乘客、托运人、旅行社和货运代理商提供最高水平的服务。
2. 为达到最高的安全水平而保持很高的专业和技术水平。
3. 打造世界范围内的统一形象，并为每个清楚界定的细分市场维持一种特殊标准。
4. 对现有和潜在的顾客需求变化做出迅速而敏感的反应。
5. 维护并在有机会时扩展现有的航线结构。
6. 以最有效的方式管理、运行和营销英国航空公司。
7. 创造一个服务导向和员工导向的工作环境，保证所有员工有公平的薪酬和工作条件，并经常关心他们的职业生涯。

为了明确陈述战略意图（如在年度报告中那样），定性目标常常更加合理。但是，为了公司的内部需要，目标应该设定在一个特定期限内能够实际达到的水平之上。而像英国航空公司那样的机构有分层次的目标，高层次的战略目标可能更加长远，不会特别量化，并可能同任务书一起公开传达。

（二）态势考察

态势考察是服务营销规划中对企业所处的外部环境、内在条件和发展态势的审计和分析。

1. 营销审计。营销审计是对企业营销环境、目标、战略、组织、方法、程序和业务等进行综合的、系统的、独立的和定期的核查，以便确定困难所在和各种机会，并提出对行动计划的建议，改进营销管理效果。营销审计的目的是收集所有必要的数据，从而确定如何在所选择参与竞争的每个营销环节获得成功。营销审计包括外部审计和内部审计。

外部审计包括对基本环境和企业所处的特定环境两者的分析。环境的影响是企业不能控制的，不同环境以不同的方式影响不同的行业，这就意味着存在各种机会与威胁。因此，企业需要了解与其联系在一起的行业和市场特殊环境，需要了解市场趋势、顾客和竞争对手。营销审计应该选择重点因素，而不应面面俱到。按照帕累托原则，20%的数据将给出一个满意的营销审计所需的 80%的信息。

内部审计应该从综合的观点来看待企业，但是对每个市场环节或服务自身的优势也应该进行评价。市场细分的焦点是实现差异化，因此是营销规划的核心部分，目的是瞄准可能被企业吸引的顾客。营销规划是成功占领市场的关键，它指明了营销活动的方向和焦点，使营销目标和战略得以根据每个细分市场进行制定与衡量。

2. SWOT 分析。SWOT 分析的目的是把营销审计中有意义的数据分离出来，从而发现必须通过怎样的管理才能最佳地满足所选择的每个市场上各个环节的顾客的需要，识别那些对企业营销战略形成和实施有潜在影响的趋势、力量和条件。首先，外部环境的变化会对企业的市场有深远的影响，通过预测和采取行动，企业可以很好地利用这些变化使自己的处境更好。其次，SWOT 分析为企业管理者提供了评估什么是最重要方面的机会。在营销审计中可以收集到的环境信息总量是非常大的，企业必须识别那些意义最大的方面，并尽可能对其做出详细准确的判断。这个步骤是识别关键营销目标和战略的基础。

3. 关键假设条件。关键假设条件是从态势考察角度辨别那些对营销战略的成败至关重要的因素。具体包括：（1）国民生产总值的变化；（2）经济形势；（3）预计需求水平；（4）通货膨胀率；（5）利率变化等。对于关键假设条件的变化，企业要制订应急方案，以保证原有规划的顺利实施。

（三）战略选择

战略选择是营销规划中重要的战略决策工作。战略选择是指为确保企业内部资源、能力、知识和文化等优势与外部环境变化之间保持切实可行的战略适应，而对企业发展方向、发展目标、发展领域和发展能力的选择，也是对企业愿景、战略目标、业务战略和职能战略的选择。

（四）组织创新

新启迪 12－1　数字技术赋能管家帮

为了适应营销环境的变化，实现服务营销目标，企业必须实施组织创新，即随着外部环境和内部条件的变化不断地进行营销组织变革、调整和提升，避免组织老化和低效率，为营销规划的落实创造坚实的组织运行保障和组织机制平台。习近平特别重视组织创新。在亚太经合组织工商领导人对话会上的主旨演讲中，他指出："希望大家做创新增长的探索者，大胆推动组织创新、技术创新、市场创新。"[1] 在与企业家座谈时，他进一步明确提出："企业家要做创新发展的探索者、组织者、引领者，勇于推动生产组织创新、技术创新、市场创新。"[2] 组织设计是指企业对组织内各要素进行合理的部署、调整、组合、建立并实施特定组织结构的过程。组织再造是指改变企业现行组织模式，充分利用数字技术手段和现代管理理念，创建符合数字时代的组织模式。

（五）方案实施

这是对企业营销规划及执行的时间安排，以及每一阶段要达到的目标及相关策略支持的原则和要点的统筹性、纲要性方案。

---

① 习近平．论把握新发展阶段、贯彻新发展理念、构建新发展格局．北京：中央文献出版社，2021：450.
② 习近平在企业家座谈会上的讲话．人民日报，2020－07－22.

第 2 节　服务营销执行与组织

服务营销规划是要解决服务企业营销活动“应该做什么”“为什么要这样做”的问题；而服务营销执行则是要解决“由谁去做”“在什么时候做”“怎样做”的问题。服务营销执行是将企业服务营销规划转化为行动，确保实现规划目标的过程。习近平总书记指出，要“在全面落实上下功夫。空谈误国、实干兴邦，一分部署、九分落实。不注重抓落实，不认真抓好落实，再好的规划和部署都会沦为空中楼阁”①。

一、服务营销执行过程与问题

（一）服务营销执行过程

计划执行落实的过程，需要“在把握总目标、总方向、总要求的前提下，对各项目标和任务进行细化，有针对性地拿出落实的具体方案，制定明确的时间表、施工图，扎扎实实向前推进”②。服务营销执行过程包括如下主要步骤。

1. 制订行动方案。为了有效地实施服务营销规划，必须制订详细的行动方案。这个方案应该明确营销战略实施的关键性决策和任务，并将执行这些决策和任务的责任落实到个人或小组。另外，还应包含具体的时间表，确定行动的确切时间。

2. 建立组织结构。组织结构是指为了实现企业目标，经过组织设计形成的企业内各部门、各层次之间的构成方式。企业的正式组织在服务营销执行过程中起着决定性作用。组织结构必须同企业战略相一致，必须同企业本身的特点和环境相适应，通过明确的分工和有效的协调作用，落实内部各项决策和行动。

3. 设计报酬制度。报酬制度直接关系到战略规划实施的成败。

4. 开发人力资源。服务营销规划最终是由企业内部的工作人员来执行的，人力资源的开发涉及人员的考核、选拔、安置、培训和激励等问题。在此过程中，要像习近平总书记指示的那样，“全面提升人力资源开发水平，促进人的全面发展”③。

5. 建设企业文化。企业文化是一个企业内部全体人员共同持有和遵循的价值标准、基本信念和行为准则，包括企业环境、价值观念、英雄人物、仪式活动、文化网络五个要素。良好的企业文化能够把全体员工团结在一起，为服务营销执行奠定坚实的基础。

6. 确定管理风格。管理风格是指企业在管理过程中所一贯坚持的原则、目标及方式的总称。企业管理风格与企业文化直接关联，不同的战略要求不同的管理风格，这主要取决于企业的战略任务、组织结构、人员和环境。

为了有效地实施服务营销规划，服务企业的行动方案、组织结构、报酬制度、人力

---

① 习近平. 在二十届中央政治局第一次集体学习时的讲话. 求是，2023（2）.
② 习近平. 在二十届中央政治局第一次集体学习时的讲话. 求是，2023（2）.
③ 加快建设教育强国　为中华民族伟大复兴提供有力支撑. 人民日报，2023-05-30.

资源、企业文化和管理风格这六大要素必须协调一致、相互配合。

（二）服务营销执行中的问题

美国的一项研究表明，90%的被调查人员认为，他们制定的战略和战术之所以没有成功，是因为没有得到有效的执行。企业在服务营销执行过程中常出现以下几个方面的问题。

1. 规划脱离实际。习近平总书记指出，“要把调查研究、求真务实作为基本功，不能脱离实际，想当然、拍脑袋；要强化系统观念，统筹处理好两难甚至多难问题，不能‘按下葫芦起了瓢’”①。服务企业的服务营销规划通常是由上层的专业规划人员制定的，而服务营销执行则要依靠营销管理人员。一方面，专业规划人员往往只考虑总体战略而忽视执行中的细节，使规划过于笼统和形式化；另一方面，专业规划人员往往不了解服务营销执行过程中的具体问题，使规划脱离实际。而专业计划人员和营销管理人员缺乏有效的沟通和协调，进一步加剧了服务营销执行过程的困难，并导致二者的相互对立和不信任。因此，正确的做法应该是让专业规划人员协助营销管理人员制定规划，因为后者比前者更了解实际，让他们参与服务营销规划更有利于服务营销执行。

2. 目标自相矛盾。主要表现为服务企业的长期目标和短期目标相矛盾。服务营销规划通常着眼于企业的长期目标，涉及今后 3～5 年的经营活动。但对具体执行这些规划的服务营销人员，通常是根据他们的短期工作绩效，如销售量、市场份额或利润率等指标来进行评估和奖励的。因此，营销人员常会作出短期行为。许多公司都在采取适当措施，克服这种长期目标和短期目标之间的矛盾，设法求得两者的协调。诚如习近平总书记所指出的，“目标任务有近期的，有中期的，也有长期的，要分清轻重缓急，既要全面推进，又要突出重点；既要狠抓当前，又要着眼长远，多办打基础、利长远的事”②。

3. 观念陈旧落后。在许多服务企业，因循守旧、不思进取、回避变革的情绪比较浓重。习近平总书记曾指出，要“思想解放、观念更新，要有‘先飞’的意识，要有‘飞洋过海的艺术’”③。服务营销活动往往是为了实现既定的战略目标，新的战略如果不符合企业的传统和习惯就会遭到抵制。新旧战略的差异越大，执行新战略可能遇到的阻力也就越大，要想执行与旧战略截然不同的新战略，常常需要改变企业传统的组织结构和供销关系，推动服务价值链创新。

4. 缺乏具体方案。有些服务营销规划之所以失败，是因为专业规划人员没有制订明确具体、能够使企业内部各有关部门协调一致的执行方案。

二、服务营销组织与组织再造

（一）服务营销组织

服务营销组织是指企业为了实现服务营销的目标和企业的任务，进行职能分配和人

---

① 习近平. 加快建设农业强国　推进农业农村现代化. 求是，2023（6）.

② 习近平. 在二十届中央政治局第一次集体学习时的讲话. 求是，2023（2）.

③ 始终与人民心心相印　习近平同志在福建践行群众路线纪事. 福建日报，2014-10-30.

员分工，授予人员相应权力与职责，并协调服务营销活动的过程。它是企业服务营销管理的基础和重要保证。

营销部门在演进历程中，经历了单纯销售部门、销售部门兼有营销职能、独立的营销部门、现代营销部门等阶段。各个企业的服务营销组织结构之所以不同，是因为每个企业面临的内外部环境不同，需要执行各自的营销策略。

（二）市场导向型服务营销组织的建立

为适应环境变化，服务企业必须考虑设计或重建以协调营销为支柱的市场导向型服务营销组织。任正非创立了一套“变革管理系统”，由三层构成，即变革指导委员会、变革项目管理办公室和变革项目组。

在市场导向思想的指引下，很多企业开始将传统的金字塔式组织结构压扁或倒转，以便更充分地接触顾客，迅速做出市场反应。图 12 - 2 所示的倒金字塔式组织结构中，发生了三个改变：高层管理者不再处于金字塔的塔尖，一线服务人员成为战略成败的关键；决策权在很大程度上从参谋部门和管理层转移到了一线服务人员手中；组织层级倾向于减少，结构趋于扁平化。诚如习近平总书记所指出的，“要推行扁平化管理”，“把基层做强、把基础做实，加快构建职能科学、事权清晰、指挥顺畅、运行高效”的机构职能体系。①

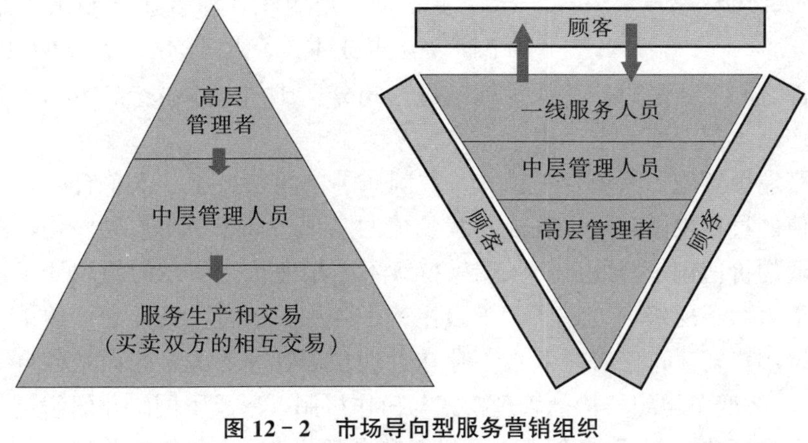

图 12 - 2　市场导向型服务营销组织

这种倒金字塔式组织结构为服务企业带来了四种实质性的变化：

1. 运营核心转移。倒金字塔式组织结构意味着高层管理者不再是企业运营的核心，企业运营的核心已变成顾客。企业高层管理者已不再是决定服务战略成败的核心因素，与顾客互动的一线服务人员成为组织的顶层，发挥着日益重要的作用。他们最清楚顾客的需求，最先听得见炮声。用任正非的话来说，就是应该让“听得见炮声的人”来决策。因此，一线服务人员具有优先决策的权力。

2. 角色定位转变。承接管理优先权的转移，一线服务人员成为“管理者”。高层管理者从烦琐的日常事务中解放出来，致力于企业文化和发展战略的研究；而一线服务人

① 坚持政治建警改革强警科技兴警从严治警　履行好党和人民赋予的新时代职责使命. 人民日报，2019 - 05 - 09.

员将被授权把握接触面上的管理问题和操作决策（当然企业需要事先制定一些辅助决策的原则、规范）。

3. 员工业绩提升。与顾客和经营操作决策有关的职能已从原来的中层管理人员、参谋人员当中剥离出来，被赋予处在买卖双方互动接触面上的一线服务人员。这使得决策质量、实施质量和感知质量在同一点上实现，与工作绩效挂钩的激励机制真正得以实现。而原来的中层管理人员成为支持系统员工，其自身的工作经验和高素质会转化为优异的工作业绩。

4. 企业效率提高。市场导向型服务营销组织，有力地推动了企业组织扁平化。组织扁平化是指在传统金字塔式组织结构的基础上，实施数字化转型，减少管理层次，增大管理幅度，实现信息共享，增强企业对环境变化的感应能力和快速反应能力，提升核心竞争力。习近平总书记指出，“要强化互联网思维，利用互联网扁平化、交互式、快捷性优势”，推进“公共服务高效化，用信息化手段更好感知社会态势、畅通沟通渠道、辅助决策施政”。[1] 管理决策权的下放使中间层级简化，管理费用大大降低，员工工作效率也有所提高。更重要的是它增强了企业的柔性和应变力，使企业真正做到了以市场为导向。

新启迪 12－2 任正非论组织流程变革

海尔集团已经从传统的“金字塔式”等级制管理模式转向扁平式管理。在张瑞敏进行组织变革前，海尔是“M”形组织，即事业部制组织结构，公司下面设立事业本部，事业本部下面再设立事业部，不同的事业部之间主要是以产品线为标准进行划分。比如电冰箱产品本部下面有冰箱事业部、空调产品本部下面有空调事业部等。

后来，张瑞敏实施了人单合一模式，并削减了中间层员工。人单合一，即员工在为用户创造价值的过程中同时可以完成自我价值的实现，且完全用户导向化，由用户来决定员工和企业的价值创造。此后，张瑞敏持续不断加速推进海尔的组织变革进程。变革后的海尔“消灭”了层级，变成了“平台主、小微主、创客”三类主体的平台，且这三类主体都围绕用户转。这三者之间也不存在管理与被管理的关系，而是各自“创业范围不同的关系”，改变了组织架构、管理模式与协作机制，形成了网络化组织结构，更逐步实现了“三自循环体系”，即自创业、自组织和自驱动，力图最终能将海尔打造成一个可以颠覆传统模式的“共创共赢平台”。

德鲁克曾富有远见地指出：“组织不良最常见的病症，也是最严重的病症，便是管理层次太多，组织结构上一项基本原则是，尽量减少管理层次，尽量形成一条最短的指挥链。”他曾用交响乐团的例子形象地说明组织的“扁平化”特征，指出：几百名音乐家能够一起演奏，是因为大家使用同一张总谱。这张总谱就是一个流程，所有的音乐家拿到它就知道该在何时干何事。企业扁平化管理也需要每一个岗位拿到一张管理流程的“总谱”，不管换了谁拿到流程图，都明确知道自己此刻该干什么。扁平化管理不仅要有作为企业愿景的“总谱”，在每位员工之间建立快捷的链接；还必须每个人都是所从事领域内

---

① 习近平总书记引领推动网络强国战略综述：朝着建设网络强国目标不懈努力. 人民日报，2017－12－02.

的能手，他们对企业的使命与愿景有着共同的理解，在上级管理者的示意下按同一个节奏工作。

互联网、大数据和人工智能等技术的迅速发展重构了人们的连接方式，个体的创业精神始终是企业发展的第一推动力。营销环境的快速变化以及顾客导向的日益普及，则决定了不能快速反应的组织必将被淘汰。

（三）服务营销组织再造

通过上面的论述可以看出，无论组织结构是扁平化，还是倒金字塔式结构，都强调企业要树立起市场导向思想。对于服务企业来说，建立市场导向型服务营销组织尤其重要。市场导向思想很好接受，但建立市场导向型服务营销组织，特别是对高层管理者来说，就不是那么容易了。图 12－3 系统地展示了服务企业应该怎样和通过哪些方面去建立市场导向型服务营销组织。

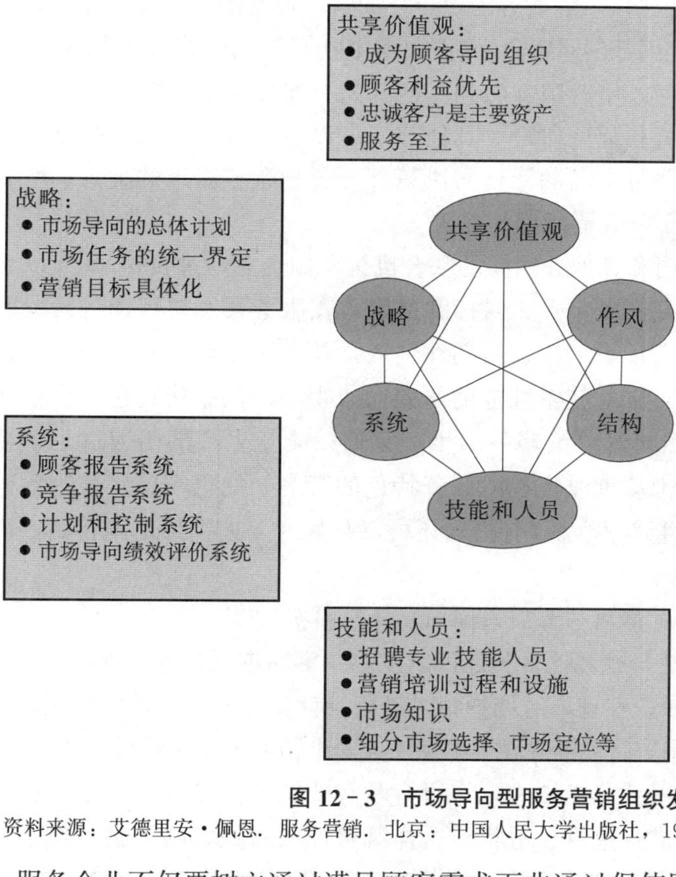

图 12－3　市场导向型服务营销组织发展

资料来源：艾德里安·佩恩．服务营销．北京：中国人民大学出版社，1997：241.

服务企业不仅要树立通过满足顾客需求而非通过促使顾客接受服务为企业创造利润的理念，而且要在服务企业内部协调各种营销工作，让所有部门树立市场导向，最终实现服务企业的整体目标。要改变传统的按企业经营程序设置相应功能的业务部门、彼此单向联系的组织模式，设立以顾客为起点又为终点、协调整个服务企业营销管理过程的循环式企业组织。服务营销组织再造的具体途径有：

1. 营销沟通创新。金字塔式组织是层级组织，而循环式组织是网络状组织。在循环式组织中，每个部门都是网络上的一个节点，绝大多数情况下，管理者通过自己的判断来作出行为决策，而不是等待上级的命令来行动。行为决策的关键依据就是信息，相应地，分散的决策需要分散的信息。企业如果按照金字塔式组织的由下而上传递信息，再由上至下统一决策，那就类似于用算盘来代替人工智能，根本无法应对瞬息万变的营销环境。因此，在服务营销组织再造的过程中，必须实施营销沟通创新。部门间沟通要重视信息横向流动，加强平行沟通，创新信息沟通方式，建立信息沟通的有效渠道。平行沟通是指处于同一层级的组织或个人之间的信息传播和横向交流，又叫横向沟通。

2. 召开联席会议。联席会议是指为了加强联系沟通，相互学习借鉴，研究探索新经验、新方法，而由某部门或某组织自愿发起、自由参与的会议交流机制。如英特尔公司定期召开部门联席会议，参加者包括营销、研发、采购、制造与财务部门，分别报告各自的进度、现状以及部门之间配合的事项。英特尔公司把部门联席会议分为任务型和程序型两大类。前者主要是集思广益，借头脑风暴产生产品创意以及解决管理难题。后者主要是信息的横向传递，相互交换看法，了解对方的观点，加强对彼此的目标、工作作风和问题的理解和尊重。营销部门可利用部门联席会议消除由认识分歧导致的营销不协调。

经常召开部门间联席会议可以使营销部门和其他部门一起探讨实现服务企业最佳利益的方法。通过具体的案例分析和理论研讨，其他部门可以意识到在市场中树立营销观念的重要性，了解到每个部门通过自己的活动与决策都可影响顾客需求的满足，所有部门都要为顾客着想，共同为满足顾客需求而工作。

此外，还可以建立营销部门和其他部门间的联合机构。如企业通过营销-研发联合机构，在服务实际开发之前，研究开发重点、目标和进度，在服务开发过程的各阶段互相配合，并使合作一直延续到服务批量上市、后期评估效益及进一步改善新服务时。这样可有效避免研发部门过于侧重对服务技术性能的研究而忽视服务的销售特色。企业还可通过生产-营销联合机构研究不同营销策略下的生产策略，改变生产部门因过于重视成本、质量而不愿增添有助于销售却难以实现的服务特色的行为，使生产更好地为营销服务。若能借助柔性制造系统，生产-营销联合机构还可以有效开发大批量定制营销，满足顾客个性化的需求。

3. 完善顾客关系管理系统。顾客关系管理系统由下列部分组成：

（1）顾客态度管理。通过健全顾客投诉和建议制度以及定期进行顾客调查，对顾客的书面、口头投诉和建议进行记录、整理，对调查结果进行统计、分析，及早发现顾客态度变化的倾向，为服务企业较早采取行动消除顾客不满、巩固市场份额提供早期预警。

（2）顾客数据库管理。运用计算机技术，将所有顾客的有关信息存储起来，建立详细的顾客档案，并经常对信息进行整理、分析。这样既可加深对顾客的了解，便于彼此沟通，又能为未来营销决策提供依据，若再辅以营销模型和决策支持系统（DSS），则可为服务企业决策者提供多种营销方案。

（3）顾客关系管理。对于服务企业的所有顾客，要设立相应的客户经理为其提供专门服务。客户经理负责集中服务企业内部的各项优势，为其所管理的顾客提供对口服务，通过提升服务价值来培养顾客忠诚。需要注意的是，设立客户经理进行顾客关系管理时，要重视有重要影响力的大顾客，更要注重向有特定需求的普通顾客和小顾客提供长期、周到的服务，这在市场微型化时代更加重要。

4. 组建营销管理团队。所谓营销管理团队，是指在企业统筹安排下，员工打破原有的部门界限，组建直接面对顾客并且对企业整体目标负责的专业团队，以群体和协作优势解决营销问题，赢得竞争主导地位。营销管理团队大多是临时性的“专案团队”，在问题解决后即解散。营销管理团队由于目标明确、直接授权和角色分工明确，在解决顾客具体问题、处理各种市场突发事件方面有极大的优势。如霍尼韦尔公司为满足顾客对监测气象装置的要求，成立了由营销、设计和工程制造部门员工组成的“老虎队”，打破常规，结果把新服务开发时间从4年缩短到1年，成功地留住了顾客。

5. 建立核心营销系统。所谓核心营销系统，是指服务企业建立的上下游服务企业联盟，也就是和供应商、分销商一起构成营销系统，借助该系统既能降低市场的协调成本和交易费用，又能增强在同行业中的竞争能力。建立核心营销系统，关键是着眼于培养与供应商、分销商的互惠伙伴关系。在上游方面，服务企业以长期采购关系作为激励手段开发与供应商的合作。具体而言，服务企业可以先向多个上游服务企业进货，对那些供应质量高、供货时间有保障的供应商在续签合同时增加订货量，而对那些表现差的供应商则减少或取消订货。通过动态营销管理，服务企业将与那些质量和效率都有保障的供应商紧密结合起来。动态营销管理是指企业根据营销环境的变化，不断调整营销战略战术，改善营销管理，使企业营销实践动态地适应市场变化。习近平指出，要抓住产业数字化、数字产业化赋予的机遇，加快5G网络、数据中心等新型基础设施建设，抓紧布局数字经济。① 若能借助网络技术和柔性制造系统，服务企业还能与上游服务企业配合连接成即时供应的生产体系，大大减少流通费用和库存成本。在下游方面，服务企业也应设法和分销商建立长期的伙伴关系。分销规划是目前服务企业最常用的做法，即服务企业建立一套有计划的、实行专业化管理的垂直营销系统，把自己和分销商二者的需要结合起来。服务企业在营销部门内设立分销商协调处，其任务是了解分销商的需要并制订营销计划，以帮助每一个分销商尽可能以最佳方式经营。如杜邦公司就建立了一个分销商营销指导委员会，与分销商定期讨论有关的经营问题和销售建议，试图将分销商转变为自己的工作伙伴。

三、服务企业的组织冲突

组织冲突（organizational conflict）是指组织内部成员之间、成员个人与组织之间、组织中不同团体之间，由利益上的矛盾或认识上的不一致而造成的彼此抵触、争执或攻击的行为，是一个从知觉到情绪再到行为的心理演变过程。当组织中不同个人或部门的目标互不兼容、相互干扰时，就会引起冲突。目标对各自来说越是重要（特别是能带来经济奖励时），引起的冲突就会越大。在大型服务企业，存在许多小单位多地点作业的情况。仅战略决策，就有选择新服务场所位置、规划未来服务产能、制定人事与培训政策，以及实施采购与财务控制等。而分支单位经理必须管理该分支单位的整个服务系统，他

① 助力战“疫”复工复产　习近平为当前网信工作指明方向.（2020-04-20）. 人民网.

们的职责包括营销、作业和人事，即使该分支单位的作业具有整体管理的角色，在该分支单位具有高度独立性的作业系统中，由于各功能之间相互影响与互动，往往也会出现冲突。例如，某一作业分支单位的管理者想要均衡作业和营销上的需求，但每当引进一种创新服务时，作业和营销方面总会出现功能冲突。

作业和营销方面的组织冲突主要源于五个问题：

1. 系统变迁动机。承担不同功能的部门，对于系统变迁有不同的动机，如作业方面可能专注于最新技术的研发进展，而营销方面则可能聚焦于提高市场份额的各种尝试和努力。

2. 追求成本效益。作业经理往往关心提高效率和降低成本，营销经理则追求销售额、利润和市场份额增加。

3. 缺乏长远眼光。营销人员往往采取长期导向，关注销售、利润的长期趋势，而作业人员则着眼于新技术及新作业程序的及时引进。

4. 排斥营销观念。从营销部门的角度开发或导入的新服务不一定能赢得所有职能部门的支持和赞同，新开发的服务也不一定能与既有的作业系统相匹配。

一般可采取以下几种方式来消除组织冲突：（1）功能转移。用工作轮换的方式让员工在不同功能的组织之间保持流动。（2）任务小组。可成立任务小组，以整合各种不同的功能性观点，并解决功能冲突。（3）新任务配备新员工。为现有员工重新定向，并从其他单位甚至是企业外引进新员工。（4）强化营销导向。

5. 服务作业性质。组织冲突通常源于服务作业的性质，比如，多地点作业的服务大多采用直线式小组的组织方式，即每一作业地点都由一位经理负责，每一位经理的激励无疑会受到每一作业地点决定权大小的影响，并由总公司的控制程度与影响力来决定。有些服务企业需要给予分支单位运营经理较高程度的授权，还需要其自身拥有高度的自发性和机动性。另外，那些从事标准化类型服务的服务企业，则可能需要严格奉行总公司制定的程序和标准，并不需要分支单位经理拥有太多的自主权。

第 3 节　服务营销控制

由于在服务营销规划的执行中会出现许多意外情况，营销的成功也离不开对服务营销规划执行情况的监测、检查。通过检查服务营销规划的执行情况，可以看出计划与实际绩效是否一致，如果不一致或没有完成计划，就要找出原因，并采取适当措施和正确行动，以保证服务营销规划的全面落实。不认真抓好落实，再好的规划和部署都会沦为空中楼阁。服务营销控制就是对企业营销计划执行情况进行监测、检查、调整、改进以确保计划实现的过程。

一、年度计划控制

年度计划控制是指企业在本年度内采取控制步骤，检查实际绩效与计划之间是否有偏差，并采取改进措施，以确保服务营销计划的实现与完成。企业经理人员可运用五种方法考核年度计划目标的实现程度，即销售分析、市场份额分析、营销费用对销售额比率分析、财务分析、顾客态度追踪。

（一）销售分析

销售分析主要用于测量和评估经理人员所制定的计划销售目标与实际销售情况之间的关系。

（二）市场份额分析

企业的销售绩效并不能反映出其相对于竞争企业的经营状况如何。市场份额分析可以剔除一般环境影响来考察企业本身的经营状况。如果企业的市场份额上升，则表明其比竞争者的情况好；反之，则表明其相对于竞争者绩效较差。

（三）营销费用对销售额比率分析

年度计划控制也需要检查与销售有关的营销费用，以确定企业在达到销售目标时的费用支出。营销费用对销售额比率分析是一种重要的检查方法。

（四）财务分析

营销管理人员应就不同的费用对销售额的比率和其他的比率进行全面的财务分析，以决定企业如何以及在何处开展活动，获得盈利。尤其是可利用财务分析来判别影响企业资本净值收益率的各种因素。

（五）顾客态度追踪

年度计划控制所采用的上述分析方法大多是以财务分析和数量分析为特征的，即基本上是定量分析。定量分析虽然重要但并不充分，因为它们没有对营销的发展变化进行定性分析和描述。因此，企业需要建立一套系统来追踪其顾客、经销商以及其他营销系统参与者的态度。如果发现顾客对本企业和服务的态度发生了变化，企业管理者就能较早地采取行动，争取主动。一般可以运用投诉建议系统、固定顾客样本和顾客调查等来追踪顾客态度。

二、盈利能力控制

盈利能力控制是指对不同服务、不同销售区域、不同顾客群体、不同分销方式以及不同订购规模的盈利能力的监测、检查和控制。由盈利能力控制所获取的信息，有助于管理人员决定对各种服务或营销活动是加以扩展、减少还是取消。一方面，企业可以通过对销售利润率、资产收益率、资产管理效率等财务比率指标进行分析，综合评估和考察盈利能力；另一方面，在对盈利能力进行详细分析的基础上，企业可以根据发展需要做出适当的调整，排除不利因素以更好地实现企业发展。

三、营销效率控制

营销效率控制是指对销售人员、广告、促销、分销等方面投入产出情况进行监测、调整的过程。假如盈利能力分析显示出企业关于某一服务、地区或市场所得的利润很少，那么服务企业就必须在这一方面努力强化对销售人员、广告、促销及分销的调控和管理。

（一）销售人员效率控制

进行销售人员效率控制时，各地区的销售经理需要记录本地区内销售人员效率的几项主要指标，包括：每个销售人员每天的平均销售访问次数和访问时间、平均收益、平均成本；每百次销售访问中订购的百分比；每个时期的新顾客数和流失的顾客数；销售成本占总销售额的百分比等。企业销售人员效率的改善往往能带给企业实质性的改进。

（二）广告效率控制

测量广告受众的指标主要包括广告印象数、曝光数、接触频次、总视听点和目标视听点。而比较广告活动的成本往往采用“每千人印象成本”指标，每千人印象成本＝广告成本/产生的印象数（以千为单位）。该指标能使营销人员在不同媒体之间进行成本比较，在计划阶段和对过去进行回顾总结时都可以运用。

（三）促销效率控制

促销效率控制主要通过追踪和评价优惠券的使用以及测量交易促销最终到达消费者的情况两种方式实现。包括优惠券赎回率和赎回成本、优惠券销售额百分比、折扣销售额百分比等指标。

（四）分销效率控制

分销效率控制主要是对企业存货水平、仓库位置及运输方式进行分析和改进，以达到最佳配置并寻找最佳运输方式和途径。

效率控制的目的在于提高人员推销、广告、促销和分销等营销活动的效率，营销经理必须关注若干关键效率指标，这些指标表明上述营销职能执行的有效性，为如何采取措施以改进执行情况提供建议。

四、营销审计战略控制的有效工具

（一）服务营销审计概况

营销战略是指企业根据自己的营销目标，在特定的环境中，按照总体计划所拟定的一系列行动方案。由于营销环境变化很快，往往会使企业制定的目标、方案、战略失去作用。因此，营销控制必定涉及战略控制问题。战略控制是指企业采取一系列行动，使实际营销工作与原计划尽可能一致，通过持续的审核和信息反馈，对营销战略不断修正完善，以确保取得最佳营销绩效。

服务企业在进行战略控制时，可以运用营销审计这一重要工具。各个企业都有财务会计审计，在一定期间客观地对审核的财务会计资料或事项进行考察、询问、检查、分析，最后按照专业标准对所获得的数据进行判断，得出结论，并提出报告。这种财务会计的控制制度有一套标准的理论、做法。但是，营销审计尤其是服务营销审计尚未建立一套规范的控制系统，有些企业往往只是在遇到危急情况时才开展这一工作，其目的是解决一些临时性的问题。

服务营销审计是对服务企业营销环境、目标、战略、组织、方法、程序和业务等进行综合的、系统的、独立的和定期的核查，以便确定困难所在和各种机会，并提出行动计划的建议，改进营销管理效果。

（二）服务营销审计的内容

1. 营销环境审计。它是指服务企业对营销环境进行不断的审核分析，并在分析人口、经济、生态、技术、政治、文化等环境因素的基础上，制定企业的服务营销战略。

2. 营销战略审计。主要包括：企业能否按照市场导向确定自己的任务、目标并设计企业形象；能否选择与企业使命、目标相一致的竞争地位；能否制定与服务生命周期、竞争者战略相适应的营销战略；能否进行科学的市场细分并选择最佳的目标市场；能否恰当地分配营销资源并确定合适的服务营销组合；在市场定位、品牌形象、公共关系等方面的战略及战术是否卓有成效。

3. 营销组织审计。营销组织审计是指评价企业的营销组织在执行营销战略方面的组织保证程度和对营销环境的应变能力。包括：企业是否有坚强有力的营销主管领导及其是否明确自己的职责与权力；能否按服务、用户、地区等有效地组织各项营销活动；是否有一支训练有素的营销及销售队伍，对营销及销售人员是否有健全的激励、监督机制和评价体系；营销部门与采购部门、研究开发部门、财务部门及其他部门的沟通情况以及是否有密切的合作关系等。

4. 营销系统审计。企业营销系统包括营销信息系统、营销计划系统、营销控制系统和新服务开发系统等。对营销信息系统的审计，包括：企业是否有足够的有关市场发展变化的信息来源；是否有畅通的信息渠道；是否进行了充分的营销调研；是否恰当地运用营销信息进行科学的市场预测等。对营销计划系统的审计，包括：企业是否有周密的营销计划，计划的可行性、有效性以及执行情况如何；是否进行了销售潜量和市场潜量的科学预测；是否有长期的市场份额增长计划；是否有适当的销售定额及其完成情况如何等。对营销控制系统的审计，包括：企业对年度计划目标、盈利能力、营销成本等是否有准确的考核和有效的控制。对新服务开发系统的审计，包括：企业开发新服务的系统是否健全；是否组织了新服务创意的收集与筛选；新服务开发的成功率如何；新服务开发的程序是否健全，包括开发前充分的调查研究、开发过程中的测试以及投放市场的准备及效果等。

5. 盈利能力审计。盈利能力审计是指在企业盈利能力分析和成本效益分析的基础上，审核企业的不同服务、不同市场、不同地区以及不同分销渠道的盈利能力，审核进入或退出、扩大或缩小某一具体业务对盈利能力的影响，审核营销费用支出情况及其效益，进行营销费用-销售分析（包括销售队伍与销售额之比、广告费用与销售额之比、促销费用与销售额之比、营销研究费用与销售额之比、销售管理费用与销售额之比），以及进行资本净值收益率分析和资产收益率分析等。

6. 营销职能审计。营销职能审计是指对企业的服务营销组合因素（即产品、价格、分销、促销、有形展示、人员、过程七个要素）效率的审核评估。主要审计内容包括：企业的服务质量、特色、式样、品牌的顾客欢迎程度；企业定价目标和战略的有效性；市场覆盖率；企业分销商、经销商、代理商、供应商等渠道成员的效率；广告预算、媒体选择及广告效果；销售队伍的规模、素质以及能动性；人员素质；企业文化；服务过程等。

学术前沿 服务营销规划的最新研究：服务集成和管理

服务集成和管理（service integration and management，SIAM）是指管理来自多个供应商的服务并创建一个通用通道将这些服务交付给客户端的实践。服务集成和管理通常用于帮助公司巩固对各种供应商 ERP 工具的使用，如顾客关系管理、供应链管理和执行、库存管理、劳动力管理或其他 IT 服务。

服务集成（service integration）是通过将多个不同的产品或服务融合在一起，形成一个具有更高价值的组合来满足顾客需求。比如，手机厂商尝试在设备中整合不同的软件和服务，如音乐、视频、社交网络等，为用户提供更加完整的体验。这种集成可以让顾客获得更多期望的功能，降低在不同服务之间切换的复杂性，从而提高顾客满意度和忠诚度。

单渠道服务和多渠道服务的主要区别就体现在服务集成的概念上，它使顾客在购物之旅中享受无缝的体验。研究表明，服务一致性和透明性是影响顾客体验的全渠道集成的两个重要方面。服务一致性（service consistency）被定义为信息、服务和体验在各种渠道之间的一致性，更确切地说，品牌提供的服务在不同时间、地点或渠道中，都能够给顾客带来一贯和连贯的体验。从营销的角度，一致的品牌体验可以建立顾客的信任，增强品牌的认知度和忠诚度。例如，无论顾客在哪个城市的门店购买，或者是通过线上购买，品牌都要确保提供同样的产品质量和服务水平，即使在面对大规模的同时访问时，也要保持服务的稳定和质量。这包括在任何给定时间每个通道中的服务可用性。顾客期望供应商在整个渠道中交替地协调报价和服务。

此外，服务透明度（service transparency）关键在于供应商服务及其在所有平台之间的差异信息和补充信息如何传达给顾客。因此，服务透明度体现在顾客对供应商现有渠道、其属性和可用服务的认知程度上。企业向顾客提供关于或服务的完全和真实的信息，让顾客在购买和使用过程中能充分了解和掌握产品或服务。这种透明性包括价格透明、成分透明、生产过程透明等。服务透明性可以增强顾客对企业和产品的信任感，减轻顾客的疑虑和抵触情绪，从而有助于提升品牌形象，增加顾客的购买意愿。服务透明度促进了顾客体验，让顾客知道从哪个渠道可以获得哪些服务。

资料来源：Quach S，Barari M，Moudry D V，et al. Service integration in omnichannel retailing and its impact on customer experience. Journal of Retailing and Consumer Services，2022，65，Article 102267；Lee Z W Y，Chan T K H，Chong A Y L，et al. Customer engagement through omnichannel retailing：the effects of channel integration quality. Industrial Marketing Management，2019，77，90－101.

素养园地

字节跳动的服务规划

字节跳动是一家集新闻、娱乐、社交等多元业务为一体的综合性互联网技术公司，集研发、运营和销售为一体，重视技术创新和用户体验。作为中国最大的独角兽企业之一，字节跳动走出了一条以技术驱动，高端延伸的成功之路。

起初，字节跳动以其核心产品今日头条进入市场，以大数据、AI 算法等技术创新，为用户提供个性化的新闻阅读体验。在扎实的基础业务的支撑下，字节跳动开始逐步向高端市场延伸。它推出了抖音，这款短视频产品凭借创新的形式，迅速在年轻用户中间获得了极高的人气，并成功吸引了各类高端品牌的入驻。抖音的流量也带动了字节跳动的线上广告业务的快速增长，让字节跳动成功挺进了高端广告市场。在此基础上，字节跳动不断加大投入，进行技术研发和产品创新。比如在音乐、教育、电商等多个领域，字节跳动推出了富有创新的产品，如抖音电商、猫耳 FM、好看视频等，并且在电商、音乐、文娱等市场与多家知名企业进行深度合作，进一步拓展了字节跳动的业务板图。

同时，字节跳动也注重全球化布局，积极开拓海外市场。TikTok（抖音的海外版）的成功，让字节跳动走上了世界舞台，成功吸引了全球众多用户和广告主的关注，使得字节跳动的影响力和收入进一步提升。

字节跳动成功地实施了服务规划，从提供信息资讯，向音频、短视频、电商等多个高端市场成功延伸，其坚持技术创新、以用户为中心、全球化布局等策略的成功，为中国生产性服务业企业向高端市场延伸提供了有力借鉴。

小结

服务营销规划是指企业为了达到一定的服务营销目标，在综合分析企业内外部环境和条件的基础上，对实现企业目标所需要的战略、战术和详细计划加以定义并进行控制和反馈的过程。服务营销规划包括企业/市场目标确定、态势考察（特别是运用 SWOT 分析）、战略选择、组织设计及方案实施等。服务营销执行是将企业服务营销规划转化为行动，确保实现规划目标的过程。服务营销执行过程包括制订行动方案、建立组织结构、设计报酬制度、开发人力资源、建设企业文化、确定管理风格等步骤。营销执行中的常见问题有计划脱离实际、目标自相矛盾、观念陈旧落后、缺乏具体方案等。服务营销组织是指企业为了实现服务营销的目标和企业的任务，进行职能分配和人员分工，授予人员相应权力与职责，并协调服务营销活动的过程。市场导向型服务营销组织带来了运营核心转移、角色定位转变、员工业绩提升、企业效率提高等变化。服务营销组织再造的具体途径有营销沟通创新、召开联席会议、完善顾客关系管理系统、组建营销管理团队、建立核心营销系统等。服务企业组织间冲突主要源于作业和营销方面的五个问题：系统变迁动机、追求成本效益、缺乏长远眼光、排斥营销观念、服务作业性质等。服务营销控制就是对企业营销计划执行情况进行监测、检查、调整、改进以确保计划实现的过程。服务营销控制包括年度计划控制、盈利能力控制、营销效率控制。营销审计是战略控制的有效工具。服务营销审计是对服务企业营销环境、目标、战略、组织、方法、程序和业务等进行综合的、系统的、独立的和定期的核查，以便确定困难所在和各种机会，并提出行动计划的建议，改进营销管理效果。

重要概念

服务营销规划	营销目标	营销资源	营销信息
市场份额	企业社会责任	态势考察	营销规划
战略选择	组织设计	组织再造	服务营销执行
企业文化	管理风格	服务营销组织	组织扁平化
平行沟通	联席会议	营销管理团队	核心营销系统
动态营销管理	分销规划	组织冲突	服务营销控制
年度计划控制	盈利能力控制	营销效率控制	营销战略
战略控制	营销审计	服务营销审计	营销环境审计
营销组织审计	盈利能力审计	营销职能审计	

复习题

1. 服务营销规划的内容有哪些？
2. 服务营销执行过程的主要步骤及常见问题有哪些？
3. 市场导向型服务营销织的建立会带来哪些变化？如何再造服务营销组织？
4. 服务营销控制的主要方法有哪些？
5. 服务营销审计的内容有哪些？

第13章
服务质量管理

思维导图

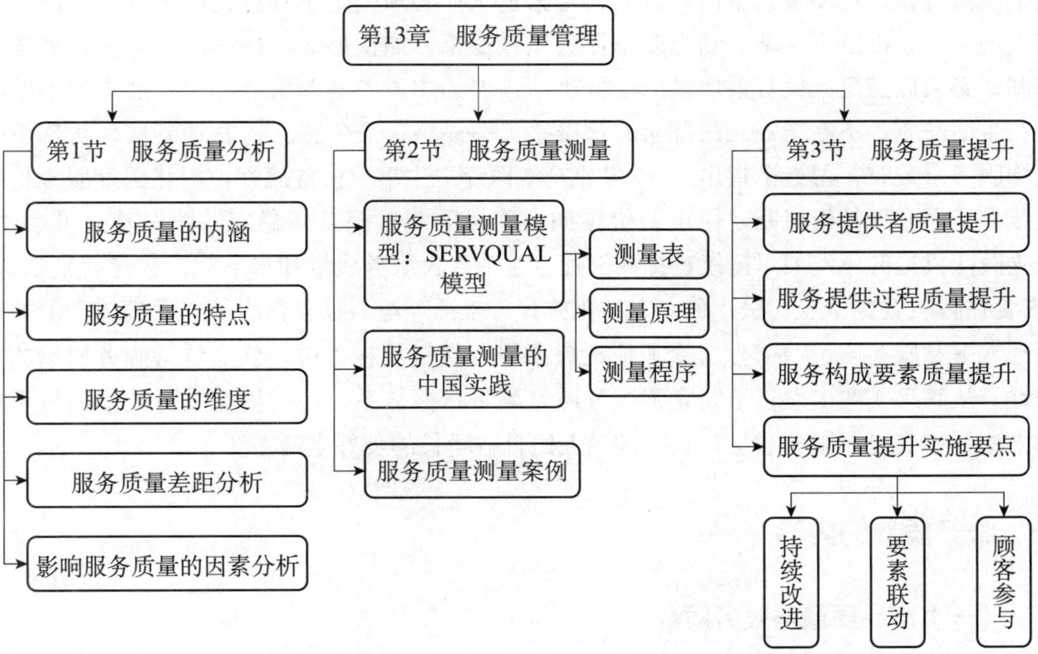

本章要点

- 服务质量的内涵及构成要素。
- 服务质量差距分析模型的内涵。
- SERVQUAL 模型及其应用。
- 服务质量提升策略及其实施要点。

第 1 节　服务质量分析

党的二十大提出了“加快建设制造强国、质量强国”① 的战略目标。习近平总书记指出：“必须更好统筹质的有效提升和量的合理增长，始终坚持质量第一、效益优先，大力增强质量意识，视质量为生命，以高质量为追求；必须坚定不移深化改革开放、深入转变发展方式，以效率变革、动力变革促进质量变革，加快形成可持续的高质量发展体制机制；必须以满足人民日益增长的美好生活需要为出发点和落脚点，把发展成果不断转化为生活品质，不断增强人民群众的获得感、幸福感、安全感。”② 在谈到医疗机构卫生机构服务质量时，习近平指出，“要强化基本医疗卫生事业公益属性，深化医疗服务价格改革，建立合理补偿机制，稳定调价预期，确保群众负担总体稳定、医保基金可承受、公立医疗机构健康发展可持续，提高医疗卫生为人民服务质量和水平”③。他还特别强调，“衣食住行、教育就业、医疗养老、文化体育、生活环境、社会秩序等方面都体现着城市管理水平和服务质量”④。服务企业应把提高服务质量放在首位，认真看待服务质量的特殊性，从管理实践出发，不断完善服务质量测量指标体系，持续优化服务质量测量手段和方法，切实提高服务质量，及时满足人民日益增长的美好生活需要。

一、服务质量的内涵

（一）产品质量与服务质量

习近平指出，要“优化现有供给结构，通过调整现有产品供给结构、提高产品和服务质量，从深层次上解决供给同需求错位问题，满足现有产品和服务需求”⑤。《质量强国建设纲要》指出，要提高生产服务专业化水平，促进生活服务品质升级，提高质量安全

---

① 习近平. 高举中国特色社会主义伟大旗帜　为全面建设社会主义现代化国家而团结奋斗：在中国共产党第二十次全国代表大会上的报告. 人民日报，2022-10-26.

② 牢牢把握高质量发展这个首要任务. 人民日报，2023-03-06.

③ 完善科技成果评价机制深化医疗服务价格改革　减轻义务教育阶段学生作业负担和校外培训负担. 人民日报，2021-05-22.

④ 深入学习贯彻党的十九届四中全会精神　提高社会主义现代化国际大都市治理能力和水平. 人民日报，2019-11-04.

⑤ 中共中央文献研究室. 习近平关于社会主义经济建设论述摘编. 北京：中央文献出版社，2017：108.

水平，提升公共服务质量效率。服务质量的概念是从产品质量概念引申而来的。传统意义上，人们对产品质量的认识大致有四种：（1）有无瑕疵；（2）是否符合某种规范或标准；（3）对顾客需求的满足程度；（4）内部失败（产品离开工厂之前）与外部失败（产品在市场中）的发生率。

但是，服务质量的概念和产品质量的概念在内涵上有很大的不同。服务质量与产品质量的区别在于：首先，服务质量比产品质量更难被顾客评价；其次，顾客对服务质量的认识取决于他们预期的与实际感知的服务质量的对比；最后，顾客对服务质量的评价不仅要考虑服务的结果，而且涉及服务的过程。

《关于恢复和扩大消费的措施》指出，坚持中西医并重，推动优质医疗资源下沉，共建城市医疗集团和县域医共体等医疗联合体，加强基本医疗卫生服务，提高服务质量和水平，着力增加高质量的中医医疗、养生保健、康复、健康旅游等服务。发展“互联网＋医疗健康”，进一步完善互联网诊疗收费政策，逐步将符合条件的“互联网＋”医疗服务纳入医保支付范围。开发面向老年人的健康管理、生活照护、康养疗养等服务和产品，支持各类机构举办老年大学、参与老年教育。积极扩大普惠型服务供给，推动公共消费提质增效。

习近平总书记多次就提高养老机构服务质量问题作出重要指示，强调：提高养老院服务质量，关系 2 亿多老年人口特别是 4 000 多万失能半失能老年人的晚年幸福，也关系他们子女工作生活，是涉及人民生活质量的大事。要按照适应需要、质量优先、价格合理、多元供给的思路，尽快在养老院服务质量上有个明显改善，加快建立全国统一的服务质量标准和评价体系，加强养老机构服务质量监管。[①]

（二）服务质量的定义与类别

刘易斯（R. C. Lewis）和布姆斯（B. H. Booms）把服务质量定义为“一种衡量企业服务水平能否满足顾客期望的工具”。格朗鲁斯则提出顾客感知服务质量的概念，认为服务质量是一个主观范畴，取决于顾客对服务质量的期望（即预期服务质量）同其现实中感知的服务水平（即感知服务质量）的对比。他把服务质量分为技术质量和功能质量两类。前者是指服务过程的产出，即服务人员按照事先承诺准确完整地提供给顾客的利益和价值，也就是顾客从服务过程中所得到的东西；后者是指服务过程中顾客所感受到的服务人员在履行职责时的行为、态度、穿着、仪表等给自己带来的利益和享受。乌奥莱维·莱蒂恩（Uolevi Lehtinen）和贾莫·莱蒂恩（Jarmo R. Lehtinen）把质量分为实体质量、互动质量和企业质量。实体质量是指服务产品本身和整个服务过程中的实体支持的程度或水平；互动质量是指顾客与企业职员的接触过程中的美好感觉程度或水平；而企业质量是指企业的整体形象所反映出的令人满意的程度或水平。总之，对服务质量很难做出确切的定义。国际标准化组织综合具体产品和服务的特点，把质量定义为“一种产品或服务满足明确和隐含需要的能力或特性的总和”。这一定义表明服务质量是由能满足人们需要的不同特性组成的有机整体。

---

① 从解决好人民群众普遍关心的突出问题入手　推进全面小康社会建设. 人民日报，2016-12-22.

习近平指出，质量体现着人类的劳动创造和智慧结晶，体现着人们对美好生活的向往。中华民族历来重视质量。很久以前，中国精美的丝绸、精制的瓷器等优质产品就走向世界，促进了文明交流互鉴。今天，中国高度重视质量建设，不断提高产品和服务质量，努力为世界提供更加优良的中国产品、中国服务。①

鉴于服务交易过程的顾客参与性和生产与消费的相连性，服务质量必须经顾客认可，并被顾客识别。服务质量的内涵应包括以下内容：（1）服务质量是顾客感知的对象；（2）服务质量可以依靠客观方法加以界定和测量，但更多地要按顾客主观的认识加以测量和检验；（3）服务质量发生在服务生产和交易过程之中；（4）服务质量是在服务企业与顾客交易的关键时刻实现的；（5）服务质量的提高需要内部形成有效管理和支持系统。

服务质量是服务满足规定或潜在需要的特征的总和。特征是区分不同类别的产品或服务的概念，如旅游有陶冶人的性情、令人愉悦的特性，旅馆有给人提供休息之处的特征。服务特征是指用于区分同类服务中不同规格、档次、品位的概念。服务质量的表层含义应包括服务的安全性、适用性、有效性和经济性等一般要求。服务质量既是服务本身的特征的总和，也是顾客感知的反映，因而服务质量既由服务的技术质量、功能质量、形象质量和关键时刻构成，又通过感知质量与预期质量的差距来体现。顾客体验到的服务质量是受关键时刻影响的，每一个关键时刻都是一次影响顾客感知服务质量的机会。关键时刻要求服务提供者在特定的时间和地点，抓住机会向顾客展示其服务质量。

也有学者将服务质量划分为结果质量、过程质量和形象质量。结果质量也就是技术质量。它体现在旅馆为旅客休息提供的房间和床，饭店为顾客提供的菜肴和饮料，航空公司为乘客提供的飞机、座位等。对于技术质量，顾客容易感知，也便于评价。

过程质量也就是功能质量，是指服务提供的过程中顾客所感受到的服务人员在履行职责时的行为、态度、穿着、仪表等给顾客带来的利益和享受。功能质量是顾客主观感知的服务质量，难以进行客观的评价。结果质量与过程质量构成了感知服务质量的基本内容。

形象质量是指服务企业在社会公众心目中形成的总体印象，包括企业的整体形象和企业所在地区的形象两个层次。企业形象通过视觉识别系统、理念识别系统和行为识别系统多层次地体现，顾客可从企业资源、组织结构、市场运作、企业行为方式等多个侧面认识企业形象。企业形象质量是顾客感知服务质量的过滤器。企业如果拥有良好的形象质量，偶尔发生失误会得到顾客的谅解；如果失误频繁发生，则必然会破坏企业形象；倘若企业形象不佳，则企业任何细微的失误都会给顾客造成很坏的印象。

服务生产和递送过程应计划周密，执行有序，防止棘手的关键时刻出现。一旦关键时刻失控，服务质量就会退回到一种原始状态，服务的过程质量更是会深受其害，进一步恶化。

（三）预期服务质量与感知服务质量

服务质量有预期服务质量与感知服务质量之别。预期服务质量即顾客对服务企业所

---

① 习近平向第二届中国质量（上海）大会致贺信.（2017－09－15）. 新华网.

提供的服务预期的质量水平，感知服务质量则是顾客对服务企业所提供的服务实际感知的质量水平。顾客如果对服务的感知水平符合或高于其预期水平，则会获得较高的满意度，从而认为企业具有较高的服务质量；反之，则会认为企业的服务质量较低。从这个角度看，服务质量是顾客的预期服务质量与感知服务质量的比较。

预期服务质量是影响顾客对整体服务质量的感知的重要前提。如果预期服务质量过高，不切实际，则即使从客观的角度来看所接受的服务水平是很高的，顾客也会认为企业的服务质量较低。预期服务质量受以下四个因素的影响。

1. 市场沟通。它是指借助促销工具，包括广告、推销、公共关系以及销售促进等向市场传播企业及其服务的正面信息，刺激顾客积极购买。这些方面对预期服务质量的影响是显而易见的。例如，在广告活动中，一些企业过分夸大自己的产品及所提供的服务，导致顾客心存很高的预期服务质量，然而顾客在实际接触企业时却发现其服务质量与宣传的相去甚远，其感知服务质量就会大打折扣。

2. 企业形象。它是顾客对企业的整体印象、总体评价和情感认知的有机统一体，是指对企业服务水平、经营风格、员工素质、环境优劣、文化精神、标识特征等形象构成要素的整体印象和评价。企业形象不仅受许多外界条件的影响，也会被企业间接控制，是企业绩效的函数。

3. 顾客口碑。它是指顾客将企业可信度、信用度、管理水平、经营理念和服务质量等有关信息客观、中立地传播到另一个或多个顾客的过程。顾客口碑是影响顾客品牌态度和行为的重要信息来源。随着互联网的兴起，越来越多的顾客通过微信、微博、博客、电商平台、论坛、产品讨论区、贴吧等发布和传播关于企业产品或服务的各种评价，影响范围和传播速度远远超过面对面的传统口碑传播。尤其是微信、微博，与传统口碑传播相比，具有传播速度快、便利、一对多、非面对面、信息展示形式多样的特性，因而更具影响力。与匿名的网络口碑传播相比，微信、微博具有高互动性、高参与性、即时性、信任感高、扩散速度快等特点。

4. 顾客需求。顾客需求属于企业不可控因素。顾客需求的变化多端及消费习惯、消费偏好的千差万别，决定了这一因素对预期服务质量影响巨大。

二、服务质量的特点

服务质量概念是逐步发展和完善的。归纳有关观点，得出服务质量的基本特点如下。

（一）服务质量是一种主观质量

服务质量与有形产品的质量存在很大的差异，有形产品的质量可以采用许多客观的标准来加以度量，如对于一辆汽车，其耗油量、最高时速、刹车性能等存在客观的标准，这些标准不会因为产品提供者的不同或购买产品的消费者不同而发生变化。但服务质量并非如此，不同的顾客可能对同一种服务质量产生不同的感知。例如，服务过程中的可靠性常常被视为一个非常重要的服务质量维度，但不同文化背景的顾客对这个问题的感知存在较大的差异。对中国顾客和外国顾客关于这个问题感知情况的调查表明，中国顾客比外国顾客更重视服务的可靠性。对于其他服务质量维度，也存在类似的情况。

即使是同一个顾客，在不同的时段对质量的要求也会发生变化，这是我们在研究服务质量时必须注意的一个问题。

（二）服务质量是一种互动质量

产品质量是在工厂里生产出来的，在没有出厂之前，质量就已经形成了。在整个质量形成过程中，顾客基本上没有“发言权”，当然，企业必须根据市场调查的结果，按照顾客的期望来提供产品，但在质量形成过程中，顾客的作用是微弱的。而服务质量不同，服务具有生产与消费的同时性，服务质量也是在服务提供者与顾客互动的过程中形成的，如果没有顾客的紧密配合、响应，或者顾客无法清晰地表达服务要求，那么服务过程也将失败，服务质量将是低下的。正是由于这个原因，有些学者将服务营销称为互动营销。

（三）过程质量在服务质量构成中占据极其重要的地位

新启迪 13－1　酒店体验对过程质量和顾客忠诚的影响

正因为服务质量是一种互动质量，所以，服务过程在服务质量形成过程中起着十分重要的作用。过程质量是服务质量极其重要的组成部分。当然，这并不是说结果质量不重要。服务结果是顾客购买服务的根本目的所在，如果没有服务结果或者服务结果很差，那么，再好的服务过程也是无法弥补的。同样，即使服务结果很好，但服务过程很糟，最后形成的顾客感知服务质量也可能是低下的。忽视结果或者是忽视过程，在服务质量管理中都是不可取的。

（四）制造业质量测量的方法不能照搬应用于服务业

制造业的质量测量可以聚焦于内部效率，即可以通过检验来证明产品是否符合事先制定的产品标准，如果符合或者超过标准，则说明质量是合格的或者是优异的。但在服务业中，不但要考虑服务质量与服务标准的符合问题，更重要的是，还要测量质量的外部效率，即对顾客关系质量的影响。也就是说，这种服务质量对服务提供者与顾客建立持久的关系具有什么影响或作用。明确这一点对于提高服务质量管理水平具有非常重要的意义。

三、服务质量的维度

（一）企业实践中的服务质量维度

某航空公司研究表明，服务质量主要体现为四个维度：(1) 员工对顾客的关心。(2) 员工解决问题的能力。(3) 员工的自发性和灵活性。(4) 服务补救，一旦出现错误或发生不期望的事情，员工能做出最大努力使问题得到圆满解决。服务补救是指服务企业在提供服务出现失误和错误的情况下，对顾客的不满和抱怨当即做出的补救性反应。服务补救作为一种管理过程，首先要发现服务失误，然后分析失误原因，对服务失误进行评估，并采取适当的管理措施予以解决。

一项对汽车修理厂的研究表明，消费者对服务质量的评价可用类别来描述，自信是总类别，子类别包括诚实、可靠、反应、个人接触、可接近性、态度和能力七个方面。可以看出，这两项研究总结的这些维度都与员工的行为有关。还有学者通过研究，提出了消费层次的 21 个质量维度，包括价格水平、功能设施的舒适程度等。在对汽车修理厂的研究中发现，维度不再仅仅是员工的行为因素，还包含企业的规则（如开放时间）、企业的设施、企业提供的信息等。

（二）感知服务质量维度

服务是以顾客满意为前提的，不仅企业员工的个人行为因素，而且企业本身的规范、设施对顾客满意度也有很大影响。在此认识的基础上，PZB 通过对信用卡、银行、证券交易和产品维修与保护四个服务业的研究，试图考察服务质量维度的共性。结果发现，服务质量主要由以下五个维度构成：（1）服务有形因素，它是指服务产品的有形部分，如各种设施、设备及服务人员的外表等。（2）服务可靠因素，它是指企业准确无误地完成所承诺的服务。（3）服务响应因素，它是指企业随时准备愿意为顾客提供快捷、有效的服务。（4）服务保证因素，它是指服务人员友好的态度与胜任能力，它能增强顾客对企业服务质量的信心和安全感。（5）服务移情因素，它是指企业要换位思考，真诚地关心顾客，了解他们的实际需要，使整个服务过程富有“人情味”。移情（empathy）又称为同理心。

感知服务质量维度研究最具代表性的成果是由 PZB 提出的，即服务质量包括五个维度：有形性、可靠性、响应性、保证性和移情性。绝大多数学者在进行服务质量管理和评价时，所采用的都是这五个维度。

（三）服务质量维度的例外情况

企业在应用服务质量维度致力于提升服务质量时，必须注意三个问题：

1. 质量维度。对于不同的行业来说，服务质量维度有可能是不同的。在测量顾客感知服务质量时，很多学者针对研究对象的特点，在研究过程中采用了不同的质量维度。

2. 维度权重。对于不同的服务业，质量维度的重要性可能存在差异。PZB 在其著名的《提供优质服务：平衡顾客感知与期望》一书中，对此做过专门的研究，当时他们针对四个行业，通过百分制的形式对服务质量的五个维度进行打分。结果发现：在五个维度中，可靠性是最重要的（32%），其次为响应性（22%），再次为保证性（19%）和移情性（16%），最后为有形性（11%）。[①] 但他们的研究结果能否推广，还有待检验。高接触度的行业和低接触度的行业，服务质量各个维度的重要性肯定是不同的；以设备为主的服务和以人为主的服务，其服务质量各个维度的重要性也会存在差异，这是毫无疑问的。

---

① Zeithaml V，Berry L L，Parasuraman A. Delivering quality service：balancing customer perceptions and expectations. Free Press，1990：28.

3. 顾客理解。不同的顾客，特别是不同文化背景的顾客，对服务质量维度的理解也会存在差异。

四、服务质量差距分析

服务过程是由顾客预期认知、服务质量标准化、服务递送等一系列行为构成的有机整体。这些前后承继、互相制约的行为，由于涉及多个自身十分复杂的主体，往往难以有效实施，从而造成服务递送中的各种差距，影响服务质量（见图 13－1）。

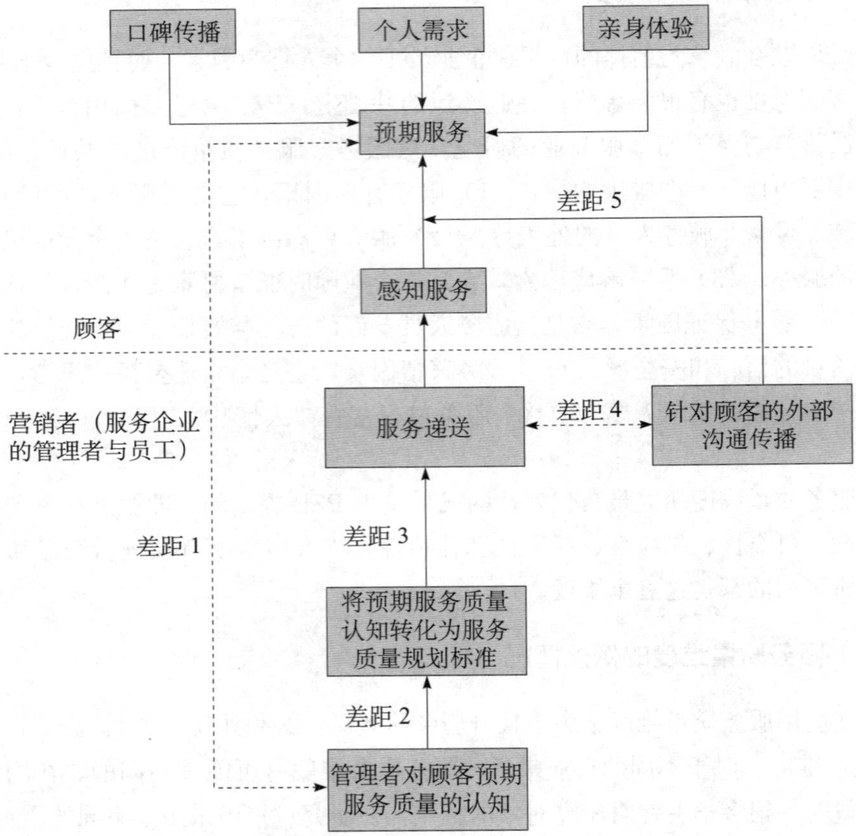

图 13－1　服务质量差距分析模型

由图 13－1 可知，服务质量的高低取决于服务递送过程中自然产生的五种差距，差距越小，表明递送越充分，与顾客预期的差距越小，服务质量越高。

控制服务质量，也就是要理解五种差距各自产生的具体原因和影响因素，从而有效消除差距。

模型说明了服务质量是如何形成的。模型的上半部分涉及与顾客有关的现象。顾客预期服务是顾客的口碑传播、个人需求以及亲身体验的函数，另外，也受到企业营销传播活动的影响。

感知服务是一系列内部决策和内部活动的结果。在服务交易发生时，管理者对顾客预期服务质量的认知对确定组织所遵循的服务质量规划标准起指导作用。

分析和设计服务质量时，这个基本模型说明了必须考虑哪些步骤，然后才能找出问题的根源。质量差距是由质量管理前后不一致造成的。最主要的差距是预期服务和感知（实际经历）服务的差距（差距 5）。五种差距以及它们各自造成的结果和产生的原因分述如下。

（一）管理者认知差距（差距 1）

这一差距是指管理者对预期服务质量的感觉不明确。产生的原因有：（1）营销调研和需求分析所使用的信息不准确；（2）对顾客预期的解释信息不准确；（3）没有进行需求分析；（4）从企业与顾客联系的层次向管理者传递的信息失真或丧失；（5）臃肿的组织层级阻碍或改变了在顾客联系中所产生的信息。

消除这一差距的措施各不相同。如果问题是由管理引起的，显然不是需要改变管理，就是需要改变对服务竞争特点的认识。不过后者一般更适用。因为正常情况下没有竞争就不会产生什么问题，但如果管理者缺乏对服务竞争本质和需求的理解，则会导致严重的后果。

（二）服务质量标准差距（差距 2）

这一差距是指服务质量规划标准与管理者对预期服务质量的认知不一致。原因如下：（1）计划失误或计划过程不够充分；（2）计划管理混乱；（3）组织无明确目标；（4）服务质量的计划得不到最高管理层的支持。

管理者对预期服务质量认知的能力决定着服务质量规划标准能否成功实施。但是，即使在有关顾客预期的信息充分和正确的情况下，服务质量规划标准的实施也可能失败。出现这种情况的原因是，最高管理层没有保证服务质量的实现，服务质量没有被赋予最高优先权。消除差距的措施自然是改变优先权的排列顺序。顾客感知的服务质量是成功的关键因素，因此在管理清单上把服务质量排在前面是非常必要的。

总之，服务生产者和管理者对服务质量达成共识，缩小服务质量标准差距，远比任何严格的目标和计划过程重要得多。

（三）服务交易差距（差距 3）

这一差距是指在服务生产和交易过程中员工的行为不符合质量标准。这是因为：（1）标准太复杂或太苛刻；（2）员工对标准有不同意见，例如一流服务质量可以有不同的行为；（3）标准与现有的企业文化发生冲突；（4）服务生产管理混乱；（5）内部营销不充分或根本没有；（6）生产系统和技术没有按照标准为工作提供便利。

可能出现的问题是多种多样的，引起服务交易差距的原因也是错综复杂的，一般不会只有一个原因单独起作用，因此消除差距并不那么简单。这一差距产生的原因可粗略分为三类：管理和监督；员工对标准规则的认识和对顾客需求的认识不准确；缺少生产系统和技术的支持。

（四）营销沟通差距（差距 4）

这一差距是指营销沟通行为所做出的承诺与实际提供的服务不一致。产生的原因是：(1) 营销沟通计划与服务生产不统一；(2) 传统的营销和服务生产之间缺乏协作；(3) 营销沟通活动提出一些标准，组织却不能按照这些标准完成工作；(4) 有故意夸大其词、承诺太多的倾向。

引起这一差距的原因可分为两类：一是外部营销沟通的计划与执行没有和服务生产统一起来；二是在广告等营销沟通过程中存在承诺过多的倾向。

在第一种情况下，消除差距的措施是建立一种使外部营销沟通的计划和执行与服务生产统一起来的制度。在第二种情况下，由于营销沟通存在滥用“最高级”的问题，因此只能通过完善营销沟通的计划加以解决。消除差距的措施可能是制定更加完善的计划程序，不过在管理上严密监督也很有帮助。

（五）服务质量感知差距（差距 5）

这一差距是指感知服务或体验服务与预期服务不一样，它会导致以下后果：(1) 消极的质量评价（劣质）和质量问题；(2) 口碑不佳；(3) 对企业形象产生负面影响；(4) 失去业务。这一差距也有可能产生积极的结果，它可能产生相符的质量或过高的质量。

服务质量差距分析模型能指导管理者察觉到引发质量问题的根源，并寻找适当的消除差距的措施。因此，该模型是一种直接有效的工具，它可以发现企业与顾客在服务观念上存在的差异。明确这些差距是制定战略、战术以及保证预期质量和现实质量一致的理论基础。

五、影响服务质量的因素分析

服务质量的四个来源，即服务设计、服务生产、服务交易及与顾客关系方面也影响着顾客感知服务质量。服务的技术质量、与买卖双方有关的功能质量都会受到这些因素的影响。

（一）服务设计

服务设计影响着技术质量。例如，顾客或潜在顾客若有机会参与设计过程，则往往可以改进技术质量，对功能质量也有积极的影响。顾客会认为企业对他们非常重视，尽全力为其解决问题。这就是互动过程对功能质量的提升效应。

（二）服务生产

就服务企业而言，生产是服务质量的来源，产出的技术质量是整个生产过程的结果。参与服务过程的顾客，不仅可以了解服务的生产过程，还可以与服务人员互动。这种人际互动以及顾客与生产、生产资源、生产设备、生产过程的互动对功能质量也会产生一定的影响。

（三）服务交易

在许多情况下很难区分交易和生产。交易或多或少是全部生产过程的一部分。因而上面提到的有关生产质量的各个方面也适用于服务企业的交易。交易可以形成一个独立的职能，当然，交易的结果是顾客得到了所需产品或服务。这样，顾客便通过产品或服务交易感受到了产品或服务的技术质量。此外，还有与过程有关的因素即交易的方式。

（四）与顾客关系

最后，与顾客关系会影响服务质量，尤其是功能质量。员工在与顾客交往中越是具有顾客导向和服务导向意识，买卖关系对质量的影响就越有利。

顾客对企业形象可以有多种认识。企业的形象对质量的作用就像一个过滤器。声誉良好的企业即使在营销实践中存在一些消极的方面或瑕疵，也不会显得那么突出。顾客感知服务质量是对预期服务质量和体验服务质量相比较的结果，因此必须考虑企业的形象问题。[①]

管理者必须研究和理解企业各职能活动对质量的影响。质量来源涉及方方面面，生产只是其中之一。设计、生产、交易以及计划和管理组织中参与服务交易的员工，对技术和功能两方面不能顾此失彼。上述内容可总结为如下五点：（1）质量是顾客感知的结果。（2）质量离不开生产和交易过程。（3）质量只能在买卖双方互动的真实瞬间实现。（4）每个员工都对顾客感知服务质量作出了贡献。（5）外部营销必须与质量管理相融合。

第 2 节　服务质量测量

一、服务质量测量模型：SERVQUAL 模型

SERVQUAL 为英文“service quality”（服务质量）的缩写。SERVQUAL 是一种建立在顾客预期服务质量和顾客接受服务后的感知服务质量基础之上的服务质量评价方法。PZB 提出了服务质量五维度的观点，并根据这五个维度设计了包含 22 个问项的调查表，后来学术界将其称为 SERVQUAL 量表（见表 13－1）。

表 13－1　SERVQUAL 量表

维度	问项
有形性	1. 有现代化的服务设施。 2. 服务设施具有吸引力。 3. 公司的设施与其提供的服务相匹配。 4. 员工有整洁的服装和外表。
可靠性	5. 企业能及时践行承诺。 6. 顾客遇到困难时，能表现出关心并提供帮助。 7. 企业是可靠的。 8. 能准时提供服务。 9. 正确记录相关的服务。

① 郭国庆. 服务营销学. 2 版. 北京：高等教育出版社，2019：256－262.

续表

维度	问项
响应性	10. 不能指望员工告诉顾客提供服务的准确时间。* 11. 期望员工提供及时的服务是不现实的。* 12. 员工并不总是愿意帮助顾客。* 13. 员工太忙以至于无法立即提供服务，满足顾客的需求。*
保证性	14. 员工是值得信赖的。 15. 在从事交易时顾客会感到放心。 16. 员工是有礼貌的。 17. 员工可从企业得到适当的支持，以提供更好的服务。
移情性	18. 企业不会针对不同的顾客提供个性化的服务。* 19. 员工不会给予顾客个性化的关怀。* 20. 不能期望员工会了解顾客的需求。* 21. 企业没有优先考虑顾客的利益。* 22. 企业提供的服务时间不能符合所有顾客的需求。*

说明：①调查表采用 7 分制，7 表示完全同意，1 表示完全不同意。中间分数表示不同的程度。调查表中的问题随机排列。

②＊表示对这些问题的评分是反向的，在数据分析之前应转换为正向得分。

资料来源：Parasuraman A，Zeithamal V A，Berry L L. SERVQUAL：a multiple-item scale for measuring consumer perceptions of service quality. Journal of Retailing，1988，64（1）：12－40.

（一）测量表

PZB 提出的五个维度分别是：

1. 有形性。包括实际设施、设备以及服务人员的外表等。在具体的操作上，分别是测量表（见表 13－1）的 1～4 问项。

2. 可靠性。指可靠、准确地履行服务承诺的能力。包括测量表中的 5～9 问项。

3. 响应性。指帮助顾客并迅速地提升服务的愿望。包括测量表中的 10～13 问项。

4. 保证性。指员工所具有的知识、礼貌以及表达出自信与可信的能力。包括测量表中的 14～17 问项。

5. 移情性。关心并为顾客提供个性化服务。包括测量表中的 18～22 问项。

PZB 认为，通过对 SERVQUAL 量表的数据采集和分析，可以较好地测量出顾客感知服务质量的水平。SERVQUAL 评价方法完全建立在顾客感知的基础之上，即以顾客的主观意识为衡量的重点，首先测量顾客对服务的预期，然后测量顾客对服务的感知，由此计算出两者之间的差异，这就是判断服务质量水平的依据。

（二）测量原理

一项优质服务既要符合企业制定的服务标准，又要满足顾客的需求，这是由服务质量的功能性和技术性决定的。顾客评估一项服务是否满足自己需求的过程，同时也是顾客把体验服务质量与自己的预期服务质量相比较的过程。当顾客体验服务质量符合甚至超过预期服务质量时，感知服务质量就好；当体验服务质量不及预期的服务质量时，感知服务质量就差。

感知服务质量是顾客将预期服务质量与体验服务质量比较后形成的服务质量总体评价。预期服务质量是指在顾客体验服务质量之前头脑中对该服务的总体设想和期望。它是企业营销沟通、企业形象、口碑传播和顾客需求等因素对有着不同经验、知识的顾客在主观上产生不同影响的结果（如图 13－2 所示）。

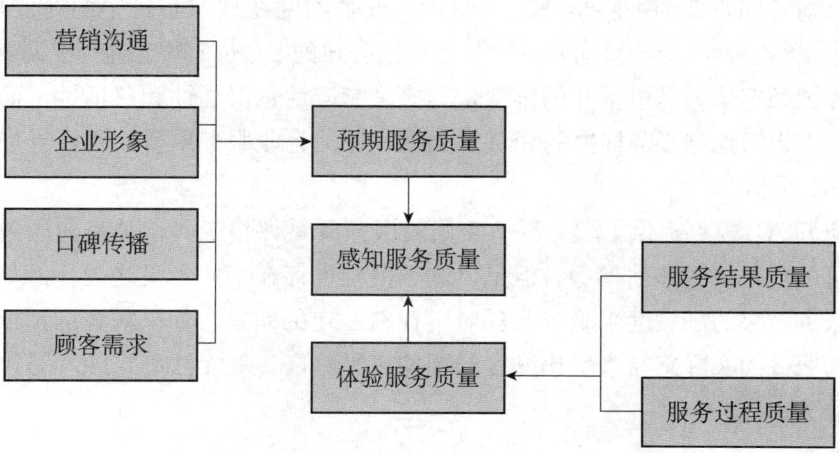

图 13－2　服务质量评估过程

体验服务质量是指企业实际递送给顾客的服务，顾客只有亲身体验过该企业的服务之后才会有这一质量评价。体验服务质量的影响因素主要来自服务的结果质量与过程质量。与影响顾客预期服务质量的因素相同，这两方面的因素也是可以通过企业的营销努力改变的，也就是说企业服务营销既可以影响顾客预期服务质量，又可以影响顾客体验服务质量。为了使服务质量得以优化，企业必须努力使顾客预期服务质量与体验服务质量接近，避免出现夸大宣传或错误宣传而使顾客预期服务质量过高的情况。

（三）测量程序

根据前述五个维度，PZB 建立了 SERVQUAL 评估方法来测量企业的服务质量。服务质量的评估一般采取评分量化的方式进行，大致程序如下：测定顾客预期服务质量—测定顾客感知服务质量—确定服务质量。

服务质量＝感知服务质量－预期服务质量

服务质量评分量化方法的具体步骤如下：（1）选取服务质量评价标准；（2）根据各条标准在所调查服务企业中的地位确定权数；（3）对每条标准设计 4～5 个具体问题；（4）制作问卷；（5）发放问卷，请顾客逐条评分；（6）对问卷进行综合统计；（7）分别测算出预期服务质量和感知服务质量；（8）根据上述公式，求得服务质量。

显然，对于某个问题，顾客从预期的角度和从实际感知的角度所给出的分数往往不同，二者之间的差异就是企业服务质量的分数，即：

SERVQUAL 分数＝实际感知分数－期望分数

推广到评估整个企业服务质量水平实际上就是计算平均 SERVQUAL 分数。假定有 N 个顾客参与问卷调查，单个顾客的 SERVQUAL 分数就是对其所有问题的分数加总再除以问题数目；然后把 N 个顾客的 SERVQUAL 分数加在一起除以 N 就得到企业的平均 SERVQUAL 分数。

不过上述计算方法暗含一个假定，即顾客认为这五个维度具有同等的重要性。而事实上，PZB 对不同行业的进一步研究表明，这五个维度在顾客心目中的地位是不同的。他们对两家银行、两家保险公司和一家长途电话公司的 1 936 个顾客进行了调查，结果发现，可靠性被顾客认为是最重要的维度，其次是响应性、保证性和移情性，而有形性则排在最后。如果考虑到服务标准的相对重要性，评估企业服务质量则要计算加权平均的 SERVQUAL 分数。

SERVQUAL 模型提供了较为科学实用的服务质量评估工具，是目前国内外营销学界普遍认可的服务质量评估模型。但是，这一模型也存在一些不足之处。例如，主要根据顾客对服务结果的满意度来确定服务质量存在一定的问题，如果顾客的预期较低，而企业提供的服务的实际感知水平比顾客的预期水平略高，就无法确定顾客是否享受到了高质量的服务。

二、服务质量测量的中国实践

（一） SERVQUAL 模型与中国实践

SERVQUAL 模型偏重从顾客角度评价服务质量，主要借助主观数据，一定程度上忽略了服务组合和服务全程的客观数据，不能全面反映服务质量的成因和背后存在的问题。从服务过程角度评价服务质量，虽然会考虑到服务全程的软硬评价要素，但容易忽略服务质量背后的成因。

服务行业差别很大，顾客的主观评价成为服务质量测量中最重要的依据。然而，顾客又具有个性化较强的特点，顾客参与服务全过程，测量服务质量时顾客主观评价的差异性、多元性肯定会对测量结果带来一定的影响。因此，需要尽可能多地洞悉服务质量的影响因素从而提升测量结果的客观性和准确性。

在中国现阶段，服务质量测量可以聚焦服务的功能性、经济性、安全性、时间性、舒适性、文明性。首先需要注意的是，在不同的服务行业，这六个维度特性的权重不同。其次，这六个维度应由不同的具体特性项目来体现，并做出相应界定，如等待时间、顾客满意率、正点率、治愈率、设施完好率、差错率、货物破损率等。

（二）基础测量

在服务质量测量实践中，SERVQUAL 模型可用作基础测量。在测量过程中，测量者很难根据某个特定的客观指标进行测量，必须通过与顾客、员工和其他相关人员的访谈收集客观数据。此外，还可以通过营销调研、年度调查、服务反馈卡、秘密购物、反馈分析、焦点小组访谈和服务检查等获得客观数据。从管理角度出发，优质服务必须符合以下几个方面的标准：

1. 规范化和技能化。服务企业员工具备必要的知识和技能，规范作业，解决顾客疑难问题（有关产出标准）。

2. 态度和行为。服务人员（一线员工）态度友好，主动关心照顾顾客，并以实际行动为顾客排忧解难（有关过程标准）。

3. 可及性和灵活性。服务企业的地理位置、营业时间、营运系统设计和操作便于顾客服务，并能灵活地根据顾客要求随时加以调整（有关过程标准）。

4. 可靠性和忠诚感。无论发生什么情况，服务企业、服务人员和营运系统都是值得信赖的。服务企业能够遵守承诺，尽心竭力为顾客提供最大利益（有关过程标准）。

5. 自我修复。无论何时出现意外，服务企业都将迅速有效地采取行动，控制局势，寻找可行的补救措施（有关过程标准）。

6. 名誉和可信性。服务企业经营活动可以信赖，其优良业绩和超凡价值可以与顾客共同分享（有关形象标准）。

在六个维度的标准中，规范化和技能化与技术质量有关，名誉和可信性与形象有关，它可起到过滤器的作用。而其余四个维度的标准（态度和行为、可及性和灵活性、可靠性和忠诚感、自我修复）显然与服务过程有关，体现着功能质量。

（三）操作测量

服务质量测量的重点应放在操作测量上。操作测量是指服务操作过程和结果的质量测量。包括正常运行的时间、服务响应时间、故障率和服务递送的成本等。这些标准可以通过计算、定时或审计进行测量。例如，在某一时段客服电话的等候时间、列车晚点时间、航空行李丢失率、手术后病人的康复率、完成某一服务需要的时间等。

三、服务质量测量案例

2024 年 1 月 20 日，某市运管局发布了 2023 年度全市驾培机构服务质量测量结果榜单。本次测量覆盖全市 58 家驾培机构，其中 A 级驾培机构 9 家，A−级驾培机构 23 家，B+级驾培机构 21 家，B 级驾培机构 5 家，没有 C 级驾培机构。

（一）测量指标内容科学全面

本次测量委托第三方机构实施的“驾驶培训质量和服务水平评测”项目，进行优化调整后，从学员评价、考试综合合格率、培训质量跟踪、动态监管、第三方测量以及负面指数六个维度着手，科学全面地建立了驾培服务质量测量指标体系。明确各级评价指标权重和测量结果计算方法，将结果划分为五个等级，分别为优秀、良好、合格、基本合格和不合格，依次用 A+和 A、A−和 B+、B 和 B−、C+和 C、C−表示。

（二）测量数据采集广泛真实

本次测量数据统计时间为 2023 年 1 月 1 日至 2023 年 12 月 31 日。数据来源如下：

1. 调用交通部门、公安部门、驾培协会、银行等部门的行业大数据信息。

2. 采集学员电话回访满意度调查记录，聚焦获取教练员吃拿卡要、额外收费、代刷学时、驾培机构满意度、教练员满意度等几方面的关键信息。

3. 开展在线问卷调查。设计针对学员的《驾培服务情况调查问卷》，通过获取第一手真实行业数据，实现对全市驾培机构服务质量的客观综合评价。

（三）测量结果与改进服务

1. 对于行业管理部门来说，能客观掌握本地区驾培行业培训服务质量水平，通过加强对测量结果的导向运用，引导驾培机构重视测量结果，从而提高驾培机构的服务质量，提升驾培行业的公众满意度。

2. 对于驾培机构来说，能掌握和了解自身在行业中的总体水平，发现与其他驾培机构的差距，有针对性地调整和规划未来发展方向。

3. 对于社会公众来说，能够缓解驾培行业信息不对称现象，在报名择校时有更加清晰明确的依据和参考，同时也进一步保障了学员的合法权益。

第 3 节　服务质量提升

习近平总书记指出："要树立质量第一的强烈意识，下最大气力抓全面提高质量，用质量优势对冲成本上升劣势。要开展质量提升行动，提高质量标准，加强全面质量管理，促进公平竞争，加强知识产权保护和管理，遏制以降低质量为代价的恶性竞争。要引导企业突出主业、降低成本、提高效率，形成自己独有的比较优势，发扬'工匠精神'，加强品牌建设，培育更多'百年老店'，增强产品竞争力。"① 在致力于提高服务质量的过程中，企业必须明确两方面的内容。首先，企业对服务质量的规定及其执行贯穿整个服务递送系统的设计与运行过程，而不是单纯依赖事后检查和控制。因此，服务的过程、设施、装备与工作设计等都将体现出服务水平的高低。其次，顾客对服务质量的评价是一种感知认可的过程，他们往往习惯于通过服务递送系统中服务人员的表现及其与顾客的互动关系来进行评价。因此，人的因素对于服务质量提升至关重要。

一、服务提供者质量提升

习近平总书记指出："从生产端入手，提高供给体系质量和效率，扩大有效和中高端供给，增强供给侧结构对需求变化的适应性，推动我国经济朝着更高质量、更有效率、更加公平、更可持续的方向发展。"② 服务质量全面管理不仅是服务企业的服务提供部门和人员的责任，而且是以营销部门为中心的各个部门、从企业的最高管理者到中层

---

① 习近平：推进供给侧结构性改革是一场硬仗.（2017－06－21）. 人民网.

② 把改善供给侧结构作为主攻方向　推动经济朝着更高质量方向发展.（2017－01－23）. 人民网.

管理者直到第一线的每一位员工的综合管理行为。这里强调服务提供者质量提升的理由是：首先，企业的员工既是服务的提供者，又是服务内容的一部分。例如，当一位律师向自己的顾客提供法律服务时，这种服务就是律师的行为。其次，在多数场合下，顾客必须与服务提供者进行接触，才能完成自己的消费行为。因此，服务提供者的行为对服务买卖行为的结果影响很大。一般来说，服务的无形构成部分在服务中所占的比例越大，构成服务的人的因素就越重要。因此能否有效地对服务提供者实行质量提升，直接关系到顾客满意度与企业的效益。具体地说，服务提供者质量提升包括如下内容。

（一）服务提供者的选拔与培训

服务提供者主要是指把企业的服务直接提供给顾客的一线员工。这些员工的选拔与培训要考虑以下因素。

1. 服务本身的特点。它决定了员工选拔与培训的标准。例如，在饭店服务中，服务员的年龄、性别、容貌、语言习惯、动作等比较重要。培训他们主要是要求他们学会直接同顾客打交道，掌握菜肴、饮品等的相关知识。这里的外在条件与他们接待顾客的能力都非常重要。而客房服务的特点是服务员不会较多地接触顾客，但他们的服务好坏可以被顾客看得清清楚楚，因此对他们的要求是要有自觉、认真、细致的工作态度。

2. 作为服务对象的顾客的特点不同，为其服务的员工的选拔与培训也不同。例如，在医疗服务中，要求医护人员具有尽可能高尚的医德与高超的专业技能，诚如习近平总书记所指出的，“广大医务工作者要恪守医德医风医道，修医德、行仁术，怀救苦之心、做苍生大医，努力为人民群众提供更加优质高效的健康服务”①。但是，由于其工作任务、服务对象不同，在具体选拔与培训内容上会突出不同的重点。如对于儿科的医护人员，掌握儿童的心理、引导儿童情绪的能力相对重要。

3. 员工的选拔与培训要与组织结构的特点相一致。对于像医院这样组织结构严密、各环节之间需紧密配合的机构，作为服务提供者的医护人员需要有综合判断能力，并能与其他岗位的人员协调工作。但是对于组织结构不甚严密的服务企业而言，比如律师事务所、会计师事务所等，作为服务提供者的律师、会计师个人的独立判断能力、分析能力和随机应变能力是主要培训内容。

（二）服务提供者的岗位安排

习近平总书记指出，“要坚持正确用人导向，努力做到选贤任能、用当其时，知人善任、人尽其才。”② 在市场营销实践中，人尽其才是服务企业在员工岗位安排上的基本原则。要体现这样的原则需考虑员工的个性、岗位环境特点和顾客特征。这是由于每个人因所受的教育、工作经验等有别而表现出不同的能力。人的心理素质不同，即使能力相

---

① 把保障人民健康放在优先发展的战略位置　着力构建优质均衡的基本公共教育服务体系. 人民日报，2021-03-07.

② 《习近平著作选读》第一卷主要篇目介绍. 人民日报，2023-04-06.

同、在同样的岗位工作，其工作成果也并不一定相同。人的脾气秉性不同，将脾气秉性不合的人安排在同一岗位上就会影响协调的效率。因此，如何做到人尽其才，要看员工自身的条件、岗位的特点与顾客的特征。也就是说，岗位安排在考虑员工的个性是否与企业内部的诸环境要素相适应的同时，还要考虑是否与企业的外部环境要素特别是顾客的要求相适应。

（三）给予服务提供者适当的权限

对于一线服务人员，不仅要规定责任，还要给予适当权限。这是因为对于多数服务企业来说，一线服务人员在提供服务的过程中必然与顾客直接接触，因此很容易出现一些意料之外的问题与冲突。而对这样的情形，一线服务人员应该在一定范围内具有无须事先请示而处理问题的权限。例如，对于餐馆来说，在就餐高峰时间段，顾客会因为等待时间过长、上错菜等事情与服务员发生冲突，此时如果服务员只有责任而无权限，他们就会寻找托词、推卸责任或干脆等待上级处理，其结果必然是延长问题解决时间、增加顾客不满。但是，如果服务员有无须事先报告就可以向正常就餐受到影响的顾客提供一定量的免费饮料或免费饭菜等权限，他们就可以灵活、从容地解决矛盾。

（四）监督服务提供者的行为

这种监督一般包括如下几个方面：

1. 销售状况。企业根据对销售状况（例如销售额、市场占有率、利润额、顾客复购率等）的监督考察员工的业绩。

2. 顾客投诉。利用顾客投诉处理制度监督员工的工作表现。

3. 员工建议。对于任何企业而言，员工对于企业的建议都是企业经营管理智慧最重要的源泉。员工建议处理制度要与员工的奖励晋升制度结合起来。

4. 顾客满意度。企业可以通过顾客满意度的调查，了解企业存在的问题，掌握顾客对员工和企业的评价。①

二、服务提供过程质量提升

服务提供过程包括提供前、提供中及提供后三个阶段。服务提供过程质量提升就是根据这三个阶段的顾客需求，系统、有机地展开的服务质量管理行为。服务提供前的质量提升从服务提供系统的检查开始，它与服务提供者的人员准备与物质准备密切相关。服务提供中的质量提升是指对于每一位顾客，都尽可能地按其期待的方式提供其所期待的服务内容。服务提供后的质量提升是指听取顾客的购后意见，并把他们的要求体现在以后的服务提供中。在这种服务提供过程中，对服务质量提升综合管理的具体实施要注意以下几点。

---

① Harris E G，Lee J M. The customer，co-worker，and management burnout distinction in service settings：personality influences and outcomes. Service Marketing Quarterly，2004，25（4）：13－31.

（一）注重部门间协调

习近平总书记多次强调，“加强部门间协调配合，增强战略一致性。”[①] 服务企业的营销部门必须与服务直接提供部门以及后援部门互相理解，协同行动，否则服务提供过程的综合管理难以成功。这是因为服务的提供行为不是企业某个部门单独完成的行为，而是以营销部门为核心，多个部门相互作用、共同努力的结果。

（二）共享信息与分担责任

为了顺利实现服务提供过程质量提升，部门之间的信息共享和责任分担是重要的前提条件。也就是说，各个部门以前独自占有的信息应向关联部门公开，以加强信赖基础，明确共同的利害关系；在此基础之上，确定服务提供过程中各个部门的责任分工和任务目标，同时决定企业内经营资源的分配与信息传递方法。正如习近平指出的，要“加强数字基础设施和能力建设，增强数字经济可及性，消弭数字鸿沟”[②]。

（三）循序渐进重联动

服务提供过程质量提升一般从两个层次展开。首先是决定单一服务的提供程序，其次是决定企业整个服务提供系统的运转方式。也就是说，针对服务提供过程的三个阶段的特点，决定物的流动、人的流动以及信息的流动。

三、服务构成要素质量提升

服务构成要素质量提升是对影响服务内容的所有要素进行全面分析、把握和控制的行为。这种行为焦点是如何把多种多样的服务要素按照顾客的意愿进行合理组合。

（一）服务内容

服务内容基本上分为机能部分和附属部分。举例来说，酒店的客房、餐馆的饭菜、航班的座位等属于机能部分，而促成这些机能有效发挥的必要条件则是附属部分，例如酒店的前台接待、餐馆的设施环境、航空公司的售票及行李托运等。

（二）服务数量

服务数量是指服务的提供与消费的时间长短等概念，例如，酒店客房的面积、餐馆饭菜的种类、飞机的飞行距离等。

（三）服务质量

服务质量就是顾客在利用某种服务时感受到的机能或效用。习近平总书记在视察海

---

① 习近平主持召开中央财经委员会第八次会议强调　统筹推进现代流通体系建设　为构建新发展格局提供有力支撑.（2020－09－10）．人民网.

② 习近平：把握时代机遇　共谋亚太繁荣.（2018－11－19）．人民网.

南三亚凤凰岛国际邮轮港时指出，“发展高水平旅游业，要抓硬件，更要抓软件，特别要提高服务质量、推进精细化管理，以优质服务赢得旅客的笑脸和称赞，赢得持久的人气和效益”[①]。对于顾客来说，整洁舒适的客房、美味的饭菜和安全正点的航班就是保证服务质量的基本要求。服务构成要素的综合管理从确定目标市场的需求开始，即首先要明确目标市场的类型和需求类型。例如，对于民航服务来说，顾客通常会比较下列服务构成要素，即安全性、飞行时间、正点率、舒适性和经济性等。航空公司可以根据顾客的要求，把上述要素组合成内容不同的服务，包括飞机类型（大小、速度、机内设施等）的选择、机组人员的配备、机内服务（饮食、娱乐等）的标准等。不同的组合构成了满足不同顾客需求的服务，比如头等舱、商务舱、经济舱等。当然，服务的内容、数量和质量的确定要充分考虑投入产出比。

四、服务质量提升实施要点

企业服务质量提升要注意以下几点。

1. 持续改进。持续改进是企业连续改进某一或某些运营过程以提高顾客满意度的方法。也就是说，这种管理行为是一个持续的过程，根据市场需求的变化，各个要素本身和构成服务的整体组合要不断更新、改善，旨在拓展服务领域，创新服务方式方法，完善服务体制机制，提高服务质量。

2. 要素联动。各个要素、各个环节虽然相对独立存在，但是调整某一个要素或环节时要充分考虑要素之间、环节之间的联动关系，力求“有机衔接、联动集成、协同协调，更加突出体制机制的健全完善”[②]。为此，必须加强内部沟通协调，切实提高效率。在要素联动、提质增效方面，切记“速度就是效率，协调就是效率，简化就是效率，责任明确就是效率，最小失误就是效率”[③]。

新启迪 13－2　围绕用户体验提升服务质量

3. 顾客参与。顾客参与是指顾客通过参与服务过程而明确自己担当的角色和自己的服务预期行为。虽然顾客不是服务质量全面提升的主体，但是事实上顾客的理解和参与对于服务质量全面提升有着重大影响。

学术前沿　服务质量问题的最新研究：服务旅程质量

Jaakkola 和 Terho 将服务旅程质量（service journey quality）定义为客户对服务提供者拥有的服务过程接触点组合的感知度，其中这些接触点可被感知为一个无缝的、连贯的和个性化的整体。其中所谓的服务提供者拥有的接触点，指的是可以由服务提供者控制的接触点，如由品牌和合作伙伴所负责的接触点。其背后的缘由是，虽然现代多渠道服务流程可能涉及服

① 加快国际旅游岛建设　谱写美丽中国海南篇．人民日报，2013－04－11.

② 习近平．健全全面从严治党体系　推动新时代党的建设新的伟大工程向纵深发展．求是，2023（12）.

③ 霍晓丽，四建磊．“刹住新的不正之风没有气势不行”：习近平总书记在河北正定工作的艰难岁月．河北日报，2017－09－11.

务提供者和外包合作伙伴的网络，但是，无论该项子服务是否由外包公司完成，客户仍然会将服务过程作为一个整体来进行评估，并常常将不同的接触点的体验归于核心服务提供者的责任。因此，Jaakkola 和 Terho 对于服务旅程质量的定义聚焦于服务供应商能够设计和管理的服务接触点。

服务旅程质量可以从三个维度进行测量：

旅程无缝性（journey seamlessness）：指的是一段服务旅程描述是否是简单的、不麻烦的，以及从一个接触点到另一个接触点的转换是否是非常顺滑和无感的。

旅程连贯性（journey coherence）：服务旅程是否在视觉和不同接触点的服务风格方面保持一致。服务人员的风格、交付服务的方式以及服务设置中的视觉元素是否是一致的，并传递相同的信息。

旅程个性化（journey personalization）：服务旅程是否让客户感觉是服务提供者为自己量身定制的，并适应每个客户的独特情况和需求。换句话说，服务提供者是否在不同的接触点及时和客户进行服务交互，并让客户自由选择服务旅程。

来源：Jaakkola E，Terho H. Service journey quality：conceptualization，measurement and customer outcomes. Journal of Service Management，2021，32（6）：1－27.

素养园地

海尔集团全面提升服务质量

海尔集团自 1993 年以来，针对各个行业环境的变化，进行了五次大的战略转型，最后成功转型为以全方位服务为基础的网络化企业。2022 年，海尔集团全球营业收入 3 506 亿元，增长 5.4%，生态收入 450 亿元，增长 16.3%，全球利润总额 252 亿元，增长 3.7%。目前，海尔集团已形成以世界一流企业为愿景、以 4 年 5 000 亿元为目标、以物联网时代引领的生态品牌为定位的战略布局。2019 年以来践行的生态品牌战略，让海尔集团面对复杂多变的大环境，迸发出不一样的发展韧性和活力，在智慧住居、产业互联网、大健康等领域，交出了高质量发展的成绩单。

在全方位提升服务质量方面，海尔集团从产品开发、生产制造到售后服务全面提升了服务质量。首先，从产品开发开始，海尔集团从消费者的需求出发，精准定位消费者的需求，并且实施开放式创新，强调以消费者为中心的产品和服务创新。其次，在生产制造上，海尔集团实施的“一人一单”的制作模式，全面提升了产品质量和生产效率。最后，在售后服务方面，海尔集团秉持“有求必应”的服务理念，对消费者需求给予超预期的满足。其专业的售后服务团队适应了市场的需求，在售后服务的实施上，有据可查，有证可依。只要消费者通过海尔集团的 App 提交问题，就可以收到最快速、高效的售后服务反馈。

除此之外，根据时代的发展和行业的变化，以及对自我持续改善的驱动，海尔集团还开启了企业社会化的全面服务，逐步建设了完整的社区化网络，让其产品与服务实现与消费者的无障碍交流，使服务更加精准，更能满足消费者的需求。

家电服务面临极其复杂的场景，消费者需求千变万化。随着时代的变迁，消费者对家电服务的要求越来越高，面对时代的课题，海尔集团服务围绕消费者需求创新求变。通过数字化转型，海尔集团服务实现了质的飞跃，服务过程全部在平台上，消费者可以随时随地提需求，平台秒级响应，服务全程可见，消费者随手可评，服务更快、更便捷、更有爱。海尔集团服务还开创了量子小店，扎根社区，随叫随到，即需即供，从服务家电到服务家庭；同时推出全屋智装、局改微装、以旧换新、衣物护理等服务，衍生出服务大生态。在物联网时代，海尔集团服务按下数字化变革的快捷键，开启消费者的美好时代，提供高效便捷的全新服务体验。

海尔集团高管指出："无论怎么变，真诚不变，对消费者的真诚永远不变。在服务体系中，消费者是服务唯一的裁判，服务好与坏，消费者说了算；表彰谁，消费者说了算。"海尔集团服务一直在变的是模式，永远不变的是真诚。

回看海尔集团的发展历程，可以看到它始终把提升服务质量放在发展的首要位置，以此赢得了消费者的较高认同，取得了显著的市场效果。凭借全面提升服务质量的策略，海尔集团成功成长为全球知名的家电制造商。海尔集团从 1984 年一家濒临倒闭的集体小厂到 2023 年深入全球 200 多个国家和地区，服务 10 亿用户家庭，这充分证明了其全面提升服务质量战略的成功。

海尔集团的成功案例说明，企业要想在激烈的市场竞争中立于不败之地，必须坚持以消费者为中心，全面提升服务质量。只有这样，企业才能在各种挑战中求得生存和发展。

资料来源：在共建国家设立 22 个工业园，海尔："一带一路"上的本土化探索. 青岛日报，2023-10-20.

小结

服务质量是服务满足规定或潜在需要的特征的总和。其表层含义应包括服务的安全性、适用性、有效性和经济性等一般要求。服务质量也是顾客感知的反映，既由服务的技术质量、功能质量、形象质量和关键时刻构成，又通过感知质量与预期质量的差距来体现。服务质量的基本特点有：服务质量是一种主观质量、一种互动质量，过程质量在服务质量构成中占据极其重要的地位，制造业质量测量的方法不能照搬应用于服务业。服务质量差距分析模型认为，在分析和设计服务质量时必须考虑五种差距，即管理者认知差距、服务质量标准差距、服务交易差距、营销沟通差距和服务质量感知差距。服务的设计、生产、交易及与顾客关系等影响着顾客感知服务质量。服务的技术质量、与买卖双方有关的功能质量也会受到这些因素的影响。顾客在评价服务质量时主要从五个维度进行考虑，即有形性、可靠性、响应性、保证性和移情性。PZB 建立了 SERVQUAL 模型来测量企业的服务质量。企业服务质量提升，应从服务提供者、服务提供过程以及服务构成要素三方面着手。其中，服务提供者质量提升应做好服务提供者的选拔与培训、岗位安排等工作，还要给予服务提供者适当的权限，并监督其行为；服务提供过程质量提升应注重部门间协调、共享信息与分担责任、循序渐进重联动；服务构成要素质量提升，应分析、把控好服务的内容、数量与质量；服务质量提升实施要点是持续改进、要素联动和顾客参与。

重要概念

服务质量	预期服务质量	体验服务质量	技术质量
功能质量	实体质量	互动质量	服务特征
关键时刻	结果质量	过程质量	形象质量
感知服务质量	市场沟通	企业形象	顾客口碑
服务补救	服务有形因素	服务可靠因素	服务响应因素
服务保证因素	服务移情因素	持续改进	要素联动
顾客参与			

复习题

1. 如何准确理解服务质量的内涵？
2. 服务质量的构成要素有哪些？
3. 服务质量的特点有哪些？
4. 服务质量差距通常有哪些？
5. 服务质量测量的标准是什么？测量程序是什么？如何运用？
6. 如何实现服务质量提升？

第 14 章

服务文化与顾客关系管理

思维导图

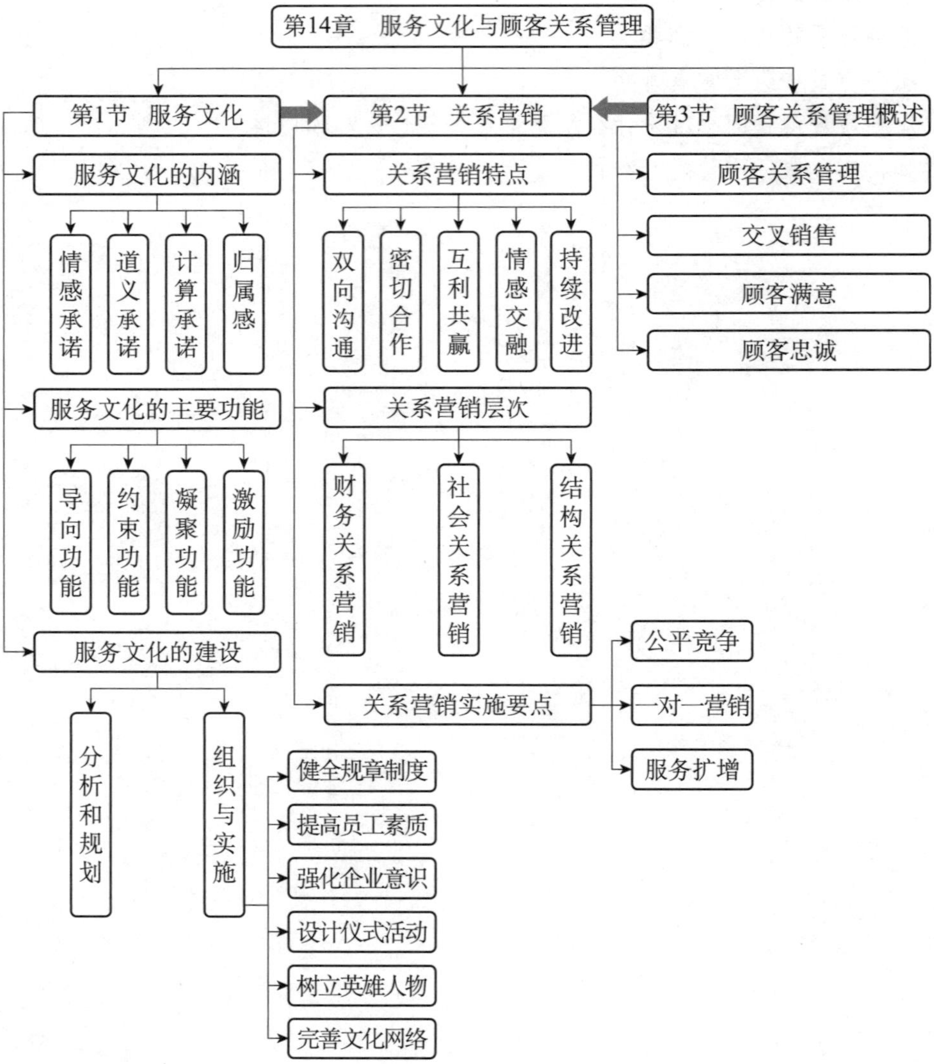

本章要点

- 服务文化的内涵及其主要功能。
- 建设服务文化的实施要点。
- 关系营销的层次及实施要点。
- 顾客关系管理与交叉销售的应用。
- 顾客满意、顾客忠诚及口碑传播的重要意义。

第 1 节　服务文化

党的二十大报告指出，“我们不断厚植现代化的物质基础，不断夯实人民幸福生活的物质条件，同时大力发展社会主义先进文化”①。这为服务企业加强文化建设指明了方向。企业文化是企业在一定的社会历史条件下，在生产经营和管理的实践活动中所创造的具有本企业特色的精神财富和物质形态。服务文化作为企业文化的重要组成部分，是衡量服务企业营销理念和营销实践的战略高度的重要标准。

一、服务文化的内涵

服务文化是指企业在长期为顾客服务的过程中所形成的服务理念、职业观念等价值取向的总和。在服务文化的引领下，企业员工要坚持服务导向，其日常行为和工作都要把提高服务质量放在首位。服务导向是指员工致力于为顾客的利益不断改进工作，并且在工作中全力以赴的倾向。它具有两方面的内涵：一是服务人员相信自己有满足顾客需要的服务能力；二是员工具有乐于与顾客交往和为顾客服务的态度。这意味着员工的服务导向不仅是一种对待顾客的心理状态，而且是带有特定目的的一种社会行为方式，员工愿意为此主动投入精力、付出努力或代价。

具有服务导向的员工把为顾客提供优质服务视为最重要的工作目标，可能是出于以下四种原因。

1. 情感承诺。它是指员工认同企业的目标和价值，自愿为企业作出贡献，为企业感到自豪的肯定性心理倾向，以及通过言语或行动表达对企业的忠诚、依赖、认同和投入等的承诺。情感承诺使得员工乐于为顾客提供优质服务，享受由此带来的满足感，为自己能帮助顾客而感到高兴和自豪。这种情况往往与员工内在的个性特征相关，一般来讲，外向的员工可能比内向的员工更乐于主动发现和满足顾客需要。

2. 道义承诺。它是指员工由于秉持正确的服务价值观念和准则，或因受到道德和伦理的教诲劝诫而形成的对顾客内在的责任感，致使员工觉得从道义上应该尽力为顾客提

① 习近平. 高举中国特色社会主义伟大旗帜　为全面建设社会主义现代化国家而团结奋斗：在中国共产党第二十次全国代表大会上的报告. 人民日报，2022-10-26.

供优质服务的承诺。

3. 计算承诺。它是指员工基于自身利益的计算，相信只要自己努力为顾客提供优质服务，就一定能够达成某种目的（如获得奖金、职务晋升或工作保障等），而且自己获得的收益会超过自己所付出代价的承诺。在这种情况下，员工会根据企业的规章制度权衡自己的利弊得失，并根据上级主管的可信任程度，权衡自己获得合理奖励的可能性，以此为基础，尽量为顾客提供优质服务。

新启迪 14-1　舒尔茨打造“伙伴文化”

4. 归属感。它是个人感觉被别人或团体认可与接纳时的一种感受，是个体对群体及其从属关系的确定、认同和维系。习近平指出，要“组织开展形式多样的纪念庆典活动，传播主流价值，增强人们的认同感和归属感”[1]。在服务营销实践中，正是由于对企业有归属感，员工才不断改进工作，尽力为顾客提供符合顾客需要的优质服务。在这种情况下，员工的根本动机是为企业利益着想。

上述四种原因并不相互排斥，其中一种或几种因素共同作用，促使员工愿意做出服务导向的行为。员工的服务导向决定了企业的服务效果。如果大部分员工不具备服务导向，企业就很难在市场竞争中吸引顾客、留住顾客。因此，服务企业应采取有效的措施，提高员工服务意识和服务能力，激励他们树立顾客导向的营销观念。

二、服务文化的主要功能

一般来说，服务文化有以下四项主要功能。

1. 导向功能。服务文化能够使组织成员更具服务导向的特点。作为服务文化一部分的服务导向，旨在强调企业按照顾客的需求主动、持续不断地致力于提高服务质量。具有服务导向的员工对顾客有兴趣，为顾客做得更多，在行动中更加谦逊、主动、灵活，并努力寻找满足顾客需求的恰当办法，以便有效应对尴尬或未曾想到的情境。顾客感知服务质量是企业收益的决定性因素，所以，服务导向提高了顾客心目中的服务质量，这也相应地对企业收益形成了积极影响。而企业收益的增加又为员工坚持服务导向和进一步改善服务质量提供了动力。这是一个自我完善、持续优化的良性循环。

新启迪 14-2　任正非的客户观

2. 约束功能。服务文化对企业成员的思想和行为具有约束和规范作用。规章制度等硬管理固然是必要的，但因为其具有刚性的特点，无法顾及每一个人的具体情况及多方面的需要，所以其调节范围与功能是有限的。企业文化理论注重的是管理中的企业精神、价值观、传统等软因素。通过服务文化建设，企业可以打造与制度等硬因素相协调、适应的环境氛围，包括群体意识、社会舆论、共同礼仪和习惯等内容，从而形成强大的心理约束，进而使企业成员对其自身行为进行持续不断的全方位、全过程的自我控制。可见，服务文化这种无形的

① 习近平：深化文化体制改革，加强社会主义核心价值体系建设.（2014-08-08）. 人民网.

约束力量比有形的约束力量更强大。

3. 凝聚功能。服务文化可以产生一种巨大的向心力和凝聚力，把企业成员团结起来。服务文化是全体成员共同创造的群体意识，寄托了企业成员的理想、希望和要求，因而企业成员会对这种群体意识产生认同感。这就促使企业成员积极参与企业事务，为企业发展贡献自身的力量，逐渐形成对企业的归属感。服务文化的凝聚功能还表现在服务文化的排他性上。对外排他性在某种意义上就是对内凝聚力，外部排斥和压力的存在使个体产生了对群体内部的依赖，同时，也增强了个体对外部压力的敏感性，促使个体凝聚于群体中，形成命运共同体。习近平指出，“向上向善的文化是一个国家、一个民族休戚与共、血脉相连的重要纽带。中国人历来抱有家国情怀，崇尚天下为公、克己奉公，信奉天下兴亡、匹夫有责，强调和衷共济、风雨同舟，倡导守望相助、尊老爱幼，讲求自由和自律统一、权利和责任统一”[①]。服务文化的凝聚功能就是指，企业通过共同的价值观和服务行为规范将全体员工联系在一起，形成一个互相理解、互相支持、互相依赖的整体的功能。

4. 激励功能。服务文化具有引发企业员工高昂的情绪和奋发进取精神的动力。传统的激励方法本质上是外在的强制力量，而服务文化不是消极被动地改造员工，而是通过文化建设，使每个员工从内心深处自觉地产生献身精神、积极向上的思想观念及行为准则，形成强烈的使命感，它具有持久的驱策力，成为员工自我激励的标尺。倡导服务文化的过程，也就是帮助员工寻求职业价值和意义，激发其日常工作行为的社会动机，增强社会责任感、荣誉感和使命感，从而充分调动其积极性的过程。所以，服务文化能够在企业员工的内心世界持久地发挥作用，避免了传统激励方法所引起的各种短期行为和非集体主义的不良后果。

三、服务文化建设

服务文化建设是一个系统工程，需要有严密、科学、系统的任务书、时间表和路线图，扎扎实实向前推进。

（一）分析和规划

服务文化是企业在长期生产经营活动中形成的。没有足够长的时间，难以形成稳定的文化积淀。因而，只有正确地认识企业的历史和现状，才能对未来的文化建设进行规划。

建设服务文化，企业首先要追溯其历史传统，考察历史上的重大事件、兴衰历程、光荣传统、崇高精神、礼仪、重要人物等，坚持历史和现实、理论和实践、国际和国内相结合的办法，从整体到局部，再从局部到整体进行反复揣摩，对企业发展历史进行总结和归纳。然后，还应对企业现状进行系统分析，对内部环境和外部环境进行全面诊断、科学预测。

---

① 习近平. 在全国抗击新冠肺炎疫情表彰大会上的讲话. (2022-09-11). 中共中央党校.

内部环境是服务文化生根发芽的土壤，对服务文化建设具有巨大的影响。诊断企业内部环境，首先要分析人员素质，包括管理人员和普通员工的素质。人员素质影响着服务文化的类型，也制约着服务文化发展的现实水平和潜在能力。其次要分析管理体制。管理体制合理与否对服务文化的建设有着重要的影响。例如，一个缺乏民主气氛的服务企业很可能过度集权，那么企业在服务文化建设过程中，就应该注意适当分权。最后要分析经营特色。服务企业类型多种多样、规模各有不同、业态形形色色，服务文化建设应该考虑企业与众不同的地方。

外部环境是企业本身无法控制的宏观环境力量（包括人口、经济、自然、技术、政治、法律、社会和文化等因素），对企业经营绩效和员工行为影响很大。企业成功的关键就在于能够根据企业外部环境的变化，及时调整内部环境以适应市场竞争的需要。例如，就人口因素而言，随着我国计划生育政策的调整，市场对婴儿看护、母婴用品的需求日趋扩大。随着收入的增长，消费者对出外旅游、健身养生的需求也在增加。新技术的发展，对于消费者移动支付、在线办公、远程教育需求的满足，带来了诸多便利。每一次新技术的出现都会给服务企业带来新的机会和挑战，也给服务企业文化建设带来新的思维。

在对企业历史和现状进行完整、系统的分析之后，企业就可以着手进行服务文化建设的规划。这些规划包括总体思想、实施重点、实施方法和时间表等。

（二）组织与实施

组织与实施是服务文化建设的关键阶段。它通常包括以下几个方面。

1. 健全规章制度。古人说："欲知平直，则必准绳；欲知方圆，则必规矩。"规章制度是企业内部约定的行为规范，具有强制性的特点。习近平指出，"制度是用来遵守和执行的"，"必须强化制度意识，自觉尊崇制度，严格执行制度，坚决维护制度，健全权威高效的制度执行机制，加强对制度执行的监督"。[①] 要"按法定职责权限履职用权，依据条令条例和规章制度开展工作"[②]。在服务文化建设过程中，需要检查哪些规章制度与服务文化有冲突。正如管理大师德鲁克所指出的，应该调整规章制度，而不是企业文化，因为组织调整规章制度比调整企业文化容易得多。例如，如果强调人人平等，那么保留规定某些管理人员享有特权的制度显然是不适合的，必须予以废除。当然，在调整规章制度时，应充分考虑人们的既得利益和心理承受能力，采取慎重稳妥的方式。

2. 提高员工素质。员工素质是指企业员工具有的思想素质、文化技术素质、业务素质、身体素质的综合体现。企业员工的素质是企业素质的基础。国内外的许多优秀服务企业把提高员工素质作为企业服务文化建设的基础性工作。但一些服务企业员工低素质的现状，也使企业服务文化建设的有效措施难以得到积极的回应和贯彻。即使能够得到贯彻，也往往在低水平徘徊。诚如习近平所指出的，"光有思路和部署，没有优秀的人来干，那也难以成事"[③]。因此，全面提高员工素质是服务文化建设的当务之急。

---

① 习近平在"不忘初心、牢记使命"主题教育总结大会上的讲话.（2020-06-30）.人民网.
② 如何把部队带得虎虎生威？习近平强调这些精气神.（2020-07-27）.人民网.
③ 习近平：贯彻落实新时代党的组织路线　不断把党建设得更加坚强有力.（2020-07-31）.人民网.

3. 强化企业意识。企业意识是指员工在企业群体参与中形成的共同心理和观念。如果员工能够把企业的工作真正当作个人生活的组成部分，他们就会很自然地对企业产生感情。在企业取得成功时，管理人员应该不仅向顾客和公众，而且向企业员工进行宣传，以强化员工的企业意识。加强民主管理，鼓励员工积极参与经营决策，也是强化员工企业意识的重要途径。

4. 设计仪式活动。企业仪式是指企业按照一定的标准进行的时空有序的活动，是企业文化的外显形式。企业员工只有在亲身实践中感受到企业的价值观，才能产生对本企业文化的兴趣。一些有远见的企业善于设计组织一些仪式活动，以营造适宜的气氛。例如，上海一家大商场在成立 30 周年之际印刷了一批首日封，总经理及其他管理者早晨守候在商场门口，将精美的首日封亲手送给每一位上班的员工。这种别出心裁的文化活动对于增强企业凝聚力具有意想不到的效果。

5. 树立英雄人物。英雄人物把抽象的精神层面和文化层面的内涵形象化，对服务文化的形成和强化有着不可忽视的作用。习近平总书记指出，“要学习英雄人物、先进人物、美好事物，在学习中养成好的思想品德追求”[①]。要求我们“善于从中华民族传统美德中汲取道德滋养，从英雄人物和时代楷模的身上感受道德风范，从自身内省中提升道德修为”[②]。伟大出自平凡，英雄来自人民。把每一项平凡工作做好就是不平凡。新时代中国特色社会主义伟大事业需要千千万万个英雄群体、英雄人物。学习英雄事迹，弘扬英雄精神，就是要把非凡英雄精神体现在平凡工作岗位上，体现在对人民生命安全高度负责的责任意识上。[③] 事实上，不同行业的服务企业有着不同特点的英雄人物，一家饭店的英雄人物可能是优秀厨师，而一家旅行社的英雄人物则可能是创销售纪录的推销员。对英雄人物的选择应坚持高标准，英雄人物的言行应能够体现企业的价值观。例如，北京市百货大楼门前矗立着该企业优秀营业员张秉贵的雕像，百货大楼价值观的核心正是张秉贵体现出来的“一团火”精神。

6. 完善文化网络。文化网络是指企业内部以轶事、故事等形式传播消息的非正式渠道，承载着企业信念和价值观，并为各层次各部门及全体员工所共享。文化网络能够广泛快速地传递大量的信息。它在服务文化形成过程中往往起着正式传播渠道无法替代的作用。因此，在服务文化建设中，应重视文化网络的作用。例如，切实组织好各种联谊会、微信群、兴趣小组等，使之起到交流信息、密切联系的作用。此外，还要善于发现和引导各种特殊的文化关系，如同乡关系、师徒关系等。服务企业应充分利用这些渠道传播企业的价值观，促进服务文化的形成和发展。

管理人员在服务文化建设的过程中，要特别注意以身作则，通过实际行动践行企业精神，达到潜移默化地影响广大员工的目的。要分清轻重缓急，既要全面推进，又要突出重点；既要狠抓当前，又要着眼长远，多办打基础、利长远的事，防止搞形式主义。

---

① 习近平同志《论党的青年工作》主要篇目介绍. 人民日报，2022-06-22.

② 习近平. 在纪念五四运动 100 周年大会上的讲话. 人民日报，2019-05-01.

③ 习近平会见四川航空“中国民航英雄机组”全体成员.（2018-09-30）. 新华网.

（三）数字经济助推服务文化建设

数字经济是指以数字化的知识和信息作为关键生产要素、以现代信息网络作为重要载体、以信息通信技术的有效使用作为效率提升和经济结构优化的重要推动力的一系列经济活动。近年来，互联网、大数据、云计算、人工智能、区块链等数字技术加速创新，日益融入经济社会发展各领域全过程，数字经济发展速度之快、辐射范围之广、影响程度之深前所未有，正在成为重组全球要素资源、重塑全球经济结构、改变全球竞争格局的关键力量。数字经济具有高创新性、强渗透性、广覆盖性，不仅是新的经济增长点，而且是改造提升传统产业的支点，可以成为构建现代化经济体系的重要引擎。

从服务营销视角看，数字经济为服务文化建设带来了诸多便利。以微信服务号为例，其作为企业和顾客的连接纽带，不再像以往那样企业一对多连接消费者，而是每一位消费者都可以跟企业内部的每一个人点对点连接。借助微信服务号，消费者可以找到任何一个服务人员。空调安装或家电维修，消费者可以通过微信服务号提出任何需求，企业可以将这些信息推送给每一个售后服务人员。这样，服务人员通过微信就能更加直观及时地获得相关消息。通过微信服务号不仅可以发送文字信息，还可以发语音、拍照片。此外，通过微信还可以进行现场评价，让消费者对售后服务人员点对点地评价，这样，既节省了大量的回访电话费，又可以对每一位服务人员实施精准考核。

微信服务号在企业总部到消费者之间筑起了一条黏性很强的联通渠道，也便于把员工与消费者的关系变成朋友关系。此外，消费者、内部员工、外部人员，以及整个供应链上下游之间都可以进行更加便利、高效的传播沟通，极大地增强了文化网络的功能，有效地助推了服务文化建设。

第2节　关系营销

一、关系营销特点

关系营销这个概念最先由伦纳德·贝瑞（Leonard L. Berry）于1983年提出。所谓关系营销，是指企业与顾客、供应商、分销商、竞争者、政府机构及其他公众或机构积极互动，从而建立和发展与它们的良好关系，谋求企业长期利润和发展的营销方式。关系营销与传统的交易营销的区别如表14-1所示。

表14-1　关系营销与交易营销的区别

关系营销	交易营销
企业强调顾客回头率、忠诚度和满意度	企业强调市场份额
市场风险小	市场风险大
着眼于顾客利益	着眼于单次交易

续表

关系营销	交易营销
产品利益导向	产品特色导向
长期利益	短期利益
高度重视顾客服务	对顾客服务不太重视
高度的顾客承诺	有限的顾客承诺
高度的顾客接触	中等的顾客接触
质量意味着一切	质量主要涉及产品
认为非常有必要了解顾客的文化背景	认为没有必要了解顾客的文化背景

作为一种新型的营销方式和理念，关系营销具有如下特点。

1. 双向沟通。在关系营销中，为了与有关各方建立良好的关系，必须注重信息沟通，而沟通应该是双向互动的交流。广泛的信息交流和信息共享，有助于企业赢得各个利益相关者的支持与合作。沟通越深入，关系就越牢固，关系营销的效果也就越理想。

2. 密切合作。在数字经济背景下，服务企业必须把握发展大势，以更大的开放拥抱发展机遇，以更好的合作谋求互利共赢，“本着相互尊重、相互信任态度，平等协商、求同存异、管控分歧、扩大共识”①，深挖合作潜力，充实务实合作内容，不断寻求新的增长点。只有通过合作才能实现协同，因此密切合作是互利共赢的基础。

3. 互利共赢。企业和利益相关者构成一个生态环境。要使合作关系行稳致远，必须提倡大家的事大家商量着办，推动各方各施所长、各尽所能，通过密切合作，把大家的优势和潜能充分发挥出来，聚沙成塔、积水成渊。在合作过程中，要坚持求同存异、聚同化异，通过坦诚深入的对话沟通，增进战略互信，减少相互猜疑。要坚持正确义利观，以义为先、义利兼顾，构建命运与共的伙伴关系。意大利著名作家莫拉维亚写道：“友谊不是偶然的选择，而是志同道合的结果。”在互利共赢基础上，创造更多合作机遇。关系营销旨在通过合作维护关系各方的利益。

4. 情感交融。关系得到稳定和发展，情感因素也起着重要作用。因此关系营销不只是要实现物质利益的互惠，还必须让参与各方从关系中获得情感的满足，交融汇聚，相得益彰，走出一条相遇相知、共同发展之路。②

5. 持续改进。关系营销要求建立专门的部门，追踪顾客、分销商、供应商及营销系统中其他参与者的态度，由此了解关系的动态变化，及时采取措施消除关系中的不稳定因素和不利于维护各方利益的因素。要营造全员参与、主动改进的氛围和环境，确保改进过程有序推进。此外，有效的信息反馈也有利于企业及时改进服务，更好地满足市场需求。借助数字技术，收集、运用、共享市场数据，以数据驱动，促进持续改进。

---

① 习近平出席二十国集团领导人第十四次峰会并发表重要讲话. (2019-06-29). 人民网.

② 习近平讲故事：“走出一条相遇相知、共同发展之路”. (2019-10-17). 人民网.

二、关系营销层次

根据企业培养与顾客关系的方式的类型与数量，关系营销可以分为三个层次，层次越高，潜在的回报也越高。

（一）财务关系营销

财务关系营销，又称频率营销、保持性营销，是指企业借助积分降价、打折优惠等财务手段来维系顾客的关系营销。营销人员主要使用价格刺激来鼓励顾客与企业进行更多的交易。银行可能以提高利率来鼓励客户与银行进行更多的交易；连锁酒店可能向常客提供免费或优惠旅行服务；超市可以经常提供价格优惠，发放优惠卡或者额外的赠券。遗憾的是，如果财务关系营销在短期内没有什么成效，那么它的长期结果往往也会令许多关系营销人员感到失望。价格是营销组合中最易模仿的要素，它本身并不会提供持久的竞争优势。

航空公司常客计划的本意是在商旅客户中培养品牌忠诚，但如果计划不周或实施不力，反而会降低商旅客户对付费机票的需求。

（二）社会关系营销

社会关系营销是指既利用财务手段吸引顾客，又借助增进顾客社会联系交往、社会网络互动、社会关系发展和社会价值感知等，进而通过提供个性化服务的手段来维系顾客的关系营销。

对于服务企业来说，可以不知道一般顾客的名字，但必须知道关系顾客的名字。关系顾客是目标市场的一部分，企业必须有效配置资源，努力为其提供个性化的服务。关系顾客的有关数据如背景、所需要的服务、特殊要求等均应收录在数据库中，并且为其专门配备人员提供服务。

（三）结构关系营销

结构关系营销是指企业除借助财务激励和社会网络手段之外，还通过为顾客提供独到服务、强化结构性关系、增进相互依赖等来维系顾客的关系营销。结构性关系要求提供对关系顾客颇具价值但无法通过其他来源得到的服务。这些服务经常以技术为基础，借此提高产出效率。许多成功的企业致力设计一个专享的服务提供、递送系统，竞争者难以效仿和介入，而且仅靠个人私交难以获得这些服务，必须通过系统高效的制度安排来实现。

如果实施得好，结构性关系将提高顾客转向其他竞争者的机会成本，因为在制度安排下，顾客也不愿意为此放弃更多的东西。结构性关系也增加了那些从竞争者转向本企业的顾客的收益。结构关系营销的实施要点是向顾客提供增值服务或超值服务，留住顾客，使之因成本高或代价大而很难从其他竞争者那里获益更多。

美国航空公司为了吸引并留住占乘客数量2%～3%的“优势乘客”，投资研发了 SABRE 信息系统，为其提供额外的超值服务，而这种服务是竞争者一时不能或者不愿效仿的。这些额外的服务包括：“黄金热线”，一种排他性免费电话线路，用于预订机票或传递信息；为“优势乘客”保留最吸引人的头等舱直到出发前两天；在 SABRE 信息系统中存入个人旅行简况。美国航空公司创造的顾客利益包括：“优势乘客”获得了额外的关注、便利等服务价值；享受了普通乘客不能享受的特权和排他性服务；享受到了以往只提供给老主顾的超值服务。

新启迪 14－3 咖啡店关系营销三层次

三、关系营销实施要点

服务企业在实施关系营销时必须面对的挑战是如何让顾客感知到自己与企业有着颇具价值的特殊关系。这就需要为顾客提供他们非常看重且竞争者难以模仿的服务价值和利益。社会关系营销比财务关系营销更不容易提供这些利益。但社会关系营销所带来的收益要优于财务关系营销。同理，结构关系营销又优于社会关系营销。

价值将服务企业和顾客连接在一起，反映了顾客全部付出所对应的全部收益。顾客感知到的主要收益是服务可靠性、及时性、安全性等。服务企业向顾客递送的价值决定了关系营销的潜力，而递送的优质服务又直接影响着关系营销的潜在价值。

（一）公平竞争

顾客与企业的关系维系需要信任，而信任又建立在公平竞争的基础之上。顾客如果觉得企业在与其他同行竞争时所采取的手段不公平，就很难与企业建立并发展关系。公平竞争指各个竞争者都认同价值规律，接受优胜劣汰，并各自承担竞争的结果。公平竞争要求建立这样的市场环境：卖方和买方都能找到他们的目标；卖方听从买方的意见，并对他们的要求反应灵敏；不管卖方对买方，还是买方对卖方，都开放有关交易的任何准确信息，并信守承诺。服务营销人员要实践关系营销，必须让每项政策和战略都符合公平原则。

（二）一对一营销

服务企业应力求创造一种营销文化，把现有顾客当作新出现的潜在顾客来对待。服务营销人员通过与现有顾客保持联系沟通，并提供个性化的服务来留住他们。一对一营销是指为企业与顾客的互动沟通提供针对性、个性化方案，提高终身顾客关系的投资回报率，提升整体的顾客忠诚度。实施一对一营销需要具备如下条件：

1. 渠道畅通。要实施一对一营销，顾客必须有联系并接近服务企业的渠道。一旦他们有需求，就可以及时与企业交流、沟通、互动。服务渠道畅通、高效是关系建立的基础。通用电气公司每年花费 1 000 万美元，用以维持公司咨询中心的运转，该中心的计算机信息系统能够及时、准确、高效地回答 75 万个常见问题。服务代理商每年会接受 100 小时领会顾客意图和让顾客耳目一新的培训。

2. 双向互动。沟通、交流应该是双向的，既可以由服务企业发起，也可以是顾客主动联系企业。如果总是先由顾客开始联系，那么顾客多半会认为他们难以与服务企业建立特殊而稳定的关系。而服务企业主动联系顾客，则会对加深顾客服务感知、了解顾客需求动向具有重要的意义。

3. 组织行为。一对一营销是服务企业与顾客之间的互动。在互动过程中，服务人员代表着企业，是以组织的信誉和权威传播信息，因而服务人员的行为是组织行为，而不是个人行为。虽然员工个人的卓越表现会赢得顾客信任和忠诚，但这里的信任和忠诚是针对企业组织，而不是针对个人。因此，服务人员必须及时将掌握的顾客信息等资源交付企业主管。随着银行业零售业务的日益重要，不少银行将顾客的私人银行业务分配给银行职员，由其负责管理，并提出建议，解决问题，向顾客传播信息，提供额外超值服务。如果业务处理得好，顾客与银行职员的关系就相当于顾客与整个银行的关系，那些业务精湛、服务周到的银行职员就会把自己的顾客发展为银行的关系顾客。在一对一营销中，精准的顾客信息是必不可少的。一家酒店可以建立一套信息系统，在顾客提问的基础上获取有关顾客偏好的数据。借助这些信息，酒店能够有效地使服务个性化，并通过多种方法不断强化服务。

4. 管理系统。管理系统是由管理者与管理对象组成的并由管理者负责控制的一个整体。管理系统由相对独立的人、财、物、信息、时间、部门等构成。把企业管理看作一个系统，就能运用系统分析的方法，综合研究企业的各项专业管理，把生产、营销、服务活动的内部条件和外部环境、定量分析和定性分析有机地结合起来，选择最优方案，提高经济效益，增强核心竞争力。管理系统既利于服务企业发现并满足顾客要求，维系与顾客的关系，又便于服务企业测评、奖励员工，不断优化服务营销管理。

（三）服务扩增

服务扩增是指企业把附加服务和核心服务结合起来，既和竞争对手相区别，又以超越竞争对手和顾客预期的服务质量、内容和数量向顾客提供服务。实际上，营销人员用附加服务扩增核心服务经常是为了使总体服务更有吸引力。服务扩增策略要求找出对顾客来说具有价值的额外服务，并且这些服务应不易于模仿，具有实施上的灵活性。

由于服务扩增策略太容易被竞争者效仿，因而它的潜在利益经常被减弱。在连锁酒店，我们能看到同样类型的模仿性服务扩增。酒店前台摆放薄荷糖、巧克力，浴室里配有毛巾、浴袍等。这些行为是令人愉快的，但是很容易被竞争者模仿，进而被广泛采用，以至于成为行业标准，顾客对此也习以为常，因此，这些服务不能培养顾客忠诚。

营销人员通过服务扩增来彰显服务特性，其关键环节是突破财务关系营销的限制，创新性地推出社会性和结构性的附加服务，使整个企业都与竞争对手有所不同——场景、态度、文化等，强化企业独一无二的美好形象。图14-1总结了关系营销的主要板块及其相互之间的联系。企业提供给顾客的服务感知质量及其与顾客的关系类型影响着感知价值，进而又决定了企业与顾客关系的水平和强度。

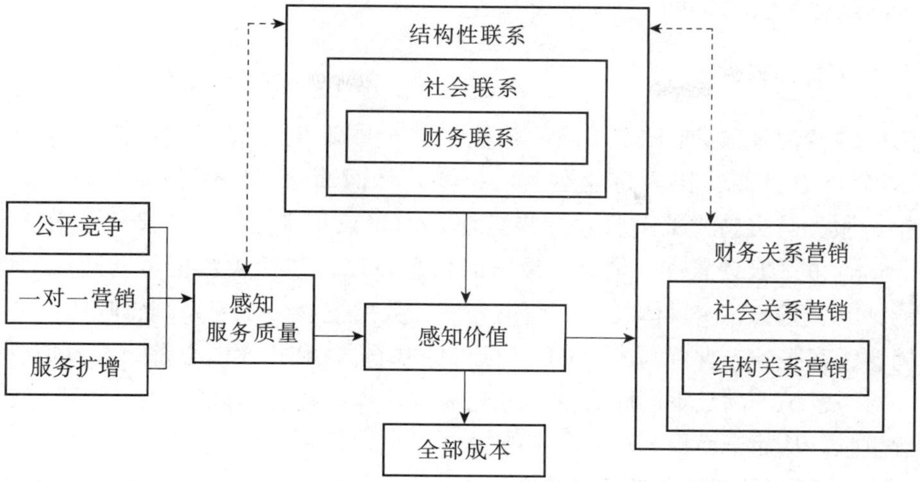

图 14-1 质量-价值-关系链

说明：图中的虚箭线表示相应板块之间次要的联系。

第 3 节 顾客关系管理新发展

随着数字经济的迅速发展，尤其是营销自动化软件开发及应用的突飞猛进，数据处理技术在营销领域得到空前广泛的应用，不仅促进了顾客满意度与忠诚度的提高，而且增强了企业组织的核心竞争能力。其中，顾客关系管理（customer relation management，CRM）和交叉销售（cross-selling）给企业营销带来的变化最为明显。

一、顾客关系管理

（一）顾客关系管理的产生与发展

顾客关系管理（CRM）是指借助销售自动化、营销自动化，加强顾客服务和支持，密切顾客关系的一种营销方式和流程。CRM 既是一套原则制度，也是一套软件和技术，其目标是缩减销售周期和销售成本，增加收入，寻找扩展业务所需的新的市场和渠道，以及提高顾客获得的价值、满意度和忠诚度。顾客是企业的一项重要资产，顾客关怀是 CRM 的中心。企业顾客关怀的目的是与所选顾客建立长期和有效的业务关系，在与顾客的每一个接触点上都更加接近顾客、了解顾客，最大限度地增加利润和利润占有率。

CRM 起源于 20 世纪 80 年代初的“接触管理”（contact management），即专门搜集整理顾客与企业相互联系的所有信息，借以改进企业经营管理，提高企业营销效益的管理方式。到 20 世纪 90 年代中期，“接触管理”逐渐演变为包括呼叫中心（call center）和数据分析在内的“顾客服务”（customer service）。进入 21 世纪以来，CRM 最终形成一套完整的管理理论体系。它既是一种市场导向的营销理念，同时也是面向顾客优化市场、服务、销售业务流程，增强企业部门间集成协同能力，加快顾客服务的响应速度，提高顾客满意度和忠诚度的一整套解决方案。

（二）CRM 软件

作为一种营销理念，CRM 强调，企业在整个顾客生命周期中都必须以顾客为中心。CRM 软件也将顾客作为企业运营的核心，从而简化、协调各类业务功能（如销售、营销、服务与支持）的过程，并将其注意力聚焦于满足顾客需要上。作为解决方案（solution）的 CRM 软件，集合了最新的信息技术，包括大数据、云计算、物联网、人工智能、电子商务、多媒体技术、数据仓库、数据挖掘、专家系统、呼叫中心等。销售、营销、顾客服务与支持构成了 CRM 软件的基石。CRM 的核心是顾客价值管理，企业通过一对一营销，满足不同顾客的个性化需求，提高顾客忠诚度和保有率，实现顾客价值持续贡献，从而全面提升企业盈利能力。

1. 销售。CRM 中的销售队伍自动化（sales force automation，SFA）模块可为管理顾客关系提供全过程、集成式解决方案。SFA 旨在提升销售人员活动及其过程的自动化程度。为了提升销售人员的工作效率，SFA 提供如下服务功能：日历和日程安排、联系和顾客管理、佣金管理、渠道管理、销售预测、营销建议管理、定价、区域划分、费用报告等。

2. 营销。营销自动化模块，作为对 SFA 的补充，为营销提供如下独特功能：营销计划编制和执行、计划结果分析；需求清单管理；预算和预测；营销数据管理；顾客跟踪、分销和管理等。营销自动化模块与 SFA 模块的区别在于提供的功能及其目标不同。营销自动化模块不局限于提高销售人员自动化程度，其目标是为营销及其相关活动提供设计、执行和评估的基本框架。营销自动化和 SFA 模块互为补充。例如，成功的营销活动有助于获悉顾客需求，为使营销活动落到实处，应该及时地将销售机会及顾客信息告知销售专员。

3. 顾客服务与支持。顾客的维系、保持有赖于企业优质的服务，包括服务的速度、准确性和效率等。因为，顾客可以很轻易地转向竞争对手。可见，顾客服务与支持对企业营销至关重要。在 CRM 中，顾客服务与支持，以及满足顾客的个性化需求等，主要是通过呼叫中心和互联网实现。CRM 软件中强有力的顾客数据，使得企业通过多种渠道（如网络平台、呼叫中心、App 等）的纵向和横向销售变得可能。将顾客服务与支持功能同销售、营销功能有机融合，为企业提供很多更好的营销机会，向已有的顾客销售更多的产品。顾客服务与支持功能包括：顾客关怀、纠纷处理、订单跟踪、现场服务、维修行为安排调度、服务协议和合同管理、服务请求管理等。

（三）CRM 的主要功能

CRM 包括各种营销理念、战略和策略，如根据顾客行为方式的变化安排分销渠道，借助顾客数据来规划和实施分销、促销和服务战略等。但是总体上讲，CRM 的主要功能集中在以下三方面。

1. 顾客获取。首先，企业借助 CRM 可识别并吸引有利可图的顾客。系统收集顾客的数据资料，然后加以详细分类和分析，从中可筛选出本企业的目标顾客群。给那些重复购买的顾客以奖励，使之感受到良好的双向沟通，并认为自己得到了特别关注和奖励，能够增强企业与顾客的交往沟通，强化彼此之间互利互信的长期合作关系。其次，运用顾客数据资料来设计开发上述顾客喜欢的产品与服务。最后，提供个性化服务，或针对某一顾客群提供专门服务。

2. 顾客开发。借助 CRM，企业可站在顾客的立场上，研究顾客需要什么产品，在什么时候、以何种付款方式来满足具体的服务需求，并据此运用分销、促销、服务等营销战略和策略来改进服务，降低成本，赢得顾客忠诚。做好顾客开发，需做好以下工作：(1) 在顾客需要的时间与地点提供顾客切实需要的产品和服务，以便最大限度地获得利润收入。(2) 了解顾客价值及其行为特征，以此为基础，优先安排营销方案，有效配置服务资源。(3) 借助多种营销手段、促销方式和服务渠道，改进服务并降低成本。(4) 通过销售产品，向顾客个人或家庭实施更大规模的市场渗透，以不断提高企业的市场占有率。

3. 顾客保持。在保持已有顾客方面，一要致力于建立和维持顾客忠诚度，二要借助顾客数据资料进行有针对性的促销和交叉销售活动，三要努力扩大顾客参与的服务范围，从而在顾客和企业之间建立更牢固的联系。所有这些，都可借助 CRM 来完成。

二、交叉销售

（一）交叉销售的含义

交叉销售是 CRM 的一个重要应用领域。它是指企业借助 CRM，发现现有顾客的多种需求，并通过满足其需求而销售多种相关服务或产品的一种新兴营销方式。事实上，交叉销售不仅是一种营销方式，更重要的是一种营销哲学，即充分利用一切可能的资源来开展营销，服务市场，赢得顾客，甚至在很大范围内与合作伙伴共享市场。这些资源包括自己现有的、可以开发或正在开发的资源，也包括合作伙伴的资源。例如，一个高尔夫俱乐部会员卡的购买者，可能也是轿车购买者，还可能是健康服务购买者。如果了解这个顾客的消费属性和兴趣爱好，企业就可以根据更多的客观参考变量做出正确判断。所有这些参考变量都需要借助 CRM，由数据库来进行存储和分类。

（二）交叉销售的应用

交叉销售可以应用于多个行业，如家电业、银行业、保险业、证券业、旅游业、酒店业等。其前提是企业知道顾客是谁、他购买了什么产品或服务、有哪些具体的消费属性。其核心是数据库的应用，关键是与特定顾客高效率的沟通，结果则是更多的销售和利润。所以，交叉销售在很大程度上是以数据库营销为基础，对于 CRM 的深度挖掘和应用，或者可以说是 CRM 的一个派生功能。企业借助数据库来锁定某个特定的顾客，了解顾客消费属性和购买历史，进而采取明智的营销战略和策略，来满足顾客需要，赢得竞争优势，提高营销效益。

（三） CRM 与交叉销售的营销效果

由于企业的顾客具有分散性，要实现对顾客的有效沟通，就必须采用独特的传播媒体，而不是大众媒体。在传统营销方式中，实施家族品牌策略的途径和手段常常是直接邮寄，而在信息技术日益普及的今天，更多的是借助电子邮件和定向广告。

在这方面，CRM 中的数据库给企业带来了极其宝贵的营销资源优势。基于数据库，企业可以实现跨行业多品种的交叉销售。企业充分利用顾客数据，至少可以在如下方面成效显著：

1. 为企业的顾客提供周到全面的服务，提高顾客忠诚度，不断提高企业营销效益。

2. 帮助企业开展富有成效的市场调研，更加精确地掌握顾客需求现状、发展趋势、满足程度等数据资料，借以改善营销管理。借助回归分析法、因子分析法、聚类分析法等工具，企业可以从顾客数据库中挑选出对企业有价值的优质顾客和潜在目标顾客群，从而为开展交叉销售奠定坚实基础。

3. 向其他企业提供有关的名单租赁服务，不仅从顾客关系资源中获取更多的经济价值，还借此密切与战略合作方的互利关系，增进相互信任。

4. 为企业拓展新业务和维持顾客关系提供数据支持，促进企业提高营销工作的精准度。美国的一项研究表明，开发一个新顾客的费用是保持现有顾客的 6 倍。新顾客不仅开发费用高，而且成交机会少。而将产品或服务推销给现有顾客的成交机会却高达 50%。因此企业必须采取措施尽最大努力维系顾客，防止顾客流失。若是流失一名最好的顾客，则企业要花费极大时间精力去寻找一名替代顾客，或找更多的普通顾客来弥补利润的损失。而顾客关系的维持，不仅可以节省市场细分、市场选择和市场定位的资源耗费，而且可以提高效益，改进管理，增加企业与顾客的双向沟通。这又为更大领域的交叉销售拓展了渠道。

三、顾客满意

（一）顾客满意的定义

习近平总书记指出，“要深入群众，用自己的眼睛看最真实的情况，用自己的耳朵听最真实的声音，把准群众需求的脉搏，实实在在搞好服务。要建立服务群众满意度评价制度，服务做得怎么样要让群众说了算，并且要根据群众意见不断提高服务水平”①。在服务营销实践中，必须特别重视顾客满意的评价。顾客满意是指顾客将服务满足其需要的绩效与自己的预期相比较所形成的感知，是顾客需求满足后的愉悦感。一般来讲，顾客购买产品或服务之前会对产品或服务有所期望或预期，而消费产品或服务之后又会对产品或服务的质量、性能、特色、价值等有所感知。当产品或服务的感知效果达到预期时，顾客就会满意；否则，会导致顾客不满意。具体地讲，顾客满意水平取决于感知效果和预期之间的差异。如果感知效果低于预期，顾客就会不满意；如果感知效果与预期相匹配，顾客就会满意；如果感知效果超过预期，顾客就会非常满意、高兴或欣喜。

---

① 习近平谈群团工作：坚持为党分忧、为民谋利.（2017-11-27）. 人民网.

（二）顾客满意度分析

从个人层面来讲，顾客满意度是顾客对产品或服务的消费体验的情感反应状态。顾客满意既可以是针对一件产品、一项服务、一种思想、一个机会、一套体系（如在金融服务中体现出对最高货币增值率和最低存货成本等利益的追求），也可以是针对某种社会性或精神性追求。

顾客总价值是指顾客在消费服务的过程中得到的一组利益。这些利益可以归纳为产品价值、服务价值、人员价值和形象价值的组合。顾客总成本是指顾客为了获取这组利益而不得不付出的货币成本、时间成本、信息成本、精力成本和维护成本等的组合。

在服务营销领域，顾客满意度的影响因素主要有三项，即体验服务质量、预期服务质量和感知服务质量，如图 14-2 所示。

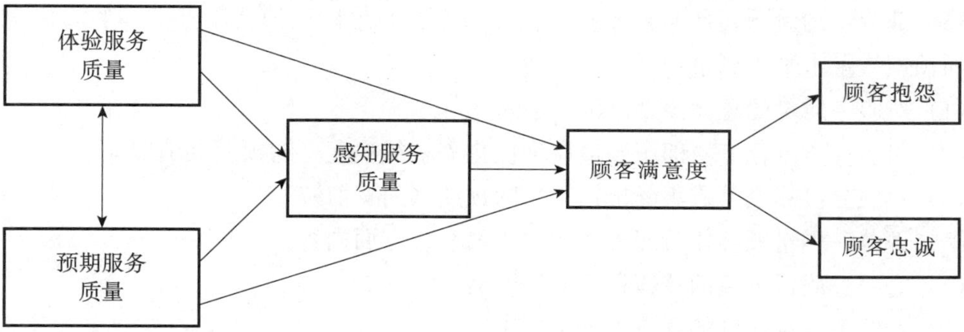

图 14-2　顾客满意度分析

1. 体验服务质量。体验服务质量是指顾客对近期服务消费体验的总体评价，对顾客满意度具有直接而重要的影响。因此，借助顾客体验服务的评价可以测量顾客满意度。习近平总书记在成都第三十一届世界大学生夏季运动会开幕式欢迎宴会致辞指出，“欢迎大家到成都街头走走看看，体验并分享中国式现代化的万千气象”①。要使顾客体验服务质量的评价更具有可操作性，必须留意服务的定制化度和可靠度。服务定制化度是指企业为不同的顾客量身定制、提供个性化服务的程度。例如美国花旗银行向全球不同地区、不同阶层，具有不同行为、不同习惯的顾客提供服务，仅存款服务一项就有 100 多种。服务可靠度是指企业向顾客提供完全可靠的、标准化服务的程度。顾客感知质量的各种属性中，定制化度、可靠度对顾客体验服务质量的总体评价影响很大。

2. 预期服务质量。预期服务质量是指顾客基于对企业以往服务的体验和评价而生成的对未来服务质量的预期。这既涉及以往所有服务的质量体验和信息，也涉及对企业未来一定时期满足市场需要能力的预测。在服务表现一定的条件下，顾客预期服务质量的高低决定了顾客的满意程度。

3. 感知服务质量。感知服务质量是指顾客相对于所付价格而感知评价的服务质量水平。在顾客体验服务质量一定的情况下，感知服务质量的提高与顾客满意度之间呈正相关关系。服务企业必须在准确测量顾客感知服务质量的基础上，寻找各项价值的增值点，

---

① 习近平．在成都第三十一届世界大学生夏季运动会开幕式欢迎宴会上的致辞．人民日报，2023-07-29.

以便在现有价格水平上努力提高服务质量。

顾客满意度是企业用以评价营销绩效、强化顾客导向的一整套指标体系。它可以表示为顾客消费服务获得的总价值与消费服务付出的总成本的比率。如果对企业的产品和服务感到满意，顾客也会将其美好的消费体验和感知以口碑传播，让其他顾客知悉，从而扩大服务企业知名度和美誉度，提升企业形象，为企业的长远发展不断注入新动能。习近平在《之江新语》的《“潜绩”与“显绩”》一文里提道：我们常讲的金杯银杯不如老百姓的口碑，金奖银奖不如老百姓的夸奖，说的就是要多做埋头苦干的实事。①

（三）顾客满意度指标

评价顾客满意度的指标由五部分构成，借此可以得出每个顾客对服务的总体评价。②

第一部分：测量顾客预期服务质量。要求顾客回想以往消费服务的体验，确定对该服务的预期质量水平。测量指标包括：

（1）对服务质量的总体预期（消费前）。

（2）对服务定制化度（即服务适应个性化需求的程度）的预期（消费前）。

（3）对服务可靠度（或服务出错率）的预期（消费前）。

第二部分：测量顾客体验服务质量。主要有三方面内容：

（1）对服务质量体验的总体评价（消费后）。

（2）对服务定制化度的评价（消费后）。

（3）对服务可靠度的评价（消费后）。

第三部分：测量顾客感知服务质量。要求顾客基于所支付价格来评价所感知的质量水平。主要包括两方面内容：

（1）对于给定价格下服务质量水平的评价——该指标适用于进行同业同项服务质量的横向比较。

（2）对于给定服务质量下价格水平的评价——该指标适用于对同一市场定位的各服务项目进行竞争力比较研究。

第四部分：测量顾客总体满意度，主要指标有：

（1）总体满意度。

（2）预期差距（次于或优于预期服务水平）。

（3）服务表现与理想服务水平的差距。

后两个指标中的“预期服务水平”与“理想服务水平”是两个不同的概念，服务的顾客满意度是通过比较服务表现与这二者的差距来测量的。

第五部分：测量顾客抱怨水平。通过考察顾客抱怨是正式的（如发电子邮件、发微信、发微博、诉诸媒体、打电话到服务企业等）还是非正式的，便可大致测量顾客抱怨水平。该指标可以反映服务企业的顾客沟通水平和抱怨管理水平。

---

① 习近平总书记在浙江考察纪实：一步一履总关情．浙江日报，2015-05-30.

② 郭国庆，王霞，梁栋．营销决策模型．北京：高等教育出版社，2019.

（四）提高顾客满意度的策略

为了提高顾客对服务企业营销活动的满意度，必须真正做到如下几点。

1. 坚持顾客导向。顾客导向是提升顾客服务满意度的基本动力，同时又是引导决策、动员联络所有部门共同为顾客满意目标而不懈奋斗的思想武器。麦当劳成功的关键就在于始终重视顾客，让顾客满意。它的整体价值观念就是质量、服务、卫生和价值。

2. 开发服务产品。顾客满意战略要求企业的经营活动以满足顾客需求为出发点，把顾客需求作为企业创新服务的源头。因此，企业必须熟悉顾客，了解顾客，及时、全面调查其现实和潜在的需求，深入分析其购买动机、行为、能力和水平，系统研究其消费行为、习惯、兴趣和偏好。只有这样，企业才能科学预测顾客的需求走向，确立正确的新服务开发方向。

3. 完善服务系统。热情、真诚、为顾客着想的服务才能带来顾客满意。企业必须不断完善服务系统，以方便顾客为原则，用优质服务的魅力和一切为顾客着想的理念去感动顾客。诚如习近平指出的，要“不断完善制度、扩展服务、提高质量”①，为提高顾客满意度提供强有力的保障。

4. 倾听顾客意见。企业服务质量如何，是否令人满意，这要由顾客说了算。“鞋子合不合脚，只有穿的人才知道。”② 服务企业要实施顾客满意战略，必须建立一套顾客满意度分析处理系统，用科学的方法和手段检测顾客对企业服务的满意程度，并及时反馈给企业管理层和营销部门，以不断改进企业服务，及时、精准地满足顾客需求。尤其是在数字经济、电子商务、人工智能、大数据等新技术迅速发展的时代背景下，服务企业借助网络信息技术手段，更便于及时、准确、全面地听取顾客意见，不断提高服务质量和顾客满意度。

四、顾客忠诚

（一）顾客忠诚的概念

顾客忠诚是指顾客对企业产品或服务高度依赖和认可、长期购买和使用，从而在思想情感上体现出的信任和忠诚，是顾客对企业产品或服务在长期竞争中所表现出的优势的综合评价。顾客忠诚度即顾客忠诚的程度，是指由于质量、价格、服务等诸多因素的影响，顾客对某一企业的产品或服务产生感情，形成偏爱并长期重复购买该企业的产品或服务的倾向。③

按照顾客忠诚度，以及与企业的密切程度，阿德里安·佩恩（Adrian Payne）将顾客划分为五个不同的层次，即潜在顾客、新顾客、现有顾客、支持者和倡导者，并形象地给出了顾客忠诚度的关系营销阶梯，如图 14－3 所示。结合图示可以看出，服务企业在营销过程中不应该只将注意力放在吸引新顾客和潜在顾客上，还应重点发展与顾客之

---

① 让全体人民公平获得医疗卫生服务．人民日报海外版，2020－01－02.

② 习近平．坚持和完善中国特色社会主义制度　推进国家治理体系和治理能力现代化．求是，2020（1）.

③ 郭国庆，王霞，梁栋．营销决策模型．北京：高等教育出版社，2019：220－221.

间的关系，使之成为企业的忠诚顾客。

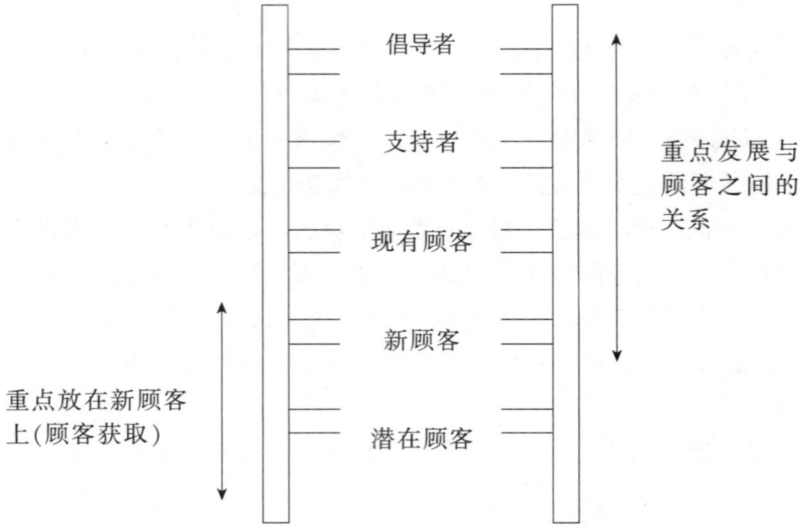

图 14－3　顾客忠诚度的关系营销阶梯

顾客忠诚对于企业具有重要的营销价值和战略意义。吸引新顾客和维系现有顾客是关系营销中不可或缺的两个组成部分，而维系现有顾客又是其中非常重要的内容。这里有一个形象的比喻——“漏桶理论”：桶上之所以出现漏洞，是因为服务营销过程中会出现一些差错和缺陷，比如服务质量差、技术水平低、服务态度恶劣等，从而导致水从桶中流出来，也就是企业失去了一部分现有顾客。为了保持一定的营业额，企业必须不断向桶中注入新水——新顾客。这样的过程是昂贵的，企业通常要付出比较高的代价。这些代价包括：

1. 说服新顾客需要增加一定的费用。据估计，与说服一个现有顾客再次购买相比，争取一个新顾客至少要花 6 倍的费用；要想重新争取到一个因不满意而离开的顾客，则至少要花 25 倍的费用。企业要向新顾客提供初始服务，需要做大量重复性的前期宣传工作，这些都会导致企业成本的增加。

2. 现有顾客离开带走了大量的销售额。

3. 因不满意而离开的顾客会给企业形象带来巨大的负面影响。研究表明，一个不满意的顾客会将其经历告诉大约 11 个人，这 11 个人又会继续向别人诉说，最终可能导致 60 个人知道此事。这种类似蝴蝶效应的反应会给企业的形象造成巨大的伤害。

在多数情况下，顾客满意和顾客忠诚并不是简单的线性关系。这说明在顾客满意和顾客忠诚两个变量之间存在一些调节变量，如社会规范、情境因素、产品经验、替代选择以及转换成本等。这些调节变量及其作用强度会因行业的不同而有所差异。

（二）顾客忠诚度的测量

企业可以通过测量顾客对服务再消费的倾向性来实现对顾客忠诚度的测量。具体而言，顾客忠诚度包括三个指标：

1. 再次消费该服务的可能性，即顾客是否再次购买或重复消费企业所提供的服务。

2. 愿意重新购买该服务条件下的价格（提价）容忍度，即假设顾客已经表示可能再次消费该服务，企业对服务价格提高多大程度时，顾客会取消购买。该指标反映了顾客忠诚度。

3. 吸引重新购买该服务的价格（降价）容忍度，即假设顾客已经表示不可能再消费该服务，企业对服务价格降低多大程度时，顾客才会在消费同类服务时重新选择该企业的服务。这一指标反映了顾客对服务的潜在抱怨以及企业为挽留顾客需要付出的代价。

新启迪 14-4

必须高度关注顾客忠诚度

在市场竞争日趋激烈的形势下，服务企业注重建立顾客忠诚度，从顾客那里源源不断地获取价值。而顾客忠诚度和奖励计划对于旅游和酒店品牌而言，则是一个很好的切入点。这不仅仅是提供折扣、积分和优惠的机制，还是一个可以丰富顾客体验的定制化品牌互动过程。弗雷斯特（Forrester）的研究结果显示，只有 55%的品牌制订了有效的个性化奖励计划，因此大多数服务企业在这方面仍有很大的改进空间。如果旅游和酒店品牌想要在数字时代脱颖而出，就必须通过重新设计自己的顾客忠诚度和奖励计划来提供最佳体验。通常情况下，从其他方面来弥补顾客流失的成本比维系现有顾客的成本高出 5～25 倍。酒店业 80%的利润来自顾客忠诚度和奖励计划的会员，而这些会员只占顾客总数的 20%。

学术前沿 交叉销售和情感营销

交叉销售（cross-selling）。交叉销售是一种通过向现有顾客推销相关产品和服务来增加销售额和利润的策略。简单来说，说服现有顾客去购买另一种产品，也是根据顾客的多种需求，在满足其需求的基础上实现销售多种相关的服务或产品的营销方式。交叉销售在传统的银行业和保险业等领域的作用最为明显，因为顾客在购买这些产品或服务时必须提交真实的个人资料，这些数据一方面可以用来进一步分析顾客的需求（CRM 中的数据挖掘就是典型的应用之一），作为市场调研的基础，从而为顾客提供更多更好的服务，另一方面也可以在保护顾客个人隐私的前提下将这些顾客资源与其他互补资源结合开展营销。最新的研究关注如何通过顾客数据分析和个性化推荐来实施交叉销售，并提高顾客满意度和忠诚度。

情感营销（emotional marketing）。在情感消费时代，顾客购买商品所看重的已不是商品数量的多少、质量的好坏以及价钱的高低，而是为了一种情感上的满足、一种心理上的认同。情感营销从顾客的情感需求出发，唤起和激起顾客的情感需求，引发顾客心灵上的共鸣，寓情感于营销之中，以有情的营销赢得无情的竞争。情感营销强调情感因素在顾客决策中的重要性。通过建立情感连接，企业能够在激烈的市场竞争中脱颖而出。情感营销注重与顾客的情感连接，通过情感化的广告、故事性的包装和个性化的互动，激发顾客情感共鸣，提高顾客忠诚度。情感营销主要通过情感包装、情感促销、情感广告、情感口碑、情感设计等策略来实现企业的经营目标。

素养园地

南方航空健全ESG管理体系

中国南方航空股份有限公司（以下简称“南方航空”），总部设在广州，是中国运输飞机最多、航线网络最发达、年客运量最大的航空公司之一。南方航空以“阳光南航”为文化品格，以“连通世界各地创造美好生活”为企业使命，以“顾客至上、尊重人才、追求卓越、持续创新、爱心回报”为核心价值观，大力弘扬“勤奋、务实、包容、创新”的南航精神，致力于建设具有全球竞争力的世界一流航空运输企业。

2007年，南方航空率先发布中国民航业首份社会责任报告，开启了南方航空的系统化履责之路。至今，南方航空已连续10多年发布了社会责任报告，是中国民航业发布社会责任报告数量最多的企业。每年的4月22日是世界地球日，2018年开始南方航空将每年4月22日设立为“南航社会责任日”，深化企业履行社会责任理念，进一步履行负责任的企业公民使命，推动社会文明进步和环境可持续发展。南方航空积极倡导环境、社会和公司治理（ESG）管理理念与实践，持续改善可持续发展表现，探索出一条具有南方航空特色的系统化履责之路。

一是建立健全ESG管理体系。南方航空不断强化社会责任理念，健全社会责任组织体系，指导社会责任工作有序高效开展，在履责“质”和“量”上都实现了提升。高层领导大力支持社会责任工作，设立公司董事长、总经理担任主任的社会责任指导委员会，决定公司社会责任管理策略、社会责任报告审批等。下设社会责任工作小组，成员涵盖总部职能部门和下属单位主要负责人，负责社会责任管理、实践及信息披露工作。扎实开展社会责任制度建设，制定公司级《社会责任管理手册总册》《社会责任管理手册分册》，上线《社会责任示范基地管理办法》，提升社会责任示范基地建设和管理水平。不断提高履行社会责任工作与公司业务融合程度，将社会责任理念深度融入航空运输业务全流程，促进履责工作在更高层次、更广领域展开。

二是积极主动发挥行业优势履责。南方航空主动发挥自身在航空运输领域的专业优势、资源优势、人才优势等，以服务国家战略为主线，积极践行央企担当。高度重视旅客安全，全面启动安全七大体系建设，严格管控安全风险，通过提升飞行员资质能力、常态化开展运行管控、不断革新飞行技术保障旅客旅途安全。做好员工职业健康安全风险的识别与处理，及时开展员工心理问题疏导，保障员工身心健康。南方航空积极应对气候变化，认真开展打赢“蓝天保卫战”专项行动，在新能源车引进、尾气改进、桥载电源替代使用等方面发力并取得明显效果，荣获中国民航局“蓝天保卫战工作先进单位”荣誉称号。通过机队优化、单发滑入等技术优化和航路优化、航油管理等管理提升举措，减少燃油消耗和使用效率。为减少餐食浪费，南航积极响应“节约粮食”号召，通过“按需用餐”等创新产品和服务模式，开展“绿色飞行”服务，在不断提升服务品质的同时减少“舌尖上的浪费”，获得媒体、旅客广泛好评。积极开展碳监测、碳交易行动，2020年按时完成首次民航飞行活动二氧化碳排放数据的监测、报告和核查，完成欧盟碳交易、广东省碳交易履约工作，为我国实现“碳达峰、碳中和”贡献力量。

三是深入创新ESG信息披露。南方航空积极加强与利益相关者沟通交流，深入研究各方的合理需求和期望，将其转化为企业发展的行动目标和方案，拓宽沟通方式，创新沟通渠道，及时有效地传播公司的社会责任理念和履责动态。加强社会责任报告的编制和发布制度，建立有效运行的社会责任报告编制小组，各个部门共同参与，在报告中系统梳理公司经营管理工作的方方面面，全面反映社会责任各项议题实施情况，这不仅有利于推动社会责任理念和要求与央企日常运营和管理体系的全面融合，同时还有利于及时发现日常管理中的缺陷与不足，明确改进重点及方向，并采取有效措施实施改进。不断完善官网、微信公众号等多种媒体渠道社会责任板块内容运营与管理工作，由专人负责定期更新公司最新履责动态，便于利益相关者及时了解。

资料来源：国内首家！南航调整机票退改手续费：机型变更等纳入免费退改.（2024-01-04）. 澎湃新闻；https://www.capco.org.cn/hyzl/ESGsjal/202109/20210929/j_2021092909561200016328805850452883.html.

小结

服务文化是指企业在长期为顾客服务的过程中所形成的服务理念、职业观念等价值取向的总和，具有导向、约束、凝聚、激励等功能。服务文化建设，需要分析和规划、组织与实施等环节。关系营销是指企业与顾客、供应商、分销商、竞争者、政府机构及其他公众或机构积极互动，从而建立和发展与它们的良好关系，谋求企业长期利润和发展的营销方式。关系营销具有双向沟通、密切合作、互利共赢、情感交融、持续改进等特点，可分为财务关系营销、社会关系营销、结构关系营销三个层次。关系营销的实施要点是公平竞争、一对一营销、服务扩增。其中，实施一对一营销需要具备渠道畅通、双向互动、组织行为、管理系统等条件。顾客关系管理是指借助销售自动化、营销自动化，加强顾客服务和支持，密切顾客关系的一种营销方式和流程，其主要功能是顾客获取、开发和保持。交叉销售是 CRM 的一个重要应用领域。它是指借助 CRM，发现现有顾客的多种需求，并通过满足其需求而销售多种相关服务或产品的一种新兴营销方式。顾客满意是顾客需求满足后的愉悦感。顾客体验服务质量、预期服务质量和感知服务质量都会对顾客满意度产生影响。提高顾客满意度需要坚持顾客导向、开发服务产品、完善服务系统、倾听顾客意见。顾客忠诚是指顾客对企业产品或服务依赖和认可、长期购买和使用，从而在思想情感上体现出的信任和忠诚。顾客忠诚将为企业赢得口碑，强化企业的美好形象。

重要概念

企业文化	服务文化	服务导向	情感承诺
道义承诺	计算承诺	归属感	规章制度
员工素质	企业意识	企业仪式	文化网络
关系营销	财务关系营销	社会关系营销	结构关系营销
公平竞争	一对一营销	服务扩增	顾客关系管理

接触管理　　交叉销售　　顾客总价值　　顾客总成本
服务定制化度　　服务可靠度

复习题

1. 什么是服务文化？服务文化有哪些功能？
2. 关系营销有哪些特点？可分为哪几个层次？
3. 顾客关系管理有哪些功能？
4. 提高顾客满意度的策略有哪些？
5. 如何测量顾客忠诚度？

参考文献

［1］国家主席习近平发表二〇二四年新年贺词．人民日报，2024－01－01．

［2］习近平．以美丽中国建设全面推进人与自然和谐共生的现代化．求是，2024（1）．

［3］习近平．在庆祝中华人民共和国成立74周年招待会上的讲话．人民日报，2023－09－29．

［4］习近平．在文化传承发展座谈会上的讲话．求是，2023（17）．

［5］中共中央文献编辑委员会．习近平著作选读：第1卷、第2卷．北京：人民出版社出版，2023．

［6］习近平．习近平谈治国理政：第四卷．北京：外文出版社，2022．

［7］习近平．论把握新发展阶段、贯彻新发展理念、构建新发展格局．北京：中央文献出版社，2021．

［8］习近平．习近平谈治国理政：第三卷．北京：外文出版社，2020．

［9］Baron S，Harris K．Services marketing：texts and cases．Basingstoke：Palgrave Mcmillan，2009．

［10］Bateson J E G．Managing services marketing．3rd ed．Fort Worth：Dryden Press，1995．

［11］Bateson J E G，Hoffman K D．Managing services marketing：texts and readings．Fort Worth：Dryden Press，1999．

［12］Berry L L，Parasuraman A．Marketing services．New York：The Free Press，1991．

［13］Christopher M，Payne A，Ballantyne D．Relationship marketing：bring quality，customer services，and marketing together．Oxford：Butterworth-Heinemann，1991．

［14］Gabbott M，Hogg G．Contemporary services marketing management：a reader．London：Dryden，1997．

［15］Glynn W J，Barnes J G．Understanding services management．Chichester：Wiley，1995．

［16］Gronroos C．Service management and marketing：a customer relationship management approach．2nd ed．Chichester：Wiley，2000．

［17］Gronroos C．Service management and marketing：customer management in service competition．3rd ed．San Francisco：Wiley，2007．

［18］Heskett J L．Managing in the service economy．Boston：Harvard Business School Press，1986．

［19］Hoffman K D，Bateson J E G．Services marketing：concepts，strategies，& cases．4th ed．Cincinnati：South-Western College Pub．，2010．

[20] Hoffman K D, Bateson J E G. Essentials of services marketing. 2nd ed. Orlando: Harcourt, 2002.

[21] Hoffman B. Essentials of services marketing: concepts, strategies and cases. 北京：北京大学出版社，2004.

[22] Kotler P, Armstrong G. Principles of marketing. 18th ed. Harlow: Pearson Education Limited, 2021.

[23] Kotler P, Kartajaya H, Huan H D. Marketing for competitiveness: Asia to the world in the age of digital consumers. Singapore: World Scientific Publishing Co. Pte. Ltd., 2017.

[24] Kotler P, Kartajaya H, Setiawan I. Marketing 4.0: moving from traditional to digital. New Jersey: John Wiley & Sons, 2017.

[25] Kotler P, Keller K. Marketing management. 15th ed. Harlow: Pearson Education Limited, 2016.

[26] Kresper H, Van Helsdingen P, De Vries W. Services marketing management: an international perspective. Chichester: Wiley, 1999.

[27] Lovelock C H, Patterson P E, Walker R H. Services marketing: an Asia-Pacific perspective. 2nd ed. Melbourne: Prentice-Hall, 2001.

[28] Lovelock C H. Principles of services marketing and management. Upper Saddle River: Prentice Hall, 2004.

[29] Lovelock C H, Wirtz J. Services marketing. 6th ed. Upper Saddle River: Prentice Hall, 2006.

[30] Lovelock C H, Wright L. Principles of services marketing. 3rd ed. Upper Saddle River: Prentice Hall, 2004.

[31] Lovelock C H, Wirtz J. Services marketing: people, technology, strategy. 7th ed. New Jersey: Prentice Hall, 2010.

[32] McColl-Kennedy J R. Services marketing: a managerial approach. Milton: John Wiley and Sons, 2003.

[33] Mudie P, Cottam A. The management and marketing of services. Oxford: Butter-Worth-Heinemann, 1993.

[34] Quelch J A, Ang S H, Leong S M, et al. Strategic marketing cases for 21st century Asia. Singapore: Prentice Hall, 2000.

[35] Roy S K, Mutum D S, Nguyen B. Services marketing cases in emerging markets: an Asian perspective. Berlin Heidelberg: Springer-Verlag, 2016.

[36] Sherry J F. Service scapes: the concept of place in contemporary markets. Chicago: NTC, 1998.

[37] Van Looy B, Gemmel P, Van Dierdonck. Services marketing: an integrated approach. Harlow: Prentice Hall-Financial Times, 2003.

[38] Wirtz J, Lovelock C. Services marketing: people, technology, strategy. 8th

ed. Singapore：World Scientific Publishing Co. Pte. Ltd.，2016.

[39] Zeithaml V，Bitner M J，Gremler D. Services marketing. 6th ed. New York：McGraw-Hill Irwin，2012.

[40] 安贺新. 服务营销. 上海：上海财经大学出版社，2016.

[41] 范秀成. 服务管理学. 天津：南开大学出版社，2006.

[42] 高丽华. 企业服务营销. 北京：中国物资出版社，2002.

[43] 郭国庆. 市场营销. 4 版. 北京：中国人民大学出版社，2021.

[44] 郭国庆. 市场营销管理:理论与模型. 北京：中国人民大学出版社，1995.

[45] 郭国庆. 体验营销新论. 北京：中国工商出版社，2008.

[46] 郭国庆. 营销理论发展史. 北京：中国人民大学出版社，2009.

[47] 郭国庆，陈凤超. 国际营销. 北京：高等教育出版社，2017.

[48] 郭国庆，陈凯. 市场营销学. 7 版. 北京：中国人民大学出版社，2022.

[49] 郭国庆. 营销思想史论. 北京：高等教育出版社，2019.

[50] 郭国庆. 市场营销学通论. 9 版. 北京：中国人民大学出版社，2022.

[51] 郭国庆. 市场营销学概论. 3 版. 北京：高等教育出版社，2018.

[52] 郭国庆，王霞，梁栋. 营销决策模型. 北京：高等教育出版社，2019.

[53] 郭国庆. 中国市场营销学科发展史. 北京：中国人民大学出版社，2023.

[54] 卡斯帕尔，赫尔希丁根，加索特. 服务营销与管理:基于战略的视角：第 2 版. 北京：人民邮电出版社，2008.

[55] 李海洋，牛海鹏. 服务营销. 北京：企业管理出版社，1996.

[56] 李怀斌，于宁. 服务营销学教程. 大连：东北财经大学出版社，2002.

[57] 李维. 实体店 & 虚拟店品牌服务视觉营销. 北京：化学工业出版社，2016.

[58] 李雪松. 服务营销学. 北京：清华大学出版社，2009.

[59] 麦克唐纳，佩恩. 服务营销规划. 北京：企业管理出版社，2001.

[60] 格鲁诺斯. 服务市场营销管理. 上海：复旦大学出版社，1998.

[61] 汪纯孝，蔡浩然. 服务营销与服务质量管理. 广州：中山大学出版社，1996.

[62] 杨丽华，邓德胜. 服务营销理论与实务. 北京：北京大学出版社，2009.